Zur Erinnerung an ereignis-
reiche und amüsante achtein-
halb Monate in Waren (Müritz).

Christoph

Goldberg, den 24. April 2013

Schriftenreihe

Schriften zur internationalen Politik

Band 23

ISSN 1618-0046

Verlag Dr. Kovač

Christoph Grützmacher

Islamistischer Terrorismus als Sicherheitsproblem in Asien

Kampf im Namen Allahs?

Verlag Dr. Kovač

Hamburg
2008

Leverkusenstr. 13 · 22761 Hamburg · Tel. 040 - 39 88 80-0 · Fax 040 - 39 88 80-55

E-Mail info@verlagdrkovac.de · Internet www.verlagdrkovac.de

Bibliografische Information der Deutschen Nationalbibliothek
Die Deutsche Nationalbibliothek verzeichnet diese Publikation
in der Deutschen Nationalbibliografie;
detaillierte bibliografische Daten sind im Internet
über http://dnb.d-nb.de abrufbar.

ISSN: 1618-0046

ISBN: 978-3-8300-3765-1

© VERLAG DR. KOVAČ in Hamburg 2008

Umschlaggestaltung: VDK

Printed in Germany
Alle Rechte vorbehalten. Nachdruck, fotomechanische Wiedergabe, Aufnahme in Online-Dienste und Internet sowie Vervielfältigung auf Datenträgern wie CD-ROM etc. nur nach schriftlicher Zustimmung des Verlages.

Gedruckt auf holz-, chlor- und säurefreiem Papier Alster Digital. Alster Digital ist alterungsbeständig und erfüllt die Normen für Archivbeständigkeit ANSI 3948 und ISO 9706.

Für Sarah

Inhalt

Vorwort

Der Krieg gegen den internationalen Terrorismus hat bisher zu zwei großen militärischen Operationen geführt: Zum einen zum Krieg gegen die Taliban in Afghanistan und zum anderen zum Krieg gegen den Irak. Zumindest der Krieg im Irak muss heute im Sinne des Kampfes gegen den Terrorismus als kontraproduktiv betrachtet werden. Nachdem das Terrornetzwerk al-Qaida in Afghanistan schwere Verluste hinnehmen musste, hat die alliierte Invasion im Irak die Zahl und die Entschlossenheit der militant-islamischen Kämpfer wieder stark ansteigen lassen. Heute bieten sowohl Afghanistan als auch der Irak wieder ein reiches Betätigungsfeld für Jihadisten jeglicher Couleur. Auch aus vielen anderen Teilen der Welt werden inzwischen Zusammenstöße mit paramilitärischen Gruppen gemeldet, die Vertreter eines radikalen Islam sind.

Meine Aufmerksamkeit für die Thematik des islamistischen Terrorismus in Asien wuchs mit den Recherchen für meine Dissertation, in der ich mich mit der Außen- und Sicherheitspolitik Pakistans beschäftigte. Das überwiegend negativ geprägte Image dieses südasiatischen Landes als sicherheitspolitischer Unsicherheitsfaktor in Asien speist sich vor allem aus dessen jahrelangen finanziellen, militärischen und logistischen Unterstützung der Taliban in Afghanistan sowie militanter Separatisten in Kaschmir. Im Verlauf meiner Untersuchung rückten immer öfter Verbindungen und Parallelen zu terroristischen Gruppierungen in anderen asiatischen Staaten in den Blickpunkt meines Interesses. Diesem habe ich mit der Anfertigung der vorliegenden Arbeit Rechnung tragen wollen.

Mein tief empfundener Dank gilt meiner Partnerin, Frau Sarah Schröter, die mir während der Entstehungsphase der vorliegenden Studie den nötigen Ansporn und Rückhalt gegeben hat. Ihr ist dieses Buch gewidmet.

Rostock, im Januar 2008 — Christoph Grützmacher

Einleitung

Seit dem Zerfall des Sowjetimperiums und dem damit einhergehenden Wegfall der bipolaren Spannungen in den zwischenstaatlichen Beziehungen verging kaum ein Tag, an dem es keine Meldungen über Anschläge radikaler Islamisten in irgendeinem Teil der Welt gab, die entsprechende Reaktionen hervorriefen. Jedoch waren es bis zu den Anschlägen des 11. September 2001 vor allem die Regierungen der islamischen Staaten, welche die Islamisten als ernsthafte Bedrohung der dort bestehenden Herrschaftsverhältnisse empfanden. Seit den Terroranschlägen in den USA vor über sechs Jahren sind islamistisch-militante Organisationen immer öfter ins Zentrum der Aufmerksamkeit gerückt, gegen die sämtliche mentalen Energien und materiellen Ressourcen der internationalen Staatengemeinschaft meist unter US-amerikanischer Führung mobilisiert werden.[1]

Die Schwierigkeit im Umgang mit dem als „Krieg des Jahrhunderts" deklarierten Kampfes gegen islamisch geprägte Terrororganisationen, liegt in dessen neuer Qualität, die es äußerst unwahrscheinlich macht, ihn mit konventionellen Mitteln zu gewinnen, selbst wenn einige militärische Schlachten bisher gewonnen werden konnten. Diese Bedenken haben längst die Regierungen durchdrungen, die der Allianz im Kampf gegen den internationalen Terrorismus beigetreten sind. So konstatierte der ehemalige US-Verteidigungsminister Donald Rumsfeld noch während des Afghanistanfeldzuges bezüglich der Frage, wie wahrscheinlich es sei, Osama bin Ladens habhaft zu werden, folgendermaßen: „Die Welt ist groß. Er hat viel Geld, er hat viele Unterstützer. Ich weiß nicht, ob wir Erfolg haben werden."[2]

Der Terrorismus bringt die Menschen bewusst aus der Fassung. Er zielt nur darauf ab, und deshalb nimmt er in den ersten Jahren des 21. Jahrhunderts einen so großen Teil unserer Aufmerksamkeit ein. Unsicherheit kann viele Formen annehmen, aber nur der Terrorismus nutzt so rigoros unser Gefühl der Verwundbarkeit aus. Seit den Anschlägen des 11. September 2001 befindet sich die Weltöffentlichkeit in einem offensichtlich permanenten Notstand dessen Ende nicht abzusehen ist, im „Krieg gegen den Terror", dessen Verästelungen ebenso unergründlich sind wie der Terrorismus selbst. Er

---

1 Vgl. Dawud Gholamasad, Einige Thesen zum Islamismus als globaler Herausforderung, in: Aus Politik und Zeitgeschichte, B3-4, 2001, S. 16-23, hier: S. 16ff.

2 Zitiert aus. Hannoversche Allgemeine Zeitung (HAZ) vom 26. 10. 2001.

entzieht sich fast immer unserem Verständnis, erst recht unmittelbar nach einem terroristischem Anschlag. Sobald sich die Gesellschaft bedroht sieht, stoßen die Bemühungen um eine rationale Analyse häufig auf offenen Widerstand, so als würden diese Bemühungen den Feind unterstützen oder ihm sogar in die Karten spielen. Doch ohne eine solche Analyse erscheint die Bekämpfung des Terrorismus als halbherziges Herumstochern im Nebel, auf der Suche nach einer unbestimmten Bedrohung. Wenngleich der Terrorismus mitunter auch ein rationales Gesicht haben kann, sprengt er in der Regel den Rahmen des „gesunden Menschenverstands" und scheint nicht nur bar jeder Rechtfertigung, sondern auch grausam, sinnlos und menschenverachtend.[3]

Terrorismus besitzt die Eigenschaft, eine durch ihn bewirkte Bedrohung aufzublasen, weit über sein tatsächliches physisches Maß hinaus. Zumindest vor den Ereignissen des 11. September wurde in den meisten Abhandlungen über Terrorismus eingeräumt, dass die von Terrorakten ausgehende physische Bedrohung im Vergleich zu anderen alltäglicheren Gefahren eher marginal sei. Doch selbst vor den Anschlägen in New York und Washington waren die politischen Entscheidungsträger weniger geneigt, die schon damals existierende Bedrohung zu verharmlosen oder zu relativieren. Oft versuchten Politiker auf Betreiben der Massenmedien, welche die öffentliche Gefahr mitunter künstlich aufbauschten, auf den impliziten oder expliziten Ruf nach Sicherheitsvorkehrungen zu reagieren. Entsprechend eingeleitete Maßnahmen wurden jedoch oft nicht durchgehalten und verliefen immer wieder im Sande. Das Ausmaß der Zerstörung nach den Anschlägen des 11. September verlangte jedoch nach größeren Anstrengungen.

Quasi über Nacht schnellte der Terrorismus an die Spitze der politischen Agenda. Die Annahme, dass der Schaden, den er anrichten könne, vergleichsweise trivial oder zu vernachlässigen sei, war nicht länger aufrecht zu erhalten. Erst recht nicht, dass seine psychischen Auswirkungen – so eine damals weit verbreitete These – in keinem Verhältnis zu seinen physischen Auswirkungen stünden. Als sich in New York der Rauch verzogen hatte, bot sich der Welt ein Bild der Verwüstung, wie nach einem militärischen Luftangriff. Obwohl die Anzahl der Opfer nach anfänglichen Schätzungen, die von 50000 Opfern ausgingen, glücklicherweise auf weniger als 4000 sank, war nun die Möglichkeit einer Massenvernichtung sichtbar geworden, die vorher dem Militär einiger Großmächte vorbehalten war. Doch anders als während eines Krieges war dieses Ausmaß der Zerstörung – wenngleich furchteinflö-

---

[3] Vgl. Charles Townshend, Terrorismus, Reclam Verlag, Stuttgart 2005, S. 8ff.

ßend – ein Einzelfall. Falls es sich dabei um einen Krieg handelte, so unterschied er sich erheblich von den fast tröstlichen Konventionen traditioneller internationaler Konflikte. Als mit der Bergung der Opfer und den Aufräumarbeiten in Manhattan begonnen wurde, blieben die meisten Fragen, die sich im Zusammenhang mit dem Phänomen des Terrorismus schon vorher gestellt hatten, weiterhin unbeantwortet. Vor allem die schrankenlose Ausweitung des „Krieges gegen den internationalen Terrorismus" durch den amerikanischen Präsidenten George W. Bush unterstrich mehr als je zuvor die Notwendigkeit nach einer exakteren Einordnung dieses manipulierbaren Begriffs.

Die Erforschung dieses relativ neuen Phänomens gestaltet sich nach wie vor schwierig, da hier noch mehr als bei anderen Gewaltakteuren der empirischen Sozialforschung enge objektive Grenzen gesetzt sind. Die Probleme fangen mit dem Gegenstand selbst an: Eine etablierte, konsensfähige Definition von Terrorismus gibt es nicht, was in der Sozialwissenschaft allerdings nicht ungewöhnlich ist. Es sind aber durchaus dichte Beschreibungen und typologische Abgrenzungen zu anderen Formen der politisch motivierten Gewalt möglich, die zumindest deutlich machen, was Terrorismus in Relation zu anderen Gewaltformen ist und was nicht.[4]

Neben den begrifflichen analytischen Unschärfen, die einigermaßen handhabbar sind, existieren eine Reihe von methodischen Schwierigkeiten: Ein Spezifikum von Terrorzellen und anderen nichtstaatlichen Gewaltakteuren ist, dass sie verdeckt aus dem Untergrund operieren. Bestimmte Standardmethoden der Sozialwissenschaft sind somit von vornherein kaum anwendbar. So ist schwer vorstellbar in Islamabad, Karatschi oder Kandahar Interviews zum Thema internationaler Terrorismus zu führen oder entsprechend standardisierte Fragebögen zu verteilen. Zwar gibt es Studien, die sich weitgehend auf Interviews mit Beteiligten und Beobachtern stützen, doch handelt es sich dabei zumeist um „politische" und „geistliche" Führer, die sich selbst in der Regel nicht als Terroristen verstehen, sondern den Habitus des „Politikers" bzw. „Gelehrten" einnehmen. Daneben ist es mitunter ebenfalls möglich, Interviews mit inhaftierten Terroristen zu führen. Doch auch diese Methode hat ihre Grenzen. So besteht zum einen die Gefahr, dass die Befragten das Interview nutzen, um ihrer Weltsicht eine Plattform und ihrer Propaganda ein Medium zu bieten, zum anderen ist offenkundig, dass der Forscher keinen

---

4 Vgl. Ulrich Schneckener, Transnationaler Terrorismus, Suhrkamp Verlag, 1. Auflage, Frankfurt a. M., 2006, S. 8ff.

Zugang zu den sensiblen Bereichen einer terroristischen Organisation erhält, schon gar nicht zu ihren operativen Köpfen.

Die Folge ist ein notorischer Mangel an für Wissenschaftler zugänglichen Primärquellen, wie Schneckener treffend feststellt. Mögliche andere Quellen wie Pamphlete und Erklärungen der Terroristen selbst, haben oft nur die Funktion der psychologischen „Kriegsführung“ oder dienen gezielten Irreführung, insbesondere der Sicherheitsbehörden. Die Verwendung der Erkenntnisse von Geheimdiensten und Ermittlungsbehörden ist unter methodischen Gesichtspunkten ebenfalls nicht unproblematisch, da auch hier die Frage nach der Glaubwürdigkeit und Authentizität der Quelle gestellt und auch die mangelnde Transparenz berücksichtigt werden muss. Ferner sind derartige Quellen meist nicht zitierfähig und stehen damit im Widerspruch zu den Kriterien wissenschaftlichen Arbeitens.

Die Tatsache, dass man aus den oben angeführten Gründen zumeist auf Sekundärquellen angewiesen ist, potenziert die Vorbehalte gegenüber dem methodischen Bearbeitungsansatz hinsichtlich des Forschungsfeldes des internationalen Terrorismus. Es tritt hier das Phänomen auf, das eine Information bzw. Hypothese von mehreren Forschern geteilt und auch verbreitet wird, die sich aber letzten Endes auf die gleiche Quellen zurückführen lassen. Falschmeldungen, unvollständige oder verzerrte Informationen erfahren auf diese Weise eine enorme Verbreitung und gewinnen so fälschlicherweise an politischer Relevanz. Hinzu kommt, dass zahlreiche Sekundärquellen zum Thema Terrorismus kaum auf die zugrundeliegenden Primärquellen verweisen. Diese Gefahr besteht insbesondere hinsichtlich der journalistischen Aufarbeitung dieser Thematik. Als zuverlässiger, wenn auch ohne Gewähr auf letztgültige Sicherheit, können, so Schneckener, vor allem etablierte Spezialdienste oder Fachzeitschriften gelten, die sich seit Jahren mit Terrorismus und ähnlich gelagerten Phänomenen beschäftigen.[5] Das heißt, dass im Bereich der Terrorismusforschung, der Wissenschaftler bis zu einem gewissen Grad auf Hypothesen und Plausibilisierungen angewiesen ist, die fortwährend anhand neuer Quellen, Informationen und Erkenntnisse falsifiziert werden müssen.

Zweifel am Erfolg des Kampfes gegen den internationalen Terrorismus waren und sind vor allem deshalb berechtigt, weil dabei die Sozio- und Psychogenese des Islamismus selten oder überhaupt nicht berücksichtigt wird. Die Folgen sind oft eine Simplifizierung des Problems in Form einer Personi-

---

[5] Vgl. Ebd., S. 9f.

fizierung einer sozialen Bewegung auf einige Anführer, begleitet durch das mangelnde Verständnis für die zunehmende Sympathie in der breiten Bevölkerung für deren mittlerweile weltweit operierenden Organisationen. Die Erfahrung der wachsenden Sympathie scheint inzwischen auch zu einer veränderten, negativ eingefärbten Wahrnehmung der USA innerhalb der islamischen Gemeinschaft geführt zu haben, die immerhin ein Fünftel der Weltbevölkerung repräsentiert.

Im Folgenden wird auf die politische Ideologie des Islamismus eingegangen. Dabei soll eine Beantwortung der Fragen nach dem Unterschied zwischen Religion und politischer Ideologie versucht sowie deren Entstehung näher beleuchtet werden. Was lässt Menschen zu gewaltbereiten Islamisten werden und worin bestehen die größten Gefahren dieser Entwicklung?

I. Der politische Islam

Obwohl inzwischen mehr als ein Fünftel der Erdbevölkerung dem Islam angehört, wissen nur wenige Menschen in der westlichen Welt, was diese Religion ausmacht. Der islamische Glaube ist weltweit in unterschiedlichster regionaler und kultureller Ausprägung verbreitet – in Pakistan und Bosnien-Herzegowina ebenso wie in Mauretanien oder auf der Arabischen Halbinsel. Es gibt nicht den einen Islam oder eine allgemeingültige Deutung des Korans und ebenso wenig einen Alleinvertretungsanspruch einzelner Gläubiger.

Die These, wonach der Islam eine zutiefst politische Religion sei, die eine Säkularisierung nach europäischem Muster bislang nicht zulasse, ist in der westlichen Öffentlichkeit zwar weit verbreitet, in der Wissenschaft ist sie jedoch zumindest umstritten. Die klassische Islamwissenschaft, die ihre Forschung überwiegend auf das Studium mittelalterlicher Quellen fokussierte, unterstützte das Paradigma von der Besonderheit der islamischen Welt. Weil Mohammed gleichermaßen als Prophet und als Staatsmann agiert habe, sei die Theokratie, also die Gottesherrschaft, von vornherein die ideale islamische Staatsform gewesen. An diesem Ideal hätten sich, so die These, die nachfolgenden Generationen messen lassen müssen. Die Tatsache, dass sie diesem Anspruch nie genügen konnten, führte schließlich dazu, dass das islamische Reich in sich selbst zusammenfiel.

Hinsichtlich der politischen Natur des Islam hat in den letzten Jahrzehnten jedoch ein Paradigmenwechsel stattgefunden. Insbesondere Sozialwissenschaftler gehen von einer neuen Fragestellung aus. Sie versuchen nicht länger das ideale islamische Gemeinwesen zu konstruieren, sondern untersuchen, wie sich die politischen Verhältnisse in der Realität bis in die Gegenwart entwickelt haben. Untersuchungsgegenstand ist nicht länger das Ideal, sondern die Wirklichkeit. Deshalb wird der Zustand der islamischen Gesellschaften in ihrer jeweiligen Ausprägung analysiert, ohne zu urteilen, ob diese sich nun „islamisch" verhalten oder nicht. Demnach ist nicht die Religion der Schlüssel zum Verständnis der Gesellschaft, sondern die Gesellschaft ist der Schlüssel zum Verständnis der Religion. Dass die islamische Herrschaft zwangsläufig auf eine Theokratie hinauslaufe, wäre demnach ein von Menschen formulierter Anspruch, der mithin keine universelle Gültigkeit beanspruchen könne.[6]

---

[6] Vgl. hierzu u.a. Albrecht Metzger, Der Himmel ist für Gott, der Staat für uns. Islamismus zwischen Gewalt und Demokratie, Lamuv Verlag, Göttingen 2000.

Die beiden unterschiedlichen Ansätze wirken sich auch auf die Beurteilung der gegenwärtigen Situation in der islamischen Welt aus. Die Anhängerschaft des klassischen Interpretationsmusters sieht die westliche und die islamische Welt zwangsläufig auf Konfrontationskurs, da ihre jeweiligen Wertesysteme grundsätzlich konträr seien und beide Seiten den Rest der Welt von ihrer vermeintlichen Überlegenheit überzeugen wollten. Der „Krieg gegen den internationalen Terrorismus", den die USA nach den Anschlägen auf das New Yorker World Trade Center und auf das Pentagon in Washington am 11. September 2001 ausriefen, wird von den Vertretern der klassischen Variante als Beleg für einen globalen Konflikt gewertet.[7]

Damit vertreten einige Wissenschaftler wie Samuel Huntington den gleichen Standpunkt wie diejenigen, die sie als Feinde des Westens identifiziert haben: Die Islamisten, die Vertreter eines puristischen konsequent politischen Verständnisses des Islam. Auch sie glauben exakt definieren zu können, was islamisch ist und was nicht. Auch sie halten den Islam für ein allumfassendes System, dessen Gültigkeit unabhängig von Zeit und Raum vorgeschrieben sei. Der zum Dogma erhobene Grundsatz, Religion und Politik seien im Islam untrennbar miteinander verbunden, gehört ebenfalls zu ihren Grundüberzeugungen. Den Islamisten ist es inzwischen gelungen, von einigen westlichen Beobachtern als die eigentlichen Vertreter des Islam wahrgenommen zu werden, obwohl sie lediglich eine bestimmte politische Ideologie vertreten, die zudem weniger als ein Jahrhundert alt ist.

Der vielbeschworene „Kampf der Zivilisationen", der gegenwärtig von beiden Seiten propagiert wird, fördert das Schwarz-Weiß-Denken zur Aufteilung der Welt in zwei feindliche Lager wie islamische gegen christliche Welt, Morgenland gegen Abendland, Gottesstaat gegen westliche Demokratie, Rückständigkeit gegen Aufklärung. Tatsächlich lieferte auch die exorbitante Instrumentalisierung der jeweiligen kulturellen Werte durch die extre-

---

[7] Zu den bekanntesten Vertretern der klassischen Variante auf westlicher Seite zählt zweifellos der amerikanische Politologe Samuel Huntington von der Harvard Universität. In seinem erstmals 1996 erschienenen Bestseller „Clash of Civilizations" („Kampf der Kulturen") bezeichnet Huntington Islam und Demokratie als miteinander unvereinbar, weil Muslime eine Trennung von Religion und Politik nicht akzeptieren können. Außerdem seien Muslime nicht in der Lage, anderen Religionen Toleranz entgegen zu bringen, da die Grundlagen des islamischen Glaubens von seinen Anhängern verlange, Andersgläubige notfalls unter Ausübung von Gewalt unter die Herrschaft des Islam zu zwingen. Vgl. Samuel P. Huntington, Kampf der Kulturen. Die Neugestaltung der Weltpolitik im 21. Jahrhundert, München [u.a.] Europa-Verlag, 1997.

mistischen Minoritäten der islamischen wie der christlichen Welt und die Wiederbelebung historisch verwurzelter Feindbilder den vermeintlich empirischen Beleg für Huntingtons simple Interpretationsschemata einer höchst komplexen Wirklichkeit.[8]

Manche Angriffe des Korans auf christliche Dogmen beziehen sich dabei ganz offensichtlich auf Lehren, die vornehmlich auf der Arabischen Halbinsel kursierten und von der orthodoxen Meinung der christlichen Zentren im Osten und im Westen deutlich abwichen. Selbst die Auffassung der Trinität (Dreieinigkeit), gegen die sich der Koran vehement wendet, spiegelt allem Anschein nach eine altarabische Dreigötterkonstellation aus der heidnischen Zeit wider. Die Vermutung liegt nahe, dass sich die Kritik des Korans auf eine andere Trinität bezieht als auf die von den ökumenischen Konzilien verabschiedete Lehre der Dreieinigkeit Gottes. Die Frühgeschichte des Islam, auf die an dieser Stelle nicht näher eingegangen werden soll, und seine rasante Ausbreitung auf der Arabischen Halbinsel ist ohne christliche Einflüsse und ohne christliches Mitwirken, sei es nun in direkter oder indirekter Form, kaum vorstellbar. Doch trennten nicht nur theologische Differenzen immer wieder Muslime von Christen. Auch in kultureller Hinsicht bestehen mitunter tiefe Gräben.[9]

Die moralische Legitimation für den Krieg der USA gegen das Taliban-Regime in Afghanistan und das offen proklamierte Kriegsziel der Vernichtung derjenigen, die „unsere Freiheiten, Werte und unsere Zivilisation hassen“ (George W. Bush), einerseits sowie die Ankündigung von Rache „gegen den neuen Kreuzzug, den der Westen erneut zur Vernichtung des Islam vorbereitet“ (Osama Bin laden), andererseits sind Ausdruck eines streng dichotomen Denkschemas, das einer differenzierteren Betrachtung der tieferen Hintergründe keinen Raum lässt. So wurde auch ein Ausloten von Lösungsalternativen zur Bekämpfung des internationalen Terrorismus von vornherein zu einem aussichtlosen Unterfangen. Während der harte Kern der entmachteten Taliban und al-Qaida den entschlossenen Kampf bis zur Selbstvernichtung ankündigten, forderte der amerikanische Präsident von seinen Verbündeten im Kampf gegen den Terrorismus bedingungslose Unterordnung. In

8 Vgl. Mohssen Massarat, Der 11. September: Neues Feindbild Islam? Anmerkungen über tief greifende Konfliktstrukturen, Aus Politik- und Zeitgeschichte, B 3-4/2002, S. 3ff.

9 Vgl. Georges Tamer, Warum der christlich-islamische Dialog notwendig ist. Religiöse Koexistenz als Friedenspotential, in: Ursula Spuler-Stegemann (Hrsg.), Feindbild Christentum im Islam – Eine Bestandsaufnahme, Verlag Herder Freiburg im Breisgau, 2004, S. 62-74, hier: S. 64ff.

diesem Kampf zwischen „Gut und Böse" wurden vor allem die Zivilbevölkerung und zivilisatorische Errungenschaften wie Demokratie und Menschenrechte sehr in Mitleidenschaft gezogen; das friedenspolitische Ziel der Verbannung des Krieges als legitimes Mittel der Politik rückte in weite Ferne.

Der Krieg in Afghanistan zur Bekämpfung des Terrorismus, der nicht nur dort, sondern auch in anderen asiatischen Ländern wie Pakistan oder Indonesien beheimatet ist und der sein Netz auch in den arabisch-islamischen Staaten wie Saudi-Arabien und darüber hinaus in Europa oder in den Vereinigten Staaten selbst ausgebreitet hat, stellt einen Anachronismus dar. Hinsichtlich der internationalen Verknüpfung des Terrorismus ist der Krieg gegen selbigen so gut wie aussichtslos. In vielen islamischen Staaten ist er inzwischen zum wirkungsvollsten Mittel avanciert, um noch mehr Hass gegen den Westen und vor allem gegen die USA zu generieren und damit das Heranwachsen des ideologischen Nachwuchses sicherzustellen. Die Unterstützung einiger islamischer Staaten nach den Anschlägen des 11. September 2001 kann nicht darüber hinwegtäuschen, dass der Afghanistan-Krieg in weiten Teilen der muslimischen Bevölkerung als Feldzug gegen ihre Religion wahrgenommen wird. Ebenso wenig wie die Mitwirkung zahlreicher islamischer Staaten in der antiirakischen Allianz während des zweiten Golfkrieges verhindern konnte, dass das islamistisch-antiamerikanische Lager um Osama bin Laden beträchtlichen Zulauf aus allen arabischen Staaten erhielt. Wie der Afghanistan-Krieg reiht sich auch der Krieg gegen das Regime Saddam Husseins im Irak in die Eskalationslogik Huntingtons ein und trägt dazu bei, dass dessen Vision immer realistischere Züge annimmt.[10]

Huntingtons Interpretationsmuster schränken jedoch in der Praxis die Fähigkeit zur Beobachtung und Analyse der globalen Konflikte erheblich ein. So wird ausgeblendet, dass die Wurzeln der Konflikte primär nicht zwischen, sondern innerhalb der Kulturen zu suchen sind, dass die rasante, ökonomisch eindimensional und machtpolitisch asymmetrisch strukturierte Globalisierung in den letzten fünf Jahrzehnten tief greifende soziale Risse und gefährliche Kulturbrüche hervorgerufen hat und dass selbst der militante Islamismus als eine Reaktion auf diese asymmetrische konstruierte Globalisierung zu verstehen ist. Diese Asymmetrie hat dazu beigetragen, dass die ungleiche Einkommensverteilung in der Welt in den letzten Jahren stetig vergrößert wurde. Über eine Milliarde Menschen der Dritten Welt kämpfen täglich darum, ihre Existenz und die ihrer Familien notdürftig abzusichern und fristen ein ver-

---

[10] Vgl. Massarat, Der 11. September: Neues Feindbild Islam?, S. 4.

zweifeltes Dasein. Die Anschläge des 11. September 2001 sind somit auch das Produkt der individuellen und kollektiven Identitätskrise in der islamischen Welt, die in den Globalisierungsprozess eingebettet ist. Es ist ebenso wahrscheinlich, dass darüber hinaus pathologische Wahnvorstellungen und apokalyptische Vernichtungsfantasien eine beträchtliche Rolle bei dem perfekt inszenierten Inferno gespielt haben, von dessen schrecklichen Ausmaß selbst Osama Bin Laden überrascht gewesen sein soll.

Dem privilegierten Norden, der seine Beziehungen zu den Staaten des unterprivilegierten Südens allzu oft hinsichtlich der ökonomischen und geostrategischen Nützlichkeit als Militär- und Rohstoffbasis gestaltet und dann auch ungeniert mit antidemokratischen Regimen politisch, militärisch und wirtschaftlich paktiert, stehen die Zonen des Elends und die Sehnsucht der dort lebenden Menschen nach Gerechtigkeit gegenüber. Die fortwährende sozioökonomische Verelendung und die kulturelle Heterogenität bei gleichzeitiger Zurschaustellung des Reichtums der Eliten durch immer leitungsfähigere Kommunikationssysteme bestellen den Boden für das Gedeihen des Terrorismus, der Drogenökonomie und sonstiger krimineller Netzwerke von heute und morgen.

1.1 Zum politischen Islamismus

Ausgangspunkt des Islamismus als einem der größten Sicherheitsprobleme unserer Zeit ist selbstredend der Islam. Die Weltreligion, der sich über 1,3 Milliarden Menschen zugehörig fühlen, ist in unterschiedliche Sparten zersplittert. Seit den 1920er Jahren versuchen fundamentalistische Muslime auf den ursprünglichen Stand ihrer Religion, nämlich auf die strikte Befolgung von Koran und Scharia, zurückzuführen. Ihr Ziel ist dabei die Einheit des Islam bei gleichzeitiger Ablehnung der (nach Ansicht Islamisten) für die Zersplitterung der Muslime verantwortlichen westlichen Welt und ihre dekadente, einzig auf Konsum abzielende Kultur. Der Islamismus ist eine Sonderentwicklung des Fundamentalismus, besser sein Speer, der als Kampfideologie auf die Islamisierung der ganzen Welt abzielt.[11] Der Islamismus ist keine Religionsbewegung, sondern eine politische Ideologie. Es soll in an dieser Stelle darauf hingewiesen werden, dass die Gruppe der gewaltbereiten Islamisten

11 Vgl. Peter Frisch, Der politische Islamismus, in: Peter Foertsch (Hrsg.), Islamistischer Terrorismus. Bestandsaufnahme und Bekämpfungsmöglichkeiten, Hanns Seidel Stiftung, Berichte und Studien 86, München 2005, S. 19.

eine Minderheit in der Gemeinschaft der Muslime darstellt und das die politische Ideologisierung nicht vor anderen Religionen halt gemacht hat. Im Gegenteil. Gleichwohl müssen die gewaltsamen Aktionen militanter Islamisten als gefährlich eingestuft und deren Motive für die Durchführung Terrorakte analysiert werden.

Erst einmal entfaltet, ist die politische Ideologie als ein politisches Ideengebäude zu verstehen, welches von einem Ideologen zusammengefügt wurde, und das dessen Gefolgsleuten oft Erfolg und Heil in Aussicht stellt. Die Ideologie dient dem Ideologen als Machtinstrument. Religion kann zwar ebenfalls als Machtinstrument dienen, sie zielt aber nicht primär darauf ab. Die Hauptachse der Religion kann als Vertikale verstanden werden, die der Ideologie als eine Horizontale, da sie zwar auch auf eine Erfassung einer möglichst großen Menge von Überzeugten abzielt, diese jedoch aus reinem Selbstzweck betreibt.[12]

Die Islamisten betrachten ihr irdisches Dasein als Verpflichtung zur absoluten Hingabe an Allah, dessen im Koran wiedergegebenen Gesetze nur in einem weltweit praktizierten Islam und damit ausschließlich in einem Gottesstaat erfüllt werden können und müssen.[13] Da allein Allahs Wille maßgeblich ist, kann das menschliche Leben und Zusammenleben nicht laizistisch, d.h. mit einer Trennung von Staat und Kirche geordnet sein. Diese Auffassung erlaubt es den Islamisten, sich über niedergelegte Menschenrechte hinwegzusetzen, da allein Allah den Menschen Rechte zubilligen oder verweigern kann. Um Allahs Botschaft zu verwirklichen begreift sich der gewaltbereite Muslim als Kämpfer im *Jihad*. Der s.g. „Heilige Krieg" beschreibt das intensive Bemühen, die Gesetze und Gebote des Korans unter allen Umständen und mit allen Mitteln auf der ganzen Welt durchzusetzen. Bei Widerstand s.g. „Ungläubiger" kann Gewalt zulässig oder sogar geboten sein. Gewaltsame Aktionen werden als s.g. „Kleiner *Jihad*" deklariert, wobei diese diminutive Bezeichnung nicht darüber hinwegtäuschen darf, dass die Konsequenzen oft Gewalttaten auch gegen zivile Ziele beinhalten. Um seine Vorgaben zu erreichen, propagiert der Islamismus die Gewalt gegen „Ungläubige" und führt sie auch konsequent durch, wenn es die Situation erforderlich macht bzw. zulässt.[14]

---

12 Vgl. Arnold Hottinger, Die politische Ideologie des Islamismus, in: Peter Foertsch (Hrsg.), Islamistischer Terrorismus. Bestandsaufnahme und Bekämpfungsmöglichkeiten, Hanns Seidel Stiftung, Berichte und Studien 86, München 2005, S. 14f.

13 Vgl. Frisch, Der politische Islamismus, S, 19f.

14 Vgl. Ebd., S. 20.

Weil die Ideologie des Islamismus wie in anderen Religionen oftmals lediglich aus Versatzstücken des jeweiligen Katechismus zusammengesetzt ist, verschwimmen häufig die Grenzen zwischen Religion und Ideologie. Islamisten verstehen ihr Handeln gleichzeitig als Gottesdienst, doch sobald sich dieser als ein reines Machtinstrument zur Durchsetzung der eigenen Interessen entpuppt, wird dieser Anspruch fragwürdig.

1.1.1 Zur Entstehung des Islamismus

Die Beziehungen zwischen der westlichen Welt und dem islamischen Orient werden von einer bestimmten Anzahl von Vorgängen belastet, welche die zahlreichen Gemeinsamkeiten der beiden Kulturen immer wieder überschattet. An dieser Stelle sei nur auf ein einziges Beispiel hingewiesen: Sowohl für Muslime als auch für Westeuropäer stellen die Kreuzzüge im 13. Jahrhundert historische Ereignisse dar, mit denen sie die jeweils andere Seite negativ in Verbindung bringen. Für Muslime dienen sie als Beleg für die lange bestehende Aggressivität des Abendlandes gegenüber der islamischen Welt. Für die Westeuropäer versinnbildlichen die Kreuzzüge den ehrenhaften Versuch, die islamischen Eroberungen christlicher Wallfahrtsorte wieder rückgängig zu machen.[15]

Wissenschaft, Politik und Gesellschaft haben sich, insbesondere in den Jahren nach dem 11. September 2001, um Erklärungsversuche für die Entstehung der islamistischen Bewegung bemüht. Islamischer Fundamentalismus bezeichnet eine Gesinnung die zu einer strengen Anwendung des Korans und der islamischen Scharia aufruft. Der Islamismus entwickelte sich als Konsequenz des Reformprozesses des Islam im 19. und 20. Jahrhunderts, ausgelöst durch die Publikationen von Jamal ad-din al-Afghani (1837-1897), Muhammed Abduh (1849-1905) sowie Rashid Rida (1865-1935).[16] Diese forderten eine Revitalisierung und Rückbesinnung auf die Werte und Traditionen des Korans sowie die Stärkung islamischer Traditionen und Lebensweisen als Antwort auf den größer werdenden Einfluss europäischer Großmächte im islamischen Raum. Abduh und Rida verwarfen die vorherrschenden Vorstellungen der konservativen geistlichen Führung (*Ulama*) und forderten eine

---

15 Vgl. Peter Heine, Islam und Fundamentalismus, in: Sicherheitspolitik in neuen Dimensionen. Kompendium zum erweiterten Sicherheitsbegriff, Verlag E. S. Mittler & Sohn GmbH, Hamburg – Berlin – Bonn, 2001, S. 375-390.

16 Vgl. Ders., Terror in Allahs Namen, S. 82f.

Rückkehr zum Islam der religiösen Vorväter, wobei sie jede Veränderung des Islam nach 855 ablehnten, darunter auch die verschiedenen islamischen Rechtsschulen.

Diese Ideen wurden von der 1928 in Ägypten gegründeten Muslimbrüderschaft aufgegriffen, die der Schulmeister Hassan al-Banna in seiner Heimatstadt Ismailiya gründete.[17] Die Muslimbrüderschaft machte es sich zur Aufgabe, die Rückbesinnung auf die islamischen Werte der *salafi*-Zeit, in abgeänderter Form, an die breite Bevölkerung zu vermitteln. Der neue Islamismus beinhaltete daher auch Opposition zur westlichen politischen und wirtschaftlichen Dominanz sowie gegenüber dem westlichen Prinzip der Säkularisation.[18] Es geht der Muslimbrüderschaft wie allen radikalen islamischen Gruppierungen vor allem darum, die Gesellschaft so umzugestalten, dass sie von ihnen als „islamisch" angesehen werden kann. Als Allheilmittel wird in diesem Zusammenhang die Einführung des islamischen Rechts, der Scharia, gesehen. Aus Sicht der Muslimbrüder hat die Scharia die Funktion, die Religion zu schützen, aber auch das Leben der Muslime, ihren Verstand, ihren Besitz und ihre Nachkommenschaft.[19] Im politischen Bereich fordern die Muslimbrüder die Vereinheitlichung von Religion und Staat. Der Islam muss Staatsreligion und die Scharia soll das einzige Rechtssystem sein.

Kennzeichnend für alle nationalen Organisationen der Muslimbrüder ist die strenge Hierarchisierung ihrer Strukturen. An ihrer Spitze befindet sich ein „Allgemeines Zentrum" (al-markaz al- ámm), zu dem ein 25köpfiges Zentralkomitee gehört, an dessen Spitze wiederum der „oberste Führer" (al-murshid al- ámm) steht. Die nächstkleinere Einheit ist das „Zentrum" (markaz), von denen sich je eins in jeder größeren staatlichen Verwaltungseinheit (Provinz, Regierungsbezirk etc.) findet. Dem folgt die Unterabteilung

---

17 Die Muslimbruderschaft ist eine der einflussreichsten islamisch-fundamentalistischen Bewegungen im Mittleren Osten. Das Motto der Muslimbruderschaft ist: „Allah ist unser Ziel. Der Prophet ist unser Führer. Der Koran ist unser Gesetz. Jihad ist unser Weg. Das Sterben auf dem Wege zu Allah ist unsere größte Hoffnung." Inzwischen zählt die Muslimbruderschaft in Ägypten zu den eher gemäßigten islamistischen Organisationen, die Gewalt als Mittel der Politik grundsätzlich ablehnt, aber sie ausdrücklich im Kampf gegen „Besatzer" billigt. Diese Einschränkung zielt insbesondere gegen Israel und die Besatzungstruppen im Irak.

18 Unter Säkularisierung versteht man im Allgemeinen eine Verweltlichung einer Gesellschaft, insbesondere und ursprünglich aber die Überführung kirchlicher Besitztümer in weltliche Hände. (Abgeleitet von lat. saeculum = „Jahrhundert", bezeichnet es den Übergang von „ewigen" zu „zeitlichen" Werten).

19 Vgl. Johannes Reissner, Ideologie und Politik der Muslimbrüder Syriens – Von den Wahlen 1947 bis zum Verbot unter Adib Shiskakli, Freiburg im Breisgau, 1980, S. 141.

(al-far'), die sich an die entsprechend kleinere Verwaltungseinheit (z.B. den Landkreis) anlehnt. Die nächst kleinere Ebene ist die „Sektion“ (al-shu 'ba), die der Größe eines Stadtteils oder eines Gemeindeverbandes entspricht. Die kleinste Einheit ist die „Familie“ (al-usra), die in der Regel aus fünf bis elf Personen besteht. Neben dieser formalen Struktur bestehen noch einige Komitees, in denen die besonders wichtigen Aktivitäten der Muslimbrüder koordiniert werden.[20]

Die Bruderschaft avancierte in den Jahrzehnten nach ihrer Gründung zu einer bedeutenden politischen und religiösen Oppositionsmacht am Nil, die sich in der Folge im gesamten arabischen Raum ausbreitete. Da sie in letzter Konsequenz einen islamischen Gottesstaat anstrebte, war es nur eine Frage der Zeit, wann die Bruderschaft mit den herrschenden Eliten in den betreffenden Staaten zusammenstoßen würde. Zu ihnen gehörten zunächst koloniale Herrschaftshäuser, welche später oft zu Alleinherrschaften wurden, Militärdiktaturen, aber auch stark an der westlichen Industriewelt orientierte Monarchien.[21]

Die Muslimbruderschaft, die inzwischen ihre Militanz weitestgehend verloren hat, ist heute in einer Reihe von Staaten geduldet und betätigen sich sehr erfolgreich karitativ und auf dem Bildungssektor. Die reformerische Politik der Bruderschaft brachte es mit sich, dass sich jüngere radikale Muslime mehr und mehr anderen Organisationen zuwendeten. Aus der Vielzahl der Gruppierungen der 1970er und 80er Jahre, in denen sich radikale, gewaltbereite Muslime zusammenfanden, kann beispielhaft die *Al-Takfir wa-l-Hijra* genannt werden.[22]

Diese Gruppe war vor allem in der ersten Hälfte der 1970er Jahre in Ägypten aktiv, verübte zahlreiche Attentate auf Politiker und griff Einrichtungen der ägyptischen Armee an. Die Mitglieder dieser Gruppierung, zu denen sowohl Männer als auch Frauen zählten, bestand zum überwiegenden Teil aus Studenten und Absolventen natur- und ingenieurwissenschaftlicher Studiengänge und waren meist der unteren Mittelschicht zuzurechnen. Die Mitglieder der *Al-Takfir wa-l-Hijra* sahen Ägypten unter Präsidenten al-Sadat als ein unislamisches, ja als ein heidnisches Land an. Sie begründeten ihre Einschätzung mit der Feststellung, dass der moderne ägyptische Staat das islamische Recht offenkundig nicht befolgte. Als Beweis für ihre These führten

---

20 Vgl. Heine, Islam und Fundamentalismus, S. 382.

21 Zur Entstehungsgeschichte der Muslimbruderschaft vgl. auch: Joseph Croitoru, Hamas – Der islamische Kampf um Palästina, Verlag C. H. Beck, München 2007, S. 13-22.

22 Vgl. Heine, Islam und Fundamentalismus, S. 383f.

sie u.a. den öffentlichen Verkauf und Konsum von Alkohol, eine Vielzahl von Fernsehprogrammen, die vom staatlichen Fernsehsender ausgestrahlt wurden, ins Feld und sahen den „wahren Islam“ dadurch korrumpiert. Die Klassifizierung des Staates als heidnisch (arabisch: tafkir) hatte zur Konsequenz, dass sie sich aus ihm zurückzogen, indem sie sich in Wüstengebiete niederließen und versuchten, dort ein islamisches Gemeinwesen nach dem Ideal der früh-islamischen Gemeinde von Medina zu etablieren. Parallel dazu bemühten sie sich aber auch den *Jihad* gegen den heidnischen ägyptischen Staat zu führen, wozu sie sich vor allem terroristischer Mittel bedienten. Den ägyptischen Sicherheitsbehörden gelang es zwar im Laufe der Zeit, die Gruppe *Al-Takfir wa-l-Hijra* zu zerschlagen, doch sind seitdem immer neue Gruppierungen entstanden, die mit ähnlichen Programmen und Aktivitäten die ägyptische, aber auch die internationale Öffentlichkeit verunsichern.[23]

Die oben genannte, aber auch andere, weniger bekannte islamistische Organisationen der 1970er und 80er Jahre konzentrierten ihre Aktionen vornehmlich auf die Staaten, in denen sie sich gegründet und entwickelt hatten. Diese grundsätzlich regionale Orientierung erhielt mit der Invasion sowjetischer Truppen in Afghanistan im Jahr 1979 eine internationale Dimension. Die verschiedenen afghanischen Widerstandstruppen rekrutierten kampfbereite junge Männer in allen Teilen der islamischen Welt von Algerien bis Malaysia. Nicht zuletzt mit Hilfe westlicher Instrukteure wurden sie schnell mit modernsten Waffensystemen vertraut gemacht. Zeitgleich wurden sie aber auch einer Indoktrination durch religiöse Autoritäten unterzogen, in der radikale islamische Vorstellungen eine zentrale Rolle spielten. Dabei kam den Visionen und Ideen des pakistanischen Gelehrten Abu l-Ala al-Maududi besondere Bedeutung zu. Dieser hatte in den 1940er Jahren die *Jama at-i islami* (Islamische Gemeinschaft) gegründet, die inhaltlich viele Parallelen zur Muslimbruderschaft in Ägypten ausweist. Ebenso wie seine ägyptischen Glaubensbrüder lehnte al-Maududi ein säkulares Staatsmodell auf dem indischen Subkontinent ab und forderte stattdessen die Gründung eines Staates nach dem Vorbild der islamischen Urgemeinde von Medina,[24] sprich eines islamischen Idealstaates. Unter diesem versteht al-Maududi ein Gemeinwesen,

---

[23] Vgl. Ders., Radikale Muslimorganisationen im heutigen Ägypten, in: Zeitschrift für Missions- und Religionswissenschaft, 67 (1983), S. 110f.

[24] Medina („Die erleuchtete Stadt“) ist eine Stadt mit ca. einer Millionen Einwohnern im westlichen Saudi-Arabien. Nach Mekka ist Medina die zweitwichtigste heilige Stadt des Islam. Die Stadt ist nach islamischen Recht wie Mekka prinzipiell für Nichtmuslime gesperrt.

in dem das islamische Recht zur Anwendung kommt. In vielen seiner Vorstellungen ist al-Maududi sogar radikaler als die Muslimbrüder. So forderte er eine konsequente Trennung der Geschlechter und lehnte neben dem Theater auch das Radio, Fernsehen, Film, Musik und alle anderen Medien ab, da sie den wahren Muslim von Gott ablenkten und daher als unislamisch angesehen werden müssten.[25]

Während der Einfluss der Lehren al-Madaudis in Pakistan bis in die 1970er Jahre weniger Beachtung fanden, erfuhren mit dem Machtwechsel von Zulfikar Ali Bhutto zu General Zia ul-Haq eine Aufwertung. Zia sah im Islam ein entscheidendes Instrument, um die ideologischen Gräben zum Erzfeind Indien zu vergrößern. In diesem Zusammenhang spielt auch der Territorialkonflikt um Kaschmir eine tragende Rolle.[26] Die Lehren Maududis wurden unter der Ägide Zias (1977-88) zur offiziellen Staatsideologie Pakistans erhoben. Diese beeinflusste vor allem die verschiedenen afghanischen Widerstandsgruppen, die von pakistanischen Religionsgelehrten besonders intensiv indoktriniert wurden. In Verbindung mit der gleichzeitig stattfindenden militärischen Ausbildung entstanden schlagfertige Guerilla-Einheiten, die letztendlich einem scheinbar übermächtigen Gegner eine schmerzhafte Niederlage beibrachten, die letztendlich das Ende der Sowjetunion einleitete. Im übrigen wurden die Schüler auch finanziell unterstützt, für ihre Unterkunft, Versorgung und medizinische Betreuung wurde Sorge getragen. Die Finanzierung der Madrasas wurde hauptsächlich durch Spenden von einzelnen islamischen Staaten, vor allem aus Saudi-Arabien, sowie von wohlhabenden Einzelpersonen gedeckt.

Neben den afghanischen Flüchtlingen kamen alsbald auch Muslime aus anderen Ländern nach Afghanistan und Pakistan, um sich dem Kampf gegen die sowjetischen Besatzer anzuschließen. Sie wurden sehr häufig durch Propaganda- und Werbeaktionen internationaler islamischer Organisationen gelockt. Da es sich in vielen Fällen um ungebundene und oft auch arbeitslose Männer handelte, die zuvor zumindest Kontakte zu islamischen Gruppierungen in ihren jeweiligen Heimatländern unterhalten hatten, standen sie den ideologischen Denkschemata ihrer Lehrer in den Madrasas durchaus aufgeschlossen gegenüber. Sie übernahmen ohne weiteres deren Weltanschauung und machten auch ihre Altersgenossen in ihrer Heimat bei gelegentlichen

---

25 Vgl. Heine, Islam und Fundamentalismus, S. 384f.

26 Vgl. hierzu [u.a.]: Dietmar Rothermund, Krisenherd Kaschmir. Der Konflikt der Atommächte Indien und Pakistan, Verlag C. H. Beck Verlag, München 2002.

Urlauben mit dieser bekannt. In den Lagern entstand auf diese Weise ein Phänomen, das man als eine Internationale von *Jihad*-Kämpfern bezeichnen könnte. Nach dem Abzug der sowjetischen Truppen aus Afghanistan wurde diese *Jihad*-Kämpfer bei den darauffolgenden innerafghanischen Machtkämpfen eingesetzt.[27]

Diese Praxis besteht bis heute und wurde vor allem von Osama bin Laden fortentwickelt., der sich unmittelbar nach dem Abzug der Roten Armee der zahlreichen Experten und erfahrenen Kämpfer, Trainingslager und logistischen Einrichtungen sowie der großen Menge an militärischer Ausrüstung annahm, um damit sein Terror-Netzwerk al-Qaida zu gründen, das in der Folgezeit zu einer der größten Bedrohungen der politischen und gesellschaftlichen Strukturen des Westens avancierte. Afghanistan, der Konflikt im Nordkaukasus, terroristische Anschläge wie die vom 11. September 2001 in New York und Washington sowie in London, Madrid und Nordafrika, aber auch die Beteiligung am Guerillakrieg im Irak sind nur Stationen einer auf Jahrzehnte angelegten Strategie, an deren Ende das Hauptziel der Errichtung eines globalen muslimischen Gottesstaates steht.[28]

1.1.2 Zur historisch bedingten Motivlage des Islamismus

Aus der bisherigen Vernachlässigung der sozialen Basis des Islamismus resultieren Probleme bei der Entwicklung und Durchsetzung gemeinsam getragener Lösungsstrategien der Antiterror-Allianz, die wahrscheinlich längerfristig unabsehbare Folgen mit sich bringen dürften. Die bisher zu beobachtende Eskalation der Gewalttätigkeit in den islamisch geprägten Gesellschaften bestätigen diesen Eindruck. Es wäre der Realität angemessen, den Islamismus nicht als totalitäre Ideologie der extrem gewaltbereiten Muslime zu begreifen, die den Islam missbrauchen, um ihre politischen Zielvorgaben zu erreichen. Der Islamismus stellt vielmehr den Orientierungsrahmen einer sozialen Bewegung dar, die den Verhaltens- und Erfahrenskanon einer älteren islamischen Führungselite als „wahren" Islam idealisiert und zu Gottes unveränderbarem Gesetz verklärt haben. Er ist eine Entwicklungsform des normativen Bildes, das eine bestimmte Gruppe von Muslimen von der sozialen

[27] Vgl. Heine, Islam und Fundamentalismus, S. 384.

[28] Vgl. Berndt Georg Thamm, Internationaler Djihad-Terrorismus. Strategische Bedrohung nicht nur für Europa, in: Erich Reiter (Hrsg.), Jahrbuch für internationale Sicherheitspolitik, Verlag E. S. Mittler & Sohn, Hamburg – Berlin – Bonn, 2004, S. 231-242, hier: S. 232.

Welt hat und das auf die erinnerte Epoche einer islamischen Vormachtstellung zurückgeht. Der Islamismus repräsentiert in diesem Sinne eine normative Vorstellung einer gottgefälligen Mächte- und Statusbalance, die ausschließlich zugunsten der Muslime geneigt sein darf. Folglich erscheint den Islamisten vor allem die gegenwärtige zwischenstaatliche Verteilung der Macht- und Statusquellen als ungerecht, da sie eine mit Gruppencharisma ausgestattete Gemeinschaft der gottesfürchtigen Muslime stark benachteiligt.[29]

Das gemeinsame Erfahrungsbild aller Muslime von der sozialen Realität und das daraus resultierende Bewusstsein der Ungerechtigkeit der Macht- und Ressourcenverteilung ist die Wurzel des Islamismus. Doch obwohl dessen Ursprünge in den früheren Schriften und Denktraditionen liegen mögen, ist der Islamismus ein Phänomen der Gegenwart. Dementsprechend kann man auch nicht leugnen, dass er eine Reaktion der im Modernisierungsprozess involvierten Menschen gegen Probleme der Moderne ist. Zu dieser Gefühlslage der Islamisten trägt vor allem ihre Erinnerung an herausragende und zugleich idealisierte Errungenschaften der Muslime während der ersten sechs Jahrhunderte der islamischen Herrschaft bei: Die islamisierten Gesellschaften zählten in dieser Periode zu den am weitesten entwickelten.[30] Sie lieferten die fortschrittlichsten wissenschaftlichen und technischen Errungenschaften und schufen ungewöhnlich siegreiche Armeen. In islamisch geprägten Staaten erinnern sich die Menschen gern an dieses Erfolgsmuster der Muslime, das ihnen bis heute idealtypisch erscheint, verließ doch der Prophet Mohammed Mekka im Jahre 622 n. Chr. als Flüchtling, um acht Jahre später als Herrscher zurückzukehren. Man erinnert sich daran, dass schon 715 n. Chr. muslimische Eroberer ein Imperium errichteten, das von Spanien im Westen bis Indien im Osten reichte. Aus diesem Grunde schien ihr Glaube für lange Zeit ebenso Unterscheidungsmerkmal ihres höheren sozialen Ranges gegenüber anderen Gruppen zu sein. So bedeutete die Zugehörigkeit zur muslimischen Gemeinschaft gleichzeitig Mitglied einer siegreichen und dominanten Gemeinschaft zu sein, die sich durch ihr Zivilisationsmuster von den übrigen Menschen abhob. Es ist daher kaum verwunderlich, dass bis zum heutigen Tage einige Muslime nachträglich eine Korrelation zwischen ihrem Glauben und ihrem damaligen Status als Hegemonialmacht konstruieren und

---

29 Vgl. Gholamasad, Einige Thesen zum Islamismus als globaler Herausforderung, S. 16f.

30 Zur historischen Entwicklung des Islamismus als Gewaltmittel vgl. u.a. Heine, Terror in Allahs Namen, S. 46-79.

sich daher als charismatische Gruppe im Sinne einer von Gott bevorzugten Gemeinschaft begreifen.[31]

Die über Jahrhunderte gewachsene Trauer und Enttäuschung über die machtpolitische Entwicklung ist die Folge der Erfahrung des sozialen Abstiegs der islamischen Welt seit dem 13. bzw. 15. Jahrhunderts, ohne dass sich Muslime dessen bis ins 18. Jahrhundert bewusst wurden. Während man sich im Westen auf neue Entdeckungsreisen begab, versank die islamische Welt in dieser Periode gewissermaßen in eine Starre gegenüber den tief greifenden Veränderungen in der übrigen Welt. Das Desinteresse der Muslime machte sie verwundbar, als sie nicht mehr ignorieren konnten was in Europa inzwischen stattgefunden hatte, nämlich eine Modifizierung der Machtverhältnisse zum Nachteil der islamischen Welt. Der dramatischste Wendepunkt der Machtbalance zu Ungunsten der Muslime wurde im Juli 1798 deutlich als Napoleon Bonaparte in Ägypten landete und das damalige muslimische Zentrum mit Leichtigkeit eroberte. Die militärische Überlegenheit des französischen Expeditionskorps, das die bis dahin für unschlagbar gehaltenen Mamlukentruppen in der Schlacht an den Pyramiden aus dem Feld schlug, traf die muslimische Bevölkerung schwer.[32]

Weitere Angriffe folgten in den darauffolgenden Jahrhunderten. Nach der zionistischen Besetzung Palästinas und den demütigenden Niederlagen der arabischen Staaten im Sechs-Tage-Krieg von 1967 scheint neben den zwei Golfkriegen der wohl bis heute folgenschwerste Angriff für Muslime zu sein. Zur Bekämpfung „dieser Besetzung des Bodens der heiligen Stätte" fühlen sich die Islamisten vor allem auch deshalb verpflichtet, weil sie ihrer Wehrhaftigkeit und damit der Verteidigung ihrer Ehre gerecht werden müssen. Aus dem vermeintlichen Unvermögen der muslimischen Herrscher, wie beispielsweise dem saudischen Königshaus, das staatliche Gewaltmonopol zu behaupten, leiten Islamisten wie Osama Bin Laden die Legitimation ihres Kampfes nicht nur gegen die USA, sondern auch gegen die als ungerecht empfundene Herrschaft im eigenen Land ab. Dieser wird durch so genannte Fatwas – Rechtsgutachten – religiös untermauert. Erstellt werden diese von oft mit den staatlichen Akteuren konkurrierenden Geistlichen, die den *Jihad* zum gegen die fremden Ungläubigen gerichteten Heiligen Krieg und zum Kampf gegen das als ungerecht erfahrene eigene Regime verklären. Verall-

---

[31] Zu diesem soziologischen Phänomen vgl. u.a. Norbert Elias, Die Gesellschaft der Individuen, Suhrkamp Verlag, Frankfurt a. M., 1998, S. 207ff.

[32] Vgl. Heine, Terror in Allahs Namen, S. 65.

gemeinert man dies, dann scheint die Unfähigkeit der etablierten nachkolonialen Staaten unterschiedlicher Prägung (wie z.B. die wahhabitische in Saudi-Arabien, die arabisch-nationalistische oder arabisch-sozialistische in eher säkularisierten Staaten wie Ägypten, Syrien oder Jordanien) die Legitimationsgrundlage für die nativistisch orientierten Bewegungen zu liefern.[33]

Die Frustration der Muslime, die jederzeit in Aggression umschlagen kann, ist angesichts der für sie ungünstigen Macht- und Statusverhältnisse enorm. Aus dieser Erfahrung heraus sind vor allen die letzten zwei Jahrhunderte des sozialen Abstiegs der islamisch geprägten Gesellschaften gekennzeichnet gewesen. Nicht nur durch eine kollektive Trauer um eine verherrlichte und oft idealisierte Vergangenheit, sondern auch durch Erklärungsversuche für den Verlust der einstigen hegemonialen Position der Muslime und entsprechende Überwindungsstrategien. Infolgedessen entwickelten sich im Wesentlichen drei Strömungen, die jeweils eine breites Spektrum innerhalb der islamisch geprägten Gesellschaften abdecken. Neben dem säkularen Modernismus und islamischen Reformismus ist der Islamismus eine der möglichen Erklärungs- und Reaktionsmuster.

Als sich als Folge der Industrialisierung in Europa die Machtbalance endgültig und unübersehbar zu Ungunsten der islamischen Welt verschob, verbreitete sich zunächst ein allgemeines Gefühl der Fassungs- bzw. Hilflosigkeit hinsichtlich der neuen, schwächeren Position der Muslime. Die Islamisten fragten sich, warum sich Gott von ihnen abgewendet hatte. Sie führten diese Entwicklung auf die Vernachlässigung der islamischen Gesetze im Sinne der normativen Struktur einer von Gott bevorzugten Gesellschaft der Muslime zurück, wie sie sich durch die Modernisierung im Sinne der Verwestlichung beschleunigte. Damit ging ihrer Meinung nach eine Transformation der Verhaltens- und Erlebensstandards einher, die als Ausdruck der Überlegenheit und des höheren eigenen Selbstwerts der Nicht-Muslime ostentativ hervorgehoben wurden.[34]

Islamisten sehen in Konsequenz auf diese Entwicklung die Lösung des Problems oftmals in der Bekämpfung der Verwestlichung der islamisch geprägten Gesellschaften, während sie die Muslime zu einem ihrer Meinung nach gottgefälligeren Leben nach dem islamischen Gesetz, der Scharia, auffordern und es in Gestalt einer Re-Islamisierung der eigenen Staatsgesellschaften durchzusetzen versuchen. Militante Angriffe sind, nach Auffassung

---

[33] Vgl. Gholamasad, Einige Thesen zum Islamismus als globaler Herausforderung, S. 20f.

[34] Vgl. Ders., S. 21.

der Islamisten, in diesem Zusammenhang als eine versuchte Überwindung von als ungerecht und entwürdigend empfundenen Macht- und Statusverhältnissen zu verstehen.

In diesem Zusammenhang wird annährend nachvollziehbar, warum Islamisten, vor dem Hintergrund des erfahrenen sozialen Abstiegs, zum Äußersten bereit sind und auch nicht vor Gewalt zurückschrecken. Kein Mittel scheint ihnen dabei zu grob und barbarisch, weil ihre Macht und ihr Selbstbild als einer ausgewählten Gruppe einen höheren Wert für sie hat, als alles andere. Es wiegt sogar schwerer für sie als ihr eigenes Leben. Weil aber ihr kollektives Selbstbild nicht mehr mit der Realität in Einklang zu bringen ist, zwingt sich ihnen das Martyrium als das höchste Gebot für die Überwindung dieser Identitäts- und Sinnkrise auf. Auf diese Weise scheint ihnen zumindest der persönliche Sieg gewiss zu sein – entweder in Gestalt des Siegers im irdischen Kampf oder aber durch den Einzug ins Paradies als Lohn für das Martyrium.[35] Aus diesem Konstrukt erwächst eine nicht zu unterschätzende Gefahr für die Sicherheit aller Staaten, die, sei es nun direkt oder indirekt, in den Kampf gegen den internationalen Terrorismus involviert sind.

Die relative Zunahme des Einflusses der bisher vom Zugang zu den Macht- und Statusquellen weitestgehend ausgeschlossenen Personen ist dabei vor allem als eine Folge des häufig unzureichend fortgeschrittenen Modernisierungsprozesses der islamisch geprägten Gesellschaften auf der einen Seite und der Entstehung der multipolaren Mächtebalance nach der Implosion des Sowjetimperiums zu verstehen. Der terroristische Charakter der islamistischen Bewegungen ist daher auch eine Folge der Verschiebung der Balance

---

[35] Auch die islamische Welt kennt die Vorstellung vom Blutzeugen, vom Märtyrer, der für seinen Glauben gestorben ist. Im Willen, sich für den Islam zu opfern, überwindet der Märtyrer nach der Ansicht der Gelehrten die natürliche Furcht des Menschen vor dem eigenen Tod. Unter den Hinterbliebenen ist oft auch kaum eine Spur der Trauer über den Verlust eines Familienmitgliedes festzustellen. Schon mittelalterliche Quellen berichten darüber, dass die Mütter von Söhnen, die im Jihad gefallen waren, die Todesnachricht gefasst, ja dankbar entgegennahmen und alle Trauerkundgebungen verboten. Ähnliches geschieht in der Gegenwart. Über die Existenz der Martyrer nach dem Tod finden sich unter Muslimen zwei Vorstellungen. Die Feststellung des Koran, dass die Märtyrer leben, wird einerseits wörtlich genommen, andererseits glauben Muslime, dass die Seelen ihrer Märtyrer direkt ins Paradies gelangen und in der unmittelbaren Nähe des Thrones Gottes leben. Am Tag der Auferstehung werden diese Seelen dann wieder in den irdischen Körper der Märtyrer zurückkehren. Beim jüngsten Gericht werden ihnen dann spezielle Wohnplätze zugewiesen. Diese sehr lebhaften und sinnhaft-anschaulichen Vorstellung haben stets die Phantasie von einfachen Muslimen und die Kritik von Nicht-Muslimen hervorgerufen. Vgl. Heine, Terror in Allahs Namen, S. 30-32.

von der Kooperation hin zum Konflikt, weil nicht zuletzt die Etablierten – sowohl die machtstärkeren Staaten auf zwischenstaatlicher Ebene als auch die Regierungen der islamisch geprägten Staaten auf innerstaatlicher Ebene – die Konkurrenzkämpfe um die Macht- und Statuschancen ungeregelt, d.h. mit allen Mitteln führen. Die gewaltsame Unterdrückung aufstrebender Gruppen, oft verbunden mit einer Doppelmoral der Etablierten, die unter allen Umständen ihre Macht- und Statuschancen verteidigen, verschärfte die Legitimationskrise der bestehenden Herrschaftsverhältnisse auf beiden Ebenen und trug zu einer weiteren Brutalisierung der Konkurrenzkämpfe bei.

Es sei an dieser Stelle erwähnt, dass sich der Islam im Laufe seiner Geschichte den unterschiedlichsten Situationen anzupassen wusste und diesbezüglich durchaus eine gewisse Flexibilität entwickeln konnte. Natürlich war der jeweilige Flexibilitätsgrad von der jeweiligen politischen Lage abhängig: Je stabiler sie war, desto toleranter und flexibler zeigten sich die Muslime, umgekehrt galt und gilt das Gleiche. Doch der Islam passte sich nicht nur in seinen Rechtsvorschriften den jeweiligen Verhältnissen an. Auch der täglich gelebte Islam entwickelte sich beispielsweise in Persien anders als in Andalusien. Im Laufe der Jahrhunderte haben sich in den Gebieten der islamischen Welt, die mitunter Tausende von Kilometern auseinander liegen, verschiedene Traditionen entwickelt, so dass kaum mehr von einem einheitlichen Islam die Rede sein kann.[36]

Es ist die Akzeptanz oder Ablehnung dieser verschiedenen Ausprägungsformen des Islam, die einen traditionellen Muslim von einem gewaltbereiten Islamisten unterscheidet. So wird ein traditioneller Muslim in Ägypten seine Religion so praktizieren, wie sie sich in seinem Land über Jahrhunderte hinweg entwickelt hat, ein ägyptischer Islamist hingegen nicht. Letzterer sucht nach dem „wahren" Kern des Islam und wertet die späteren Entwicklungen und Modifizierungen, die der traditionelle Islam vorbehaltlos akzeptiert, als illegitime Abweichung vom Ideal. Der Islamist versucht, so weit wie möglich den Gesetzen des Islam zu entsprechen, wie ihn der Prophet Mohammed vorgelebt hat, und lässt nur den Koran sowie die Sunna als Quellen gelten.[37] Alles was darüber hinausgeht oder zu kurz greift, lehnt er kategorisch ab. Diese Einstellung kann leicht in einem terroristischen Extremismus münden, wie er

---

[36] Vgl. Metzger, Der Himmel ist für Gott, der Staat für uns, S. 23ff.

[37] Die Sunna steht im Islam für das, was der Religionsstifter Mohammed gesagt, getan, geduldet oder bewusst nicht getan haben soll. Das entsprechende Verb hierzu ist sanna / Istanna „etwas vorschreiben" bzw. „etwas einführen". Die Anhänger bezeichnen sich als Sunniten.

beispielsweise von Osama bin Laden und dessen Terrornetzwerk al-Qaida propagiert wird.

1.1.3 Zu den Zielvorstellungen des Islamismus

Muslime verstehen den Koran als das abschließende Wort Gottes an die Menschheit, welches die ganze, unverfälschte Wahrheit enthält und nach dem es keine weitere Offenbarung und keinen weiteren Propheten geben kann. Die heiligen Schriften der Juden und Christen werden zwar grundsätzlich als göttliche Offenbarungen akzeptiert, ihre teilweise erheblichen Abweichungen vom Inhalt des Korans – beispielsweise in der in der Frage der Eigenschaft Jesu als Gottes Sohn hinsichtlich der Dreifaltigkeitslehre – aber als spätere „Verfälschungen" interpretiert, die zu korrigieren der Koran herabgesandt wurde. Die Überzeugung, im Besitz der unverfälschten Wahrheit und deshalb anderen Religionen überlegen zu sein, findet ihren Niederschlag darin, dass Juden und Christen als „Leute des Buches" (ahl al-kitab) zwar grundsätzlich das Recht haben, im islamischen Staat zu leben und ihre Religion zu praktizieren, rechtlich aber der muslimischen Majorität gegenüber benachteiligt sind – dies auch, damit die Konversion zum Islam für sie reizvoll bleibt. Angehöriger anderer Religionsgemeinschaften sowie Atheisten gelten im Koran pauschal als „Ungläubige" (kuffar), die, wenigstens theoretisch, kein Existenzrecht innerhalb des islamischen Staates genießen. Missionarische Aktivitäten Andersgläubiger in islamischen Ländern sind ebenso verboten wie die Abwendung vom muslimischen Glauben oder die Konversion zu einer anderen Religion. Diese wäre bei wortgetreuer Anwendung der Scharia sogar mit dem Tod zu bestrafen.[38] Dem zugrunde liegt die Vorstellung, dass der Islam der göttlichen Schöpfungsordnung und der Natur des Menschen („fitra" Sure 30, Vers 30) in vollkommener Weise entspricht und jede Abkehr davon dem Willen Gottes und der natürlichen Bestimmung des Menschen zuwiderläuft.

Ziel der islamistischen Bewegungen war zunächst die islamische Welt als Ideal und Zielvorgabe, in der Bewohner und Regierungen auf den Weg des „reinen und wahren Islam" zurückzuführen seien. Ab Mitte des 20. Jahrhunderts konnten sie in islamischen Ländern, insbesondere innerhalb der arabi-

---

[38] Die konkrete Umsetzung dieser Strafnorm fällt in den verschiedenen Ländern unterschiedlich und in der Regel milder aus. Vgl. hierzu [u.a.]: Rita Breuer, Wie du mir so ich Dir? Die Freiheit des Glaubens zwischen Christentum und Islam, in: Ursula Spuler-Stegemann (Hrsg.), Feindbild Christentum im Islam. Eine Bestandaufnahme, Verlag Herder, Freiburg im Breisgau 2004, S. 35-53.

schen Gesellschaften, erhebliche Zuwächse an Sympathisanten verzeichnen und sich mit dem „Marsch durch die Institutionen“ sukzessive Einfluss in Gesellschaft und innerhalb staatlicher Institutionen sichern. In nahezu jeder Verfassung eines islamischen Landes wird bis heute die Scharia als eine, wenn nicht gar die Hauptquelle der Gesetzgebung angeführt.

Kennzeichnend für den Islamismus in seinen verschiedenen Ausprägungen ist vor allem die Kompromisslosigkeit, mit der die umfassende und ausschließliche Anwendung islamischer Vorschriften als einzige legitime Option dargestellt wird. Oft reichen bereits simple Slogans wie „Islam ist die Lösung“ um große Teile der Bevölkerung, insbesondere der Jugend, die oft ohne beruflich Perspektive ist, auf den islamistischen Kurs einzuschwören. Nach Ansicht seiner Verfechter liefert der radikale Islam bis heute eine universale und ideale Weltordnung. Anders als säkulare Herrschaftsordnungen gewährleiste allein der Islam, dass der Mensch sich keine willkürliche Entscheidung über Dinge anmaße, die Gott im Koran eindeutig geregelt habe. Nur durch die Besinnung auf den „reinen“ Islam und durch die ungeteilte Anwendung seiner Lehren könne die islamische Welt von ihren großen wirtschaftlichen, politischen, kulturellen und moralischen Defiziten genesen. Infolge der Unteilbarkeit und Eindeutigkeit der islamischen Weltordnung werde das Mehrparteiensystem obsolet. Nur eine streng islamische Gesellschaftsordnung kann demnach die von allen Menschen herbeigesehnte zivilisierte Gesellschaft schaffen. Die authentischen Quellen Koran und Sunna enthalten dazu die vollkommene, unteilbare Wahrheit, in ihnen sei das aktive Wirken Gottes enthalten, weshalb der Mensch sich nicht mit seiner inneren Überzeugung begnügen dürfe, sondern nach praktischer Verwirklichung der islamischen Ordnung streben müsse, so jedenfalls der ideologische Argumentationsstrang streng gläubiger Muslime.

Zu den Feindbildern, die durch diese Ideologie geschürt werden, zählen alle Ideologien und Bevölkerungsgruppen, denen Islamisten eklatante Verstöße und Widersprüche zur islamischen Lehre unterstellen: Der Kommunismus wegen seiner Gottlosigkeit und Verherrlichung des Menschen, der Kapitalismus wegen seiner einseitigen Fixierung auf materielle Güter und das seinerzeit in arabischen Ländern verbreitete Freimaurertum wegen seiner Geheimbündelei, moralischer Zweifelhaftigkeit und unklarer Allianzen.[39] Anti-

---

[39] Die Freimaurerei ist nach Auffassung ihrer Mitglieder eine der Toleranz, Humanität und freien Entfaltung der Persönlichkeit verpflichtete Bewegung. Alle Freimaurer betrachten sich als Brüder. Ein bestimmtes Bekenntnis wird nicht verlangt. Die Vereinigungen der Freimaurer nennen sich „Logen“. Bereits 1721 entstand in der Türkei

semitische Ressentiments begründen Islamisten mit dem Verweis auf das Vorbild des Propheten Mohammed und seine heftigen Auseinandersetzungen mit den jüdischen Stämmen in Medina sowie auf einschlägige Koranverse. Diese gerieten ab 1917 mit den Überlegungen zur Gründung des Staates Israel zurück ins muslimische Bewusstsein und werden durch die neue und neuere Nahost-Geschichte weiter genährt. Christliche Missionare galten Islamisten schon immer als suspekt und waren als Handlanger des Westens geächtet. In zunehmenden Maße gerät heute das Christentum insgesamt theologisch sowie in enger Assoziation mit westlicher Politik und Lebensweise ins Visier islamistischer Ideologen und Agitatoren.[40]

Fernziel des Islamismus ist die Errichtung eines globalen muslimischen Gottesstaates, eines Kalifats. Der Verwirklichung dieses Zieles dient der weltweite *Jihad* vornehmlich sunnitischer Kämpfer. Gegner sind alle, die dieses Fernziel ablehnen. Sie werden als „Feinde des Islam" bekämpft. Zielsetzung (Kalifat) und Zielverwirklichung (Jihad) wurden und werden vor allem durch zwei Reformbewegungen im Islam geprägt:

1. Die religiös-fundamentalistische Bewegung des Predigers Muhammed ibn Abd al-Wahhab (1703-91), die eine Reinigung der ihrer Ansicht nach verderbten muslimischen Praktiken und Glaubensinhalte anstrebte. Alle Objekte der Verehrung außer Allah sind unzulässig, so die Kernaussage des extremistischen Erneuerers. Alle, die andere Objekte als Allah verehren, verdienen den Tod. Der Koran ist vom Himmel gesandt, der Mensch darf ihm deshalb nichts zufügen. Der Mensch braucht Allah, den Koran und sonst nichts. Wer sein Leben nicht am Ur-Islam ausrichtet, ist ein Ungläubiger. Zum wahren Glauben kann die Menschheit nur durch einen permanenten *Jihad* bekehrt werden. Jede falsche Milde würde vom wahren Islam fortführen.[41]

---

die erste Freimaurerloge im heutigen Istanbul. Die von der Vereinigten Großloge in England anerkannte Großloge der Freien und Angenommenen Maurer der Türkei wurde in der heutigen Form 1956 zum vierten Mal wiederbrgründet. Nach ihrer Spaltung entsatnd 1966 die durch den Grand Orient de France anerkannte Großloge der Freimaurer in der Türkei.

40 Vgl. hierzu [u.a.] Spuler-Stegemann, Feindbild Christum im Islam.

41 In der zweiten Hälfte des 18. Jahrhunderts traf al-Wahhab in den Wüsten Zentralarabiens mit dem Bedu-Stammesführer Muhammed bin-Saud zusammen. Die Männer schlossen ein für beide Seiten vorteilhaftes Bündnis. In der Folge schufen die Sauds ein vollständig auf Krieg ausgerichtetes Gesellschaftssystem beduinischer Kriegerkasten und etablierten auf der Dschesira eine neue – wahhabitische Ordnung, die im Verlauf des 20. Jahrhunderts quasi zur Staatsreligion Saudi-Arabiens avanciert. Vgl.

2. Die politisch-fundamentalistische Bewegung der bereits erwähnten Muslimbruderschaft. Der führende Ideologe der Brüderschaft, Sayyid Qutb (1906-66), ging davon aus, dass sich in der zweiten Hälfte des 20. Jahrhunderts sowohl die nicht-islamischen Länder als auch die meisten islamischen Länder im Zustand der *jahiliya* befanden. Gemeint war damit die „vorislamische Zeit der absoluten Ungewissheit und Ignoranz“, in der unzivilisierte Tyrannen die Menschen knebelten und knechteten. Die Regierungen der unlauteren islamischen Gesellschaften galt es zu stürzen, um eine neue, nunmehr wahrhaft islamische Ordnung zu errichten. Diesen Umsturz könne man nur mittels eines *Jihads* erreichen.[42]

Dementsprechend bilden die vermeintlich „reine“ Lehre des Ur-Islam und die Wiederherstellung der islamischen Ordnung in Staat und Gesellschaft sowie die Schaffung eines islamischen Großreiches die Zielvorgaben islamistischer Organisationen. Als Vorbild dient dabei die Zeit Mohammeds und der ersten Kalifen.

Die Leitlinien des „Islamischen Systems“ sind heute in den Ideologien und Programmen zahlreicher islamistischer Organisationen in ursprünglicher oder modifizierter Form erkennbar. Leitgedanken der vor allem für die Muslimbruderschaft maßgeblichen Theoretiker haben ihren palästinensischen Zweig, die „Islamische Widerstandsbewegung“ (Hamas), und andere islamistische Organisationen wie al-Qaida oder die pakistanische *Tablighi Jama'at* inspiriert. Sie finden sich auch in bei türkischen Islamisten wieder. Die Unvereinbarkeit dieser Positionen mit der oft zitierten freiheitlichen demokratischen Grundordnung ist offensichtlich: Sie liegt begründet in der Ablehnung des Prinzips der Volkssouveränität, des Parteienpluralismus, der Gewaltenteilung sowie der Negierung einiger nach westlichen Maßstäben grundlegenden Menschenrechten wie zum Beispiel der Gleichbehandlung der Geschlechter und dem der Religionsfreiheit.

Gewaltbereite Islamisten verwerfen zudem die historisch gewachsene Interpretation des *Jihad* und missbrauchen ihn stattdessen als Rechtfertigung für ihren Krieg gegen die „Ungläubigen“. Sie beziehen sich dabei insbesondere auf einen Koranvers, in dem es heißt: „Und wenn die heiligen Monate abgelaufen sind, dann tötet die Heiden, wo immer ihr sie findet, greift sie,

---

Werner Ende / Udo Steinbach (Hrsg.), Der Islam in der Gegenwart, Beck Verlag, 4. Auflage, München 1996.

[42] Zitiert aus: Thamm, Internationaler Jihad-Terrorismus, S. 233-234.

umzingelt sie und lauert ihnen überall auf" (Sure 9, Vers 5). Islamisten reißen diese Stelle aus dem Zusammenhang und wenden sie eins-zu-eins auf die heutige Situation an. Diese Vorgehensweise, so der Erlanger Islamwissenschaftler Hartmut Bobzin, entspricht aber nicht der üblichen Koranauslegung: „Es gab immer die Überzeugung, dass Stellen wie ‚tötet die Heiden, wo immer ihr sie findet' auf eine ganz eng begrenzte Situation der Rückeroberung Mekkas zu beziehen sind. Mohammed war in Medina und ging daran, Mekka wieder für die Gläubigen zu erobern. Das war sozusagen der Offenbarungsanlass. Darüber hinaus hat diese Sure des Korans nach dieser Interpretation keine weitere Bedeutung mehr."[43]

Wenngleich sich die Islamisten stets auf den Koran beziehen, wollen sie dennoch nicht zurück ins Arabien des siebten Jahrhunderts. Vielmehr dient ihnen der Koran und das Beispiel des Propheten Mohammed als Idealzustand, den es in der Gegenwart umzusetzen gilt. Zusammenfassend lässt sich also sagen, dass der Unterschied zwischen einem Muslim und einem Islamisten in der Akzeptanz oder Ablehnung der historisch gewachsenen Traditionen besteht. Ein traditioneller Muslim respektiert den Islam, so wie er sich in den Jahrhunderten entwickelt hat, während ein Islamist allein Koran und Sunna als Maßstäbe gelten lässt. Essentiell für die Unterscheidung von Muslim und Islamist ist jedoch deren jeweilige Einstellung zur Politik. Die Islamisten interpretieren den Islam als eine Ideologie, die für den Kampf gegen das, was sie als Unrecht und Unterdrückung empfinden, klare Handlungsanweisungen liefert. Als Gegner betrachten die Islamisten vor allem den Westen und dessen Verbündete. Dazu zu zählen vornehmlich Israel, aber auch die mit den USA verbündeten und in den Augen der Islamisten korrupten, vom Pfad der Religion abgewichenen, arabischen und asiatischen Regime.

Für die Islamisten sind die Zeiten des Kolonialismus noch nicht beendet. Unabhängigkeit, soziale Gerechtigkeit, Gleichheit, Einheit, eine Gesellschaft ohne Laster und Korruption – das sind, stichwortartig zusammengefasst, die Ziele, welche die Islamisten verfolgen. Unabhängigkeit wird in diesem Zusammenhang zuvorderst als Befreiung von westlicher Dominanz verstanden, um die „Befreiung Palästinas" und damit das endgültige Ende des europäischen Kolonialismus herbeiführen zu können. Einige islamistische Gruppierungen konzentrieren sich deshalb in der ersten Phase ihrer Arbeit mehr auf die Missionierung als auf die Politik. Für sie ist es oft wichtiger, Einfluss auf

---

43 Zitiert aus: Hartmut Bobzin, Koran. Eine Einführung, C. H. Beck Verlag, 7. Auflage, München 1999.

die Bildungspolitik zu haben, als auf sicherheitspolitische oder militärische Entscheidungen. Erst mit dem zweiten Schritt erfolgt der Griff nach der Macht. So sieht sich beispielsweise die palästinensische Hamas zuvorderst als eine Missionsbewegung, eine religiöse Bewegung, welche die Gesellschaft dazu bringen will, den Säkularismus abzulegen und zur Religion zurückzukehren. Um dieses Ziel zu erreichen war sie anfänglich meist in Moscheen tätig, um die palästinensische Gesellschaft von einer grundsätzlich säkularen zu einer religiösen zu machen.[44] Ist aus einem säkularen Muslim erst ein religiöser geworden, so das Kalkül der Islamisten, wird er auch eher dazu bereit sein, für seine Religion und sein Land zu sterben.

Der Kampf gegen die westliche Dominanz und für die „Befreiung Palästinas“ bildet also die Motivgrundlage des Islamismus. Darüber hinaus sind die Islamnisten der Überzeugung, sie allein seien eher in der Lage, die Gesellschaft von Korruption zu befreien und Gerechtigkeit zu schaffen, welche die wichtigste Grundlage einer islamischen Gesellschaft bildet. Islamisten träumen von einer organischen, homogenen Gesellschaft, in der jedes Mitglied seine zugeordnete Aufgabe erfüllt. Streit und Zwietracht unter den Mitgliedern eben jener Gesellschaft werden als Gefahr für die Einheit der islamischen Gemeinschaft betrachtet, denn Streit birgt Schwäche in sich, so die Argumentation der Islamisten, die von den Feinden des Islam ausgenutzt werden kann. Die materiellen Normen für diese homogene Gesellschaft liefert den Islamisten die Scharia. Die Interpretationsspielräume, die das islamische Gesetz zulässt, weisen sie dabei von der Hand. Stattdessen erheben sie den Anspruch, dass ihre Auslegung der Scharia dem Willen Gottes entspreche und deshalb nicht anfechtbar sei.[45]

Dieses Phänomen ist kein neues. Immer wieder hat es in der Geschichte Bewegungen gegeben, die eine Rückkehr zu den Wurzeln der Religion und vor diesem Hintergrund eine Reinigung derselben von in ihren Augen verderblichen Praktiken verlangten. Hinsichtlich dieser Forderungen fügen sich die heutigen Islamisten nahtlos in diese Tradition ein. So stürmten im 18. Jahrhundert die Wahhabiten über die Arabische Halbinsel hinweg und verboten alles, was ihrer Meinung nach nicht-islamisch war, wie beispielsweise die Heiligenverehrung. Etwa zweihundert Jahre später gründeten sie schließlich ihren eigenen Staat, das Königreich Saudi-Arabien.

---

[44] Vgl. dazu u.a. Croitoru, Hamas, S. 65ff.

[45] Vgl. Metzger, Islam und Politik, in: Informationen zu politischen Bildung, Bundeszentrale für politische Bildung, 2002, S. 6ff.

Am deutlichsten lässt sich der neuartige Charakter des Islamismus an seinen Führern festmachen: Sie haben meistens eine gute Ausbildung genossen und üben moderne Berufe als Ingenieur, Rechtanwalt oder Arzt aus. Typisch für Islamisten ist ferner, dass sie sich Gedanken über den Zustand ihrer Gesellschaft machen und ein feines Gespür dafür entwickelt haben, was sie in ihren Augen als Unrecht empfinden. Da sie glauben, dass die Scharia den Rahmen für ein vollkommen gerechtes System schafft, das die islamische Gesellschaft aus der Krise führen kann, streben sie einen Staat an, in dem alle Bereiche des Lebens von der Scharia geregelt werden und dessen Normen für alle Menschen gleichermaßen gelten. Diese Vorstellung klingt zunächst sehr anachronistisch. Dahinter verbirgt sich aber tatsächlich ein neuartiges Verständnis vom Verhältnis von Staat und Religion. Während sich im Mittelalter die Rechtsgelehrten bei der Interpretation der religiösen Texte einzig und allein vor Gott rechtfertigen mussten, ist es heute der Staat, der die volle Kontrolle über die Gesetzgebung ausüben soll. In letzter Konsequenz bedeutet dies, dass die Interessen des Staates letztlich immer Vorrang vor denen der Religion haben.

1.1.4 Zur gegenwärtigen Situation

Aus den mehr oder weniger provisorisch errichteten Schulen und militärischen Ausbildungsstätten in den afghanischen Flüchtlingslagern in Pakistan wurden mit Duldung der pakistanischen Regierung effektiv arbeitende Einrichtungen, die ihre Anziehungskraft auf radikale Muslime weit über die Grenzen der südasiatischen Region ausüben und fortwährend neue potentielle Jihadisten anlocken. Die Inhalte der Ausbildung haben sich dabei grundlegend verändert. So lange die afghanischen Widerstandskämpfer von US-amerikanischer Seite unterstützt wurden, spielten die bei den radikal muslimischen Gruppen verbreiteten anti-amerikanischen Tendenzen nur eine untergeordnete Rolle. Inzwischen ist die Toleranz auf Zeit einer grundsätzlich skeptischen Einschätzung der USA und des Westens gewichen. Das Moment der vermeintlichen Bevormundung der muslimischen Welt durch den dekadenten Westen bildet dabei die Grundlage des Hasses und ist Triebfeder für zahlreiche terroristische Anschläge weltweit. Dabei wird die Unterstützung Israels durch den Westen als ein besonders hervorzuhebendes Beispiel für die Ungerechtigkeit der weltpolitischen Machtverhältnisse angeführt. Daneben spielen aber auch andere Konfliktherde, wie die anhaltenden Spannungen zwischen den Erbfeinden Indien und Pakistan eine nicht zu unterschätzende Rolle.[46]

Dem Westen wird vor allem die Unterstützung Indiens im Konflikt um Kaschmir vorgeworfen, obwohl die USA Pakistan trotz wiederholter kriegerischer Eskalationen über Jahrzehnte unterstützt haben. Man muss davon ausgehen, dass dieser Konflikt um ein Gebiet, dass nicht größer als Rheinland Pfalz ist, eine besondere Anziehungskraft auf radikale gewaltbereite Muslime ausübt.[47] Besonders problematisch erscheint diesbezüglich, dass hier eine beträchtliche Anzahl von radikal militanten Guerilla-Truppen agiert, die sich untereinander heftige Konkurrenzkämpfe liefern, was zu einer weiteren Zuspitzung des Konflikts und zu einer wachsenden Gewalteskalationsbereitschaft führen könnte. Die zahlreichen Konflikte in Zentralasien, vor allem aber die Tschetschenien-Kriege haben Russland in den Augen der radikalen Muslime ebenfalls zum Feindbild werden lassen. Es ist aber nicht allein die Ablehnung der westlichen Gesellschaftssysteme, die radikale Islamisten in die pakistanischen Ausbildungscamps führt. Die Ausbildung dort richtet sich ebenso gegen alle Formen des Islams, die nicht mit den streng orthodox sunnitischen Vorstellungen der ideologischen Nachfolge der Muslimbrüder oder der *Jama at-i islami* übereinstimmen.[48] Dazu gehören einerseits die verschie-

---

46 Vgl. hierzu [u.a.]: Christian Wagner, Die „verhinderte" Großmacht. Die Außenpolitik der Indischen Union, 1947-97, Nomos-Verlag, Baden-Baden, 2005.

47 Zur Entstehung und Verlauf des Kaschmirkonfliktes vgl. [u.a.], Jakob Rösel, Die Entstehung des Kaschmirkonfliktes, in: Werner Draguhn (Hrsg.), Indien 1999 – Politik, Wirtschaft, Gesellschaft, Hamburg 1999, S. 155-176.

48 Der Islam ist in mehrere Richtungen gespalten. Die Sunniten bilden mit etwa neunzig Prozent die zahlenmäßig größte Gruppierung. Sie unterteilen sich wiederum in die sunnitischen Rechtsschulen der Hanafiten, Malikiten, Hanbaliten und Schafiiten. Die Wahhabiten genannte Richtung des sunnitischen Islam ist zwar keine eigenständige Rechtsschule, aber stark an die der Hanbaliten angelehnt. Die verschiedenen Rechtsschulen sind häufig geografisch verteilt. So leben bspw. Hanafiten hauptsächlich in der Türkei und Malikiten in Nordafrika. Die Unterschiede zur zweitgrößten Glaubensrichtung innerhalb des Islam, deren Anhänger als Schiiten bezeichnet werden, liegen in der Auffassung begründet, auf welche Grundlage sich die Herrschaft des obersten Führers (Kalif bei den Sunniten, Iman bei den Schiiten) gründet. Für die Sunniten ist der Kalif ein Führer, der von seinen Anhängern aufgrund der seiner weltlichen, administrativen Fähigkeiten gewählt wird. Für Schiiten hingegen kann der Iman nur ein rechtmäßiger Nachfolger Mohammeds sein und gleichzeitig auch Nachfolger Alis (des Schwiegersohns Mohammeds). Während der Kalif also nur ein weltlicher Verteidiger seiner Religionsgemeinschaft ist, stellt der Iman im Glauben der Schiiten ein unfehlbares, vollkommenes geistliches und mit unbegrenzter Macht ausgestattetes Oberhaupt dar, dem darüber hinaus auch Sündenlosigkeit zugesprochen

denen Formen islamischer Volksreligion, die vor allem in Pakistan noch eine besondere Rolle spielen. Mit dem Volksislam sind zahlreiche mystische Formen des Islams verknüpft, die von den radikalen Muslimen ebenfalls kritisch beurteilt bzw. abgelehnt werden.[49]

An dieser Stelle muss außerdem auf die traditionellen Gräben zwischen Muslimen sunnitischen und schiitischen Bekenntnisses hingewiesen werden, die nicht zuletzt auch im Kontext radikaler islamischer Organisationen zu Tage treten. Dabei spielt wiederum der afghanische Bürgerkrieg eine beträchtliche Rolle, der im weiteren Verlauf der Studie noch eingehender dargestellt wird. Die Islamische Republik Iran unterstützte während des afghanischen Bürgerkrieges überwiegend schiitische Milizen während Pakistan die sunnitischen Taliban protegierte. Bei den verlustreichen Kämpfen um die Macht im Land setzten sich schließlich die Taliban durch. Die schiitische Minderheit in Afghanistan war fortan beträchtlichen Repressionen ausgesetzt. Die antischiitischen Vorstellungen der radikalen muslimischen Organisationen in Pakistan haben dabei auch ein innerpakistanisches Moment, da dort ebenfalls eine schiitische Minorität beheimatet ist, die sich gegen die sunnitische Majorität behaupten muss.[50]

Das Sendungsbewusstsein der radikalen Organisationen in Pakistan blieb jedoch nicht auf die Bevölkerung in Krisengebieten, also vornehmlich Kaschmir und dem afghanisch-pakistanischen Grenzgebiet, beschränkt. So schicken beispielsweise Familien aus dem ländlichen Bereich Malaysias, die nicht in der Lage sind, ihren Söhnen eine religiöse Ausbildung in ihrem Heimatland zu finanzieren, einen oder mehrere von ihnen in die pakistanischen Madrasas. Neben dem religiösen Unterricht durchlaufen viele von ihnen auch eine militärische Ausbildung, die oft durch den Einsatz auf der Seite der Taliban und in den privaten Milizen der afghanischen Warlords ergänzt wurde.

---

wird. Vgl. hierzu [u.a.], Gerhard Endreß, Der Islam: Eine Einführung in seine Geschichte, C. H. Beck Verlag, München 1997.

49 Als Volksislam bezeichnet man islamische Glaubensrichtungen, die sich neben den offiziellen Glaubensinhalten auch auf vorislamische Elemente beziehen. So kann bspw. In volksislamischen Gesellschaften Alkoholkonsum rituell erlaubt sein. Bestimmte Ahnen werden als Heilige verehrt und Geister können als Engel fungieren. Heiligengräber ersetzen die Pilgerreise nach Mekka. Viele vorislamische sind dem islamischen Glauben angepasst worden. In einigen Übergangsriten sind diese häufig offensichtlich, zum Beispiel bei Reinigungsritualen vor einer Hochzeit. Vgl. hierzu [u.a.], Hans Küng, Der Islam: Geschichte, Gegenwart, Zukunft, Piper Verlag, 3. Auflage, München 2006.

50 Vgl. Heine, Islam und Fundamentalismus, S. 386ff.

Nach ihrer Rückkehr in ihre Heimat nehmen diese jungen Religionsgelehrten oft eine Tätigkeit in einer ländlichen Moschee, inzwischen aber auch in größeren Städten auf und tragen so zur Verbreitung radikaler Glaubensverklärungen bei, mit denen sie in Pakistan vertraut gemacht wurden. Vergleichbare Trends lassen sich auch in anderen islamischen Ländern feststellen. Darüber hinaus werden immer häufiger jungendliche Muslime in Großbritannien und den USA angeworben und nach Pakistan eingeladen. Die Verbreitung radikal islamischer Ideologien kann sich so auf ein ständig wachsendes und global verzweigtes Netzwerk stützen.

Parallel zum religiös-ideologischen Aspekt spielt vor allem die militärische Dimension für die sicherheitspolitische Situation eine tragende Rolle. Die diversen innenpolitischen, häufig aus sozialen Spannungen resultierenden Konflikte in islamischen Staaten haben zu einer fortschreitenden Destabilisierung verschiedener Regionen der islamischen Welt beigetragen. Neben Pakistan und Afghanistan formieren sich auch in Ägypten, Algerien, Bosnien, Indonesien oder den Philippinen neue und immer schlagkräftigere radikal-islamische Gruppierungen, deren Führungskader oft in Pakistan ausgebildet wurden. Diese Verstärkung erfolgt einerseits ideologisch, weil die so genannten „Afghanen“ aufgrund ihrer Vita als besonders gefestigte Vertreter radikaler islamischer Glaubensinhalte angesehen werden müssen. Sie sind in der Lage, unter Hinweis auf den Nimbus als *Jihad*-Kämpfer ihre Vorstellungen von dem, was für sie Islam bedeutet, erfolgreich zu verbreiten. Die auf diese Weise entfachte Wirkung auf junge Männer ist dementsprechend groß. Hinzu kommt, dass die „Afghanen“ oft mit den verschiedensten Waffen und Guerilla-Taktiken vertraut sind und diese bei den entsprechenden Aktionen gegen die vorherrschenden politischen Strukturen ihres jeweiligen Landes zu Anwendung bringen können und schon wiederholt gebracht haben. Es ist aufgrund der Häufigkeit von islamistisch motivierten Anschläge weltweit davon auszugehen, dass sich mittlerweile alle Sicherheitsbehörden dieser Problematik bewusst sind und dieser entschieden entgegen treten werden.[51]

Zur Vorgehensweise der so genannten „Afghanen“ gehört, dass sie Anschluss an Gruppierungen suchen, die sich seit längerem in Auseinandersetzungen mit ihren politischen Eliten befinden. Diesbezüglich sind vor allem Bosnien und Tschetschenien zu nennen. Aus Algerien, Pakistan, Indonesien, Palästina oder Sudan stammende Afghanistan-Kämpfer haben sich nach ihrer Rückkehr in die Heimat oft den dortigen Armeen und Milizen angeschlossen

---

[51] Vgl. Ebd., S. 387.

und nehmen an militärischen Operationen teil. Dadurch werden aus kleinen und bis dato kaum effektiven Verbänden erstaunlich schlagkräftige Gruppen. Oftmals sind die Übergänge zwischen religiös und politisch motivierten Organisationen einerseits und kriminellen Vereinigungen andererseits fließend. In einer Reihe von Fällen wurde bekannt, dass die radikalen Gruppen mitunter auf kriminelle Aktionen wie Erpressung und Überfälle zurückgreifen, um ihre Operationen zu finanzieren. Dabei nehmen sie es dann auch mit den vom islamischen Recht vorgeschriebenen Regeln nicht mehr so genau und sind dann auch bereit beispielsweise im großen Stil mit Drogen zu handeln. Erfahrungsgemäß ist es sehr schwierig zu differenzieren, in welchem Maß durch Spenden internationaler islamischer Organisationen und vermögender Privatiers oder ob die Gelder auch aus den Kassen von sympathisierenden Staaten stammen.[52]

1.2 Terrorismus – Das neue Feindbild

Bis heute teilen Muslime die Welt in die dar al-Islam, das Gebiet des Islam, und die dar al-harb, das Gebiet des Krieges, ein. Als am 25. Dezember 1979 „ungläubige“ sowjetische Soldaten in Afghanistan, einem ausgewiesenen blockfreien „Gebiet des Islam“, einmarschierten, um hier andere „gottlose“ Kommunisten zu unterstützen, wurde in der Welt der Muslime der „Kleine Jihad“ (der kleine Heilige Krieg) als „Anstrengung aller Kräfte im militärischen Sinn zur Verteidigung des Islam“ zwingend notwendig.[53] Die Folge war, dass allein zwischen 1982 und 1992 rund 35000 radikale Muslime aus 43 islamischen Ländern des Mittleren Ostens, Nord- und Ostafrikas, Zentralasiens und des Fernen Ostens an den Hindukusch kamen, um mit tatkräftiger Unterstützung des pakistanischen Geheimdienstes Inter-Services Intelligence (ISI) der Widerstandsbewegung der Mujaheddin (Gotteskrieger) beizutreten. Parallel dazu zog es Zehntausende in die eigens in Pakistan errichteten Madrasas, in denen eine streng fundamentalistische Auslegung des Islam gelehrt wurde. Nachdem die letzten sowjetischen Soldaten Afghanistan im Februar 1989 völlig demoralisiert verlassen hatten, war der Zerfall des Sowjetimperiums und damit das Ende Warschauer Paktes als Gegengewicht zur Nato bereits eingeleitet.

---

52 Vgl. Ebd., S. 388.
53 Vgl. Thamm, Internationaler Djihad-Terrorismus, S.231ff.

Der Krieg in Afghanistan avancierte in der Folge zum Referenzmodell für den regionalen Guerillakampf. Als Reaktion auf die Entwicklungen im Nachbarland unterstützte Pakistan antikommunistische und streng religiöse Aufständische, aus denen sich eine grenzübergreifend operierende Gruppe entwickelte. In deren imaginären Zentrum steht heute jene Organisation, die gemeinhin als al-Qaida bezeichnet wird. Deren Aufruf zum Kampf folgten weltweit Tausende aus den muslimischen Staaten und der Diaspora. *Jihad*-Freiwillige aller Nationalitäten beteiligten sich in der Folge an der gewaltsamen Austragung solcher Regionalkonflikte mit dem Ziel, in muslimischen Regionen ein „wahres islamisches Regime" vergleichbar dem der Taliban in Afghanistan zu etablieren. So wurde auch für den Irak nach dem Sturz Saddam Husseins ein *Jihad* ausgerufen, der dort bis zum heutigen Tage tobt. Ein Problem der inneren Entwicklung Afghanistans bzw. Pakistans wurde so zu einer außen- und sicherheitspolitischen Frage von zunächst regionaler und heute globaler Bedeutung.

1.2.1 Was ist Terrorismus?

Die Anschläge vom 11. September 2001 auf das World Trade Center in New York und das Pentagon in Washington haben die Überzeugung der Amerikaner erschüttert, sie seien auf eigenem Territorium vor Terroranschlägen fremder Mächte sicher. Vor allem aber haben sie den Alltag in den „offenen Gesellschaften" der westlichen Industrienationen verändert. Dieses Ereignis hat Sicherheitsexperten in vielen Staaten der Welt Argumente in die Hand gegeben, im Kampf gegen die allgegenwärtige Gefahr, des so genannten internationalen Terrorismus, Bürgerrechte einzuschränken, internationale Abkommen auszusetzen oder zu missachten. Nach dem Wegfall des bipolaren Mächtegleichgewichts durch den Zusammenbruch des kommunistischen Systems ist immer wieder die Frage gestellt worden, ob die westliche Welt um ihres eigenen Selbstverständnisses willen einen neuen Gegner bzw. Feind brauchen würde. Die theoretische Frage ist bis heute unbeantwortet geblieben, in der politischen Praxis hat jedoch längst der internationale Terrorismus diese Funktion übernommen.[54]

Der Terminus „internationaler Terrorismus" verbirgt indes mehr als er offen legt. Politikwissenschaftler zählen inzwischen mehr als 150 unterschied-

---

[54] Vgl. Peter Heine, Terror in Allahs Namen. Extremistische Kräfte im Islam, Verlag Herder, Freiburg im Breisgau, 2004, S. 7f.

liche Definitionen von Terrorismus. Mit dem Begriff verknüpfen sich heute Formulierungen wie „großer Satan", „Achse des Bösen" oder „Schurkenstaat". Doch der „Terrorist" des einen ist nicht selten der „Freiheitskämpfer" des anderen. Die Definition des Terrorismus-Begriffs ist deshalb so umstritten, weil die jeweilige Auslegung oft unmittelbare Konsequenzen für die Legitimation und die Durchsetzung des eigenen politischen Willens hat.[55] Es ist angesichts dieser definitorischen Unsicherheit an dieser Stelle anzumerken, dass fast nie aus der Sicht der Opfer argumentiert wird, sehr viel öfter jedoch aus der Perspektive Täter. Doch wie lässt sich Terrorismus definieren? Nur wenige Wörter haben sich mit soviel Hinterlist in unsere Alltagssprache eingeschlichen und werden seitdem gerade zu inflationär verwendet. Tatsächlich wird oft jede besonders abscheuliche Gewalttat, die als gegen die Gesellschaft gerichtet verstanden werden kann, als terroristischer Akt bezeichnet. Oft ist es gleichgültig, ob es sich dabei um die Aktivitäten von regierungsfeindlichen Dissidenten oder von Regierungen selbst, um organisierte Verbrecherbanden oder gewöhnliche Kriminelle, um randalierenden Mob oder um Personen, die militant protestieren, um einzelne Geisteskranke oder um Erpresser handelt.[56]

Auch die Definitionen in den einschlägigen Lexika bieten hier wenig Hilfe. Wie im Folgenden erkennbar wird, ist die Feststellung, dass es sich beim Phänomen Terrorismus um einen politischen Begriff handelt, absolute Voraussetzung zum Verständnis seiner Ziele, Motive und Absichten sowie ganz wesentlich für dessen Abgrenzung von anderen Arten der Gewaltanwendung. Der Terrorismus ist im weithin akzeptierten Sprachgebrauch prinzipiell und seiner Natur nach eine politische Angelegenheit. Dabei geht es unvermeidlich um alle Facetten von Macht, um das Streben, den Erwerb und den Gebrauch von Macht zur Durchsetzung politischer Veränderungen. Beim Terrorismus geht es somit um Gewalt bzw. die Androhung von Gewalt, die zugunsten oder im Dienste eines politischen Ziels benutzt und eingesetzt wird. Ist dieses entscheidende Charakteristikum deutlich hervorgehoben, kann man die Bedeutung des zusätzlichen Begriffsmerkmals verstehen, welches das *Oxford English Dictionary* liefert: Terrorist ist demnach „jeder, der versucht, seine Ansichten durch ein System von auf Zwang beruhenden Ein-

---

[55] Vgl. Christoph Grützmacher, Die Außen- und Sicherheitspolitik Pakistans. Ein sicherheitspolitischer Eskalationsfaktor in Asien?, Verlag Dr. Kovac, Hamburg 2007, S. 355ff.

[56] Vgl. Bruce Hoffmann, Terrorismus – Der unerklärte Krieg, Fischer Verlag, Frankfurt a. M., 2006, S. 13f.

schüchterungen durchzusetzen".[57] Diese Definition hebt deutlich das andere Grundcharakteristikum des Terrorismus, dass es sich dabei um eine geplante, berechnete und darum systematische Aktion handelt, hervor. Angesichts dieser vergleichbar einfachen Erklärung fragt man sich, warum derartig viele, untereinander divergierende Terrorismus-Definitionen existieren. Der plausibelste Grund dafür liegt wahrscheinlich darin, dass sich die Bedeutung des Begriffes im Laufe der letzten knapp 220 Jahre häufig gewandelt hat und die Rahmenbedingungen nie die gleichen geblieben sind.[58]

Terrorismus kann als eine besondere Form der Gewalt mit im weitesten Sinne politischer Zielsetzung verstanden werden, dem eine (politische) Ideologie zugrunde liegt. Er ist gleichsam Waffe und Methode, die durch die Geschichte sowohl von Staaten als auch von nichtstaatlichen Akteuren aus einer Vielzahl von (politischen) Gründen und Absichten heraus benutzt worden. Zugespitzt könnte gefolgert werden, dass es sich beim Phänomen „Terrorismus" um die im Grunde letzte Eskalationsstufe von (politischem) Extremismus handelt.[59]

Terrorismus als Spezialform extremistischer Gewalt hat für Hirschmann vom Essener Institut für Terrorismusforschung und Sicherheitspolitik (IFTUS) fünf Charakteristika:

---

57 Vgl. *The Oxford English Dictionary,* Compact Edition {Oxford: Oxford University Press, 1971], S. 3268, Spalte 216.

58 Das Wort „Terrorismus" wurde zum ersten Mal während der Französischen Revolution allgemein gebräuchlich. Im Gegensatz zu seiner heutigen Verwendung hatte der Terrorismus damals einen entschieden positiven Beiklang. Das System oder *Regime de la terreur* der Jahre 1793/94 von dem sich das Wort im Englischen (und in anderen Sprachen, so auch im Deutschen) herleitet, wurde als ein Instrument zur Durchsetzung von Ordnung errichtet anlässlich der vorübergehenden anarchischen Periode der Unruhen und Aufstände, die auf die Erhebung von 1789 folgten. Im Unterschied zum Terrorismus, wie er heute gewöhnlich verstanden wird, nämlich als eine revolutionäre oder gegen die Regierung gerichtete Aktivität von nichtstaatlicher oder substaatlicher Einheiten, war das *Regime de la terreur* ein Instrument der Herrschaft, ausgeübt durch den kürzlich erst etablierten revolutionären Staat. Es zielt auf die Festigung der Macht der neuen Regierung durch Einschüchterung von Kontrarevolutionären, subversiven Elementen und allen Andersdenkenden, die das neue Regime als „Volksfeinde" betrachtete. Vgl. Hoffmann, Terrorismus – Der unerklärte Krieg, S. 15-16.

59 Vgl. Kai Hirschmann, Das Phänomen Terrorismus. Entwicklungen und Herausforderungen, in: Sicherheitspolitik in neuen Dimensionen. Kompendium zum erweiterten Sicherheitsbegriff, Bundesakademie für Sicherheitspolitik, E. S. Mittler & Sohn Verlag, Hamburg – Berlin – Bonn, 2001, S. 453-482„ hier: S. 453ff.

- Er ist vorsätzlich und zielt darauf, eine emotionale Reaktion hervorzurufen (meist extreme Angst und Verunsicherung in der Bevölkerung verbunden mit Sympathie bei den eigenen Anhängern);
- Er richtet sich an eine breite Öffentlichkeit als die unmittelbaren Opfer;
- Er beinhaltet Angriffe auf willkürlich gewählte symbolische Ziel, einschließlich Menschen.
- Die terroristische Gewaltanwendung wird von der Gesellschaft als unnatürlich wahrgenommen, bricht mit sozialen Normen und erzeugt damit das Gefühl einer Gräueltat.
- Terroristische Gewalt wird angewendet, um den Gegner in seinem (politischem) Verhalten zu beeinflussen.[60]

Hirschmann zieht weiterhin eine Trennlinie zwischen Terroristen und Guerilla- oder Freiheitskämpfern. Einzelne fließende Übergänge zwischen beiden irregulären Kampfmethoden dürften nicht darüber hinwegtäuschen, so Hirschmann, dass es sich um unterschiedliche Vorgehensweisen handelt: Guerillakampf ist demnach eine militärische Strategie, die auf die Belästigung, Einkreisung und letztlich Vernichtung des Gegners abzielt. Im Gegensatz dazu stellt der Terrorismus eher eine Kommunikationsstrategie dar, wobei Gewalt nicht primär aufgrund ihres Zerstörungseffektes, sondern als „Signal" verwendet wird, um eine psychologische Öffentlichkeitswirkung zu erzielen. Franz Wördemann stellt hierzu fest, dass Guerilleros den Raum, Terroristen jedoch das Denken besetzen wollen.[61] Während Guerillakämpfer die Trennlinie zwischen Kombattanten und Zivilisten in der Regel respektieren, nehmen Terroristen auch die Tötung Unbeteiligter oft billigend in Kauf.

Der „Krieg gegen den internationalen Terrorismus" hat bisher zu zwei großen militärischen Operationen geführt: Zum Krieg gegen die Taliban-Diktatur in Afghanistan und zum Krieg gegen den Irak. Zumindest die militärische Intervention im Irak, welche primär der Demission des dortigen Diktators Saddam Hussein galt, muss heute im Sinne des Kampfes gegen den internationalen Terrorismus als eher kontraproduktiv eingestuft werden. Nachdem die Kader des Terrornetzwerkes al-Qaida in Afghanistan schwere Verluste

60 Zitiert aus: Ebd., S. 454.

61 Vgl. hierzu: Franz Wördemann, Terrorismus: Motive, Täter, Strategien Piper Verlag Zürich, 1982.

hinnehmen mussten, hat die alliierte Invasion im Irak die Zahl der gewaltbereiten Islamisten hingegen stark ansteigen lassen. Zudem bietet der Irak ein reiches Betätigungsfeld für diese Art von „Glaubenskämpfern". Trotz aller Bemühungen erscheint der internationale Terrorismus im Irak derzeit ungeschwächt und deren Verfechter nach wie vor hoch motiviert.[62]

Auch aus anderen Teilen der Welt werden beinahe täglich Zusammenstöße mit paramilitärischen Gruppen gemeldet, die als Vertreter eines radikalen Islam betrachtet werden können und wollen. Zu den Krisengebieten weltweit gehören u.a. der Balkan, Tschetschenien, die Südphilippinen, der Süden Algeriens, Nord-Nigeria und die Kaschmirregion. Offenkundig gelingt es den Sicherheitskräften in den betroffenen Ländern nicht, der Situation Herr zu werden. Über andere Mittel der Konfliktlösung als denen der militärischen Gewalt scheinen dabei weder die Terroristen noch die Regierungen zu verfügen.

Anschläge militanter Muslime auf westliche Institutionen auf der ganzen Welt haben die Islamphobie in den USA aber auch in Europa erheblich vertieft und vielerorts Muslime unter Generalverdacht gestellt. Öffentliche Vorverurteilungen hochrangiger Politiker, dass Muslime als potentielle Gefahr für die öffentliche Sicherheit betrachtet werden müssen, weil für sie nicht die Verfassung des jeweiligen Landes, sondern die Gesetze Allahs und des Propheten die höchste Autorität darstellt, scheinen mittlerweile zum guten Ton u.a. auch in Deutschland zu gehören.[63] Es scheint, als ob sich viele noch nicht im Klaren darüber sind, dass derartige Vorverurteilungen ein beständiges Klima des Misstrauens entstehen lässt, dass die Gräben zwischen westlichen und islamischen Staaten weiter vertieft. Ohne verbesserte Kenntnisse über die religiösen und politischen Vorstellungen der vielfältigen und mitunter durchaus widersprüchlichen Positionen der militanten Muslime, ist eine differenzierte Betrachtung des Phänomens „internationaler Terrorismus" nicht möglich. Ohne die Fähigkeit der Differenzierung kann dieser aber auch nicht eingedämmt werden.

---

[62] Vgl. Heine, Terror in Allahs Namen, S. 10ff.

[63] Als im Juni 2003 ein mit Sprengstoff präparierter Koffer auf dem Hauptbahnhof in Dresden gefunden wurde, erklärten hohe Polizeibeamte auf suggestive Fragen von Journalisten hin, dass es sich um einen nur knapp vereitelten Anschlag radikaler Muslime handele. Der Bau der Bombenkonstruktion sei eindeutig einem solchen Täterkreis zuzuordnen. Wie bald darauf bekannt wurde, handelte es sich bei dem vermuteten muslimischen Terroristen um einen Geschäftsmann aus Sachsen, der die Deutsche Bahn erpressen wollte. Vgl. ebd. S.11f.

1.2.2 Die neuen Kriege – Nationaler und internationaler Terrorismus

Der von den USA angeführte Afghanistanfeldzug Ende des Jahres 2001 brachte eine temporäre Festigung des territorialstaatlichen Gefüges im zentralasiatischen Raum mit sich, welches in den neunziger Jahren durch grenzüberschreitende ethno-nationale Konflikte und transnational agierende islamistische Gruppierungen stark erodiert war. Diese Entwicklung hatte bereits vor den Anschlägen des 11. September 2001 und dem darauffolgenden Afghanistanfeldzug eingesetzt und wurde nun durch die militärisch gestützte amerikanische Hegemonie im zentralasiatischen Einzugsgebiet mit den Ländern Afghanistan, Pakistan, dem Iran und den fünf zentralasiatischen GUS-Republiken besiegelt.[64] Der nur sechzehn Monate später begonnene Irakkrieg brachte die räumliche Erweiterung der amerikanischen Hegemonie über das Kerngebiet des Mittleren Ostens. Die USA waren jetzt nicht mehr wie früher Ordnungsmacht im Hintergrund mit kleineren Stützpunkten am Persischen Golf, sondern stehen seither mit geballter militärischer Macht an den Frontlinien der regionalen Konfliktherde, zu deren Eskalation sie nicht selten selbst erheblich beigetragen haben. Als geostrategische Folge des Irakkrieges wurde erstens das territoriale Gefüge im zentralasiatischen Raum gesichert. Zweitens ist Israel mehr denn je zuvor vor einem Angriff durch ein arabisches Regime geschützt. Drittens wurden die Chancen für regionale Mächte, selbst zum Hegemon zu avancieren, drastisch eingeschränkt. Auch kleinere Staaten können ihr Verhältnis zur Supermacht USA direkt, ohne Rücksichtnahme auf ihre Nachbarn regeln. Die Konkurrenz zwischen regionalen Großmächten hat somit für das politische Kalkül an Bedeutung verloren.[65]

Letzteres trifft allerdings weniger auf die zentralasiatischen Staaten zu, bei denen zumindest in Teilbereichen die Konkurrenz zwischen den USA, Russland und auch China in den letzten Jahren durchaus an Bedeutung gewonnen hat. Diese Konkurrenz kommt vor allem im energiepolitischen Bereich zum Tragen, aber auch im sicherheitspolitischen, wie sich am Beispiel der *Shanghai Cooperations Organization* (SCO) zeigt, zu deren Mitglieder China, Russland, Kirgisistan, Kasachstan, Tadschikistan und Usbekistan zählen. Das offensichtliche Bemühen um eine regionale Sicherheitskooperation zur Be-

---

[64] Vgl. Johannes Reissner, Risiken des westlichen Afghanistanengagements, in: Erich Reiter (Hrsg.), Jahrbuch für internationale Sicherheitspolitik 2004, Verlag E. S. Mittler & Sohn GmbH, Hamburg – Berlin – Bonn, 2004, S. 263-277, hier: S. 269ff.

[65] Vgl. Volker Perthes, Bewegung im Mittleren Osten: Internationale Geopolitik und regionale Dynamik nach dem Irak-Krieg, SWP-Studie, Berlin 2004, S. 32f.

kämpfung des Terrorismus wird unter dem Stichwort der Multipolarität als Gegenentwurf zur amerikanischen Unipolarität verstanden. Der Iran bildet mit seiner explizit postulierten antiamerikanischen Haltung zudem einen Sonderfall. Die iranische Regierung nutzt Russland für ihr Nuklearprogramm und versucht nicht zuletzt auch in diesem sicherheitspolitisch hoch sensiblen Bereich die Europäer gegen die USA auszuspielen. Die dadurch geschürte Konkurrenz zwischen den USA und Russland bietet Teheran zugleich mehr Spielraum, seinen Einfluss in Zentralasien und im Südkaukasus auszubauen – zumindest wird dies auf amerikanischer Seite befürchtet.[66] Die amerikanisch-russische Konkurrenz um Einfluss in Zentralasien, ob nun sicherheits- oder energiepolitisch motiviert, ist jedoch nicht mehr mit der grundlegenden ideologischen Unvereinbarkeit russischer und amerikanischer Interessen wie zu Zeiten des Kalten Krieges vergleichbar.[67]

Die im Zuge des Afghanistanfeldzuges errichteten amerikanischen Militärbasen in Kirgisistan und Usbekistan stellen insofern ein Novum dar, als dass sie sich auf ehemaligem sowjetischen Territorium befinden. Die historisch-kulturelle Zusammengehörigkeit des zentralasiatischen Großraums, die sich in Sprachen, transnationalen Ethnien, traditionellen Lebensformen und Religionen manifestiert, findet unter Sicherheitsgesichtpunkten von neuem Berücksichtigung. Die Neuordnung der Zuständigkeitsbereiche (*areas of responsibility* – AOR) des *Central Command* (CENTCOM) verweist ebenso auf veränderte geostrategische Prioritäten der USA im Einzugsgebiet Zentralasiens und des Mittleren Ostens.

Unter globalstrategischen Aspekten mögen diese Entwicklungen zwar von Interesse sein, der bisherige Gewinn aus dem Versuch der Errichtung amerikanischer Hegemonie erschöpft sich jedoch zunächst an der Festigung des territorialstaatlichen Status quo. Obwohl Präsident George W. Bush 2004 behauptete, dass die Welt sicherer geworden sei, ist dies angesichts der Tatsache, das Osama bin Laden bis heute nicht gefasst werden konnte, sein Terrornetzwerk al-Qaida weiter operieren kann und die Energieversorgung aus dem Persischen Golf nicht sicherer geworden ist, nicht nachvollziehbar. Im Gegenteil: Die Diskrepanz zwischen Erzwingungs- und Gestaltungsmacht ist offensichtlicher geworden. Die Vermutung, dass der asymmetrische Kampf gegen den Terrorismus nicht mit militärischen Mitteln zu gewinnen ist, avan-

66 Vgl. Wall Street Journal vom 19.7.2004, S. 8.

67 Vgl. Geoffrey Kemp / Paul Saunders, America, Russia, and the Greater Middle East. Challenges and Opportunities, Washington, November 2003, S.4.

cierte zur Erkenntnis. Die neuen Kriege prägen die internationale Sicherheitspolitik mehr als zuvor.

Von der Weltöffentlichkeit lange unbemerkt, hat der Krieg in den letzten Jahrzehnten schrittweise seine Erscheinungsform geändert. Der klassische Staatenkrieg, der die Szenerien des Kalten Krieges noch weithin geprägt hat, scheint mehr und mehr zu einem historischen Auslaufmodell geworden zu sein; die Staaten haben als die faktischen Monopolisten des Krieges abgedankt.[68] An ihre Stelle treten immer häufiger parastaatliche, teilweise sogar private Akteure – von lokalen Warlords und Guerillatruppen über weltweit operierende Söldnerfirmen bis hin zu internationalen Terrornetzwerken – für die der Krieg zu einem dauerhaften Betätigungsfeld geworden ist.[69] Die meisten sind Kriegsunternehmer, die den Krieg auf eigene Rechnung führen und sich die dafür nötigen monetären Mittel auf unterschiedliche Art und Weise beschaffen: Sie werden durch vermögende Privatleute, Staaten oder Emigrantengemeinden unterstützt, verkaufen Bohr- und Schürfrechte für die von ihnen kontrollierten Gebiete, betreiben Drogen- und Menschenhandel oder erpressen Schutz- und Lösegelder, und durchweg profitieren sie von den Hilfslieferungen internationaler Hilfsorganisationen, da sie die jeweiligen Flüchtlingslager oder zumindest deren Eingänge kontrollieren. Unabhängig von der Art und Weise ist die Finanzierung des Krieges im Unterschied zu den klassischen Staatenkriegen stets ein wichtiger Aspekt der Kriegsführung selbst. Die gewandelten Formen der Kriegsfinanzierung führen dazu, dass Kriege oft über Jahrzehnte andauern können, ohne dass ein Ende in Sicht wäre.

Die im letzten Jahrzehnt auf dem Balkan geführten Kriege, die in der Kaukasusregion sowie die in Afghanistan wären ohne deren religiös und ethnische Gegensätze entweder anders verlaufen oder hätten überhaupt nicht stattgefunden. Ideologien sind nach wie vor eine wichtige Triebfeder zur Mobilisierung von Unterstützungsbereitschaft, auf welche die Kriegsparteien in jüngster Zeit verstärkt zurückgegriffen haben. Dabei war zu beobachten, dass immer weniger Meinungsverschiedenheiten bei Territorialfragen kriegsursächlich waren, wie u.a. bei den Konflikten in Nordirland oder der Baskenregion in Spanien. Stattdessen scheint immer mehr der bloße Wunsch nach Zerstörung des anderen, unbekannten und verachteten Kulturgutes im Mittel-

68 Vgl. Herfried Münkler, Ältere und jüngere Formen des Terrorismus. Strategie und Organisationsstruktur, in: Werner Weidenfeld (Hrsg.), Herausforderung Terrorismus. Die Zukunft der Sicherheit, VS Verlag für Sozialwissenschaften, Wiesbaden 2004, S. 29-43, hier: S. 29ff.

69 Vgl. Ders., Die neuen Kriege, Rowohlt Verlag, Hamburg 2002, S. 7ff.

punkt der Attacken zu stehen. Offenbar hat ein Wandel der Motivations- und Legitimationsquellen kriegerischer Gewaltanwendung stattgefunden. Dies gilt insbesondere für sozialrevolutionäre Ideologien, denen eine sehr viel größere Bedeutung zukommen müsste, falls Armut und Elend tatsächlich die Hauptursache für diese Kriege waren. Es lässt sich jedoch eher konstatieren, dass die hoffnungslose Verelendung einer Region desto wahrscheinlicher eintritt, je länger sich die Kriegsunternehmer in ihr eingenistet und deren Ressourcen ausgebeutet haben, so dass selbst nach Beendigung des Krieges keine Hoffnung auf politische Stabilität und ökonomische Erholung entsteht. Die spezifische Ökonomie der neuen Kriege sorgt in Verbindung mit deren langer Haltwertzeit dafür, dass die ausgezehrten und verwüsteten Regionen ohne umfassende Hilfe von außen keinerlei Chancen auf eine erfolgreiche Revitalisierung haben.[70]

Der „neue" Terrorismus stellt im Wesentlichen eine Weiterentwicklung und Perfektionierung des Terrorismus „alten Typs" dar. Bei dieser Form des Terrorismus, die bis heute virulent und nach wie vor weltweit für die meisten Anschläge verantwortlich zeichnet, sind grundsätzlich zwei Varianten zu unterscheiden: zum ersten der nationale und interne Terrorismus und zum zweiten der international operierende Terrorismus. Beide Typen sind notwendige Vorstufen für den transnationalen Terrorismus. Auch wenn in der Realität die Grenzen zwischen beiden Formen oft verschwimmen, ist die folgende Charakterisierung bewusst zugespitzt formuliert, um signifikante Unterschiede hervorheben zu können.

Unter nationalem oder internem Terrorismus kann man terroristische Gruppierungen zusammenfassen, die innerhalb ihres Heimatlandes Gewalt gegen andere Bewohner ausüben, das heißt Täter und Opfer besitzen nicht selten dieselbe Staatsangehörigkeit oder leben zumindest auf dem gleichen Staatsgebiet. Die klassische Form des Terrorismus, die beinahe so alt ist wie die moderne Staatlichkeit selbst, kennzeichnet vor allem die politische Gewalt im 19. und 20. Jahrhundert. Oft stand und steht sie in Zusammenhang mit antikolonialen Befreiungsbewegungen, ethnonationalen Separatismus, links- und rechtsradikalen Ideologien oder religiösem Fundamentalismus. Typische Beispiele nach 1945 sind die baskische ETA, die nordirische IRA, die kurdische PKK, die deutsche Rote Armee Fraktion (RAF), die französische *Action Directe* oder die tamilische LTTE in Sri Lanka.

---

[70] Vgl. Ebd., S. 9,

Diesen Gruppierungen ging bzw. geht es um die Veränderung einer nationalen Ordnung – mag diese nun in der Schaffung eines eigenen Staates, der Befreiung von Fremdherrschaft oder der Herbeiführung einer veränderte Staats- und Regierungsform (Anarchismus, Sozialismus, Rechtsdiktatur, Gottesstaat etc.) liegen. Sie verübten bzw. verüben fast alle ihre Attentate im Inland. Unter ihren Opfern befinden sich in erster Linie „Repräsentanten" des bestehenden Systems oder einer bestimmten Gruppierung, wobei allein die Terroristen festlegen, wer zu dieser Gruppe zu zählen ist. Meistens zählen Politiker, hohe Beamte, Militärs, Richter oder Unternehmer zu den bevorzugtesten Anschlagszielen. Dabei wird allerdings stets der Tot von „Unbeteiligten" billigend in Kauf genommen. Für gewöhnlich unterhalten diese terroristischen Gruppierungen im wesentlichen konspirative Strukturen innerhalb des eigenen Landes, wenngleich ihnen in manchen Fällen auch in Grenzregionen Rückzugsräume zur Verfügung stehen. Die internationale Kooperation mit anderen „befreundeten" Terrorzellen beschränkt sich in der Regel auf Ausbildung, Waffentransfer, Finanzierung oder die Gewährung von Unterschlupf, also primär auf logistische Unterstützung. Die gemeinschaftliche Planung und Durchführung von Anschlägen bleibt hingegen die Ausnahme. Es handelt sich dabei vornehmlich um punktuelle, taktische Zweckbündnisse und weniger um strategische Allianzen.[71]

Seit geraumer Zeit ist jedoch zu beobachten, dass sich manche Terrorgruppen in einer Übergangsphase zum internationalen – oder präziser international operierenden Terrorismus befinden oder diese bereits vollzogen haben. Insbesondere linksradikale Gruppierungen wie die RAF, die *Brigate Rosse* und lateinamerikanische Terroristen machten bereits in den siebziger Jahren im eigenen Land mit Anschlägen auf US-Soldaten, ausländische Diplomaten oder Niederlassungen multinationaler Konzerne auf sich aufmerksam und überschritten damit im Einzelfall die Grenze zum internationalen Terrorismus.[72] Entscheidend für die Unterscheidung von nationalem und internationalem Terrorismus ist der internationale Charakter der Anschläge, das heißt, die Terroristen müssen entweder grenzüberschreitend agieren oder aber gezielt im eigenen Land Ausländer bzw. ausländische Einrichtungen attackieren, um

71 Vgl. Schneckener, Transnationaler Terrorismus, S. 40ff.

72 Spektakuläre Fälle waren u.a. die Anschläge der RAF auf Einrichtungen der US-Armee in Frankfurt (1972; 1985), Heidelberg (1972; 1981) und Rammstein (1981) oder die Entführung eines US-Generals durch die Roten Brigaden (1981). Vgl. Adrian Guelke, The age of terrorism and the international political system, Tauris Verlag, London 1995, S. 56-66.

damit eine ausländische Regierung zu treffen. Täter und Opfer sind bei dieser Form des Terrorismus in der Regel nicht Angehörige des gleichen Staates.[73]

International operierende Terrorzellen wollen mit ihren Anschlägen bewusst die internationale Aufmerksamkeit erregen. Dabei unterscheidet sich im Grundsatz ihre Zielsetzung nicht von jener des nationalen Terrorismus, da es auch ihnen meist um die Änderung einer nationalen Ordnung geht. Allerdings nutzen sie dazu eine Strategie der Internationalisierung und bemühen sich darum, ihre partikularen Forderungen auf die internationale Tagesordnung zu bringen. Sie hoffen möglicherweise, eine internationale Solidarität zu generieren, oder sie sind schlicht an medial vermittelten, weltweiten Schockeffekten interessiert, die nachdrücklich zu Bewusstsein bringen sollen, dass der Rest der Welt den jeweiligen lokalen Konflikt nicht länger ignorieren kann. Dies geht notwendigerweise mit einer Ausweitung von Anschlagszielen einher, wodurch der Kreis der potentiellen Opfer erweitert wird. Ins Visier der Terroristen geraten nun vor allem ausländische Geschäftsleute und Diplomaten, Touristen, Passagiere von Flugzeugen oder Schiffen.

Paradigmatisch für diese Art des Terrorismus war der palästinensische Terrorismus, der für die meisten internationalen Terrorakte verantwortlich zeichnete, die zwischen 1968 und 1980 verübt wurden.[74] Palästinensische Terrorgruppen dienten damit auch als Vorbild für andere Organisationen – wie etwa für die japanische *Rote Armee*, die in den siebziger Jahren ihre spektakulärsten Anschläge im Ausland durchführte, darunter Entführungen von Passagiermaschinen der *Japan Air Lines* (1971, 1977), die Beteiligung an einem Attentat auf dem Lod Flughafen in Israel (1972) sowie Geiselnahmen in der französischen Botschaft in Den Haag (1974) und in einem US-Konsulat in Malaysia (1975). Andere, jüngere Beispiele sind die Aktivitäten und Anschläge von türkischen, kurdischen oder algerischen Extremisten in Deutschland bzw. Frankreich in den neunziger Jahren oder der Anschlag pakistanischer Extremisten auf das indische Parlament im Dezember 2001.

Zusammengefasst lässt sich konstatieren, dass sich national und international operierender Terrorismus nicht in deren Zielsetzung unterscheiden, sondern in ihrer operativen Reichweite, ihren Strategien, Taktiken und Methoden. Die Strategie der Internationalisierung vergrößert selbstredend den operativen Aktionsradius terroristischer Gruppierungen und führt oft zur Erschließung neuer Finanzquellen indem nichtstaatlichen und staatlichen Quellen erschlos-

---

73 Vgl. Schneckener, Transnationaler Terrorismus, S. 42f.

74 Vgl. Hoffmann, Terrorismus – Der unerklärte Krieg, S. 90.

sen werden. Insbesondere die staatliche Förderung erweist sich dabei häufig als ausgesprochen ambivalent, da sie nicht nur neue Handlungsspielräume kreiert, sondern unter Umständen auch die „Autonomie" von Terrorgruppen einschränkt, wenn bestimmte Operationen nicht oder nicht mehr im Interesse der Geldgeber liegen. Dem „neuen" transnationalem Terrorismus gelingt es auch und gerade, den Zwang zu Interdependenzen, die signifikant für den international operierenden Terrorismus der siebziger und achtziger Jahre des vergangenen Jahrhunderts waren, zu reduzieren. Darüber hinaus unterscheidet sich dieser Typus in einer Reihe von anderen Merkmalen signifikant von dessen Vorläufern, da er nicht mehr auf eine bestimmte „nationale Sache", sondern vielmehr auf eine Änderung der Weltpolitik bzw. der politischen Verhältnisse in einer Weltregion abzielt.[75]

Der angesprochene Wandel in den Motivations- und Legitimationsquellen hat weitreichende Folgen für die Organisationsstruktur terroristischer Gruppen, u.a. in der Ersetzung hierarchischer Kommandostrukturen durch segmentäre Netzwerkorganisationen, aber auch im Hinblick auf die Auswahl der Ziele terroristischer Anschläge und die aus den Handlungsimperativen terroristischer Akteure abzuleitende Erfordernis bzw. Nichterfordernis zu Begrenzung oder Nichtbegrenzung der bei der Ausführung dieser Anschläge zu erwartenden Opfer.[76]

Im Verlauf der 90er Jahre des 20. Jahrhunderts haben Akteure des internationalen Terrorismus einen gravierenden Strategiewechsel vollzogen, als dessen Konsequenz sich der Terrorismus aus einer überwiegend innerstaatlichen Bedrohung in eine Herausforderung der internationalen Ordnung gewandelt hat. Die Folge dieser Entwicklung ist, dass sich die Terrorismusbekämpfung von einer grundsätzlich polizeilichen Angelegenheit zu einer Herausforderung für die Auslandsgeheimdienste und das Militär entwickelt hat. Inbegriff dieser Entwicklung ist die internationale Netzwerkorganisation al-Qaida, deren Aktionsformen gleichermaßen Terroranschläge, Guerillataktiken sowie Formen konventioneller Kriegsführung umfassen.[77]

---

75 Vgl. Schneckener, Transnationaler Terrorismus, S. 48.

76 Vgl. Münkler, Ältere und jüngere Formen des Terrorismus, S. 29f.

77 Der Begriff Guerilla, und davon abgeleitet Guerillakrieg, über das Französische aus dem Spanischen entlehnt, bedeutet Kleinkrieg mit nichtregulären Kombattanten (Personen, die dem Völkerrecht entsprechend, in einer kriegerischen Auseinandersetzung kämpfen dürfen). Wer ihn führt, wird Guerillero genannt. Ein entscheidendes Merkmal der Guerilleros ist ihr hohes Maß an Mobilität und Flexibilität. Guerilla-Einheiten sind in ständiger Bewegung, um dem militärisch meistüberlegenden Gegner auszuweichen. Ihr Erfolg ist davon abhängig, ob es ihr gelingt die Entscheidung darüber

Der Wandel in der Operationslogik des Terrorismus lässt sich am ehesten an der Figur des „als interessiert unterstellten Dritten" konkretisieren.[78] In den früheren Formen des Terrorismus war diese ideologisch konstruierte Gestalt, bei der es sich um das Proletariat, gesellschaftlich Marginalisierte, Unterdrückte der Dritten Welt sowie ethnische oder religiöse Minoritäten handeln konnte, die zentrale Legitimationsressource terroristischer Gewalt und daneben zugleich der wichtigste Adressat der von den Anschlägen ausgehenden „Botschaften".[79] Aus dem Kampf für diesen „Dritten" bezogen die terroristischen Gruppierungen ihre politische Rechtfertigung, und durch ihre Anschläge sollte der bislang passive „Dritte" zum aktiven Widerstand gegen die bestehende Ordnung motiviert werden.[80]

Die jüngsten Formen des international operierenden Terrorismus verfolgen jedoch offenbar eine andere Strategie, in der die Gestalt des „als interessiert unterstellten Dritten" eine politisch wie strategisch deutlich verminderte Relevanz besitzt. Sie ist freilich weniger die Folge umfassender ideologischer Neujustierungen, in deren Verlauf sozial, ethnisch oder kulturell definierte Bezugs- und Adressengruppen etwa durch Transzendenzbezüge, wie apokalyptische Vorstellungen, ersetzt worden wären.[81] Die Generierung von Furcht

---

zu behalten, an welchem Ort und zu welcher Zeit und unter welchen Bedingungen die militärische Konfrontation mit dem Gegner stattfindet. Der klassische Landguerilla operiert meist aus den Bergen heraus, welche ein optimales Rückzugsgebiet bieten. Sie ist auf die Unterstützung der Landbevölkerung angewiesen, die sie mit Nahrungsmitteln und Informationen versorgt.

78 Zur Figur des „als interessiert unterstellten Dritten" vgl. Herfried Münkler, Guerillakrieg und Terrorismus, in: Neue Politische Literatur XXV., Jahrgang 1980, Heft 3, S. 299-326, hier: S. 320f.

79 Die Überlegung, dass es sich bei terroristischen Strategien immer auch um Kommunikationsstrategien handelt, findet man insbesondere bei Hoffman, Terrorismus – der unerklärte Krieg, S. 78f, S. 172ff, S. 203. In diesem Sinne auch bei Münkler, Terrorismus als Kommunikationsstrategie. Die Botschaft des 11. September, in: Internationale Politik, 56. Jahrgang., 2001, Heft 12, S. 11-18.

80 Vgl. Iring Fetscher / Herfried Münkler / Hannelore Ludwig, Ideologen der Terroristen in der Bundesrepublik Deutschland, in: Iring Fetscher / Günter Rohrmoser, Ideologien und Strategien. Analysen zum Terrorismus, Opladen 1981, S. 61ff.

81 Es soll damit nicht in Abrede gestellt werden, dass die neuen Formen des internationalen Terrorismus, deren Anschläge ohne Limitierung der Opfer nach ethnischer Herkunft, sozialem Status, kultureller Zugehörigkeit und politischen bzw. administrativen Funktionen innerhalb eines bestehenden Systems durchgeführt werden, in höherem Maße religiös grundierte Motivations- und Legitimationsstrukturen aufweisen, als dies bei sozial- oder nationalrevolutionären bzw. ethnisch-separatistischen Terrorismen der Fall war und nach wie vor ist. Zu dieser Beobachtung vgl. u.a. Hoffman, Terrorismus – der unerklärte Krieg., S. 112f.

und Schrecken durch die überraschende, weil unerwartete Gewalt ist aus einer eher untergeordneten Rolle im Rahmen einer mindestens dreistufigen Planung (Terroranschläge – Partisanenkrieg – Entscheidungsschlacht) herausgetreten und hat sich als politische Strategie verselbstständigt.[82]

Voraussetzung für diese Autonomisierung des Terrorismus zu einer unabhängigen politisch-militärischen Strategie war die Konsequenz der Erfahrung der Verletzlichkeit hoch entwickelter Industrienationen für Gewaltaktionen auf deren Territorium, sowohl im unmittelbaren physischen Sinn, insbesondere aber auch in psychologischer Hinsicht.[83] Terroristische Akteure haben sich seit jeher der medialen Verstärkung ihrer Aktionen bedient, die sich in Ländern mit hoher Mediendichte zwangsläufig besonders nachhaltig und intensiv auswirkt.[84] Zu den hoch entwickelten Gesellschaften können die Länder gezählt werden, die mit einer hohen Mediendichte aufwarten können und in denen deshalb terroristische Strategien umso wirksamer sind, je höher der Entwicklungsgrad jener Gesellschaft ist, gegen die sie sich richten.[85] Die Reaktionen auf die Anschläge in New York, Washington, Madrid und London zeigen, dass diese jüngere Form des Terrorismus für die angegriffenen Machteliten tatsächlich eine strategische bzw. sicherheitspolitische Herausforderung darstellt, der sie sich erst noch gewachsen zeigen müssen.[86]

---

82 Vgl. Münkler, Ältere und jüngere Formen des Terrorismus. Strategie und Organisationsstruktur, S. 34f.

83 In seiner inzwischen klassischen Definition hat David Fromkin die Orientierung an den psychischen, nicht so sehr den physischen Folgen der Gewaltanwendung als Wesensmerkmal terroristischer Aktionen herausgestellt. Mit der sinkenden Erfordernis einer im Hinblick auf die Opfer der Anschläge erfolgenden Gewaltlimitierung ist die Relevanz der physischen Folgen offenbar gewachsen, im Grundsatz hat sich jedoch an der Ausrichtung des Terrorismus auf den durch Gewalt verursachten Schrecken nichts Grundsätzliches verändert. Vgl. David Fromkin,, Die Strategie des Terrorismus, in: Manfred Funke, (Hrsg.), Terrorismus: Untersuchungen zur Strategie und Struktur revolutionärer Gewaltpolitik, Bonn 1977, S. 83-99.

84 Vgl. Münkler, Ältere und jüngere Formen des Terrorismus. Strategie und Organisationsstruktur, S. 35f.

85 Vgl. Hoffman, Terrorismus – der unerklärte Krieg, S. 172f.

86 „Abgekürzt wird man sagen können, dass terroristische Anschläge heute weniger an einen ‚als interessiert unterstellt Dritten' adressiert als vielmehr auf die labile psychische Infrastruktur postheroischer Gesellschaften wie etwa die ‚Phantasie der Anleger', die über das Auf und Ab der Börsennotierungen entscheidet, oder die Sicherheitspräferenzen von Touristen oder ähnliches zu verstehen. Auf diese Weise sind die jüngeren Formen des Terrorismus vor allem an ökonomischen Effekten in den angegriffenen Ländern orientiert. In dem Maße, in dem moderne Gesellschaften nicht mehr im Wesentlichen politisch (also über das staatliche System), sondern über die sozioökonomische Ordnung integriert sind, folgen die Strategen des Terrors konse-

1.2.3 Das globale Netzwerk als neue Erscheinungsform des Terrors

Der Wandel der Motiv- und Legitimationsquellen des Terrorismus hatte ebenfalls tief greifende Folgen für die Organisation terroristischer Gruppen: Sie bedürfen weniger einer hierarchischen Führung, können von einzelnen Zellen ohne permanenten Koordinationszwang agieren und sich infolgedessen netzwerkförmig organisieren. Daraus folgt wiederum, dass die auf die herkömmlichen Formen des Terrorismus ausgerichteten Strategien des Gegenhandelns weniger Erfolg versprechend sind und dringend einer Modifizierung bedürfen. Die Terrorzellen sind nun schwerer zu infiltrieren, eine „Enthauptung", d.h. die Entfernung der Führungspersönlichkeit der betreffenden Organisation ist für diese weitaus weniger folgenschwer. Auch die Gegenkommunikation, die sich an den von den Terroristen angesprochenen „Dritten" wendet, hat eine geringere Bedeutung und besteht in diesem Fall ohnehin lediglich darin, die eigene Bevölkerung, die durch die Terroranschläge in Angst und Schrecken versetzt wurde, zu beruhigen und sie davon zu überzeugen, in ihrem Wirtschaftsverhalten nicht die Verhaltensweisen an den Tag zu legen, die ihnen durch den Terror aufgezwungen werden sollten. Das bedeutet jedoch, dass die Regierungen und die zuständigen Behörden ihren Bürgern tagtäglich ein Sicherheitsgefühl vermitteln müssen, welches den realen Bedrohungsszenarien nur bedingt entspricht und jederzeit durch neue Terrorakte jeglicher Art erschüttert werden kann.[87]

Das Attribut „transnational" bezieht sich grundsätzlich auf grenzüberschreitende Aktivitäten nichtstaatlicher Akteure, der Begriff „transnationale Beziehungen" beschreibt demnach dauerhafte, grenzüberschreitende Interaktionen, an denen zumindest ein nichtstaatlicher Akteur beteiligt ist. Bei einer „transnationalen Organisation" handelt es sich um einen nichtstaatlichen Akteur, der in mehreren Staaten aktiv ist.[88] Als Beispiele für diesen Typ Organisation können so unterschiedliche Akteure wie multinationale Konzerne,

---

quent dem Evolutionsprozess westlicher Gesellschaften. Sie greifen da an, wo die westlichen Gesellschaften am leichtesten zu attackieren sind und wo ihnen der schwerste Schaden zugeführt werden kann." Zitiert aus: *Münkler,* Ältere und jüngere Formen des Terrorismus, S. 36.

87 Vgl. Wagner, Terrorismus und Außenpolitik: Afghanistan, Kaschmir und die Folgen für die Außenpolitik Indiens und Pakistans, in. Werner Draguhn, Indien 2002 – Politik, Wirtschaft, Gesellschaft, Institut für Asienkunde (IfA), Hamburg 2002, S. 189-204, hier: S. 192f.

88 Vgl. hierzu u.a. Thomas Risse-Kappen (Hrsg.), Bringing Transnational Relations Back In, CUP Verlag, Cambridge 1995.

die katholische Kirche oder Greenpeace angeführt werden. In diesem Sinne weist bereits der international operierende Terrorist eine Reihe transnationaler Merkmale auf, die vor allem dann identifizierbar sind, wenn er die Kooperation mit anderen Gruppierungen sucht. Allerdings handelt es bei diesem Typ von Terrorismus nicht allein um Aktivitäten und Kontakte über staatlichen Grenzen hinaus, sondern vielmehr um die Etablierung von transnational sozialen Räumen, in denen sich der transnational operierende Terrorist bewegt. Dieses Konzept wurde in der Sozialwissenschaft bislang vor allem für die Untersuchung von Migrationsprozessen, Diaspora-Gesellschaften und anderen sozialen Bewegungen genutzt. Demzufolge existieren soziale Räume aus sozialen und symbolischen Bindungen im Kontext von Netzwerken und Organisationen bzw. von miteinander vernetzten Organisationen, die sich über mehrere Staaten erstrecken.[89]

Auf den Terrorismus übertragen heißt dies, dass während der internationale Terrorismus herkömmlicher Prägung noch einen lokalen Bezugspunkt hat, der transnationale Terrorist seinem Milieu bereits „entwachsen" ist. Er besitzt zwar eine Herkunft und eine Staatsbürgerschaft, die aber für seine Aktivitäten relativ bedeutungslos bleiben. Die Etablierung der Hauptquartiere, Ausbildungslager oder Ruheräume ist vielmehr ideologischen, strategischen oder ökonomischen Erwägungen geschuldet und hängt nicht zuletzt im Wesentlichen davon ab, welches Land bzw. welche Regionen eines Staates die „günstigsten" Voraussetzungen bieten. Der transnationale Terrorist ist nicht mehr darauf angewiesen, in einem bestimmten Staat X seine Kommandozentrale einzurichten oder aber in einem Land Y Anschläge zu verüben, da er keinen „nationalen Kampf" im engeren Sinne führt. An die Stelle von Lokalität und nationaler Partizipation treten transnationale Netzwerke und Beziehungen, das heißt soziale und symbolische Bindungen an „Gleichgesinnte", die in anderen Teilen der Welt aktiv sind. In solchen transnationalen Räumen wird – ähnlich wie in staatlich verfassten Gesellschaften – Kapital gebildet.[90] Dazu gehört ökonomisches Kapital (Finanzen), Humankapital (Bildung, Know-how) und soziales Kapital (Vertrauen, symbolische Bezüge, gemeinsame Werte). Dadurch entziehen sich diese Akteure mehr und mehr der Kontrolle der betroffenen Staaten – eine Entwicklung, auf die bereits in den siebziger Jahren im Zusammenhang mit transnationalen Unternehmen

89 Vgl. Schneckener, Transnationaler Terrorismus, S. 49ff.

90 Vgl. Thomas Faist, The Volume and Dynamics of International Migration und Transnational Social Spaces, Oxford University Press, Oxford 2000, S. 200.

hingewiesen wurde. Dies gilt heute umso mehr für illegale, transnationale Netzwerke wie al-Qaida, das geradezu paradigmatisch für den transnationalen Terrorismus ist. Es bildet quasi den Prototypen, an dem sich in Zukunft möglicherweise andere Akteure orientieren werden.[91]

Der Verzicht auf politische Dogmen und die Festschreibung einer bestimmten Strategie, wie sie für die linksrevolutionären Guerilladoktrinen der 1950er Jahre und 1960er Jahren ebenso charakteristisch waren wie für die terroristische Revolutionskonzepte im Europa der 70er Jahre, hat die reale Gefahr, die von Organisationen wie al-Qaida ausgeht, erheblich erhöht. Es gibt offenbar keine favorisierte Strategie, sondern stattdessen ein in hohem Maße situationsabhängiges Agieren, was ein bisher unbekanntes Maß von Unberechenbarkeit der handelnden Akteure zur Folge hatte.[92] Im Unterschied zu früheren Terrororganisationen ist es quasi nicht mehr möglich, aus politisch-ideologischen Erklärungen und Manifesten stärker profilierte Bedrohungspotentiale abzuleiten, um auf dieser Grundlage entsprechende präventive Sicherheitsvorkehrungen treffen zu können. Darüber hinaus hat das unscharfe politisch-ideologische Profil al-Qaidas für diese Organisation offenbar den Vorteil für andere militante Gruppen von Marokko bis Indonesien und darüber hinaus für alle islamistischen Akteure auf der Welt bündnisfähig zu erscheinen. Als gemeinsamer Nenner genügt offenbar die tief verwurzelte Feindseligkeit gegenüber dem Westen und insbesondere der Hass auf den „großen Satan“ USA.

Flache Hierarchien und politisch-ideologische Profillosigkeit sind sinnbildlich die zwei Seiten einer Medaille. Beides wird dadurch ermöglicht, dass sich die terroristischen Organisationen vor allem durch die Benennung des Feindes und so gut wie überhaupt nicht durch die Profilierung des Freundes politisch definieren.[93] Dass dies offenbar hinreichend ist, um den Zusammen-

---

91 Vgl. Schneckener, Transnationaler Terrorismus, S. 50.

92 Auch wenn nicht viel und vor allem nichts wirklich Sicheres über die Organisationsstruktur von al-Qaida sowie über deren Finanzierungsmethoden bekannt ist, so lässt sich doch aus einer Reihe von außen gemachter Beobachtungen ein Bild gewinnen. Dabei zeigen sich signifikante Unterschiede zu den herkömmlichen Terrororganisationen. Ein Großteil des verfügbaren Wissens über die Organisationsstruktur und die Planungen von al-Qaida ist das Ergebnis journalistischer Recherchen, bei denen zu vermuten ist, dass Informationen der Geheimdienste in die Darstellungen eingeflossen sind. Vgl. hierzu [u.a.]: Elmar Theveßen, Schläfer mitten unter uns: Das Netzwerk des Terrors und der hilflose Aktionismus des Westens, München 2002.

93 Vgl. Münkler, Ältere und jüngere Formen des Terrorismus. Strategie und Organisationsstruktur, S. 41.

halt und die Handlungsfähigkeit der Organisation und ihrer vielen Zellen zu gewährleisten, hat vor allem mit dem Gegner zu tun: den USA, deren globale politische, ökonomische und kulturelle Dominanz die Reihen der sonst völlig heterogenen terroristischen Bündnispartner schließt.[94]

Im Folgenden soll das Phänomen al-Qaida als Prototyp des transnational operierenden Terrornetzwerks näher beleuchtet und im Hinblick auf Motive, Handlungsweisen und Strukturen untersucht werden.

1.3 Das transnationale Terrornetzwerk al-Qaida

Um zu verdeutlichen wie sich die neuen Kriege, der neue Terrorismus und die Regionalkonflikte zu einem besonders gefährlichen Sicherheitsproblem verbinden konnten, soll im Folgenden Osama bin Ladens Terrornetzwerk al-Qaida näher dargestellt werden.[95]

Die Anfänge des islamistischen Terrornetzwerks, das für eine Reihe von Anschlägen u.a. auch für die des 11. September 2001 in New York und Washington verantwortlich gemacht wird, gehen auf den Afghanistan-Krieg in den 80er Jahren zurück. Damals meldeten sich zahlreiche islamische Fundamentalisten aus verschiedenen arabischen Staaten freiwillig, um in Afgha-

---

94 Zu den imperialen Konturen der USA als wesentlicher Faktor Feindbildvereinheitlichung vgl. Münkler, Das Prinzip Empire, in: Ulrich Speck / Natan Sznaider, (Hrsg.), Empire Amerika, DVA Verlag, München 2003, S. 104-125.

95 Osama bin Laden wurde 1955 in Saudi Arabien als Sohn eines erfolgreichen Bauunternehmers mit Verbindungen zum saudischen Herrscherhaus geboren. Der Familienclan, aus dem der Gründer und Chef al-Qaidas hervorgingen, ist sehr groß. Osama bin Laden trat in die Firma des Vaters ein und gründete später eigene Unternehmen, mit denen er in verschiedenen Ländern des Nahen Ostens erfolgreich Bauprojekte realisierte. Das Motiv dafür, das bin Laden sich schließlich gegen die Fortsetzung dieser Erfolg versprechende Karriere und für den Terrorismus entschied wird u.a. in seinem engen Verhältnis zur Religion des Wahhabismus vermutet. In Saudi Arabien ist der Wahhabismus Staatsreligion, eine besonders strenge Form des Islam, benannt nach Ibn Ahd al-Wahhab, einem muslimischen Gelehrten des 19. Jahrhunderts. Im Zentrum der religiösen Vorstellungen des Wahhabismus steht ein unerbittlicher Monotheismus, der die im Islam durchaus vorhandene Heiligenverehrung strikt ablehnt, sich der schiitischen Form des Islam gegenüber absolut feindlich verhält und von den Muslimen ein Leben verlangt, das sich strikt an den strengsten Interpretationen des Korans ausrichtet. Seit der Gründung des Königreichs Saudi Arabien in den 20er Jahren des vorigen Jahrhunderts werden die strengen Regeln des Wahhabismus mit staatlichen Mitteln durchgesetzt. Zu diesem Zweck gibt es bspw. Eine eigene Religionspolizei, deren Aufgabe es ist, dafür zu sorgen, dass alle Muslime an den täglichen Pflichtgebeten teilnehmen. Vgl. Heine, Terror in Allahs Namen, S. 144-145.

nistan an der Seite der Mujaheddin gegen die sowjetischen Besatzungstruppen zu kämpfen.[96] Das Gros der Freiwilligen kam aus Saudi-Arabien, Ägypten, dem Jemen und Algerien. Die Ausbildung war zumeist verbunden mit einer religiösen und ideologischen Schulung, teilweise auch mit karitativen Tätigkeiten und Hilfsmaßnahmen für Flüchtlinge im Grenzgebiet. Die Rekrutierung wurde vorwiegend durch saudische und kuwaitische Quellen finanziert, ab 1982 half zudem der pakistanische Geheimdienst ISI mit Waffenlieferungen und militärischer Ausbildung. Andere Geheimdienste (ab 1986 verstärkt der CIA) und Regierungen steuerten auf indirekte und direkte Weise politische und materielle Unterstützung bei. Unter ihnen befand sich ab 1980 auch Osama bin Laden. Der millionenschwere Saudi kam freilich nicht als einfacher Fußsoldat nach Afghanistan. Vielmehr half er, gestützt auf sein ca. 300 Millionen US-Dollar umfassendes Vermögen, bei der Rekrutierung neuer Freiwilliger in verschiedenen arabischen Staaten und warb für den Kampf gegen die sowjetischen Besatzer. Sein Hauptaugenmerk lag dabei auf der Organisation der s.g. arabischen Afghanen.[97] Unter seiner Federführung entstanden Auffanglager, in denen sich gewaltbereite Islamisten u.a. aus Ägypten, Algerien, Saudi Arabien und dem Jemen für den Kampf in Afghanistan melden konnten.[98] Dieses über Jahre entstandene Reservoir an Kämpfern, verbunden durch die gemeinsame Erfahrung in Afghanistan, war eine wesentliche Ressource für die spätere Netzwerkbildung.[99]

Da die Freiwilligen bei ihrer Ankunft oftmals ohne jegliche militärische Ausbildung und deshalb im Kampf gegen die Rote Armee unterlegen waren, errichtete bin Laden darüber hinaus Trainingscamps, in denen die Afghanis-

---

96 Vgl. Bernhard Zangl / Michael Zürn, Frieden und Krieg, 1. Auflage, Suhrkamp Verlag, Frankfurt a. Main 2003, S.198.

97 Vgl. Peter L. Bergen, Heiliger Krieg Inc., BVT Verlag, Berlin 2003, S. 257f

98 Vgl. Michael Lüders, Wir hungern nach dem Tod: Woher kommt die Gewalt im Dschihad-Islam?, Arche-Verlag, Zürich 2001, S. 89f.

99 Nach Schätzungen sollen insgesamt 50000 bis 70000 Kämpfer aus über 50 Ländern in den Lagern ausgebildet worden sein, andere Quellen sprechen von 35000 aus über 40 Ländern allein zwischen 1982-1992. Hinzu kommen noch Zehntausende, die in dieser Zeit nach Pakistan gingen, um sich von radikalen Fundamentalisten religiös unterweisen zu lassen. Zwar ist nicht jeder ehemalige Afghanistan-Kämpfer Mitglied in der Terrororganisation geworden, aber umgekehrt stimmt die Rechnung: Die meisten der festgenommenen Mitglieder von al-Qaida oder von al-Qaida-nahestehenden Gruppierungen haben eine direkte oder indirekte Verbindung nach Afghanistan oder Pakistan. Vgl. Schneckener, Transnationaler Terrorismus, S. 51.

tan-Kämpfer das Kriegshandwerk erlernen sollten.[100] So entstand letztlich eine private Kampfeinheit, die ihrem Förderer und Anführer Osama bin Laden treu ergeben war und die an der Seite der afghanischen Mujaheddin erheblichen Anteil an der Demission der sowjetischen Armee aus den besetzten Gebieten hatte.[101] Um auf diese gewachsene Kampfeinheit auch nach dem Afghanistan-Krieg zurückgreifen zu können, begann Osama bin Laden ab dem Jahr 1988 damit, seine Kämpfer zentral zu registrieren. Das daraus resultierende Register nannte er al-Qaida – die Basis. Tatsächlich avancierte al-Qaida mit seinen militärisch gut ausgebildeten und kriegserprobten Mitgliedern nach dem Rückzug der UdSSR aus Afghanistan zur Basis für bin Ladens globalen Terror.[102] Auch nach dem Abzug der sowjetischen Truppen wurde die Rekrutierung fortgesetzt, nicht zuletzt um im afghanischen Bürgerkrieg Partei zu ergreifen, zunächst für Gulbuddin Hekmatyar und schließlich für die Taliban, die auf diese Weise in Afghanistan die Macht an sich reißen konnten.

Das Ziel, das Osama bin Laden seitdem verfolgt, ist mit anderen gewaltbereiten Fundamentalisten, einen Terrorkampf zu führen, um eine islamistische Revolution auszulösen, durch die ein auf der Scharia basierendes Kalifat erreicht werden kann. Dabei kam es ihm zugute, dass seine Mitstreiter nach dem Abzug der sowjetischen Besatzungstruppen aus Afghanistan in ihre islamischen Heimatländer zurückkehrten oder aber nach Europa oder Nordamerika gingen, so dass mit al-Qaida fast automatisch ein transnationales Netzwerk entstand.[103] Hinzu kam, dass Osama bin Laden aufgrund seiner Aktivitäten in Afghanistan vielerorts verehrt wurde, was ihm einen erheblichen machtpolitischen Einfluss bescherte und die Rekrutierung neuer Mitstreiter für al-Qaida sehr vereinfachte. Bin Laden verfügt bis zum heutigen Tage über beste Kontakte zu islamistischen Terrorgruppen u.a. in Ägypten, Algerien und Pakistan, wo er vermutlich nach den Anschlägen des 11. September 2001 untertauchen konnte.

---

[100] Vgl. Michael Pohly / Khalid Duran, Osama bin Laden und der internationale Terrorismus, Ullstein Taschenbuch Verlag, München 2001, S. 28f.

[101] Vgl. Rolf Tophoven, Fundamentalistisch begründeter Terrorismus. Osama bin Laden als neuer Typ des Terroristen, in: Kay Hirschmann / Peter Gerhard, Terrorismus als weltweites Phänomen, BWV Verlag, Berlin 2000, S. 181f.

[102] Vgl. Ahmed Rashid, Taliban: Afghanistans Gotteskrieger und der Dschihad, Droemer Knaur Verlag, München 2001, S. 232.

[103] Vgl. Lüders, Wir hungern nach dem Tod: Woher kommt die Gewalt im Dschihad-Islam?, S. 94.

Durch die Unterstützung und den Schutz der pakistanischen Islamisten gelang es bin Laden, sein Terrornetzwerk sukzessive auszubauen. Al-Qaida verfügt heute über Kämpfer weltweit, die dazu bereit sind, für die islamische Revolution in den Tod zu gehen. Bin Laden wurde zur zentralen Figur des islamistischen Fundamentalismus, der mit al-Qaida auf ein transnational agierendes Terrornetzwerk zurückgreifen kann. Der „Terrorpate" ist somit zu einem *global player* des internationalen Terrorismus geworden, dessen Aktionsradius nicht auf eine bestimmte Region reduziert und damit besser prognostiziert werden könnte. Die Anschlagsziele al-Qaidas erstrecken sich dabei vom pazifischen Raum (z.B. Indonesien und Bali) bis zum nordamerikanischen Kontinent. Mehrere Sicherheitsbehörden wiesen zudem wiederholt auf ein stärkeres Engagement al-Qaidas auf dem europäischen Kontinent hin.

Als Saudi Arabien 1994 auf internationalen Druck die Staatsbürgerschaft bin Ladens aberkannte, hatte dieser das Hauptquartier al-Qaidas längst in den Sudan verlegt (seit 1991), um an der dortigen „islamischen Revolution" mitzuwirken.[104] Im Sudan baute bin Laden mehrere Geschäfte auf, die weniger der reinen Gewinnmaximierung dienten, sondern die Staatsmacht milde stimmen sollte. Der Sudan sollte bereit sein, die Terroraktivitäten al-Qaidas zu decken oder zumindest zu tolerieren. Bin Ladens Kalkül ging auf. Sein Netzwerk konnte Anschläge gegen die USA unter dem Schutz des sudanesischen Regimes in Ruhe logistisch vorbereiten und in die Tat umsetzen. So wird beispielsweise der Sprengstoffanschlag auf das World Trade Center in New York im Jahr 1993, bei dem sechs Menschen getötet und weitere eintausend zum Teil schwer verletzt wurden mit al-Qaida in Verbindung gebracht. Gleiches gilt für die Sprengstoffattentate auf US-Militäreinrichtungen in Riad im Jahr 1995 und in Dharan im Jahr 1996, bei denen insgesamt 26 Menschen den Tod fanden.[105]

Insgesamt werden den Anschlägen al-Qaidas insgesamt bisher nicht weniger als 4200 Opfer zugerechnet. Laut BKA wurden ca. 70000 Kämpfer in den al-Qaida-Lagern, vor allem im schwer zugänglichen und deshalb kaum kontrollierbaren pakistanisch-afghanischen Grenzgebiet, ausgebildet.[106] Anhand

---

[104] Vgl. Walter Laqueur, Die globale Bedrohung. Neue Gefahren des Terrorismus, Propyläen Verlag, München 2001, S. 228.

[105] Vgl. Pohly / Duran, Osama bin Laden und der internationale Terrorismus, S. 25f.

[106] Bei den Opferzahlen darf nicht vergessen werden, dass sie unter großem Vorbehalt stehen. Die arabischen Opfer im Irak und dessen Nachbarländern, die während al-Qaidas angeblichen Kampf gegen die USA getötet werden, bleiben von der statisti-

dieses Terrornetzwerks lassen sich vier zentrale Charakteristika ableiten, die den „neuen" Terrorismus von konventionellen Terrorzellen unterscheidet: (a) internationale bzw. regionale Agenda, (b) transnationale Ideologie, (c) multinationale Mitgliedschaft und (d) transnationale Netzwerkstrukturen.[107] Transnationalen Terroristen geht es nicht mehr allein um die Änderung einer nationalen Ordnung, sondern um die Modifikation der internationalen bzw. regionalen Ordnung. Während sich der internationale Terrorismus meistens darauf beschränkt, mit Anschlägen die (westliche) Öffentlichkeit in Angst zu versetzen, um auf einen lokalen Konflikt hinzuweisen, erklärt der transnationale Terror den „Westen" und die damit verbundene Lebensweise zum Gegner. Attackiert wird vor allem die (tatsächliche oder vermeintliche) Vormachtstellung eines Staates oder eines Gesellschaftsmodells. Auf globaler Ebene geraten vor allem die USA bzw. das „westliche Modell", auf regionaler Ebene je nach Kontext Russland, Israel, Indien oder europäische Staaten wie Großbritannien, Spanien und Deutschland in das Visier von islamistischen Terrorzellen. Diese Akteure, allen voran der US-Hegemon, müssen bezwungen werden, um die Unterdrückung und Demütigung der arabischen und islamischen Welt zu beenden, so die fatalistische Ideologie transnationaler Terroristen.

1.3.1 Bin Ladens Rückkehr nach Afghanistan

Auf amerikanischen Druck forderte das islamistische Regime in Khartum Osama bin Laden im Jahr 1996 dazu auf, den Sudan zu verlassen.[108] Er kehrte daraufhin nach Afghanistan zurück, wo noch immer ein blutiger Bürgerkrieg tobte, und verbündete sich rasch mit den dort kämpfenden radikal-islamistischen Taliban. Bin Laden erklärte sich dazu bereit, diese im Bürgerkrieg gegen die Mujaheddin mit den kampferfahrenen, privaten Verbänden al-Qaidas zu unterstützen. Es gelang den Taliban in der Folge Afghanistan weitgehend unter ihre Kontrolle zu bringen. Das Land bot Osama bin Laden fortan einen idealen Ruheraum, um die nächsten Operationen seines Netzwerks in Sicherheit vor seinen Jägern vorzubereiten. Im Gegenzug unterstützten Mitglieder al-Qaidas auch weiterhin die Taliban im Bürgerkrieg bzw. bei der Durchset-

schen Erhebung meist unberücksichtigt. Inzwischen, wird vermutet, kann die Zahl der Opfer in den arabischen Ländern höher sein als in Europa oder Amerika.

[107] Vgl. Schneckener, Transnationaler Terrorismus, S. 57.

[108] Vgl. Zangl / Zürn, Frieden und Krieg, S. 200.

zung ihres Machtanspruches.[109] Gerade in dieser Konstellation stellten der von Pakistan und Saudi Arabien mitfinanzierte Bürgerkrieg in Afghanistan und der Terrorismus von bin Ladens al-Qaida ein besonders schwerwiegendes Sicherheitsproblem dar. Die Transnationalisierung des Terrors wurde gewissermaßen zum Markenzeichen al-Qaidas, deren Mitglieder für die staatlichen Sicherheitsbehörden immer schwerer greifbar wurden.

Der Operationsradius bin Ladens ist nicht auf islamische Staaten beschränkt, seine Attacken richten sich vornehmlich gegen westliche Staaten. Dabei war es Osama bin Laden nach dem ersten Golfkrieg zunächst nicht gelungen, verschiedene Terrororganisationen islamistischer Prägung von einer veränderten Strategie zu überzeugen. Die meisten von ihnen hatten bis dato die Taktik verfolgt, islamische Staaten durch Terroranschläge in die islamische Revolution zu stürzen, um auf diesem Weg einen Gottesstaat gegen pro-westliche Regierungen durchzusetzen. Bin Laden war dagegen davon überzeugt, dass die islamische Revolution nur dann erfolgreich realisiert werden könne, wenn die westlichen Staaten selbst zum Ziel terroristischer Anschläge werden.[110] Er argumentierte, dass die korrupten pro-westlichen Regierungen in den islamischen Ländern nur mit der ökonomischen Unterstützung des Westens überlebensfähig seien. Deshalb müssten sich die Anschläge gegen die westlichen Staaten richten, um auf diesem Weg quasi den Überlebenstropf der islamischen Regierungen abzuklemmen.[111] Die Strategie schien insofern vielversprechend, als die Anschläge gegen die verhassten Amerikaner in vielen islamischen Staaten nach wie vor sehr populär sind und interessiert verfolgt werden. Deshalb können religiöse Fundamentalisten darauf hoffen, dass sie ihre Gefolgschaft dort besser mobilisieren bzw. erweitern kann. So entstand eine „islamische Internationale“, die auf einer transnationalen Struktur fußt, um auch transnational agieren zu können.[112]

Im Jahr 1998 erklärte Osama bin Laden gewohnt öffentlichkeitswirksam den Vereinigten Staaten von Amerika offiziell den Krieg. Seine Kriegserklärung enthielt eine Fatwa,[113] welche die Tötung von Amerikanern zur religiö-

---

[109] Vgl. Lüders, Wir hungern nach dem Tod: Woher kommt die Gewalt im Dschihad-Islam?, S. 101.

[110] Vgl. Zangl / Zürn, Frieden und Krieg, S. 200.

[111] Vgl. Pohly / Duran, Osama bin Laden und der internationale Terrorismus, S. 38f.

[112] Vgl. Bergen, Heiliger Krieg Inc., S. 179f

[113] Eine Fatwa ist ein islamisches Rechtsgutachten, das von einem Mufti (Spezialist für islamische Jurisprudenz) zu einem speziellen Thema ausgegeben wird. Üblicherweise war eine Fatwa auf Anfrage einer Einzelperson oder eines Juristen angefertigt, um eine Frage zu klären. Da der sunnitische Islam keinen Klerus kennt, gibt es keine all-

sen Pflicht aller Muslime verklärte. Spätestens dadurch avancierte al-Qaida zum Prototypen der oben beschriebenen transnationalen Sicherheitsbedrohung. Diese wurde weiter verschärft, weil die Bürgerkriegsgesellschaft in Afghanistan mit ihren typischen Gewaltmärkten es bin Laden ermöglichte, als Gewaltunternehmer aufzutreten. Auf diese Weise musste dieser nicht sein Privatvermögen verwenden, um sein Netzwerk bzw. seine operierenden Einheiten zu untererhalten, er konnte durch den Einsatz seiner Männer seinen Reichtum sogar vermehren. Mit seinen Kämpfern produziert bin Laden terroristische Gewalt, die ihm weltweit Spenden einbringt. Es ist ihm gelungen, auf den Gewaltmärkten in Afghanistan Geschäft und Gewalt geschickt miteinander zu verknüpfen, und auf diesem Wege seinen Vermögensstand zumindest zu erhalten. So half er u.a. den Taliban, unter Zuhilfenahme seiner weltweiten Geschäftsverbindungen, den Drogenhandel effizienter abzuwickeln und Afghanistan zum weltgrößten Produzenten von Schlafmohn zu machen, der bekanntlich zur Herstellung von Heroin verwendet wird. Hinzu kam der Waffenhandel, dem bin Laden ebenfalls entscheidende Impulse geben konnte. Afghanistan wurde somit zu einer Schmuggelökonomie, die nicht nur den Bürgerkrieg selbst, sondern auch die Terroraktivitäten al-Qaidas finanzierte.[114]

Weil die Taliban vor dem Hintergrund der Bürgerkriegsgesellschaft in Afghanistan auf Osama bin Laden angewiesen waren, konnte al-Qaida unbehelligt weitere Terroranschläge vor allem gegen die USA durchführen. So gilt es als sicher, dass das Terrornetzwerk für die Sprengstoffanschläge auf die amerikanischen Botschaften im Jahr 1998 im tansanischen Daressalam und im kenianischen Nairobi verantwortlich war, bei denen rund 200 Menschen getötet wurden.[115] Zudem ging offenbar auch ein Sprengstoffanschlag auf ein

---

gemein akzeptierten Bestimmungen darüber, wer eine Fatwa ausstellen kann und wer nicht, weshalb sich einige islamische Gelehrte beschweren, es fühlten sich zu viele Menschen dazu berufen. Die bekannteste Fatwa, die auch den Begriff erst in der nicht-islamischen Welt bekannt machte, war die, die der iranische Ayatollah Khomeini im Jahre 1988 gegen den britischen Schriftsteller Salman Rushdie verhängte und die zum Mord an Rushdie wegen dessen angeblichen Gotteslästerung in seinem Buch „Satanische Verse" aufforderte.

114 Vgl. Gilles Dorronsoro, Afghanistan: Von Solidaritätsnetzwerken zu regionalen Räumen, in: Francois Jean / Jean Christophe Rufin, Ökonomie der Bürgerkriege, Hamburg 1999, S. 121-154, hier: S. 128-129.

115 Vgl. Martha Crenshaw, The Vulnerability of Post-Modern Society: Case Study „United States of America", in: Kay Hirschmann / Peter Gerhard, Peter (Hrsg.), Terrorismus als weltweites Problem, Berlin 2000, S. 209-214, hier: S. 213.

im Hafen von Aden vor Anker liegendes US-Kriegsschiff auf das Konto von al-Qaida.[116]

Mit den Flugzeuganschlägen vom 11. September 2001 wurde der Terror schließlich in das Land des erklärten Erzfeindes getragen, bei dem die Amerikaner und mit ihnen die ganze Welt Zeugen einer terroristischen Attacke von bis dato unbekanntem Ausmaß wurden, die Tausende das Leben kostete und die Überlebenden mit lähmender Furcht erfüllte. Die Anschläge waren so spektakulär, dass die Vereinigten Staaten immer mehr in die Regionen Zentralasiens und des Nahen Ostens hineingezogen wurden, wahrscheinlich mehr als die Amerikaner dies wünschten. Weil die Terroristen einen so schweren Schlag ausgeteilt hatte, sahen sich die Vereinigten Staaten gezwungen, diesen nicht minder entschlossen zu erwidern. Die amerikanische Regierung beansprucht für sich, überzeugende Beweise für die Täterschaft al-Qaidas zu besitzen. Außerdem hat Osama bin Laden zumindest indirekt seine Verantwortung für die Terroranschläge des 11. September 2001 eingeräumt.

Das Ausmaß der Zerstörung in New York, Washington und Pennsylvania übertraf alles bisher da gewesene. Im Unterschied zu den Terroranschlägen in Riad und Dharan 1995/96 führten diese Terrorakte zu einem zwischenstaatlichen Krieg der neuen Art, da die Machteliten in Washington gezwungenermaßen drastischer als jemals zuvor reagierten. Der amerikanische Präsident Bush erklärte noch am Tag der Anschläge, dass die Vereinigten Staaten diejenigen, die den Terror zu verantworten haben, genauso zur Verantwortung ziehen würden, wie diejenigen, die den Terroristen Unterschlupf gewährt hatten. Bald darauf wurde der Weltöffentlichkeit Osama bin Ladens Terrornetzwerk al-Qaida als vermeintliche Drahtzieher der Anschläge präsentiert. Die Taliban wurden ultimativ aufgefordert,[117] den „Bankier des Terrors“ an die USA auszuliefern, da nur auf diesem Weg ein Krieg vermieden werden könne.[118]

Die Taliban weigerten sich zunächst ihren Kampfgefährten und finanziellen Förderer an die USA zu überstellen und versuchten, Zeit zu gewinnen.

---

[116] Vgl. Lüders, Wir hungern nach dem Tod: Woher kommt die Gewalt im Dschihad-Islam?, S. 105.

[117] Vgl. Zangl / Zürn, Frieden und Krieg, S. 203f.

[118] Wie der ehemalige pakistanische Außenminister Naiz Naik bestätigte, war der Krieg gegen das Taliban-Regime lange vor den Anschlägen vom 11. September 2001 beschlossene Sache gewesen, denn schon im Juli 2001 war seine Regierung seitens der USA über den bevorstehenden Krieg in Afghanistan informiert worden. Vgl. Matin Baraki, Islamismus und Großmachtpolitik in Afghanistan, in: Aus Politik und Zeitgeschehen, B 8/2002, S. 32-38, hier: S. 38.

Ihre Argumentation lief darauf hinaus, dass bin Ladens Verantwortung für die Anschläge nicht zweifelsfrei belegt worden sei. Er könne daher weder für die Ereignisse in Washington, New York und Pennsylvania noch für die in Riad, Dharan oder Aden verantwortlich gemacht werden. Bin Ladens Kalkül, die Taliban von seiner Person abhängig zu machen, um auf diesem Weg einen wirksamen Schutz vor dem Zugriff der amerikanischen Sicherheitsbehörden aufzubauen, ging auf. Obwohl den Führern der Taliban klar gewesen sein muss, dass eine Nichtauslieferung bin Ladens einer Kriegserklärung gleichkam, welche mit ihrer Niederlage für sie enden musste, ließen sie das Ultimatum Washingtons verstreichen.

Die amerikanische Regierung war ihrerseits nicht bereit auf den wohl ohnehin bereits eingeplanten Militärschlag gegen das Taliban-Regime in Afghanistan zu verzichten und sich auf einen Kompromiss, wie der möglichen Auslieferung bin Ladens an ein Drittland, einzulassen.[119] Das vorherrschende Gefühl der Angst und der allgemeine Wunsch nach Rache der Amerikaner musste schnellstmöglich kanalisiert werden. In der Folgezeit lief in Amerika die heiße Phase der Kriegsvorbereitungen an. Die USA wollten im Kampf gegen den Terrorismus Osama bin Laden und al-Qaida mit der Bekämpfung der Taliban den Boden entziehen. Mit diesem Zug wurde der eigentliche transnationale Kriegsgegner verstaatlicht und völkerrechtlich quasi ein zwischenstaatlicher Krieg geführt. Auf der Grundlage einer Resolution des Sicherheitsrates der Vereinten Nationen vom 12. September 2001, in der die Terroranschläge als Bedrohung des internationalen Friedens eingestuft und die USA das Selbstverteidigungsrecht zugesprochen wurde, schmiedete die amerikanische Regierung eine breite Koalition gegen den Terrorismus, der sich neben den westlichen auch viele islamische Staaten wie u.a. Pakistan und Saudi Arabien anschlossen.[120] Massive Luftangriffe, die sich zunächst

[119] Washington stufte die Reaktion der Taliban als Ablenkungsmanöver ein, zumal der UN-Sicherheitsrat schon im Oktober 1999 die Aufforderung ausgesprochen hatte, bin Laden auszuliefern. Damals hatte Kabul eine Auslieferung abgelehnt und musste deshalb seit November 1999 UN-Sanktionen hinnehmen. Vgl. David Cortright / George Lopez, Sanctions and the Search for Security. Challenges to UN Action, London 2002, hier: S. 47-60.

[120] Der Afghanistan-Krieg der USA und ihrer Verbündeten im Jahr 2001 war die erste direkte militärische Reaktion auf die Terroranschläge vom 11. September 2001 und stellt somit den Beginn des weltweiten Krieges der USA gegen den Terrorismus dar. Die Hauptphase endete mit dem Fall der Hauptstadt Kabul und der Provinzhauptstädte Kandahar und Kundus im November bzw. Dezember 2001. Es folgten die Einsetzung einer Interimsregierung unter Hamid Karsai auf der parallel stattfindenden Petersberger Afghanistan-Konferenz sowie die Erteilung eines UN-Mandats zur Un-

gegen die Flugabwehr und schließlich gegen die Bodentruppen der Taliban richteten, verschoben die Kräfteverhältnisse im afghanischen Bürgerkrieg zugunsten der Mujaheddin, die sich mit der s.g. Nordallianz verbündet hatten und läuteten gleichsam das vorläufige Ende der Herrschaft der Taliban in Afghanistan ein.

Ob mit der vorläufigen Entmachtung der Taliban in Afghanistan gleichsam ein entscheidender Schlag gegen den Terrorismus gelungen ist, darf angesichts der Anschläge von Madrid, London und zuletzt in Nordafrika bezweifelt werden, auch wenn diese Attentate nicht direkt al-Qaida zuzuordnen sind. Der Bürgerkrieg in Afghanistan stellte die Voraussetzung dafür, dass mit al-Qaida ein transnationales Terrornetzwerk entstehen konnte, welches seine Operationen unter dem Schutz der Taliban in Ruhe vorbereiten und realisieren konnte. Dieser neue Terrorismus hat seinerseits wiederum zu einem neuen Krieg geführt, in dem die mit den USA verbündeten Staaten versucht haben, den Bürgerkrieg und den damit einher gehenden Staatenzerfall, Staatsterror und Straftaten zu beenden, um damit dem Terrorismus den Nährboden zu entreißen. Zugleich war man bestrebt, mit der Festnahme oder Tötung Osama bin Ladens des Drahtziehers des neuen Terrorismus habhaft zu werden.[121] Beide Vorhaben können bis heute nicht als endgültiger Sieg eingestuft werden, wenngleich die Bemühungen darum weiter voran getrieben müssen.[122]

Bemerkenswert an al-Qaida ist des weiteren, dass der Organisation bis Oktober 2001 nahezu alle Optionen von Gewaltanwendung zur Verfügung standen: von einer landgestützten Kriegsführung herkömmlicher Art angefangen, etwa durch die Unterstützung der Taliban gegen die Nordallianz in Afghanistan oder die Entsendung von Kämpfern zur Unterstützung der bosnischen Armee im Krieg gegen die Serben, über den Partisanenkrieg, etwa in den zentralasiatischen Republiken oder in Tschetschenien, bis hin zu terroristischen Anschlägen, etwa auf die amerikanischen Botschaften von Nairobi

---

terstützung des Wiederaufbaus an die von NATO-Staaten und mehreren Partnerländern gestellte „International Security Assistance Force“ (ISAF) durch den UN-Sicherheitsrat im Dezember 2001.

[121] Vgl. Zangl / Zürn, Frieden und Krieg, S. 204f.

[122] Nach der Einnahme weiter Teile Afghanistans durch die Nordallianz begannen Einheiten der Alliierten, darunter auch die Bundeswehr, mit der Suche nach Terroristen und in erster Linie nach bin Laden, der aber bislang nicht gefasst werden konnte. Einzelne gefangene Taliban und mutmaßliche al-Qaida-Terroristen wurden von den US-Streitkräften, völkerrechtlich umstritten und begleitet von Protesten durch Menschenrechtsorganisationen, auf den US-Stützpunkt Guantanomo auf Kuba verschleppt.

und Daressalam oder den US-Zerstörer *Cole* im Golf von Aden.[123] Diese sonst unübliche Parallelität bei der Wahrnehmung aller Optionen der Gewaltanwendung wurde durch die bloße residuale Territorialität von al-Qaida ermöglicht, die ihr die Möglichkeit bietet, nicht nur im Raum zu vagabundieren, sondern ebenso hinsichtlich der Wahl der Gewaltformen zu variieren. Dadurch, dass al-Qaida weder an einem bestimmten Raum noch an eine bestimmte Kampfoption gebunden ist, hat sie sich in hohem Maße die Verfügung über die Zeitabläufe der Kriegsführung verschafft, d.h. sie ist in der Lage, den Rhythmus der Gewalt nach ihren Erfordernissen zu beschleunigen oder zu verlangsamen. Sie kann als Organisation gleichsam verschwinden – wie dies nach der militärischen Niederlage der Taliban in Afghanistan weitgehend der Fall war – um dann an beliebigen Orten und zu beliebiger Zeit mit Anschlägen oder in über die Medien verbreitete Botschaften wieder in Erscheinung zu treten. In Folge dessen ist das Netzwerk als Organisation kaum fassbar und als Bedrohungsfaktor omnipräsent.[124]

Al-Qaida ist keine „staatenlose" Bewegung. Sie war oft Nutznießerin staatlicher Unterstützung oder, genauer gesagt, sie agierte beispielsweise in Afghanistan als Staatssponsor der Taliban. Ein Großteil ihrer Bemühungen bestand darin, die Position ihrer Verbündeten im afghanischen Bürgerkrieg zu festigen und auszubauen. Insoweit deren Bemühungen anderswo ähnlich sind, so zum Beispiel auf den Philippinen, in Georgien, Bosnien, Tschetschenien oder in Kaschmir, sind sie oder andere ähnlich motivierte Gruppierungen in Bürgerkriege involviert, um staatliche Macht zu erlangen, oder, als einstweilige Maßnahme, um eine neue Operationsbasis zu etablieren. Hier postulieren sie dann wiederum politische Ziele.

Insgesamt ist mit der postnationalen Konstellation eine völlig neue Sicherheitslage entstanden. Der klassische Staatenkrieg ist als das wichtigste internationale Sicherheitsproblem in den Hintergrund getreten. Dafür haben sich ehemals nationale Sicherheitsprobleme zu transnationalen entwickelt. Der Bürgerkrieg und der Terrorismus sind als neue transnationale Sicherheitsherausforderungen als Konsequenz der Schwächung der doppelten Grenzzie-

---

[123] Für einen vorläufigen Überblick zu den vielfältigen Aktionen und Verbindungen von al-Qaida in den 90er Jahren vgl. Bergen, Peter L., Heiliger Krieg Inc., Berlin 2003, S 117ff, zur Unterstützung der Taliban durch al-Quaida vgl. Rashid, Taliban: Afghanistans Gotteskrieger und der Dschihad, S. 149f; Yassin Musharbash, Die neue Al-Quaida. Innenansichten eines lernenden Terrornetzwerks, KiWi Verlag, Köln 2006.

[124] Vgl. Münkler, Ältere und jüngere Formen des Terrorismus. Strategie und Organisationsstruktur, S. 41.

hung in den Vordergrund gerückt. Glaubte die Staatengemeinschaft mit dem Sieg gegen Piraterie und Söldnerei zu Beginn dieses Jahrhunderts transnationale Gewalt überwunden zu haben, so taucht dieses Sicherheitsproblem im Übergang zur postnationalen Konstellation in einem neuen Gewand auf. Die neue transnationale Sicherheitsproblematik führt aber paradoxerweise auch zu einem neuen zwischenstaatlichen Konflikt: dem Krieg gegen den Krieg. Den neuen Kriegen wohnen ihrerseits Merkmale inne, die sie vom klassischen Krieg unterscheiden und Elemente eines transnationalen Bürgerkrieges einfließen lassen. Es lässt sich konstatieren, dass der Problemhaushalt der Sicherheit mehr und mehr zu einem transnationalen geworden ist.

1.3.2 Multinationale Mitgliedschaft

Transnational agierende Terrornetzwerke wie al-Qaida beschränken sich bei der Rekrutierung von Mitgliedern, Operateuren und Attentätern nicht auf eine bestimmte ethnische Gruppe, eine Nationalität oder eine Sprachgemeinschaft. Zwar mag es regionale Schwerpunkte bzw. Gewichtungen bei der Rekrutierung geben, dennoch steht das Netzwerk grundsätzlich allen offen, die sich der Ideologie unterwerfen und dem bewaffneten Kampf verschreiben. Im Unterschied zu anderen Terrorgruppen handelt sich bei al-Qaida um eine multi-nationale Organisation. Aufgrund des Afghanistankrieges rekrutierte sich al-Qaida von Beginn an aus verschiedenen Nationalitäten, wenngleich Kämpfer vor der arabischen Halbinsel und Nordafrika dominierten. Im Laufe der neunziger Jahre erweiterte sich der Kreis der Anwerbungsgebiete kontinuierlich um weitere Regionen wie Zentral-, Süd- und Südostasien. Darüber hinaus werden immer wieder gezielt Personen in der muslimischen Diaspora in Ostafrika (Kenia), in Westeuropa oder in Nordamerika angeworben, darunter Briten, Deutsche, Kanadier und US-Bürger, die zum Islam konvertiert sind. Dabei handelt es sich fast ausschließlich um jüngere Männer. Frauen sind bei al-Qaida – im Unterschied zu anderen Guerilla- oder Terrorgruppen (wie z.B. die s.g. „schwarzen Witwen“ Tschetscheniens) – bisher nicht in Erscheinung getreten.[125]

Die Wege, die zu al-Qaida führen können, sind mannigfaltig: Zum einen werden in erheblichen Maße familiäre und persönliche Beziehungen genutzt. Nicht selten handelt es sich bei den engsten Vertrauten der Führungskader al-Qaidas um direkte Verwandte: So soll Sa'd bin Laden, einer der Söhne

[125] Vgl. Schneckener, Transnationaler Terrorismus, S. 67ff.

Osama bin Ladens, wichtige Funktionen innerhalb des Terrornetzwerks bekleiden. Ähnliches gilt für enge Verwandte des 2005 in Pakistan verhafteten Scheich Khalid Muhammed, einem der Drahtzieher der Anschläge des 11. September 2001. Einer seiner Neffen ist Ramzi Yussef, der das erste Attentat auf das World Trade Center im Jahr 1993 plante. Darüber hinaus nutzten al-Qaida-Mitglieder für verschiedene Zwecke wiederholt ihre Beziehungen zu vertrauenswürdigen Bekannten und Freunden aus ihrer Heimat oder zu Weggefährten aus gemeinsamen Studientagen.

Des weiteren kann al-Qaida auf ein großes Reservoir an radikalisierten, im Einsatz von Gewalt erprobten Muslimen zurückgreifen. Dabei kann es sich um Kämpfer aus lokalen Konflikten handeln, die zumeist einer lokalen muslimischen Religionsgemeinschaft angehören, die sich bedroht oder unterrepräsentiert fühlt (z.B. in Bosnien, Tschetschenien, Mindanao, Südthailand, Palästina). Hinzu kommen islamistische „Söldner", die sich bereits in mehreren Konflikten als Mujaheddin verdingt haben und von ihrer Heimat entwurzelt sind. Sie stellen eine besonders wertvolle Ressource dar, da sie nicht nur über Erfahrung im Guerillakampf, sondern meist auch über zahlreiche internationale Kontakte zu anderen Guerilla- und Terrorgruppen verfügen. Eine weitere wichtige Personengruppe sind erfahrene Mitglieder anderer Terrorzellen, die sich mit ihren Aktionen gegen die eigene, in ihren Augen „unislamische" Regierung wenden – wie etwa militante Islamisten in Marokko, Algerien, Ägypten, Jordanien, Kuwait, Saudi-Arabien, Jemen, Pakistan, Indonesien, Usbekistan oder der Türkei. Bin Laden und sein Netzwerk suchten in der Vergangenheit gezielt Kontakt zu diesen Personengruppen und Organisationen, vor allem dann, wenn diese in Bedrängnis geraten waren und dringend Hilfe benötigten. Al-Qaida bot dabei nicht zuletzt Training und Schulung im Guerillakampf und terroristischen Methoden an, insbesondere in den Jahren zwischen 1996 und 2001 im Osten und Süden Afghanistans. Über dieses System konnten kontinuierlich neue Rekruten gefunden werden, die sich im Verlauf ihrer Ausbildung meist von ihrer lokalen Gruppe lösten und al-Qaida beitraten.[126]

Darüber hinaus werden immer wieder Personen aus dem kleinkriminellen Milieu rekrutiert, die bereits eine Karriere als Drogenhändler, Schmuggler, Diebe, Betrüger oder Fälscher hinter sich haben und deshalb nicht selten vorbestraft sind. Sie sind meist im Zuge ihrer illegalen Geschäfte mit al-Qaida in Berührung gekommen, bevor sie innerhalb des Netzwerks zu fest eingebun-

[126] Vgl. Ebd., S. 68f.

denen Mitarbeitern wurden, die meist mit logistischen Aufgaben wie der Beschaffung von Autos, Waffen oder Sprengstoff sowie der Herstellung von gefälschten Dokumenten betraut werden. In einigen Fällen werden sie jedoch auch, nach entsprechender technischer und ideologischer Schulung, bei Attentaten eingesetzt, wie die Anschläge in Casablanca oder Madrid gezeigt haben, an denen Täter beteiligt waren, die zuvor durch kleinkriminelle Delikte aufgefallen waren.

Nicht zuletzt gab und gibt es die systematische Anwerbung über islamistische Einrichtungen. Oftmals fungieren Religions- und Koranschulen, Kulturzentren oder Moscheen als Treffpunkte und Vorfeldorganisationen, bei denen sich Geistliche bzw. Prediger sowie erfahrenen *Jihad*-Veteranen als Anwerber betätigen. Sie verweisen vor allem auf das Schicksal vermeintlich unterdrückter Glaubensbrüder in aller Welt hin, zumeist visuell unterfüttert durch Bilder und Videoaufnahmen von Massakern an Muslimen, die ihre kalkulierte Wirkung meist nicht verfehlen. Dieser vermutlich wichtigste Rekrutierungsweg wird nicht nur seit Jahren in Nordafrika, der Golfregion oder in Pakistan angewandt, sondern auch in Europa und Nordamerika. Adressaten sind dann muslimische Emigrantenkinder, zumeist religiös motivierte junge Männer der zweiten oder dritten Generation, eingereiste Studenten aus arabischen oder anderen islamischen Staaten sowie zum Islam konvertierte Europäer oder US-Amerikaner.[127]

Ungeachtet dessen, über welchen Pfad der einzelne letztlich zu al-Qaida gelangt, werden stets bestimmt Schlüsselqualifikationen abgeprüft, ehe er als vollwertiges Mitglied der Organisation gilt. Dazu gehören beispielsweise der Kenntnisstand des Islams, ideologische Festigkeit, Wille und uneingeschränkte Bereitschaft zur Selbstaufopferung und Disziplin, unbedingte Verschwiegenheit, Vorsicht und Geduld, Nervenstärke, Ehrlichkeit, gute Gesundheit und Analysefähigkeiten.[128] Auf den Punkt gebracht bedeutet dies, dass bei weitem nicht jeder, der sich aus ideologischen oder anderen Gründen für geeignet hält, auch gleichermaßen willkommen ist. Insbesondere der Mechanismus, Verwandte und Bekannte zu rekrutieren, verweist auf ein zentrales Element des Anwerbungsprozesses von al-Qaida, der typisch für Untergrundorganisationen wie z.B. der Mafia, Sekten oder anderen Geheimbünden ist. Persönliche,

---

[127] Der britische Geheimdienst MI5 schätzte 2002, dass sich bis 2001 fünf- bis sechshundert in Großbritannien wohnhafte Muslime in al-Quaida-Lagern waren. Vgl. The Guardian vom 19.12.2002.

[128] Vgl. Rohan Gunaratna, Inside Al Quaeda, Global Network of Terror, Hurst, London 2002, S. 70-76.

zum Teil über Jahrzehnte gewachsene Beziehungen und Kontakte spielen beim Auswahlprozess eine tragende Rolle. Oft muss man von bestimmten Personen „empfohlen“ worden sein, um nach entsprechender Prüfung in den engeren Kreis der Bewerber vorzudringen. Auf diese Weise soll die Gefahr vor Verrat, Enttarnung und Unterwanderung minimiert werden. Vertrauen und Loyalität sind wesentliche Voraussetzungen für die Existenz und die Funktionsfähigkeit derartiger Gruppierungen. Wichtige Rekruten, Kämpfer und potentielle Attentäter wurden Osama bin Laden nicht selten persönlich vorgestellt, um die direkte Verbundenheit mit al-Qaida zu verstärken und auf diese Weise die Entschlossenheit des einzelnen sicherzustellen.[129]

1.3.3 Zur Struktur al-Qaidas

Die Struktur von al-Qaida widersteht bisher nicht nur der intensiven multilateralen Verfolgung, sondern schafft es außerdem, radikale Gruppen aus verschiedenen Ländern zu integrieren, die in der Lage sind, ein bisher unbekanntes Bedrohungspotenzial aufzubauen. Mittlerweile lassen sich verschiedene Phasen der strukturellen Veränderungen des Terrornetzwerks identifizieren. In der ersten Phase, als die späteren Gründer al-Qaidas in Afghanistan gegen die sowjetischen Besatzungstruppen kämpften, lässt sich ihre Gründungsstruktur als segmentiertes, ideologisch integriertes Netzwerk afghanischer Araber beschreiben.[130] Die Gruppierung verfügte sehr schnell über die wesentlichen Züge und Strukturen eines Netzwerks. Gerade die modernen Kommunikations- und Informationssysteme begünstigten jene Entwicklung, die für die strukturellen Ressourcen al-Qaidas entscheidend geworden ist. Auch wenn an dieser Stelle keine standardisierte Methode der Netzwerkanalyse zugrunde gelegt wird, sollen im Folgenden fünf Analyseebenen im Bereich des Designs und der Performance unterschieden werden: *Organizational Level, Narrative Level, Doctrinal Level, Technological Level und Social Level.*[131]

Auf dem *Organizational Level* von al-Qaida können vier Geschäftsbereiche identifiziert werden, die miteinander verzahnt sind. Der erste Geschäfts-

---

[129] Vgl. Schneckener, Transnationaler Terrorismus, S. 70ff.

[130] Vgl. John Arquilla / David E. Ronfeldt / Michele Zanini, Networks, Netwar and Informationsage, in: Ian O. Lesser (Hrsg.), Countering the New Terrorism, Santa Barbara, 1999, S. 51ff.

[131] Vgl. Katharina von Knop, Die Quellen der Macht von Al-Quaida, in: Erich Reiter (Hrsg.), Jahrbuch für internationale Sicherheitspolitik 2004, Verlag E. S. Mittler & Sohn GmbH, Hamburg – Berlin – Bonn, 2004, S. 243-262, hier: S. 255f.

bereich stellt den vertikal strukturierten Führungszirkel dar, an dessen Spitze Osama bin Laden steht. Darunter war die *shura majlis*, der Konsultativ-Rat angesiedelt, der sich in vier operative Komitees für Militär, Finanzen, Fatawa (rechtsgültige Aussagen im Islam) und islamische Studien sowie das Komitee für Medien- und Öffentlichkeitsarbeit unterteilte. Der dritte Geschäftsbereich umfasste das weltweit aktive Netz von einzelnen Zellen, deren Mitglieder in Camps in Afghanistan und Pakistan ausgebildet wurden. Der vierte Geschäftsbereich umfasste schließlich die Organisation von Guerillakämpfern in Afghanistan. Die Ebene der Führungsstrukturen lässt sich als All-Channel-Netzwerk charakterisieren.[132] Die Betrachtung der Struktur einzelner Zellen wie derjenigen, die von Mohammed Atta in Hamburg geführt wurde, bestätigen dies und erlauben zu dem die Identifikation als *Star*-Netzwerk.[133] Die gesamte Zellenstruktur funktionierte während der Anschläge des 11. September 2001 und funktioniert bis zum heutigen Tage. Ziel und Zweck dieser Struktur ist es, die Zahl der eingeweihten Personen zu minimieren und dabei die Leitungsfähigkeit durch Redundanz und Flexibilität, aus der letzten Endes die Robustheit der einzelnen Zellen hinsichtlich einer möglichen Enttarnung und Zerschlagung durch die jeweiligen Sicherheitsbehörden resultiert, so hoch wie möglich zu halten.

Der *Narrative Level* dient der Analyse der zur Aufrechterhaltung der komplizierten Struktur al-Qaidas wesentlichen Ideologie. Die Ideologie ist dabei bis auf die Kerninterpretation des *Jihad* weit gefasst und kann somit die Funktion der Integration von Mitgliedern voll entfalten. Wesentlich für die Aufrechterhaltung der Zellenstruktur al-Qaidas und die Kommunikation untereinander sind die Botschaften Osama bin Ladens. Durch seine Schriften, Videobänder und Internetauftritte kommuniziert er weltweit kohärent und ungehindert seine Ideologien, die immer einen Aufruf zur Beteiligung am weltweiten *Jihad* beinhalten.

Der *Doctrinal Level* dient der Analyse des Zusammenwirkens von Strategien und Methoden. Die Propaganda ist seit den Anschlägen des 11. September stetig gewaltverherrlichender und in der Machart professioneller gewor-

---

[132] All-Channel-Netzwerk meint flache Hierarchie, keine zentrale Führungsspitze, mehrere Führer, Entscheidungsfindung und Durchführung von Operationen dezentral. Dies erlaubt lokale Initiativen und Autonomie. Vgl. Arquilla / Ronfeldt / Zanini, Networks, Netwar and Informationsage, S. 50ff.

[133] Die Kommunikationslinien eines Star-Netzwerkes verlaufen von einem Punkt sternförmig in verschiedene Richtungen. Sie können über eine schwach ausgeprägte Hierarchie verfügen.

den. Im April 2004 hatte bin Laden den Europäern in einer Videobotschaft einen Waffenstillstand angeboten, wenn sie innerhalb von drei Monaten ihre Truppen aus dem Irak und Afghanistan abziehen. An diesem selbstbewussten Ultimatum ist deutlich erkennbar, dass sich bin Laden der Macht seines Terrornetzwerks durchaus bewusst ist, dass er als Souverän, als bestimmte Autorität auftreten zu können meint. Zentral für die Strategien und Methoden von al-Qaida sind die Anschläge, die den Mitgliedern und Sympathisanten Stärke und eine Art Kollektivgefühl im Kampf gegen den Westen in regelmäßigen Intervallen kommunizieren sollen.[134] Anschlagstechniken wie Anleitungen zum Bombenbau werden unter anderem mit den Onlinemagazinen *Sawat al Djihad* (Stimme des Islam), *Mu'askar al Battar* (Armee Battar) und *al-Khansaa* verbreitet. So widmete sich die Märzausgabe 2004 von Mu'askar al Battar der Umsetzung von Terrorismus in Großstädten, während sich die Maiausgabe desselben Jahres intensiv mit dem Thema Entführungen auseinander setzte.

Der *Technological Level* nimmt innerhalb al-Qaidas eine besonders exponierte Rolle ein. So dient insbesondere das Internet den Terroristen zur Kapitalakquise, zur Vermittlung von technischem Know-how und den dazu gehörenden Materialien, der Rekrutierung neuer Jihadisten und der Propaganda. Somit befähigt erst die moderne Informationstechnologie das Terrornetzwerk zu der Schlagkraft, die wir heute erleben. In einer von Gabriel Weimann und Katharina von Knop am *United States Institute of Peace* (USIP – Washington, D.C./USA) im Frühjahr 2004 durchgeführten Studie konnten 4000 Internetseiten, die direkt von al-Quaida, angebundenen Organisationen und anderen terroristischen Gruppierungen betrieben wurden, identifiziert und ihrem Inhalt entsprechend analysiert werden. Heute dürfte diese Zahl um ein Vielfaches gestiegen sein.

Was den *Social Level* anbelangt, wurde die Basis für gegenseitige Loyalität und Vertrauen vor allem durch das Kollektiverlebnis Afghanistan generiert. Heute übernehmen vorwiegend radikale Islamschulen (Madrasas bzw. Medresen) in Pakistan aber auch Moscheen in Europa, wie die Hauptmoschee in Madrid oder die King Fahd-Akademie in Bonn diesen Part. Auch öffentliche Kundgebungen wie arabisch-islamische Kongresse dienen der Rekrutierung, Propaganda und Kapitalbeschaffung. Letzterem dient vor allem das Kapitaltransfersystem Hawala, das fernab offizieller Banken angesiedelt ist und die Finanzierung der einzelnen Terrorzellen sicherstellen soll.

---

[134] Vgl. von Knop, Die Quellen der Macht von Al-Quaida, S. 257f.

In Folge des Afghanistankrieges gegen die sowjetischen Besatzer hat sich al-Qaidas Struktur zu einem komplexen polyzentrischen Mehrebenensystem mit zahlreichen Verflechtungen entwickelt. Seit den Anschlägen des 11. September lässt sich eine verstärkte transnationale soziale Raumbildung konstatieren.[135] Diese wurde durch die Angliederung anderer islamistischer Gruppen wie etwa *Gamaa al-Islamiyyah* oder *Egyptian Islamic Dschihad* erreicht. Bereits 2001 verfügte al-Qaida über ein Kontaktnetz zu Gruppen und Organisation in 55 Ländern weltweit. Die Zellen weisen dabei keine länderspezifische Struktur auf, sondern sind weitestgehend autark und länderübergreifend organisiert. So wurden neue Basen oder zumindest Kontakte zu anderen regionalen Gruppen beispielsweise in Mindanao auf den Philippinen, im Grenzgebiet von Bangladesch und Myanmar, im Jemen, in Somalia, im Pankishi-Tal in Georgien und in Tschetschenien aufgebaut. Aufgrund der intensiven Verfolgung und des Verlustes von Operativen, Infrastrukturen und der intensivierten Verfolgung durch internationale Sicherheitsbehörden nahm das Netzwerk eine zunehmend losere, fragmentierte und dezentralisierte Struktur an, das inzwischen sogar 25000 Mitglieder zählen soll.[136]

Die islamistischen Terrornetzwerke, insbesondere al-Qaida, haben die massenmediale Inszenierung ihrer Aktivitäten inzwischen perfektioniert und erreichen eine globale Öffentlichkeit. Dies gilt einerseits für die medial verstärkte Verbreitung von Schrecken, auch dann, wenn es sich „nur" um einzelne, ausgewählte Opfer handelt, wie nicht zuletzt die abstoßenden Videoaufnahmen von Hinrichtungen, Entführungen und Anschlägen aus dem Irak belegen, die dem Zarqawi-Netzwerk zugerechnet werden. Das gezeigte Leid und die zur Schau gestellte Grausamkeit verfehlen ihre Wirkung auf das Publikum nicht. Andererseits werden die Medien geschickt als Plattform genutzt. In der Tat wird über jede Äußerung Osama bin Ladens oder anderer Führungskader al-Qaidas berichtet, als ob es sich um Statement von führenden Politikern handeln würde. Das al-Qaida-Netzwerk ist insofern zum *global player* geworden, ungeachtet der tatsächlich zur Verfügung stehenden Ressourcen und Kapazitäten. Die psychologische „Kriegsführung" auf der Ebene der Propaganda ist nicht weniger bedeutend als die eigentlichen Operationen und Anschläge, die beim Gegner ebenso wie bei Sympathisanten als

---

135 Transnationale soziale Räume dienen wesentlich zur Kapitalbildung (ökonomisches Kapital, Humankapital und soziales Kapital). Vgl. hierzu: Thomas Faist, The Volume and Dynamics of International Migration and Transnational Social Spaces, New York 2000, S. 200f.

136 Vgl. von Knop, Die Quellen der Macht von Al-Quaida, S. 258f.

weltpolitisch relevanter Faktor wahrgenommen werden. Dies trägt bereits für sich genommen dazu bei, Bedrohungsängste zu schüren bzw. aufrechtzuerhalten und potentiell Gleichgesinnte zu rekrutieren.[137]

Es ist eine bis heute einzigartige Struktur der Flexibilität, Redundanz und Vernetzung auf der Basis einer ebenso robusten wie fatalistischen Ideologie, die al-Qaida zu ihrer Schlagkraft verhilft und die sie so gefährlich macht. Diese Struktur bietet die Grundlage weltweit Anschläge planen und durchführen zu können. Milliarden von US-Dollar wurden inzwischen von der internationalen Staatengemeinschaft für sicherheitspolitische Maßnahmen aufgewendet, doch sind bisher weder Militärs noch Geheimdienste in der Lage gewesen, die Struktur von al-Qaida effektiv zu bekämpfen. Aus diesem Umstand lässt sich eindeutig eine weitere Quelle der Macht des Terrornetzwerks ableiten, nämlich die der unzureichenden Greifbarkeit. Aufgrund der zu erwartenden steigenden Bereitstellung sicherheitsrelevanter Ressourcen in der Zukunft wird al-Qaida vermutlich auf kleinere, weniger komplizierte Anschlagstechniken zugreifen, wenngleich die Gefahr der terroristischer Attacken unter Verwendung von ABC-Waffen lebhaft diskutiert wird. Die dahinter stehenden Strukturen werden deshalb von Frühwarnsystemen noch schwieriger aufzuklären sein. Umso beunruhigender wirkt der Umstand, das al-Qaida sich offenbar seit einigen Jahren in einem Transformationsprozess hin zu einer Bewegung befindet und eine zunehmend globale physische Präsenz entwickelt.

1.3.4 Zur Zukunft al-Qaidas

Wird es al-Qaida in den nächsten fünf, zehn oder zwanzig Jahren gelingen, Massenvernichtungswaffen ins Feld zu führen? Oder werden der fortschreitende Zerfall der zentralen Führung und der anhaltende Verfolgungsdruck durch die internationalen Sicherheitsbehörden dazu führen, dass es weder al-Qaida noch einer anderen terroristischen Gruppierung gelingen wird, größere Anschläge in den USA, Europa oder an einem anderen Ort durchzuführen und die nur deswegen noch ein Begriff sein werden, weil sich selbst ernannte religiöse Fanatiker dazu berufen fühlen, ihren Vorbildern nachzueifern und missliebigen Personen und Institutionen anzugreifen? Werden westliche Firmen in zehn Jahren dazu übergegangen sein, mit dem politischen Arm al-Qaidas Verhandlungen zu führen, wenn es darum geht, ein

[137] Vgl. Schneckener, Transnationaler Terrorismus, S. 196.

neues Touristen-Ressort auf der ägyptischen Sinai-Halbinsel zu errichten? Oder wird der Begriff al-Qaida schon in einigen Jahren für eine zahnlose Bewegung von Rückwärtsgewandten stehen, von zur Untätigkeit verdammten, sich in Erdlöchern versteckenden Unbekehrbaren, deren Anführer zu viele großspurige Drohungen und absurde Forderungen ausgestoßen haben, als dass sie damit noch einen Sympathisanten hinter dem Ofen hervorlocken könnten – und vor denen deshalb niemand mehr Angst hat?[138]

Viele Szenarien sind denkbar, wenn es um eine Prognose der künftigen Entwicklung von al-Qaida geht, und nur wenige sind mit gutem Grund zu verwerfen. So steht zum Beispiel außer Frage, dass Mitglieder al-Qaidas wiederholt versucht haben, in den Besitz von radioaktiven Material zu gelangen. Ob der Bau einer „schmutzigen Bombe" auf lange Sicht verhindert werden kann, liegt vor allem und nicht zuletzt am Engagement der internationalen Sicherheitsbehörden. Ob das Terrornetzwerk künftig eine große Gefolgschaft an sich binden kann, hängt wiederum von deren „Erfolg" bei diesen und anderen Anschlagsvorbereitungen ab, da man ohne die erfolgreiche Durchführung von Anschlägen Mitstreiter und Sympathisanten verlieren dürfte. Sollten alle anderen Faktoren, die junge Jihadisten in die Fänge al-Qaidas treiben, erhalten bleiben, wäre dagegen nicht einmal der Tod Osama bin Ladens ein Ereignis, das den Gang der Dinge entscheidend beeinflussen würde. Schnell würden sich neue Anführer finden, die sich dazu bereit erklären würden, das entstandene Vakuum rasch zu füllen.

In welche Richtung sich al-Qaida in Zukunft auch entwickeln wird, ausgeschlossen scheint, dass das Netzwerk jemals wieder einen Organisationsgrad erreicht wie vor dem 11. September 2001 erreicht. Die alte al-Qaida, so Yassin Musharbash, existiert seit dem 12. September 2001 nicht mehr, und es gibt keine Chance für eine Rückkehr. Es besteht zwar nach wie vor die Möglichkeit, dass aus der dramatischen Lage im Irak und Afghanistan neue Netzwerke des Terrors hervorgehen, die versuchen werden, ähnlich zu agieren und dadurch ebenfalls zu einer ernsthaften Bedrohung der internationalen Sicherheit heranwachsen könnten. Aber den Freiraum, den bin Laden und seine Anhänger einst genossen, werden sie nicht mehr haben.

Dass al-Qaida sechs Jahre nach dem Beginn des „Kriegs gegen den Terrorismus" noch immer die schlagkräftigste und deshalb gefährlichste Repräsentantin des Islamismus ist, liegt vor allem an ihrer Lern- und Anpassungsfähigkeit. Sie ist heute keine archaische Organisation mehr, sondern ein zu-

---

[138] Vgl. Musharbash, Die neue Al-Qaida, S. 257ff.

mindest in Teilen intelligentes, kreatives, interaktives Netzwerk. Die Flexibilität al-Qaidas ist ihre größte Stärke und gleichsam deren größte Schwäche. Sie ist der Preis, den das Netzwerk für das Überleben nach dem 11. September 2001 bezahlt hat. Hätte sich al-Qaida nicht gewandelt, wäre sie schon Geschichte. Nun, da sie sich einer tief greifenden Modifikation ihrer Strukturen unterworfen hat, entgleitet sie jedoch mehr und mehr ihrem Schöpfer. Schon jetzt wird der Mainstream dessen, was al-Qaida ist, vor allem in den Debatten im Internet definiert, an denen bin Laden und al-Zawahiri lediglich indirekt beteiligt sind. Das Terrornetzwerk hat dadurch einen Zustand angenommen, den Musharbash in seinem gleichnamigen Buch als „die neue al-Qaida" bezeichnet. Damit ist gemeint, dass Reste der Urorganisation nach wie vor als wichtige Knotenpunkte in einem internationalen Netzwerk dienen, das unter veränderten und erschwerten Bedingungen gelernt hat, möglichst effektiv seine Ziele zu verfolgen. Die entscheidende Frage der kommenden Jahre wird sein, ob sich das Netzwerk vollends zu einer Bewegung weiterentwickelt, die dann noch schwieriger zu bekämpfen ist, weil sie noch virtueller und deshalb kaum greifbar wäre.

Al-Qaida als Bewegung – das wäre eine Chance und eine Gefahr zugleich. Eine Gefahr, weil eine militärische Bekämpfung einer Bewegung undenkbar ist, alternative politische Strategien aber noch nicht entwickelt sind. Eine Chance, weil die damit einhergehende Verwässerung den langsamen Niedergang des Phänomens beschleunigen würde, das wir heute al-Qaida nennen. Das Netzwerk wäre dann eine weniger sektenähnliche, weniger durch Freundschaft, Loyalität, Kampferfahrung und religiöse Verklärung verbundene Organisation und dadurch wahrscheinlich weniger schlagkräftig.

1.3.5 Globaler Jihad – Die Welt als Schlachtfeld

Osama bin Laden und seine Anhänger verstehen sich nicht als Täter, sondern als Opfer. Für sie waren die Terroranschläge des 11. September 2001 nie jene Kriegserklärung, die der amerikanische Präsident George W. Bush und mit ihm die restliche westliche Welt darin erkannte. In den Augen der islamistischen Terroristen stehen die kollabierenden Twin Towers nur für eine einzige, siegreiche Schlacht in einem blutigen Krieg, der ihnen, den vermeintlichen Verteidigern und Rächern des „wahren" Islam, schon vor Jahrhunderten aufgezwungen wurde. Jihadisten sind davon überzeugt, dass es möglich sei, dem eigenen Leben einen Sinn zu geben, indem man sich opfert und dabei möglichst viele Menschen mit in den Tod reißt. Daher sprechen sie auch nie von Selbstmordanschlägen, sondern immer nur von „Märtyreroperationen". Aus ihrer verklärten Perspektive ist das Mittel des Selbstmordanschlags eine Schlacht, in die man in der Hoffnung zieht, dabei sein Leben zu verlieren und im Gegenzug das Paradies zu gewinnen. Die Frage, ob es taktisch nicht klüger wäre, mehrere Anschläge auszuführen, bevor man sich opfert, spielt für Jihadisten deshalb meistens keine Rolle. Ohne Todesbereitschaft in die Schlacht zu ziehen, widerspricht ihrer tiefsten Überzeugung. Als die Attentäter sich bei den Anschlägen in Madrid im März 2004 nicht mit ihren Opfern in die Luft sprengten, befürchteten einige Analysten kurzzeitig, ein neues Muster von Terroranschlägen habe sich herausgebildet. Heute weiß man, dass das eine Ausnahme war: Tägliche Selbstmordanschläge im Irak, Afghanistan sowie die Anschläge von London, Amman und kürzlich in Nordafrika belegen dies. Und auch ein Großteil der Attentäter von Madrid tötete sich am Ende lieber selbst, als dass sie sich verhaften ließen.[139]

Für die Motivation von Terroristen ist derweil deren Auffassung von besonderer Bedeutung, angegriffen worden zu sein, zu den Opfern zu zählen, sich wehren zu müssen und zu dürfen. An Feindbildern besteht innerhalb islamistischer Kreise kein Mangel; allein Osama bin Laden und Sulaiman Abu Ghaith benannten im Laufe der letzten Jahre Dutzende Gruppen, Staaten und Individuen als Feinde. Dazu zählen allen voran die USA und sämtliche Staaten, die an den Kriegen im Irak oder in Afghanistan beteiligt sind. Daneben werden vor allem der Staat Israel und die Freimaurer genannt, darüber hinaus alle Nichtregierungs- und Menschenrechtsorganisationen, die Vereinten Nationen, westliche Hilfsorganisationen, internationale agierende Konzerne, ferner die Schiiten, die internationalen Medien, Kommunisten, Demokraten und überhaupt alle Säkularisten. Zudem die Christen und die angeblich vom Glauben abgefallenen Muslime sowie alle, denen al-Qaida vorwirft, einen „Kreuzzug" gegen den Islam zu führen bzw. diesen zu unterstützen.

Der Hass auf die Kultur des Westens reicht jedoch freilich nicht aus, um die Motivation islamistischer Terroristen zu erklären. Als Gegenprobe kann hier am ehesten Saudi-Arabien dienen. Die saudischen Sicherheitsbehörden dienen einem Staat, wie es seit dem Fall der Taliban im Nachbarland Afghanistan keinen fundamentalistischeren mehr gibt. Trotzdem sind sie das wiederholte Ziele von Anschlägen al-Quaidas. Für die bereits erwähnten Anschläge von Amman gilt dasselbe. Al-Qaida ist ein internationale agierendes

[139] Vgl. Ebd., S. 20ff.

Netzwerk. Bestenfalls ein Teil seiner Anschläge kann mit Hilfe der These vom Hass auf den „dekadenten und ungläubigen Westen“ gedeutet werden. Dennoch ist al-Qaidas Kalkül weder unlogisch oder willkürlich. Es fußt vielmehr auf bestimmten Vorstellungen, die zum Kernbestand des Islam gehören, wenn auch in seiner islamistischen Interpretation. Das gilt ebenso für die verwirrende Aufzählung von Feinden.[140]

Das bedeutet im Umkehrschluss jedoch nicht, dass al-Qaida eine islamische Ideologie vertritt. Im Gegenteil: Das Terrornetzwerk ist sehr weit davon entfernt, die Ansichten der Mehrheit der Muslime zu repräsentieren. Es bildet lediglich den Willen einer extrem kleine Minderheit innerhalb der islamistischen Minderheit ab, ist aber dennoch ohne Zweifel der derzeit schlagkräftigste Auswuchs des militanten Jihadismus. Dennoch lehnt eine große Mehrheit der 1,3 Milliarden Muslime auf der Welt die vernunftfeindliche al-Qaida-Rhetorik ebenso ab, wie die meisten Bewohner der westlichen Welt. Der Islamwissenschaftler Bernard Lewis fasst diesen Umstand wie folgt zusammen: „Einige Muslime sind bereit, diese extreme Interpretation ihrer Religion zu unterstützen. Wenige sind bereit, sie umzusetzen.“[141] Es wäre jedoch falsch anzunehmen, der islamistische Terrorismus habe mit dem Islam überhaupt nichts zu tun. Tatsächlich gründet er auf dem Islam, ob es den Muslimen nun gefällt oder nicht. Die Begründung für den Terror basiert auf denselben religiösen Quellen, an die alle frommen Muslime glauben, vor allem auf dem Koran und den Sammlungen der Aussprüche und Taten des Propheten. Mit dem bedeutsamen Unterschied freilich, dass militante Islamisten diese Quellen selektiv auswerten, dadurch verklären und oft vollkommen konträr zur Mehrheitsmeinung interpretieren. Al-Qaida leitet aus der oftmals willkürlichen Interpretation dieser Quellen ein allumfassendes Weltbild ab. Sowohl die Vielzahl der benannten Feinde als auch Terror als legitimes Mittel des Kampfes stellen innerhalb dieses Systems gültige Schlussforderungen dar.[142]

Um dieses Weltbild analysierbar zu machen, muss man sich zunächst klarmachen, dass radikale Islamisten das gesamte Weltgeschehen religiös deuten, da für sie die Religion und nicht die Rationalität das Maß aller Dinge ist. Geschichte ist für sie nicht das Produkt menschlicher Handlungen, sondern das Ablaufen von Gott vorgesehener Konfrontationen. Bin Laden sieht

---

[140] Vgl. Jason Burke, Al-Qaida: Entstehung, Geschichte, Organisation, Patmos Verlagshaus, Düsseldorf 2005, S. 78.

[141] Vgl. Bernard Lewis, License to kill, in: Foreign Affairs, November/December 1998.

[142] Vgl. Musharbash, Die neue Al-Qaida, S. 22f.

sich deshalb auch nicht als jemand, der einen Konflikt begonnen hat, sondern als jemand, der einen Konflikt fortführt: „Dass der Westen unsere Länder besetzt, ist eine alte Neuigkeit. Das Kräftemessen und das Ringen zwischen ihnen und uns (...) geht schon Jahrhunderte. Und diese Auseinandersetzung zwischen Recht und Übel wird fortbestehen bis zum jüngsten Tag. Beachtet diese Regel! Es gibt keinen Dialog mit den Besatzern außer den Waffen."[143]

Hinter solch martialischen Aussagen steht die Überzeugung, die Gemeinschaft der rechtgläubigen Muslime stehe in einem ewigen Kampf den immer verschiedenen Ausformungen des Unglaubens gegenüber. Die Welt, so hat es der Islamwissenschaftler David Zeidin formuliert, sehen Islamisten als ein „Schlachtfeld, in dem die Streitmächte des Guten und des Bösen gegeneinander kämpfen."[144] Diese Ideen hat al-Qaida nicht entwickelt, aber keine andere islamistische Organisation erhebt sie dermaßen konsequent und umfassend zum Dogma. Die Grenzen zwischen Terror und Verteidigungskrieg verschwimmen indessen. Alle Anschläge, bekräftigte bin Laden immer wieder, „seien nichts als Reaktionen und Erwiderungen." Demnach führen Muslime also einen Abwehrkrieg. Doch sehen die Jihadisten die Welt nicht nur als ein Schlachtfeld, sondern zugleich auch als Eigentum Gottes, der sich und seinen Willen den Menschen durch den Koran unmissverständlich offenbart hat. Gott ist in diesem Weltbild der einzige Souverän, ihm schuldet ein jedes seiner Geschöpfe absoluten Gehorsam. Das bedeutet: Nur seine Gesetze sind bindend. Wer sich nicht daran hält, gibt sich als Feind Gottes zu erkennen. Diese Eigenschaft verbindet die vermeintlichen Feinde islamistischer Terroristen miteinander verbindet: Sie haben gegen Gott gesündigt, willentlich und wissentlich.

Dieses Weltbild macht deutlich, dass militante Islamisten ihre Feinde nicht willkürlich auswählen. Sie rechtfertigen ihre Wahl stets mit dem Argument des angeblichen Ungehorsams gegen Gott. Diese Eigenschaft verbindet in den Augen von al-Qaida auch die Opfer von New York mit jenen von Amman. Amerikaner genau wie Jordanier machen sich nach ihrer Auffassung durch die mittelbare Unterstützung ihrer ungläubigen Regierungen mit schuldig.

Das Ziel des *Jihad* ist demnach die Durchsetzung einer „gerechten" und „barmherzigen" islamischen Weltordnung. Die Verwirklichung dieser religi-

---

143 Vgl. hierzu: Marwan Abou Taam / Ruth Bigalke, Die Reden des Osama bin Laden, Diederichs Verlag, München 2006.

144 Vgl. David Zeidin, The Islamic Fundamentalist View of Life as a Perennial Battle, in: MERTA Journal (Middle East Review of International Affairs), Vol. 5, No. 4, December 2001.

ösen Utopie – die weltweite Durchsetzung des Islam – bleibt das Hauptmotiv.[145] Es ist das Zusammenfallen der Verwundbarkeiten der westlichen Staaten, das sich verstärkend auf das wahrgenommene Bedrohungspotenzial auswirkt und so al-Qaida erst deren Schlagkraft verleiht. Dies verleiht dem Terrornetzwerk ein sicherheitspolitisches Gewicht, das weit über den einzelnen Anschlag hinausgeht. So lebt al-Qaida auch und nicht zuletzt von ihrer glaubwürdig kommunizierten Unabsehbarkeit. Schemata asymmetrischer Interdependenzen sind laut Robert Keohane Quellen der Macht,[146] die den Charakter der Verwundbarkeit haben können, wenn die Akteure, die mit Betroffenheit reagieren, durch Politikveränderungen auf diese asymmetrischen Interdependenzen nicht reduzieren oder sogar neutralisieren können. Bisherige breit angelegte Politikveränderungen – von der Schaffung neuer Gesetze über verschärfte Einreisekontrollen bis hin zu militärischen Interventionen in den durch den Terrorismus von al-Qaida betroffenen Staaten – konnten die asymmetrische Verwundbarkeits-Interdependenzen nicht ausgleichen. Dies bedeutet im Umkehrschluss, dass es erst den Staaten gelingen muss, die Betroffenheit terroristischer Anschläge durch Politikveränderungen zu reduzieren. Dann wird das sicherheitspolitische Bedrohungspotenzial neutralisierbar und strategische Erfolge werden möglich.[147]

Mit dem weltweiten Netz finanzieller und logistischer Verflechtungen, einem ebenfalls globalen Netz von kampfbereiten Jihadisten, einschließlich einer gezielten Nachwuchsgewinnung, die selbst in westlichen Ländern erfolgreich betrieben werden kann und dem Einsatz modernster Mittel und Techniken in einem langfristig angelegten *Jihad* mit dem Ziel der Errichtung eines globalen Kalifats stellt der internationale *Jihad*-Terrorismus im Allgemeinen und das Terrornetzwerk al-Quaida im Besonderen eine umfassende, beinah totale Bedrohung der politischen und gesellschaftlichen Strukturen der Völkergemeinschaft dar. Mit dem sozialrevolutionären Terrorismus der siebziger Jahre ist diese Form der Gewalt nicht mehr zu vergleichen.

---

145 Vgl. Musharbash, Die neue Al-Qaida, S. 28.

146 Vgl. Robert O. Keohane, The Globalization of Informal Violence. Theories of World Politics, and the „Liberalism of Fear“, in: Ders. (Hrsg.), Power and Governance, S. 272-287.

147 Vgl. Knop, Die Quellen der Macht von al-Qaida, S. 262.

II. Islamistischer Terrorismus in Asien

Die Demission des Taliban-Regimes in Afghanistan war nicht gleichbedeutend mit der Zerschlagung des Terrornetzwerks al-Qaida und auch die globale Ausdehnung multilateraler militärischer sowie geheimdienstlicher Antiterroroperation hat nicht dazu geführt, dass die Aktionsfähigkeit islamistischer Terrorgruppen eingeschränkt worden wäre. Die Anschläge von London, Madrid und Istanbul haben dies auf tragische Weise unterstrichen. Der islamistisch motivierte Terrorismus ist stattdessen zur bedrohlichsten Herausforderung der westlichen Welt seit dem Ende des Ost-West-Konfliktes avanciert. Von einer Reihe von Beobachtern wird der internationale Terrorismus in seiner Bedrohlichkeit bereits mit letztgenanntem auf dieselbe Stufe gestellt. Andere Beobachter halten dagegen diese Einschätzung für überzogen. Sie begreifen die verbreitete Vorstellung von terroristischer Bedrohung als Übertreibung, die mehr den innenpolitischen Konstellationen westlicher Staaten als den tatsächlichen operativen Fähigkeiten von al-Qaida & Co geschuldet ist. Welcher Meinung man sich diesbezüglich auch anschließen mag – die sicherheitspolitische Herausforderung des international operierenden Terrorismus besetzt seit Jahren einen zentralen Platz in der politischen Agenda des Westens und wird dies mit Sicherheit auch in den kommenden Jahren tun.

Die Terrorismusdebatte, die nach den Anschlägen des 11. September 2001 zumindest in Europa hauptsächlich auf die Frage nach den Motiven der Attentäter fokussiert war, hat sich inzwischen stärker operativen Fragestellungen zugewandt: Nicht mehr von der Analyse der Motive, sondern von der Auswertung der Strategie und Taktik terroristischer Akteure erhoffen sich westliche Sicherheitsagenturen weiterführende Hinweise für eine effektive und nachhaltige Terrorismusprävention. Eine herausgehobene Bedeutung kommt dabei der Analyse terroristischer Organisationsstrukturen zu. Sie soll bei der Erklärung behilflich sein, worauf die große Flexibilität der Terrornetzwerke gründet, wie bei einer losen Verknüpfung der einzelnen Zellen eine politische und operative Steuerung überhaupt möglich ist und warum die Terrororganisationen gegenüber Infiltrationsversuchen durch Geheimdienste weitestgehend immun sind. Parallel dazu haben seit geraumer Zeit aber auch die Fragen an Bedeutung gewonnen, mit welcher Herausforderung man es bei den jüngsten Formen des Terrorismus zu tun hat und ob man ihm, in Anbetracht des für ihn charakteristischen Werterelativismus, auf Dauer gewachsen sein wird.[148]

Wie bereits ausgeführt wurde, hat der islamistische Terrorismus längst internationale Dimensionen angenommen. Auch asiatische Regierungen kämpfen gegen radikale Gruppierungen, die für Anschläge, Unruhen und Entführungen verantwortlich gemacht werden. Einige Länder nutzen den internationalen „Kampf gegen den Terror" aber auch, um unliebsame Separatisten und Oppositionelle zu bekämpfen. In diesem Zusammenhang wird immer wieder auf Pakistan verwiesen. Das südasiatische Land erscheint nach den Verhaftungen mutmaßlicher Attentäter in Großbritannien und Deutschland international erneut im Zwielicht, da viele Terrorverdächtigen entweder pakistanischer Herkunft oder aber in pakistanischen Terrorcamps ausgebildet wurden. Seit dem Afghanistan-Krieg in den achtziger Jahren ist in Pakistan ein breites Spektrum militanter islamistischer Gruppierungen entstanden. Mit tatkräftiger Unterstützung durch die USA, Saudi-Arabien und den pakistanischen Geheimdienst bekämpften sie zunächst die sowjetischen Invasoren im Nachbarland. Anschließend wurde das zu einem großen Teil von Indien kontrollierte Kaschmirgebiet zum bevorzugten Operationsgebiet der Islamisten, die dort wiederum mit Unterstützung der pakistanischen Machthaber Anschläge verüben und eine latente Unruhe verursachen.

Nach den Anschlägen des 11. September 2001 schloss sich Pakistans Präsident General Pervez Musharraf zwar der internationalen „Allianz gegen den Terror" an. Im Ausland wurde allerdings immer wieder bezweifelt, dass es den pakistanischen Machthabern wirklich ernst damit sei. Unstrittig ist, dass das praktisch unkontrollierbare Grenzgebiet zwischen Afghanistan und Pakistan islamistischen Terrorgruppen als Rückzugs- und Ausbildungsgebiet dient. Abgerundet wird diese Einsicht durch die Unfähigkeit der afghanischen Regierung, in ihrem durch jahrzehntelangen Bürgerkrieg beinah völlig zerstörten Land eigene und vor allem tragfähige Sicherheitsstrukturen zu etablieren, die von afghanischer Seite gegen die militanten Islamisten vorgehen könnte.

Einer ähnlichen Herausforderung sehen sich die noch jungen Republiken Zentralasiens ausgesetzt. Auch hier gibt es radikal-islamische Gruppen, die teilweise auch nicht vor Gewalt zurückschrecken, um ihren politischen For-

---

[148] Vgl. Münkler, Terrorismus als neue Ermattungsstrategie, in: Erich Reiter (Hrsg.), Jahrbuch für internationale Sicherheitspolitik 2004, Verlag E. S. Mittler & Sohn, Hamburg – Berlin – Bonn, 2004, S. 193-210, hier: S. 193ff.

derungen Nachdruck zu verleihen. Erste islamistische Gruppierungen bildeten sich in Zentralasien bereits zu Beginn der neunziger Jahre als Michail Gorbatschow seine Politik von Glasnost und Perestroika durchsetzen versuchte. Zentrum des religiösen Fanatismus ist das Ferghana-Tal, das im Grenzgebiet von Usbekistan, Kirgisistan und Tadschikistan liegt. Fromm, verarmt und überbevölkert bildet es seit dem Zusammenbruch des Sowjetimperiums einen fruchtbaren Nährboden für islamistisches Gedankengut. Allerdings wird auch hier der internationale Antiterrorkampf mitunter von den jeweiligen Regierungen in den ehemaligen GUS-Republiken dazu missbraucht, um unliebsame Oppositionelle und Separatisten in Schach zu halten.

Anschläge islamistischer Terrorgruppen mussten auch in Südostasien verzeichnet werden. So starben im Oktober 2002 bei einer Bombenexplosion in einer Diskothek auf Bali über zweihundert Menschen. Fast zeitgleich detonierte eine Bombe vor dem amerikanischen Konsulat in der Inselhauptstadt Depasar, die lediglich Sachschaden anrichtete. Im darauffolgenden Jahr explodierte vor einem Hotel mitten in der indonesischen Hauptstadt Jarkarta eine Autobombe, bevor, wiederum ein Jahr später, ein Anschlag auf die australische Botschaft verübt wurde, der neunzehn Opfer forderte. Bei den indonesischen Behörden gelten die Monate September und Oktober seither als „Hochsaison für Terroranschläge", in der die Sicherheitskräfte in erhöhte Alarmbereitschaft versetzt werden. Ein ähnliches Bild bietet sich dem Betrachter auf den Philippinen. Im Zuge ethnisch-religiöser Konflikte kommt es auch hier immer wieder zu terroristischen Angriffen, wie etwa den Bombenanschlägen auf den internationalen Flughafen sowie auf den Hafenterminal in Davoa City im Frühjahr 2003. Beide Anschläge forderten mehrere Todesopfer. Bei zwei Bombenanschlägen in der südphilippinischen Hafenstadt Zamboanga im Oktober 2002 wurden mindestens sechs Menschen getötet und etwa 144 verletzt. Des weiteren kommt es dort immer wieder zu religiös begründeten Übergriffen auf christliche Kirchen. Vor allem im Süden der Philippinen sind Bombenanschläge und andere Gewalttaten nicht ungewöhnlich. Seit Jahrhunderten herrscht ein Krieg, der mal mehr, mal weniger intensiv ausgetragen wird. Allein in den vergangenen dreißig Jahren soll er rund 100.000 Opfer gefordert haben. In der Regel kämpften Moslems gegen Christen um Macht und Einfluss. Im Zuge dieser Kämpfe haben sich islamistische Rebellengruppen mit mehreren zehntausend Bewaffneten gebildet, die meist aus dem arabischen Raum unterstützt werden.

Im Folgenden soll die sicherheitspolitische Herausforderung des internationalen Terrorismus hinsichtlich seiner Bedeutung für Asien erörtert werden.

Diesbezüglich soll die Problematik des islamistisch motivierten Terrorismus beispielhaft an Pakistan, Afghanistan, Tadschikistan, Usbekistan, Indonesien und den Philippinen unter Zuhilfenahme einer Matrix (Problem-Rahmenbedingungen-Sicherheit-Perspektive) dargestellt und analysiert werden. Im Anschluss daran wird unter Punkt III. die Gefahr des Terrorismus mit Massenvernichtungswaffen thematisiert.

1. Pakistan

Wenn es ein Land mit tragischer Geschichte gibt, dann Pakistan.[149] Seit der Staatsgründung im Jahr 1947 ist in Pakistan noch keine Regierung nach parlamentarischen Regularien von der Macht abgetreten.[150] Pakistan ist der erste völlig willkürlich auf konfessioneller Grundlage des Islam gegründete Staat. Der Zusammenhalt dieses künstlichen Staatsgebildes durch die Religion ist spätestens 1971 fragwürdig geworden. Die Sezession Ostpakistans, des heutigen Bangladesch, dokumentiert, dass Volkszugehörigkeit in einem Vielvölkerstaat ein gewichtiges Identitätsmerkmal ist. Es bestätigte sich, dass ethnische Kriterien stärker sein können als religiöse. Signifikant für Pakistan ist vor allem die Dominanz des Militärapparates, der immer dann gegen zivile Regierungen putschte, wenn die Generäle ihre eigenen Interessen gefährdet sahen. Seit Oktober 1999 steht mit General Pervez Musharraf wieder ein General an der Spitze des südasiatischen Staates, nachdem er die vorerst letzte, demokratisch legitimierte Regierung unter Nawaz Sharif per Staatsstreich entmachtet hatte.

Pakistan ist seit dem Ende der neunziger Jahre immer stärker in den Focus der Weltöffentlichkeit gerückt. Die Sorgen der führenden Staaten des internationalen Systems basieren vorwiegend auf den sicherheitspolitischen Verwicklungen des Landes in Bezug auf den Kaschmir- und Afghanistankonflikt, die Weiterverbreitung von Massenvernichtungswaffen (Proliferation) und den internationalen Terrorismus als dem neuen Primärfeindbild der internationalen Staatengemeinschaft. Unter dem starken internationalen Druck hat Musharraf in den letzten Jahren einige Kurskorrekturen vorgenommen,

149 Vgl. Ignacio Ramonet, Kriege des 21. Jahrhunderts, Rotpunktverlag, Zürich 2002, S. 58f.

150 Vgl. Werner Biermann / Arno Klönne, Ein Kreuzzug für die Zivilisation? Internationaler Terrorismus, Afghanistan und die Kriege der Zukunft, Papyrossa Verlagsgesellschaft, Köln 2002, S. 141.

die seinen Partnern im Ausland indes nicht ausreichen.[151] Als Erklärung für das zögerliche und oftmals ambivalente Verhalten Musharrafs wird immer wieder darauf verwiesen, dass der Handlungsspielraum der regierenden Elite in Islamabad durch innenpolitische Akteure stark eingeschränkt sei. Offenbar fordern nichtstaatliche Gewaltakteure und andere Gruppierungen mit machtpolitischen Ambitionen, welche im Rahmen einer partiellen Privatisierung von Außenpolitik zu Trägern nationaler Interessen avanciert sind, ein Mitspracherecht bei der Neuformulierung der außenpolitischen Positionen Pakistans ein. Da einige dieser Organisationen nicht nur über politische (Veto-)Macht, sondern ebenso über erhebliche bewaffnete Aktionsmacht verfügen, ist im Zusammenhang mit der außenpolitischen Handlungsfähigkeit der Regierung die Frage nach der innenpolitischen Stabilität auf die Tagesordnung gekommen.

Die politische Stabilität Pakistans ist bereits seit Mitte der sechziger Jahre ein Dauerthema der internationalen Sicherheitspolitik. Politikwissenschaftliche Analysen zum Staatszerfall bezogen sich zunächst auf das belastete Verhältnis des östlichen zum westlichen Landesteil und damit auf die angestrebte Symbiose zu einer nationalstaatlichen Identität auf dem Fundament des Islam, die spätestens seit der kriegerischen Abspaltung Bangladeschs im Sinne des Staatsgründungsmythos der „Zwei-Nationen-Theorie“ von Staatsgründer Mohammad Ali Jinnah als gescheitert angesehen werden muss.[152] Seither steht die Frage im Mittelpunkt, auf welche Weise „Restpakistan“ aus dem Dilemma von fehlender Zivilität, Effektivität und Demokratie finden kann.[153] Vier Staatsstreiche des Militärs (1958, 1969, 1977, 1999) sowie der ständig schwelende Konflikt um die Zugehörigkeit Kaschmirs mit Indien gaben den negativen Schlagzeilen und Prognosen über Jahrzehnte neue Nahrung.[154]

Der jetzige Präsident Pakistans, Pervez Musharraf, hat sich zur Rechtfertigung seiner Herrschaft von Anfang an formal legaler Konstrukte und der Kooperationsbereitschaft oppositioneller politischer Kräfte bedient. Sein Herrschaftssystem kann als militärisch-zivile Hybridkonstruktion charakterisiert

---

[151] Vgl. Boris Wilke, Pakistan: Scheitender Staat oder überentwickelter Staat, in: Ulrich Schneckener (Hrsg.), States at Risk, SWP-Studie 2004, S. 140-157, hier: S. 140f.

[152] Vgl. Carsten Wieland, Nationalstaat wider Willen: Politisierung von Ethnien und Ethnisierung der Politik: Bosnien, Indien, Pakistan, Frankfurt am Main [u.a.] Campus-Verlag, 2000, hier: S. 287f.

[153] Vgl. Tariq Ali, Can Pakistan survive? The Death of a State, London 1983.

[154] Vgl. Für einen Überblick der entsprechenden Konflikte vgl. Boris Wilke, Krieg auf dem indischen Subkontinent: strukturgeschichtliche Ursachen gewaltsamer Konflikte in Indien, Pakistan und Bangladesh seit 1947, IPW, Forschungsstelle Kriege, Rüstung und Entwicklung, Hamburg 1997.

werden, bei der er letzten selbst alle wichtigen innen- und außenpolitischen Entscheidungen fällt, während dem zivilen Kabinett allenfalls die Führung der laufenden Regierungsgeschäfte überlassen bleibt.[155] Wie der Ex-General selbst wiederholt eingeräumt hat, steht und fällt seine Machtfülle mit seinem Oberbefehl über die pakistanischen Streitkräfte, die bisher loyal und diszipliniert zu ihm gestanden haben. Bemerkenswert ist jedoch, dass Kritik am Primat des Militärs und damit an der Position Musharrafs seit dessen Putsch im Oktober 1999 in den Medien und der Öffentlichkeit explizierter als zuvor geäußert werden darf als je zuvor.

Pakistan gilt als ein Land der explosiven Gegensätze: Armenhaus und Atommacht, Verbündeter der USA und Brutstätte des islamistischen Terrors zugleich; beherrscht von einem Militärdiktator, den die demokratische Supermacht USA, die sonst gern ihre Ideale in die Welt exportiert, mit der Lieferung modernster Waffen und umfangreichen Wirtschaftshilfen unterstützt. Ein Land mit mehr als 160 Millionen Einwohnern, einer der höchsten Geburtenraten der Welt und einem Analphabetenanteil von rund fünfzig Prozent.

1.1 Problem

Seit seiner Unabhängigkeit ist die politische Lage Pakistans durch mangelnde Stabilität gekennzeichnet. Kurze demokratische Phasen wurden immer wieder durch Machtübernahmen des Militärs unterbrochen. So regierten pakistanische Generäle das südasiatische Land mehr als die Hälfte seiner sechzigjährigen Geschichte. In einigen Gebieten Pakistans sind Feudal- und clanähnliche Stammesstrukturen derartig stark ausgebildet, so dass dort an eine Durchsetzung eines staatlichen Gewaltmonopols nicht einmal in Ansätzen zu denken ist. Insbesondere in der von Großgrundbesitzern, paschtunischen Stammesführern und zerstreuten Talibanverbänden kontrollierten Grenzregion Waziristan übt die Zentralregierung in Islamabad praktisch keine Hoheitsrechte mehr aus.[156] Auch in einigen ländlichen Regionen in Belutschistan und der

155 Vgl. Andreas Rieck, Pakistan zwischen Demokratisierung und „Talibanisierung“, in: Aus Politik- und Zeitgeschichte, 39/07, S. 24-31, hier: S. 26.

156 Waziristan ist eine schwer zugängliche Bergregion im nordwestlichen Pakistan an der Grenze zu Afghanistan mit einer Größe von knapp 12000 Quadratkilometern. Es umfasst das Gebiet westlich und südwestlich von Peschawar zwischen den Flüssen Tochi und Gomal im Süden und ist Teil der s.g. pakistanischen Stammesgebiete unter Bundesverwaltung (FATA). Während der Besetzung Afghanistans durch sowjetische Truppen (1979-1989) war Waziristan ein von der pakistanischen Regierung geduldeter

Nordwestprovinz können sich die staatlichen Institutionen nur leidlich gegen den Einfluss von Stammesführern und vermögenden Landbesitzern durchsetzen. Beide Provinzen gehören zu den ärmsten und rückständigsten Gebieten im Entwicklungsland Pakistan, woran nicht zuletzt ein anachronistisches, aus der britischen Kolonialzeit fast unverändert übernommenes System der indirekten bzw. halbautonomen Verwaltung einen erheblichen Anteil hat.

Die so genannten *Tribal Areas* und die nördlichen Distrikte der Provinz Belutschistan mit ihrer traditionell streng religiösen paschtunischen Bevölkerung dienten in den 1980er Jahren als sicherer Rückzugsraum der afghanischen Mujaheddin und wurden in den 1990er Jahren zu einem wichtigen Rekrutierungsgebiet für die afghanische Taliban. Nach dem Sturz des Taliban-Regimes in Kabul Ende 2001 zogen sich viele Kämpfer, ebenso wie ihre ausländischen Verbündeten (al-Qaida bzw. diverse arabische, usbekische und tschetschenische Islamisten), in die afghanisch-pakistanischen Grenzgebiete zurück und organisierten von dort aus die Wiederaufnahme der „Widerstandskampfes" in Afghanistan. Dabei erhielten sie die Unterstützung von einer wachsenden Zahl lokaler Mullahs, Madrasa-Studenten und Veteranen des *Jihads* in Afghanistan und Kaschmir, die ihrerseits mit Kampagnen zur Erzwingung islamischer Moral und Gesetzgebung nach dem Vorbild der Taliban begannen und in diesem Zusammenhang u.a. eine eigene Strafjustiz einführten. Es sind diese Kämpfer, die tagtäglich Anschläge auf afghanische und internationale Einrichtungen und Personen ausüben und dadurch den ohnehin schwierigen Staatsaufbau in Afghanistan zusätzlich torpedieren.

International sieht sich Pakistan mehreren Risiken ausgesetzt: Neben der Feindschaft zu Indien existieren Spannungen mit dem Iran, die neben religiösen Motiven um iranische Provinzen kreisen, in denen Pakistan die Sezessionsbemühungen der Einheimischen unterstützt, latente Konflikte mit China und schließlich die Vorgänge in Afghanistan, wo Pakistan wie der Iran versucht, dauerhaften Einfluss zu gewinnen.[157] Ein weiteres Spannungsfeld, ge-

---

tes Rückzugsgebiet für Widerstandskämpfer. Als im Jahr 2001 die Taliban aus Kabul flüchteten, zogen sich die meisten von ihnen nach Waziristan zurück, wo sie über Jahre unbehelligt von pakistanischen Sicherheitskräften leben und sich reorganisieren konnten. Im März 2004 wurde bei einer Militäroffensive der pakistanischen Armee in Waziristan ein zwei Kilometer langes Tunnelsystem entdeckt, das von einer afghanischen Bergkette in das pakistanische Dorf Kaloosha führte. Aufgrund seiner geografischen Lage und der daraus folgenden Unzugänglichkeit werden in den Bergregionen Waziristans weiterhin islamistisch-militante Gruppierungen und führende Kader al-Qaidas vermutet.

157 Vgl. Biermann / Klönne, Ein Kreuzzug für die Zivilisation?, S. 141.

genwärtig gegenüber der Weltöffentlichkeit kaschiert, sind die Beziehungen Pakistans zu den Vereinigten Staaten. Als ehemaliger regionaler Hauptverbündete der USA im Kampf gegen den Kommunismus und damit gegen den die Sowjetunion, musste Pakistan erleben, wie es in den neunziger Jahren nach der Implosion des Sowjetimperiums und damit dem Wegfall des Gegenspielers der USA von seinem Patron fallen gelassen und schutzlos dem Anpassungsdiktat der Globalisierung ausgesetzt wurde. Innerhalb der pakistanischen Machteliten gibt es nicht erst seitdem Vorbehalte gegen die USA, was vor dem Hintergrund der jüngsten Vergangenheit nicht weiter überrascht. Trotzdem gelten die Vereinigten Staaten auch heute noch neben der Volksrepublik China als der wichtigste Verbündete Pakistans.

Das amerikanisch-pakistanische Bündnis hat sich nicht zuletzt während des Afghanistankrieges gegen die sowjetischen Besatzungstruppen bewährt, als Pakistan während des Kalten Krieges als amerikanischer „Frontstaat" gegen die Ausbreitung des Kommunismus in Asien fungierte. Mit logistischer Unterstützung der USA und finanzieller Hilfe aus Saudi Arabien organisierten pakistanische Militärs und Geheimdienstler erfolgreich den afghanischen Widerstand. Nach dem Zusammenbruch der Sowjetunion und dem Siegeszug der von Pakistan gesteuerten Mujaheddin, bot sich Pakistan die große Chance, das entstandene Machtvakuum in Afghanistan auszufüllen. Angesichts der instabilen Situation im Land kam nur eine indirekte Einflussnahme über Gruppierungen vor Ort in Betracht. Allerdings waren die Mujaheddin nicht in der Lage, die Erwartungen ihrer pakistanischen und amerikanischen Förderer in Afghanistan umzusetzen. Aufgrund der unterschiedlichen politischen und ökonomischen Vorstellungen der verschiedenen Mujaheddin-Stämme gelang es diesen nicht, das Land gemeinsam zu regieren. Das Unvermögen der Mujaheddin stand im krassen Widerspruch zu den Zielvorgaben der pakistanischen Machthaber. Diese wünschten sich ein Islamabad und Washington freundlich gesinntes Regime in Kabul, das stabile innenpolitische Verhältnisse in dem vom langjährigen Bürgerkrieg zerstörten Afghanistan etablieren sollte, um Pakistan und den USA ungehinderten Zugang zu den Rohstoffmärkten der zentralasiatischen Republiken zu ermöglichen, und darüber hinaus, Pakistan zu einem strategischen Rückzugsgebiet gegenüber Indien verhelfen sollten.

Als den Regierungen in Washington und Islamabad bewusst wurde, dass die untereinander verfeindeten Mujaheddin diese Zielvorgaben unmöglich umsetzen können, war die Geburtsstunde der Taliban, als eigenständiger

Kampfeinheit in Afghanistan, gekommen.[158] Der Sieg der Taliban über die Mujaheddin basierte maßgeblich auf der erheblichen militärischen, finanziellen und logistischen Unterstützung durch Pakistan, Saudi Arabien und (zumindest anfänglich) der USA, bis amerikanische Regierung schließlich auch der Taliban überdrüssig wurde. Pakistan hatte zwar auf den ersten Blick sein Ziel eines von ihm abhängigen Afghanistan verwirklicht, aber die Macht der Taliban erwies sich bald als brüchig.[159]

Zu dem weiterhin bestehenden Strukturdefizit der afghanischen Zentralregierung trat nun die Inkompetenz der Taliban. Es fehlte ihnen an Fachkräften, um einen funktionierenden Verwaltungsapparat aufbauen zu können. Der praktizierte religiöse Anachronismus, der vor allem die afghanischen Frauen mit aller Härte traf, gekoppelt an Intoleranz gegenüber Andersdenkenden, führte dazu, dass die Taliban ihren Kredit in der Bevölkerung Afghanistans als „Freiheitskämpfer" einbüßten. Die offensichtliche Überforderung der Taliban, intensivierte dessen Abhängigkeitsverhältnis zu Pakistan und machte sie darüber hinaus für den Einfluss islamistische Fundamentalisten wie Osama bin Laden empfänglich, der die Einfalt der Taliban dafür nutzte, um unter deren Schutz neue Anschläge seines Terrornetzwerks al-Qaida zu planen.

Die Beherbergung bin Ladens war für Washington ein willkommener Anlass, um das Taliban-Regime in Kabul zu stürzen, das den politischen Machteliten in den USA schon lange ein Dorn im Auge gewesen war. Nach den Anschlägen des 11. September 2001 befand sich die amerikanische Bevölkerung in einem Schockzustand; der latente Wunsch der amerikanischen Öffentlichkeit nach Vergeltung sollte durch den Feldzug gegen die Taliban kanalisiert werden. Zurück blieb ein Afghanistan, das zum einen bis heute als Staat kaum überlebensfähig ist und zum anderen noch immer militanten Fundamentalisten als Rückzugsgebiet dient. Viele Taliban- und al-Qaida-Kämpfer zogen sich nach der westlichen Intervention und dem Sturz des Taliban-Regimes in Afghanistan in die schwer zugängliche Bergregion an der Grenze zu Pakistan zurück. Im Rahmen des Kampfs gegen den Terrorismus ging die pakistanische Armee seit dem Frühjahr 2004 verstärkt gegen diese Gruppen vor. Ziel war, die ausländischen Terroristen zu bekämpfen, die Stammesgebiete einer stärkeren Kontrolle zu unterwerfen und die Infiltration nach Afghanistan zu beenden. Dies bedeutete eine Zäsur, da die Streitkräfte erstmals

---

[158] Vgl. Matin Baraki, Islamismus und Großmachtpolitik in Afghanistan, in: Aus Politik und Zeitgeschehen, B 8/2002, S. 32-38, hier: S. 35f.

[159] Vgl. Biermann / Klönne, Ein Kreuzzug für die Zivilisation?, S. 146.

in der Geschichte des Landes in den FATA (*Federally Administered Tribal Areas*), also den weitgehend autonomen Stammesgebieten im afghanisch-pakistanischen Grenzgebiet operierten und dort bis zu 80.000 Soldaten zu Einsatz kamen. Als Schwerpunkte der Kämpfe erwiesen sich Nord- und Süd-Waziristan. Dort kamen in den letzten Monaten hundert Soldaten ums Leben. Trotz der militärischen Überlegenheit, zum Beispiel aufgrund ihrer Lufthoheit, konnte das pakistanische Militär bis heute keine Entscheidung herbeiführen. Auch deshalb ist die Regierung in Islamabad inzwischen dazu übergegangen Zweckbündnisse mit den einheimischen Islamisten einzugehen, um die al-Qaida-Kämpfer, die aus dem Ausland nach Pakistan bzw. Afghanistan gekommen sind, dingfest zu machen.

Pakistan, das nach den Anschlägen in New York und Washington der Allianz gegen den Terror beigetreten ist und sein „Ziehkind", die Taliban, augenscheinlich fallen ließ, gibt im Kampf gegen den internationalen Terrorismus ein eher ambivalentes Bild ab. Die Islamische Republik gilt gemeinhin als die asiatische Keimzelle islamistischen Gedankenguts. Das kurz vor dem Staatsbankrott stehende Pakistan ist nach wie vor einer der wichtigsten Stützpunkte des islamischen Fundamentalismus. Innenpolitisch ist es ein Pulverfass, welches durch mehrere Konflikte zerrissen ist: die religiösen Gräben zwischen Sunniten und Schiiten, ethnische Differenzen zwischen den Stämmen der Paschtunen, Belutschen, Sindhis und Punjabis sowie starke soziale Gegensätze erschüttern die innenpolitische Stabilität.[160] Mehr als vierzig Prozent der mittlerweile über 160 Millionen Menschen zählenden Bevölkerung Pakistans leben unter der Armutsgrenze, rund zwanzig Millionen Kinder sind zur Sklavenarbeit gezwungen. Die Gesetze der Globalisierung haben hier eine kriminelle Ökonomie gefördert, die nach Angaben der Vereinten Nationen heute größer ist als die legale.[161]

Die Tatsache, dass Pakistan zu den korruptesten Ländern der Welt zählt, lässt erahnen, dass die Machteliten primär darauf bedacht sind ihre privaten Interessen zu verfolgen, als dem Gemeinwohl verpflichtet zu sein. Dieser Eindruck entfaltet ebenfalls bei der Bewertung der Bemühungen um die Eindämmung des gewaltbereiten Islamismus. Der Verdacht, dass die Musharraf-Administration nicht mit letzter Konsequenz gegen militante islamistische Gruppierungen vorgeht und so die Ausbreitung des internationalen Terrorismus fördert, steht seit Jahren im Raum.

---

[160] Vgl. Ramonet, Kriege des 21. Jahrhunderts, S. 61.
[161] Vgl. Biermann / Klönne, Ein Kreuzzug für die Zivilisation?, S. 141.

Diese These wird nicht zuletzt auch durch die Politik der pakistanischen Regierung im Kaschmirkonflikt gestützt. So hat Pervez Musharraf nach seiner Machtübernahme im Jahr 1999 die Infiltration des indisch kontrollierten Teils von Kaschmir durch militante Islamisten zwar gedrosselt, diese jedoch nicht völlig unterbinden können. Damit hält er die pakistanischen Besitzansprüche auf die umstrittene Region aufrecht und den diesbezüglichen Konflikt mit Indien am kochen, aus dem der pakistanische Staatspräsident wiederum seine innenpolitische Machtlegitimation ableitet.

Neben paramilitärischen Gruppen wie die *Jammu&Kashmir Liberation Front* (JKLF) und *Hizbul-Mujaheddin* (HuM), die den klassischen Typus des Terrorismus repräsentieren, agieren auch Verbände wie die „Armee der Reinen", die *Lashkar-e-Toiba* (LeT), und die Armee des Propheten Mohammed, die *Jaish-e-Mohammad Mujahideen E-Tanzeem* (JeM), die eher dem Spektrum des internationalen Terrorismus zugerechnet werden können. Die LeT entstand in Afghanistan und war zunächst im Widerstand gegen die sowjetische Besatzungsarmee aktiv, der vom pakistanischen ISI koordiniert und gefördert wurde. Im Jahr 1993 machte sie zum ersten Mal mit Anschlägen im indischen Bundesstaat Jammu&Kaschmir auf sich aufmerksam. Im Gegensatz zu lokalen Gruppen wie JKLF und HuM verfügt die LeT über eine Vielzahl „ausländischer" Kämpfer aus Pakistan und Afghanistan. Ein weiterer Unterschied besteht darin, dass die LeT sich nicht damit begnügt, Kaschmir vom Einfluss Indiens zu befreien oder in den pakistanischen Grad zu integrieren. Ihr Ziel ist vielmehr die Verbreitung des Islam und die Wiederherstellung seiner Dominanz über den gesamten indischen Subkontinent. Darüber hinaus strebt sie eine Vereinigung der muslimischen Mehrheitsgebiete in den an Pakistan angrenzenden Staaten an. Vor diesem Hintergrund sollen ihre Kader außer in Kaschmir u.a. in Tschetschenien und Zentralasien aktiv sein.

Es wird zudem vermutet, dass Kämpfer der LeT die Taliban und al-Quaida in Afghanistan unterstützen. Die LeT wird für die meisten Selbstmordanschläge auf Einrichtungen der indischen Sicherheitskräfte sowie für eine Reihe von Massakern an der Zivilbevölkerung verantwortlich gemacht. Darüber hinaus verübten Terroristen der LeT Anschläge auf Einrichtungen in anderen Teilen Indiens. Auf deren Konto soll u.a. der vereitelte Anschlag auf das indische Parlament im Dezember 2001 gehen, der eine tiefe Krise zwischen Indien und Pakistan auslöste und beide Staaten an den Rande eines Atomkrieges geführt hat.[162]

---

[162] Vgl. Christian *Wagner,* Terroristische Bedrohungen in den Demokratien Südasiens, SWP-Studie, Berlin 2004, S. 13-14.

1.2 Rahmenbedingungen

In seinem Aufsatz „Pakistan. A nation still in the making“ beschreibt Robert Laporte jr. die politische Situation Pakistans folgendermaßen: „In sum, after fifty years of its birth, Pakistan remains a nation still in the making.“[163] Diese Aussage hat auch noch sechzig Jahre nach der Staatsgründung Pakistans Bestand. Innenpolitisch sind die Machthaber vor allem darum bemüht, die großen sozialen Probleme herunterzuspielen. Nach dem Tode Zia ul-Haqs (1988) war die politische Landschaft jahrelang von wechselnden Koalitionen zwischen Staatspräsidenten, dem Militär und den politischen Parteien geprägt. Insbesondere letztere haben durch das ständige Tauziehen um politische Macht viel an Glaubwürdigkeit und Ansehen in der Bevölkerung verloren. Die Parteienlandschaft ist von heftigen Kämpfen gekennzeichnet, in denen es weniger um Inhalte und Konzepte zur Lösung der vielen Probleme des Landes als um die Profilierung von Einzelnen und persönliche Vorteilsnahme geht.

Von der Innenpolitik gehen deshalb für die Wirtschaft viele Unsicherheiten aus: Nachdem lange über die zukünftige Gesellschaftsordnung, d.h. vor allem die Verteilung der Zuständigkeiten auf den staatlichen und privaten Bereich gestritten wurde, ist diese Frage auch nach der Machtübernahme Musharrafs im Jahr 1999 unbeantwortet geblieben. Nach wie vor greift die Regierung dirigistisch in die Wirtschaft ein und bedient sich dabei fast der gesamten Palette der klassischen Instrumente: Ein- und Ausfuhrzölle, Außenhandelskontingente, staatlicher Monopole bei allen Im- und Exportgeschäften, Binnenhandelsbeschränkungen, eine umfassende Kontrolle der Bankkredite usw. Dies führt zu einer Schwerfälligkeit des pakistanischen Wirtschaftssystems, welche die notwendigen Reaktionen auf den sich ständig verändernden Weltmarkt unnötig verlangsamen. Die starken Regulierungsmaßnahmen der pakistanischen Regierung verhindern die Etablierung einer freien Marktwirtschaft und nehmen dem Land damit die Chance, dem permanent drohenden Staatsbankrott wirksam entgegenzuwirken. Schon jetzt wäre Pakistan ohne die massive Wirtschaftshilfe aus dem Ausland wohl nicht länger handlungsfähig. Viele Gelder werden zudem zweckentfremdet, indem sie entweder für Rüstungsgüter verwendet werden oder in privaten Kanälen verloren gehen. Der hohe Bürokratieaufwand bietet einen fruchtbaren Nährboden für Kor-

---

[163] Zitiert aus: Robert Laporte, Pakistan: A nation still in the making, in: Selig S. Harrison / Paul H. Kreisberg / Dennis Kux (Hrsg.), India & Pakistan. The First Fifty Years, Woodrow Wilson Center Press and Cambridge University Press 2000.

ruption.[164] Solang die internationalen Wirtschaftshilfen zu fast gleichen Teilen für die Schuldentilgung und für den Unterhalt des Militärs aufgewendet werden, ist keine Verbesserung der sozioökonomischen Verhältnisse zu erwarten.

Das innenpolitische Konfliktpotential ist gerade in sozialer Hinsicht groß. Seit seiner Unabhängigkeit war Pakistan Schauplatz gewaltsamer Auseinandersetzungen zwischen verschiedenen Volks- und Religionsgruppen. Problematisch aus Sicht der kleineren Volksgruppen ist insbesondere die Dominanz der Punjabi. Außerdem haben innere und äußere Wanderungsbewegungen in einigen Regionen zu erheblichen ethnischen Verschiebungen geführt, die auf Unmut stoßen. Im Sindh, insbesondere in der Hauptstadt Karatschi und Hyderabad, kommt es immer wieder zu blutigen Zusammenstößen zwischen einheimischen Sindhi einerseits und zugewanderten Muhajir andererseits. Letztere nehmen aufgrund ihres höheren Bildungsniveaus eine exponierte Stellung im öffentlichen Leben Pakistans ein. Auch zwischen den Muhahir und den wirtschaftlich zunehmend einflussreichen Paschtunen (häufig Flüchtlinge aus Afghanistan) kommt es immer wieder zu bewaffneten Übergriffen. Regionalistische und separatistische Bestrebungen bestehen außerdem in Belutschistan, in der Nordwestprovinz, wo viele Paschtunen Forderungen nach größerer Autonomie, in geringerem Maße sogar nach staatlicher Selbstständigkeit, unterstützen. Ähnliche Tendenzen existieren darüber hinaus in dem von radikalislamischen Taliban als Rückzugsgebiet der halbautonomen FATA (*Federally Administered Tribal Areas*), wo pakistanische Regierungstruppen seit 2004 verstärkt gegen Taliban-Verbände kämpfen.

Die regionalen Spannungen zwischen den Volksstämmen überlagern lediglich die sozialen Konflikte, welche jederzeit eskalieren können, sobald das Ventil der Auswanderung in die Staaten des Nahen Ostens, etwa aus Furcht dieser Staaten vor Überfremdung oder einer allgemeinen Rezession geschlossen wird und der politische Druck innerhalb Pakistans steigt. Die Auswanderung bietet ein Ventil für die vielen Unzufriedenen in Pakistan. Sie verstärkt aber auch die relative Deprivation, d.h. die wachsende Diskrepanz zwischen den steigenden Erwartungen der Pakistani und der tatsächlichen Erwicklung. Durch die Emigration und Landflucht gerade aus den rückständigen Gebieten und der weltweit expandierenden Medienlandschaft wird den Migranten und den Zurückgebliebenen zunehmend vor Augen geführt, wie groß der Niveauunterschied zwischen dem vergleichsweisen hohen Lebensstandard der Menschen im Ausland, einiger ihrer Landleute im Inland und ihnen selbst ist. Ins-

[164] Vgl. Grützmacher, Die Außen- und Sicherheitspolitik Pakistans, S. 55ff.

besondere, wenn elementare Standards wie eine allgemeine Schulpflicht und die Sicherung der medizinischen Grundversorgung bis heute fehlen.

Wirtschaftlich hat Pakistan in den 80er Jahren einen gewissen Aufschwung erlebt, der aber nicht überbewertet werden darf. Günstige Preise für die pakistanischen Hauptexportprodukte Reis und Baumwolle, sich jährlich verdoppelnde Überweisungen der Arbeiter im Ausland und ein günstiges Klima für Neuverschuldung (niedrige Zinsen) waren dem Land dabei behilflich, die wirtschaftliche Talsohle der 70er Jahre (Sezession Pakistans, Kriegskosten) vorübergehend zu verlassen. Nach wie vor bildet die Landwirtschaft das schmale Fundament der pakistanischen Wirtschaft, welches immer größere Belastungen tragen muss.[165] Deshalb beeinflussen witterungsbedingte Schwankungen in der landwirtschaftlichen Produktion, die bei den extremen klimatischen Bedingungen in Pakistan eher Regel als Ausnahme sind, die gesamte Wirtschaft und damit alle Lebensbereiche. Die Voraussetzungen dafür, dass mehrere schlechte Ernten ohne fatale Konsequenzen für die Grundversorgung der Bevölkerung bleiben, müssen erst noch geschaffen werden. Die Möglichkeit der Ansiedlung großer Industrien, die damit verbundene Schaffung von Arbeitsplätzen und dringend benötigter Devisen scheitert zum einen an der unsicheren innenpolitischen Situation (Stammeskonflikte, Dauerkonflikt mit Indien) und zum anderen am schlechten Bildungsniveau der meisten Pakistani, die deshalb für potentielle Investoren als Arbeitskräfte oft nicht ausreichend qualifiziert sind.

Pakistans Bildungswesen gehört im internationalen Vergleich zu den weltweiten Schlusslichtern. Der Anteil der Analphabeten ist mit knapp der Hälfte der männlichen und knapp dreiviertel der weiblichen Erwachsenen sehr hoch. Der Abstand zwischen den Geschlechtern ist vor allem in den abgelegenen, ländlichen Rückstandgebieten dramatisch. Kaum mehr als die Hälfte der Kinder besucht die Elementar- oder Grundschule (1.-5.Klasse). Der Anteil derjenigen die ihre Ausbildung vorzeitig abbrechen, ist auf allen Bildungsstufen hoch. Es gibt keine gesetzliche Schulpflicht, vor allem bei den Mädchen ist der Schulbesuch noch immer die Ausnahme. Der Nachholbedarf der weiblichen Bevölkerung bei Erziehung und Gesundheit ist, wie in den meisten islamischen Staaten, sehr ausgeprägt. Den islamistischen Gebo-

---

[165] Pakistan ist weitestgehend bankrott. Vierzig Prozent einer Bevölkerung von über 160 Millionen leben unterhalb der Armutsgrenze. Die Gesetze der Globalisierung haben hier eine kriminelle Ökonomie gefördert, die nach Angaben der Vereinten Nationen heute größer ist als die legale – ein Staat vor der Implosion. Vgl. Biermann / Klönne, Ein Kreuzzug für die Zivilisation?, S. 141.

ten von Anstand und Sittsamkeit folgend, nehmen die Frauen kaum öffentlichen Leben teil. Verglichen mit den Männern stellen sie nur etwa dreizehn Prozent der Erwerbsbevölkerung und gehen nur ein Viertel so lang zu Schule. Trotz oft angekündigter Reformen liegt der Schwerpunkt des pakistanischen Bildungssystems nach wie vor auf einer allgemeinen, geisteswissenschaftlichen Ausbildung. Der praktische Unterricht spielt selbst in den Ingenieurberufen eine eher untergeordnete Rolle; Berufsschulen gibt es kaum. Die staatlichen Pro-Kopf-Ausgaben für die Bildung gehören zu den niedrigsten der Welt. Höhere Bildung bleibt fast ausschließlich den Kindern höherer Beamter, Offiziere oder Freiberufler vorbehalten, die nach erfolgreicher Beendigung ihrer Ausbildung oft das Land verlassen.

Die Medienlandschaft Pakistans expandierte in den letzten Jahren. Der Grad der Pressefreiheit ist relativ hoch, und konnte auch unter den zahlreichen Militärherrschaften nie völlig abgeschafft werden. Dennoch war es den Diktatoren stets möglich diese Freiheit entweder über die Zuteilung des Druckpapiers, oder durch die Entsendung von Schlägertrupps (Goondas) in die jeweiligen Redaktionen, einzuschränken. Daneben kommt es immer wieder zu Verhaftungen regimekritischer Journalisten. In Pakistan gibt es etwa 400 Tages- und 800 Wochenzeitschriften. Viele erscheinen in kleiner Auflage. Die wichtigsten Zeitungen werden in Lahore und Karatschi publiziert. Insbesondere die englischsprachige Presse gilt als besonders kritisch. Die Themen Militär und Nationale Sicherheit, Religionsstreitigkeiten und Familie des Präsidenten unterliegen der Zensur. Neben der staatlichen Nachrichtenagentur *Associated Press of Pakistan* (APP) existieren zwei private Agenturen (PPI und NNI).Das staatliche Fernsehen (*Pakistan Television Corporation*) sendet seit 1964. Fünf Sendeanstalten ermöglichen rund neunzig Prozent der Bevölkerung den Empfang des Programms. Die Nutzung der Computertechnik und des Internets nimmt in den letzten Jahren rapide zu. Gesurft wird meist in Internet-Cafes, da die Gebühren eines privaten Anschlusses sehr hoch und die erreichbaren Netzgeschwindigkeiten sehr niedrig sind.

Die ständig wachsende Bevölkerung erschwert die Nahrungsmittelversorgung, die Beschäftigungssituation, den Wohnungsbau und belastet das Bildungs- und Gesundheitssystem zusätzlich, sofern diese Bezeichnung für Letzteres überhaupt zulässig ist. Ein erheblicher Teil der registrierten Ärzte arbeitet aufgrund der besseren Verdienstmöglichkeiten im Ausland. Beim medizinischen Hilfspersonal ist die Situation noch kritischer. Auch hier treten die Probleme sozial und regional akzentuiert auf, da sich die Einrichtungen der Gesundheitsfürsorge in den großen Städten konzentrieren und bevorzugt den öffentlich Bediensteten und dem Militär zur Verfügung stehen. Die medizinische Grundversorgung auf dem Land ist dementsprechend miserabel. Mit Ausnahme weniger Idealisten zieht es die meisten Mediziner nach Beendigung ihrer Ausbildung ins Ausland oder wenigstens in die Großstädte.

Pakistan ist das am stärksten urbanisierte Land Südasiens. Neben Karatschi zählen Islamabad, Lahore und Faisalabad zu den Städten mit mehr als einer Millionen Einwohnern. Neben der virulenten Landflucht und den kleinräumigen Bevölkerungskontraktionen ist Pakistan von großräumigen Wanderungen gekennzeichnet. Nachdem die Flüchtlingsströme aus Indien versiegt sind und auch die sekundäre Abwanderung aus den Grenzgebieten in das Landesinnere abgeschlossen ist, zielt die Hauptrichtung der Abwanderung nun aus den regenabhängigen Feldbaugebieten des Nordens in die Kanalbewässerungsgebiete des Indus-Tals, die Hafenmetropole Karatschi und die Golfstaaten, wo rund 1,5 Millionen Pakistani als Gastarbeiter tätig sind. Diese Landflucht bewirkt eine Verlagerung des Problems der Arbeitslosigkeit und Unterbeschäftigung in die Städte. Auch deshalb zählt Karatschi zu den am schnellsten wachsenden Städten der Welt. Bei dem niedrigen Entwicklungsstand der pakistanischen Industrie ist die Aufnahmefähigkeit seiner Metropolen für die rasch wachsende Zahl der Erwerbssuchenden zu gering. Die meisten Arbeitsplätze bieten Landwirtschaft und Dienstleistungsgewerbe. Knapp ein Drittel der Bevölkerung ist nach offiziellen Angaben erwerbstätig. Knapp die Hälfte arbeitet in der Landwirtschaft, ein Achtel in den Waren produzierenden Gewerben. Der vergleichsweise geringe Anteil der Berufstätigen ist, neben dem allgemeinen Arbeitsplatzmangel, auf den niedrigen Anteil der weiblichen Berufstätigen zurückzuführen. Hier liegt ohne Zweifel das größte ungenutzte Arbeitskräftepotential des Landes.

Die medizinische Unterversorgung in den ländlichen Gebieten wurde zuletzt durch die schweren Erdbeben 2005 auf dramatische Weise verdeutlicht. Nicht zuletzt aus diesem Grund hat sich in den letzten die Haltung gegenüber der traditionellen Medizin verbessert. Die notwendige Seuchenbekämpfung in den abgelegenen Gebieten hängt jedoch wesentlich von den Maßnahmen im nicht-medizinischen Bereich ab, wo die Bedingungen bis heute völlig unzulänglich sind. Nur die Hälfte der Bevölkerung hatte noch 1993 Zugang zu frischem Trinkwasser, nur knapp ein Viertel zu sanitären Anlagen. Die Folge sind immer wiederkehrende Seuchen, die unzählige Opfer vor allem in den entlegenen Gebieten fordern. Die internationalen Hilfsorganisationen können diese Herausforderung nicht ohne die Unterstützung der Regierung in Islamabad meistern.[166]

Um die momentane Situation Pakistans zu verbessern, bedarf es grundlegender Reformen in allen Politikgebieten. Diese setzen aber einen Reformwillen voraus, den die gegenwärtige Regierung bis heute vermissen lässt. Nach über sieben Jahren Militärherrschaft ist immer noch nicht erkennbar, ob Präsident Musharraf die Kraft besitzt, eine konsistente Politik zu entwickeln und durchzusetzen. Die starke Akzentuierung der Sicherheitspolitik mag sich vielleicht mit der beruflichen Herkunft des ehemaligen Generalsstabschefs und jetzigem Staatspräsidenten erklären lassen, an den politischen Notwendigkeiten geht sie jedoch völlig vorbei. Die internationalen Gläubiger wie die USA, Japan, Großbritannien und Deutschland stehen hingegen vor dem Dilemma, dass eine Kürzung der Kredite wegen der militärischen Zweckentfremdung und des hohen Korruptionsgrades, die pakistanischen Eliten nur noch mehr in die Arme fundamentalistischer Länder wie Iran oder Saudi Arabien treiben könnte.

1.3 Sicherheit

Die Gewährleistung von physischer Sicherheit ist nach modernem Verständnis an eine zentrale Voraussetzung der staatlichen Organe gebunden: die Fähigkeit, den legitimen Einsatz physischer Gewalt zu monopolisieren und zu kontrollieren. Diese „Gewaltkompetenz" ist die Voraussetzung politischer Herrschaft im unfassenden Sinne, weil jede politische Entscheidung nur dann Aussicht auf Umsetzung in die Praxis hat, wenn sie zumindest potentiell auch unter Anwendung physischer Zwänge durchgesetzt werden kann. In Territorialstaaten sichert sie zudem die gleichmäßige Ausübung von Recht und Ordnung über das Staatsgebiet.[167]

Pakistan leistet sich in Fortsetzung der kolonialen britischen Tradition einen umfangreichen, wohlorganisierten und kompetenten staatlichen Gewaltapparat. Die pakistanische Armee zählt sowohl quantitativ als auch qualitativ zu den stärksten weltweit und verfügt zudem seit 1998 offiziell über Atomwaffen. Ihre ausgeprägte Disziplin und ihre moderne bürokratische Organisation haben dazu beigetragen, dass das Militär zum wichtigsten korporativen

166 Vgl. Human Development Report.

167 Vgl. Wilke, Pakistan: Scheitender oder „überentwickelter" Staat?, in: Ulrich Schneckener, States at Risk, SWP-Studie, 2004, S. 140-156, hier: S. 142ff.

innenpolitischen Akteur Pakistans avancierte, der das Land mehr als die Hälfte seiner Geschichte regiert hat. Selbst in den Phasen demokratischer Regierungen haben die Streitkräfte immer wieder originär zivile Aufgaben wahrgenommen und in ihrem Sinne in die Staatsgeschäfte eingegriffen. Die Armee besitzt fünf große Industriekonglomerate, die teilweise als Stiftungen ausgewiesen sind. Deren größte, die *Fauji Foundation*, unterhält eine Bank, eine Versicherung, Chemiefabriken und Elektrizitätswerke. Der Jahresumsatz beläuft sich auf rund zwei Milliarden US-Dollar. Es gibt kaum etwas in Pakistan, das den Offizieren nicht gehört oder woran sie nicht beteiligt sind.

Auch der zivile Teil des Staatsapparates, zu dem die öffentliche Verwaltung und die Polizei gehören, steht in der Tradition einer britischen Kolonialbürokratie, die über zwei Jahrhunderte den indischen Subkontinent beherrschte. Die Bürokratie entwickelte sich in den ersten Jahren nach der Unabhängigkeit Pakistans zur Domäne von Indien übergesiedelten Staats(gründer)klasse, der „Muhajirs" (Flüchtlinge), wurde jedoch nach kurzer Zeit zum Juniorpartner ebenjener militärischen Elite. Inzwischen gilt insbesondere die pakistanische Polizei als schwer unterfinanziert, politisiert und korrupt. Sie ist mit der Bekämpfung der Kriminalität, insbesondere in Millionenmetropolen wie Karatschi, hoffnungslos überfordert und ist gegenwärtig eher Gefahr als Garant für die innere Sicherheit Pakistans.

Noch größere Sorge in Hinsicht auf die Stabilität Pakistans bereitet die Proliferation privater Gewaltakteure, die sich wie in anderen Staaten der Region Anfang der siebziger Jahre deutlich abzuzeichnen begann. Waren es zunächst bewaffnete Studentenorganisationen militante wie gemäßigter, säkularer wie religiöser Parteien, die dem Staat ihre eigene, territorial unscharf abgegrenzte Gewaltordnung abzutrotzen suchten, so entwickelten sich diese Gruppierungen, die zunächst aus taktischen Erwägungen vom Militär geduldet und sogar unterstützt wurden, in den achtziger Jahren zu militanten Organisationen und Bürgerkriegsparteien, die vor allem in der Hafenmetropole Karatschi durch den Einsatz von Paramilitärs und Armee in die Schranken gewiesen werden mussten.

Heute ist beinah in Vergessenheit geraten, dass bereits der Separatismus der militanten Muhajir-Bewegung MQM (*Muhahir Qaumi Movement*), in der die Nachfahren der indischen Einwandererelite in der Provinz Sindh um Rechte kämpften, Mitte der neunziger Jahre auf ähnliche Weise die staatliche Einheit Pakistans bedrohte wie dies gegenwärtig militante sunnitische und schiitische Parteien sowie die mit ihnen verbündeten *Jihad*-Gruppen tun. Eine weitere Parallele stellt das ambivalente Verhältnis der privaten Gewaltakteure zu staatlichen Institutionen dar: Zunächst von der pakistanischen Regierung für die Kriege in Afghanistan und Kaschmir ausgebildet und unterhalten, sind die *Jihadis* spätestens seit den gescheiterten Attentaten auf Präsident Musharraf im Dezember 2003 für jedermann offensichtlich zu Feinden des militärischen Establishments mutiert. Anlass zu noch größerer Besorgnis gibt die Tatsache, dass offenbar auch Armee- und Marineangehörige niederen bzw. gehobenen Ranges in die Anschläge auf Musharraf involviert waren. Seit dem gescheiterten Putschversuch islamistischer Offiziere im Jahre 1995 sind die bedrohlichen Langzeitfolgen der radikalen Islamisierungspolitik General Zia ul-Haqs (1977-88) offen zutage getreten. Doch ist es offenbar nicht nur das politische Vermächtnis Zias, das den ideologischen Zusammenhalt des Militärs brüchig werden lässt, sondern auch die schleichende Islamisierung von unten, die Pakistan in den neunziger Jahren erfahren hat und die offenbar bereits in die niedere und gehobene Ebene des Militärs hineinwirkt.[168]

Die mangelnde Durchsetzung des staatlichen Gewaltmonopols erleichtert es terroristischen Gruppierungen in Pakistan unterzutauchen, sich in Ruhe zu reorganisieren und Nachwuchs auszubilden. International operierende Terrorgruppen wie al-Qaida benötigen relativ sichere Rückzugmöglichkeiten um abzutauchen und sich gegebenenfalls im Verborgenen zu reorganisieren. Sie sind dabei an Orten interessiert, an denen insbesondere die Führungskader und die wichtigsten Operateure vor Verrat, Entdeckung und Verfolgung durch internationale Geheimdienste vergleichsweise sicher sind, ohne ihrer Handlungsmöglichkeiten beraubt zu sein. Attraktiv sind vor allem schwache oder versagende Staaten (*failed states*), in denen die Behörden entweder nicht in der Lage oder nicht willens sind (z.B. aufgrund von Korruption oder eigenem Engagement), Verstecke ausfindig zu machen bzw. größere Rückzugsgebiete unter Kontrolle zu bekommen. Gescheiterte Staaten bzw. Bürgerkriegsregionen eignen sich dagegen weniger, da sie Terroristen, insbesondere den prominenten Führern, auf Dauer kein allzu sicheres Umfeld bieten.[169] Bevorzugt werden vor allem schwer zugängliche Bergregionen, abgelegene Inseln oder unübersichtliche Großstädte. Eine weitere Option sind nicht selten Flüchtlingslager, in denen zumindest das „Fußvolk" der Kämpfer untertaucht und gleichzeitig zumeist erbarmungswürdigen Umständen für Agitation und Rekrutierung in eigener Sache nutzt. Typische Beispiele sind die Lager der

---

[168] Vgl. Ebd., S. 143f.

[169] Vgl. Schneckener, Transnationale Terroristen als Profiteure fragiler Staatlichkeit, SWP-Studie, Berlin 2004, S. 25f.

militanten Palästinensern im Libanon, von Afghanen in Pakistan, von Tschetschenen in Georgien oder von Somalis im Norden Kenias, die teilweise seit Jahrzehnten existieren.

Während und nach der US-Invasion in Afghanistan war Pakistan das Hauptrückzuggebiet für al-Qaida bzw. für die Taliban. Seit Dezember 2001 nahmen die pakistanischen Behörden über 500 Verdächtige fest, vermutlich nur einen Bruchteil derer, welche die Grenzregion als Ruhegebiet nutzten.[170] Es ist kein Zufall, dass drei wichtige Führungskader al-Qaidas in größeren Städten Pakistans Unterschlupf fanden und dort schließlich verhaftet wurden: Abu Zabeyda in Faisalabad, Ramzi Binalschib in Karatschi und Khalid Sheikh Mohammed in Rawalpindi. Insbesondere die pakistanische Metropole Karatschi mit ihren schätzungsweise vierzehn Millionen Einwohnern bietet sich als idealer Rückzugsraum an. Seit Jahrzehnten ist die Hafenstadt durch Bandenkriege und sektiererische Gewalt geprägt und für die Polizei nicht kontrollierbar.[171] Gleichzeitig liegt sie strategisch günstig, da sie Pakistan über den Seeweg mit der Golfregion bzw. Südostasien verbindet.[172]

Eine weitere Fluchtmöglichkeit für Terroristen sind die autonomen Gebiete der zumeist bewaffneten Paschtunen-Stämme (*Tribal Areas*) an der Grenze zu Afghanistan. Die FATA besitzen, gemäß pakistanischer Verfassung, einen besonderen Status und entziehen sich faktisch seit Jahrzehnten der Kontrolle durch Polizei und Grenztruppen. Hinzu kommt, dass bis heute der genaue Verlauf der Grenzlinie, der s.g. Durand-Linie, zu Afghanistan ungeklärt und praktisch ohne jede Bedeutung ist.[173] Erst seit Sommer 2003 bemüht sich pakistanische Armee verstärkt darum, die Grenze zu Afghanistan zu markieren und zu kontrollieren. Im Frühjahr 2004 führte das pakistanische Militär seine bis dahin umfangreichste Anti-Terroroperation in der Grenzregion Süd-Waziristan durch, in deren Verlauf hochrangige al-Qaida-Führer vermutet und zahlreiche Ausländer festgenommen wurden.[174] Darüber hinaus gelten noch die beiden Provinzen *North Western Frontier Province* (NWFP) und Belutschistan, die an die FATA bzw. Afghanistan grenzen, als mögliche Aufenthaltsorte von Extremisten, die dort auf stillschweigende Duldung und Unterstützung hoffen dürfen, da in beiden Gebieten die islamistischen Hochburgen

---

170 Vgl. Time Asia vom 29. 7. 2002.

171 Vgl. Wilke, Die Gewaltordnungen Karatschis, in: Leviathan, 28 (2000) 2, S. 235-253.

172 Vgl. Schneckener, Transnationale Terroristen als Profiteure fragiler Staatlichkeit, S. 26f.

173 Vgl. Boris Wilke, Pakistan: Der fragile Frontstaat, SWP-Studie, Berlin 2003, S. 13f.

174 Vgl. Schneckener, Transnationale Terroristen als Profiteure fragiler Staatlichkeit, S. 25.

der Region ansässig sind.[175] Nach monatelangen Kämpfen mit hohen Verlusten auf beiden Seiten kam es im Februar 2005 zu einem neuen Abkommen in Süd-Waziristan. Wenig später wurde Nord-Waziristan aber erneut zum Hauptschauplatz von Angriffen gegen Einheiten der pakistanischen Armee und des *Frontier Corps* und avancierte zudem zur Basis örtlicher Taliban, die ihren Handlungsradius in der Folge sukzessive ausweiten konnten. Schließlich unterzeichneten am 5. September 2006 der Gouverneur der NWFP und der Führer der „Militants" in Nord-Waziristan ein unfassendes Abkommen, das von Islamabad als „politischer Lösungsansatz" angepriesen, jedoch von Afghanistan, den USA und vielen westlichen Staaten als Beschwichtigungspolitik gegenüber den militanten Extremisten mit zweifelhaftem Nutzen kritisiert wurde.[176]

Ein klares Lagebild aus den *Tribal Areas* zu gewinnen ist schwierig, da selbst Ansässige aus Furcht nur spärlich Auskunft geben. Allem Anschein nach sind die Truppen, die Pakistans Präsident Musharraf nach Waziristan entsandt hat, nicht sonderlich erfolgreich. Die Taliban patrouillieren dort inzwischen selbstbewusst durch die Städte und Dörfer. Im den vergangenen Monaten haben sich die Trends von Waziristan auch in anderen Gebieten der NWFP fortgesetzt, in denen lokale Taliban immer dreister die Staatsmacht herausfordern und der Bevölkerung ihre Version eines rigiden und mitunter menschenverachtenden Fundamentalismus aufgezwungen haben. Dazu gehören die massive Behinderung der Schulausbildung von Mädchen und selbst von Kampagnen zur Polio-Impfung, Anschlägen auf Frisör- und Musikläden und zahlreiche Morde- und Mordanschläge an Personen, die zumeist völlig willkürlich der Spionage bzw. Kollaboration mit Sicherheitskräften bezichtigt werden. Während die afghanische Regierung und Vertreter der NATO-Staaten seit 2003 kontinuierlich ein energisches Vorgehen gegen die Basen der Taliban angemahnt haben und die USA seit einigen Monaten mit eigenen militärischen Operationen gegen versteckte Camps von al-Qaida vorgeht,[177]

---

175 Die Bewegung Muttahida Majlis-Amal (MMA), ein Bündnis mehrerer islamistischer Parteien, stellt seit den Provinzwahlen vom Oktober 2002 im Nordwesten die Regierung und ist in der Provinz Belutschistan an der Regierung beteiligt.

176 Vgl. International Crisis Group, Pakistan´s Tribal Areas: Appeasing the Militants, in: Asia Report No. 125, Brüssel, 11.12.2006.

177 Es hat in den vergangenen Jahren schon zahlreiche Grenzverletzungen durch in Afghanistan operierende US-Truppen in den *Tribal Areas* gegeben, darunter Angriffe mit ferngelenkten Flugkörpern. So kamen am 13. Januar 2006 bei dem Versuch, Ayman al-Zawahiri, die Nummer zwei al-Qaidas, mit eben solchen Drohnen zu töten, im Dorf Damdola achtzehn Menschen ums Leben, vierzehn nachweislich unbeteiligte

verweist Pakistan beinah gebetsmühlenartig auf die Stationierung von 80.000 Soldaten in den bis 2003 nur durch örtliche paramilitärische Truppen kontrollierten *Tribal Areas* sowie auf hohe eigene Verluste, und fordert seinerseits ein höheres Engagement Afghanistans zur Sicherung seiner Grenze vor Infiltranten.

Die Verbündeten von al-Qaida gehören mittlerweile wie selbstverständlich zum Straßenbild. Es sind Araber, Usbeken und immer öfter auch Europäer. Als eine der ersten Adresse für angehende *Jihadis* gilt das Trainingslager im Siedlungsgebiet von Spin Kai Raghzai nahe der Stadt Tank in der Nordwestprovinz. Potentielle Selbstmordattentäter rekrutieren die Taliban oder al-Qaida nicht mehr nur in Koranschulen, sondern inzwischen auch in regulärem Lehranstalten. Viele Jugendliche werden in den Stammesgebieten auf offener Straße angesprochen und verschwinden dann einfach in den Ausbildungscamps von Taliban und al-Qaida.[178] Die jenseits der FATA auf afghanischer Seite kämpfenden Rebellentruppen machen sich die poröse Grenze zunutze, um Kämpfer und Waffen nach Afghanistan einzuschleusen. Hauptakteure dieses „militanten Grenzverkehrs“ sind die Gruppen der neu formierten Taliban, die sich unter verschiedenen, miteinander rivalisierenden Führern reorganisiert haben und im Unterschied zu den „alten“ Taliban der neunziger dezentral agieren. Daneben profitieren auch andere Aufstandsgruppen mit regional begrenzten Einflussgebieten sowie Drogen- und Schmuggelringe von der durchlässigen, da kaum kontrollierten afghanisch-pakistanischen Grenze. Für diese neue Interessenallianz wird seit 2006 der Begriff „Oppositionelle Militante Kräfte“ (OMK) verwendet. Obwohl sie unterschiedliche Interessen verfolgen, werden die OMK meist durch ein übergeordnetes Anliegen geeint: Sie alle wollen die internationalen Militärverbände und zivilen Organisationen aus Afghanistan vertreiben, die nationale Regierung Karzai in Kabul weiter schwächen und sich dadurch eine noch größere Autonomie in ihren jeweiligen regionalen Einflussgebieten verschaffen.

Nicht selten bedienen sich transnationale Terrornetzwerke wie al-Qaida bestehender regionale Schmuggelpfade, unregulierter Häfen, anderer Um-

---

Zivilisten. Ein Luftangriff auf eine Madrasa an selben Ort am 30. Oktober 2006 forderte sogar 82 Todesopfer, überwiegend junge Studenten. Obwohl die pakistanische Führung die Zwischenfälle auf sich nahm, blieb die Bevölkerung überzeugt, dass es sich um Drohnen gehandelt habe, die nachweislich ausschließlich von US-Truppen verwendet werden. Vgl. Rieck, Pakistan zwischen Demokratisierung und „Talibanisierung“, S. 29.

[178] Vgl. Der Spiegel vom 17. 9. 2007, S. 134-152.

schlagplätze oder Routen, die traditionell von Arbeitsmigranten oder von Diasporagemeinschaften genutzt werden, beispielsweise in Südostasien oder zwischen Pakistan und der arabischen Halbinsel. In Pakistan haben alle militanten Gruppen zudem Zugriff auf eigene, relativ auflagenstarke Publikationen oder Radiostationen, die via Internet ausstrahlen. Osama bin Ladens al-Qaida setzt dabei vor allem auf Video- und Tonbänder. Zumeist werden diese durch das im Untergrund operierende *Sahab Institute for Media Production* produziert und vertrieben, das regelmäßig Fernsehsender wie *al-Jazeera* oder *al-Arabija* mit neuem Propagandamaterial beliefert. Daneben werden Internet-Foren, elektronische Newsletter oder eigene Zeitschriften genutzt, um die Anhängerschaft in aller Welt zu informieren und ideologisch bei der Stange zu halten. Seit Herbst 2003 verfügt al-Qaida über ein Online-Magazin (*Voice of Jihad*), das zweimal pro Woche erscheint und u.a. in allgemeiner Form zu Anschlägen gegen westliche Einrichtungen aufruft bzw. durchgeführte Operationen rechtfertigt. Ein weiteres Online-Magazin (*Mu'askar al-Battar*) aus dem al-Qaida-Umfeld, benannt nach einem getöteten al-Qaida-Kämpfer, erscheint in Intervallen von zwei Wochen und wendet sich primär an saudische Interessenten. Es versteht sich als praktischer Lehr- und Leitfaden für das Leben eines *Jihad*-Kämpfers.[179]

Damit die Terrornetzwerke ihre Fähigkeit zur Kommunikation dauerhaft in einem Land aufrechterhalten können, sind Staaten wie Pakistan für sie ideal, die einerseits über eine halbwegs moderne Infrastruktur verfügen, andererseits aber die Kommunikationswege nicht regulieren oder gar unterbinden können. Die schwachen und versagenden Staaten in der arabischen Welt, in Südasien und Südostasien sind hier einmal mehr die erste Wahl, während gescheiterte Staaten oder aktive Bürgerkriegsgebiete wie der Sudan oder Somalia kein sicheres Umfeld für die meisten dieser Aktivitäten bieten dürfte.

Dies gilt ebenso für die Finanzierung der Terrornetzwerke. Um ihre Aktivitäten finanzieren zu können, benötigt der transnationale Terrorismus einen gesicherten Zugang zu bestimmten Ressourcen. Zum einen benötigen sie Zugang zu verschiedenen legalen und illegalen Finanzquellen. Dazu zählen Spenden, die von islamischen Wohlfahrtsorganisationen gesammelt werden und Einnahmen über legale Wirtschaftsbetriebe, Erlöse aus Waffen- und Drogenhandel, Schutz- und Lösegelder, Kreditkartenbetrug sowie aus der Ausbeutung natürlicher Ressourcen (Öl, Gold, Diamanten, Edelhölzern usw.). Eine weitere wesentliche Einnahmequelle ist das systematisch betrie-

---

[179] Vgl. Schneckener, Transnationale Terroristen als Profiteure fragiler Staatlichkeit, S. 28f.

bene *fund-raising* über das Internet, Zeitschriften, religiöse Einrichtungen, Stiftungen und NGOs. Für al-Qaida und andere Gruppen haben hier die Golfstaaten, Pakistan oder Indonesien eine zentrale strategische Bedeutung. Islamistische Netzwerke appellieren dabei an die Pflicht des *sakat,* einem von fünf Pfeilern des Islam, wonach die Gläubigen mindestens zweieinhalb Prozent ihres Einkommens humanitären Zwecken zukommen lassen sollen, was häufig ohne jeden Nachweis über die Verwendung des Geldes geschieht. Allein die pakistanischen Koranschulen sammeln pro Jahr rund 1,1 Milliarden US-Dollar ein – mehr als der Staat an Einkommenssteuern einnimmt. Darüber hinaus profitieren sie traditionell von direkten Zuwendungen aus den Fördertöpfen der saudischen und kuwaitischen Regierung, die damit Religionspolitik betreiben und auf diese Weise mittelbar an der Finanzierung militanter Kräfte beteiligt sind.[180]

Des weiteren benötigen transnationale Netzwerke auch einen Zugang zu den Märkten, auf denen u.a. technisches Know-how, Klein- und Leichtwaffen, schwere Waffen (Luftabwehrraketen, Sprengstoffe, panzerbrechende Raketen usw.) gehandelt werden.[181] Dabei sind sie im wesentlichen auf Schwarzmärkte und Beziehungen zum kriminellen Sektor angewiesen. Für al-Qaida und andere Terrornetzwerke dürften heute primär zwei Transferwege von Bedeutung sein: Zum einen werden erhebliche Summen, wie bereits erwähnt, über islamische, „karitative" NGOs bzw. Koranschulen verteilt sowohl durch Barzahlung als auch mittels Überweisung durch reguläre Banken. Zum anderen spielen informelle Transfersysteme (*Hawala* in der islamischen Welt oder *Hundi* in Südasien) eine zentrale Rolle. Dabei wird der Geldstrom durch ein unreguliertes und deshalb kaum zu kontrollierendes Netzwerk von Händlern und Finanzdienstkleistern geleitet. Beide Transfermethoden kommen Staaten mit traditionell schwach institutionalisierten bzw. weitgehend unreguliertem Finanz- und Bankensektor entgegen.

In diesem Kontext geraten wiederum Länder wie Pakistan, die Golfregion und die Staaten Südostasiens in den Focus der Aufmerksamkeit. Als Dreh- und Angelpunkt gilt in diesem Zusammenhang einmal mehr Pakistan, in dem die Zahl der einschlägigen Händler auf über eintausend geschätzt wird, über deren Kanäle jährlich bis zu drei Milliarden US-Dollar ins Land fließen sollen. Weitere Schwerpunktländer, in denen laut internationalem Währungs-

---

[180] Vgl. Stephen Philip Cohen, The Jihadist threat to Pakistan, in: Washington Quarterly, 26 (2003), S. 7-25.

[181] Vgl. Schneckener, Transnationale Terroristen als Profiteure fragiler Staatlichkeit, S. 30f.

fonds zwischen 1981 und 2000 über 50% des gesamten Transaktionsvolumens mittels derartig nicht dokumentierter Transfers abgewickelt wurde, sind in dieser Reihenfolge: Algerien, Iran, Tansania, Bangladesch und der Sudan.[182]

Die oft angemahnte „Talibanisierung“ Pakistans erlebte ihren vorläufigen Höhepunkt, als im Juli 2007 in Islamabad zunächst weibliche Studenten der *Jami'at Hafsa*, einer der bekannten Roten Moschee angegliederten Madrasa, eine angrenzende Bibliothek besetzten. Ihre Hauptforderung war der Wiederaufbau von einigen Moscheen in Islamabad, die ohne Lizenz auf öffentlichem Land errichtet und deshalb von der Stadtverwaltung abgerissen worden waren. Die anfängliche Nachgiebigkeit der Regierung, die sich auf monatelange Verhandlungen einließ, ermunterte die Verwaltung der Roten Moschee zu immer umfangreicheren Aktivitäten und Forderungen nach Einführung der Scharia. Studenten der *Jami'at Hafs*a spielten sich als Sittenwächter auf und entführten wiederholt Polizisten und Zivilisten wegen angeblicher „moralischer Verstöße“, während ein eigens eingerichteter „Scharia-Gerichtshof“ im Schutze der Roten Moschee seine Arbeit aufnahm. Bis Anfang Juli hatten sich Tausende von männlichen und weiblichen Studenten in dem Komplex um die Rote Moschee verschanzt und drohten im Falle einer Intervention der Sicherheitskräfte mit einer Welle von Selbstmordanschlägen.

Bewaffnete Studenten eröffneten schließlich am 3. Juli 2007 das Feuer auf die pakistanische Polizei. Während der darauffolgenden Erstürmung des Komplexes, die erst am 11. Juli abgeschlossen werden konnte, gelang es der Regierung zwar, Tausende von Studenten zur friedlichen Aufgabe zu bewegen, aber insgesamt waren über hundert Todesopfern zu beklagen, darunter elf auf Seiten der Sicherheitskräfte.[183] Während der monatelangen Krise wurde vor allen von Seiten der Medien immer wieder die Frage aufgeworfen, warum zugelassen wurde, dass Hunderte von bewaffneten Extremisten sich im Herzen der Hauptstadt ungehindert verschanzen und mit den Sicherheitskräften Katz und Maus spielen konnten. Musharraf und die zuständigen Organe verwiesen dagegen auf die vielen potentiellen Opfer, die eine gewaltsame Auflösung dieses Zustands sicher gefordert hätte und letztlich auch gefordert hat. Tatsächlich zahlte sich das lange Zögern der Regierung insofern aus, als nach den immer dreisteren Eskapaden der Besetzer der Roten Moschee schließlich eine große Mehrheit der Öffentlichkeit die gewaltsame Wiederherstellung der öffentlichen Ordnung befürwortete. Mit den Studenten

[182] Vgl. Der Spiegel, Nr. 37 (2002), S, 87.
[183] Vgl. Rieck, Pakistan zwischen Demokratisierung und „Talibanisierung“, S. 30.

der *Jami'at Hafsa* und ihrem am 10. Juli 2007 im Zuge der Erstürmung der Roten Moschee getöteten Anführers Maulana Abdul Rashid Ghazi sympathisierende Extremisten reagierten jedoch unmittelbar mit einer Serie von terroristischen Anschlägen, die derzeit noch andauert.

1.4 Perspektive

Trotz aller Besonderheiten sind Pakistans Probleme im Grunde typisch für zeitgenössische Entwicklungsgesellschaften: Das Land befindet sich in einem fortwährenden Modernisierungsprozess, den seine politischen Machteliten nur unzureichend kanalisieren können, und der deshalb weit hinter seinem möglichen Effizienzgrad zurückbleibt. Um dieses Defizit auszugleichen, wurden zunehmend private Gewaltakteure mit staatlichen Aufgaben, unter bewusster Inkaufnahme des Bruches internationaler Normen und Erwartungen betraut, was dem Land wiederum einen Imageverlust innerhalb der internationalen Staatengemeinschaft eintrug.

Eine besondere Note erhielt diese Konstellation durch das kulturelle und politische Erbe Pakistans als „Frontstaat" zunächst während der sowjetischen Besetzung Afghanistans und seit den Anschlägen des 11. September 2001 im Kampf gegen den internationalen Terrorismus. Beide Faktoren verweisen auf die Schlüsselrolle der Formen der religiösen Legitimation für die innen- und außenpolitische Entscheidungsfindung. Politische und religiöse Motive scheinen hier untrennbar miteinander verflochten zu sein. Dies wird durch verschiedene Ereignisse in der Vergangenheit und Gegenwart belegt: Im Staatsgründungsmythos der „Zwei-Nationen-Theorie", die Hindus und Muslime als zwei Nationen begreift, die nicht friedlich in einem Staaten zusammenleben können, ohne dass eines der beiden Lager das jeweils andere unterdrückt; in den postkolonialen Erbfolgekriegen mit dem scheinbar übergroßen Nachbarn Indien und der Beteiligung am Afghanistanfeldzug der westlichen Welt gegen die Sowjetunion und damit am Kampf gegen die Ausbreitung des Kommunismus in Richtung des südasiatischen Raumes; aber auch in der Modifikation der pakistanischen Nation durch die voranschreitende Infiltration von Staat und Gesellschaft durch Islamisten in den achtziger Jahren, die mit der Machtübernahme General Zia ul-Haqs eingeleitet wurde.

Der Eindruck der ausufernden Religiosität, die bereits die höheren Ebenen innerhalb der Administrative und des Militärs erreicht zu haben scheint, wird durch religiöse Akteure vorangetrieben, die dem Islam im Sinne einer politischen Agenda verpflichtet sind.[184] Die religiösen Akteure haben auf Kosten der nichtreligiösen Parteien und Organisationen sowie des Staatsapparates über ihr ureigenes Feld hinaus an machtpolitischem Einfluss gewonnen, sei es nun in Gestalt religiöser Parteien, als Anbieter von Bildungs- und Gesundheitsdienstleistungen oder als Ausbilder militanter Gruppierungen. Dabei fällt es den religiösen Führungsspitzen aufgrund der miserablen wirtschaftlichen und sozialen Verfassung, in der sich das Land befindet, leicht, als Gesellschaftskritiker die Privilegien der herrschenden Klasse zu geißeln, und in diesem Zusammenhang (islamische) Gerechtigkeit einzufordern. Paradoxerweise verdanken die religiösen Gruppierungen in Pakistan ihren Machtzuwachs der Protektion durch eben jenen Militärapparat, der das Land seit seiner Gründung vor und hinter den Kulissen der politischen Bühne beherrscht. Kritische Beobachter sprechen von einer *military mullah alliance*, einer Achse von hochrangigen Militärs und religiösen Führern, als dem Grundübel des pakistanischen Gesellschaft, welches darüber hinaus Misstrauen anderer Staaten im Hinblick auf die politische Stabilität schürt. Dies hat wiederum negative Auswirkungen auf den internationalen Leumund Pakistans als möglichem Wirtschaftspartner.

Unbestritten ist, dass sich sowohl das Militär als auch der pakistanische Geheimdienst ISI wiederholt militant-religiöse Gruppen zu Nutzen machten, um in Krisengebieten indirekt intervenieren zu können. Inzwischen besteht jedoch die Gefahr, dass sich das Machtverhältnis zwischen staatlichen Akteuren und religiösen Extremisten mehr und mehr ins Gegenteil verkehrt, d.h. dass administrative und militärische Einrichtungen zunehmend von religiösen Fundamentalisten infiltriert werden. Dieser Eindruck wird durch die Wahlerfolge religiöser Parteien, u.a. bei den Parlamentwahlen im Jahr 2002, verstärkt, die sie zur drittstärksten Kraft in der Nationalversammlung machte und ihnen in zwei von vier Provinzen eine Regierungsbeteiligung eintrug. Vor dem Hintergrund dieser Entwicklung muss eine „Talibanisierung" Pakistans nach afghanischem Beispiel befürchtet werden, also die schleichende Islamisierung von unten, die in einer formal-demokratischen Machtergreifung gipfeln könnte.

Die religiös-fundamentalistische Grundfärbung Pakistans wirkt sich zwangsläufig auch auf die Außen- und Sicherheitspolitik des Landes aus. Es ist befürchten, dass vor allem pakistanische Islamisten auf eine Wiedererrichtung einer islamischen Herrschaft über ganz Südasien wie zu Zeiten der

---

[184] Vgl. Boris Wilke, Die religiösen Kräfte in Pakistan, SWP-Studie, Berlin 2006, S. 7f.

glanzvollen islamischen Mogulreiche im Spätmittelalter spekulieren. Die anachronistische Erwartungshaltung dieser Gruppierungen manifestiert sich insbesondere im Kaschmirkonflikt mit Indien.[185] Dabei geht es nur augenscheinlich um die Zugehörigkeit des ehemaligen Fürstentums Jammu und Kaschmir, als einer der letzten ungelösten Fragen seit der Teilung des Subkontinentes. Tatsächlich ist der Dauerkonflikt zwischen den verfeindeten Staaten längst zur Legitimationsquelle der nationalstaatlichen Identität beider Länder avanciert. Sowohl Indien als auch Pakistan halten nach wie vor ihre Besitzansprüche aufrecht; ein Nachgeben in diesem Streit käme offenbar einer ideologischen Bankrotterklärung gleich und hätte massive innenpolitische Konsequenzen für beide Seiten. Die Unnachgiebigkeit in dieser Frage muss jedoch teuer bezahlt werden. Im Jahr 1990 brach im Kaschmirtal ein Aufstand separatistisch orientierter Kräfte aus, die für die Unabhängigkeit oder einen Anschluss an Pakistan kämpften. Dieser wurde durch massive Wahlmanipulationen der regionalen Führungsspitzen ausgelöst. Der Konflikt wurde ab dem Jahr 1994 zunehmend von ausländischen Freischärlern dominiert, die aus Richtung Pakistans, Afghanistans und des Nahen Ostens in die Region strömten und die Durchsetzung einer islamistische Agenda gewaltsam durchsetzen wollten. Es steht außer Frage, dass erst durch die logistische Unterstützung der Aufständischen durch die Armee und den Geheimdienst Pakistans eine erneute Eskalation des indo-pakistanischen Konflikts unausweichlich wurde, insbesondere angesichts der nahezu 700.000 indischen Sicherheitskräfte, die im Krisengebiet stationiert sind.

Pakistans Mitarbeit in der Antiterror-Koalition ist für den Westen unverzichtbar. Man muss davon ausgehen, dass sich die Reststrukturen der Taliban und al-Qaida im afghanisch-pakistanisches Grenzgebiet Zuflucht gefunden haben, von wo sie immer noch weitgehende Operationsmöglichkeiten haben, obwohl die pakistanischen Sicherheitskräfte zunehmend enger mit den westlichen Sicherheitsbehörden kooperieren. Solange die pakistanische Führung jedoch in begrenztem Umfang und in bestimmten Grundanliegen die Auffassung der Islamisten teilt, so u.a. in Bezug auf die Kaschmirfrage, und wichtige Positionen des Sicherheitsapparates von Islamisten besetzt sind, bleibt die Bekämpfung militanter islamistischer Gruppierungen unter ihren Möglichkeiten.

[185] Zur Entstehung und Verlauf des Kaschmirkonflikts vgl. [u.a.] Rothermund, Krisenherd Kaschmir.

Zu den bedeutendsten sicherheitspolitischen Problemfeldern Pakistans zählen neben dem Kaschmirkonflikt auch künftig vor allem die politische Entwicklung und der Wiederaufbau Afghanistans, welche unmittelbar mit den Interessen der Paschtunen verbunden sind. Diese bilden in Afghanistan die größte ethnische Gruppe und gelten als der stärkste Rückhalt der Taliban. Dass dieser Stamm gegenwärtig weitestgehend von der Machtausübung in Afghanistan ausgeschlossen wird, ist für Pakistan problematisch, da sich durch die Flüchtlings- und Rückzugsbewegungen afghanischer Paschtunen auf pakistanisches Territorium immer wieder neue Konflikte mit einheimischen Volksstämmen entzünden. Dabei ist unklar, ob Pakistan neben der offiziellen Kooperation mit Afghanistan gleichzeitig Bemühungen toleriert, die Karzai-Administration zu destabilisieren, um so die eigenen Einflussmöglichkeiten im Nachbarland zu erhöhen.

Der Schlüssel zum außenpolitischen Wohl Pakistans liegt sicherlich in der Befriedung Afghanistans. Sollte es gelingen, den kriegsökonomischen Sumpf im Westen Pakistans trocken zu legen, und gleichzeitig die legitimen pakistanischen Interessen in den Grenz- und Handelsfragen zu wahren, so wäre eine der wichtigsten Voraussetzungen der „verstaatlichten Realpolitik" erfüllt.[186] Die Präsenz der NATO in unmittelbarer Nachbarschaft bietet Pakistan die einmalige Gelegenheit, verbrannte Erde durch eine aktive Unterstützung des transatlantischen Bündnisses wieder fruchtbar zu machen. Im Gegensatz zur Kaschmirfrage sind die pakistanischen Interessen in Afghanistan klar definiert und durchaus realisierbar. Die Möglichkeit für Pakistan Profit zu machen ist gegeben, dieser muss dann aber in staatliche Kanäle umgeleitet werden. Dies würde wiederum eine umfassende Lösung der „Paschtunenfrage" voraussetzen: Neben einer verbindlichen Regelung der Grenzfrage (Durand-Linie) müsste diese auch die Autonomieforderung in Pakistan sowie das Mächtegleichgewicht in Afghanistan berücksichtigen,[187] wo sich die Paschtunen nach der Vertreibung der Taliban aus Kabul nicht mehr ausreichend repräsentiert fühlen. Die Präsenz des pakistanischen Militärs in den

---

[186] Vgl. Wilke, Pakistan: Der fragile Frontstaat, S. 26f.

[187] Die Nichtanerkennung der Grenzlinie, die von den britischen Kolonialisten gezogen und 1893 vom afghanischen König akzeptiert worden war und die für Kabul wegen des Auslaufens der Geltungsfrist dieses Vertrages seit 1993 als ungültig gilt, verschafft Pakistan neben der Kontrolllinie in Kaschmir eine zweite umstrittene Staatsgrenze. Schon allein wegen des alles beherrschenden indo-pakistanischen Gegensatzes lag es für das sicherheitspolitische Establishment in Pakistan nahe, zur Vermeidung eines Zwei-Fronten-Krieges Maßnahmen defensiv-präventiven Charakters zu erwägen.

Stammesgebieten ist eine notwendige, wenn auch sehr riskante Maßnahme zur Friedenssicherung in dieser Region. Im günstigsten Fall kann Afghanistan zu Pakistans Brücke zum Iran und nach Zentralasien sowie zum Schlüssel der Annährung an Indien werden.

Ziel der im Frühjahr 2004 begonnenen Militäroffensive der pakistanischen Armee war die Bekämpfung ausländsicher Terroristen, die sich in den FATA aufhalten. Verschiedene Quellen gehen dabei von mehreren hundert Kämpfern aus, zu denen Ägypter, Saudis, Araber anderer Nationalitäten, Usbeken, Uiguren und Tschetschenen zählen. Durch die militärische Intervention sollte zumindest eine Registrierung dieser Kombattanten erzwungen werden, die jedoch bis heute nicht realisiert werden konnte. Im Gegenteil: Die Ausländer, die oftmals in die Stammesgesellschaften eingeheiratet haben und damit deren Mitglieder geworden sind, können weiterhin ohne Kontrolle durch die staatlichen Institutionen in den jeweiligen Gebieten leben. Damit ist es weiterhin möglich, dass sich führende al-Qaida-Kader weiter weitestgehend unbehelligt in der Region aufhalten können, auch wenn dies von der pakistanischen Regierung wiederholt zurückgewiesen wurde.

Es bleibt zweifelhaft, ob durch bilaterale Abkommen die Infiltration nach Afghanistan wirklich beendet oder wenigstens nachhaltig eingeschränkt werden kann, da die pakistanischen Sicherheitskräfte kaum im Stande sind, die afghanisch-pakistanische Grenze allumfassend und permanent zu kontrollieren. Frühere Abkommen mit den jeweiligen Stammesführern der Paschtunen beruhigten die Sicherheitslage lediglich vorübergehend. Ein Rückzug der pakistanischen Truppen aus den betroffenen Regionen wäre jedoch gleichbedeutend mit einer Inkaufnahme der schleichenden „Talibanisierung" Pakistans. Da die pakistanische Regierung mit dieser sicherheitspolitischen Herausforderung überfordert scheint, ist es unbedingt erforderlich, weitere multilaterale Bündnisse zu schmieden, um die pakistanischen Sicherheitskräfte in ihrem Kampf gegen die militanten Islamisten zu unterstützen. In diesem Zusammenhang scheint in letzter Zeit auch eine Kooperation mit dem „Erbfeind" Indien nicht mehr grundsätzlich ausgeschlossen zu sein.

Die Versuche des pakistanischen Militärs, sich Kanäle für die Intervention in Afghanistan und Kaschmir offen zu halten, bleiben allemal riskant. Solange Musharraf weiterhin bestimmte militante Gruppen von der staatlichen Verfolgung ausnimmt, kann das Problem des religiösen Extremismus und der Militanz als ganzes nicht gelöst werden. Daher existiert auf pakistanischem Boden auch weiterhin ein nicht unerhebliches Potential, den Wiederaufbau im Nachbarland Afghanistan und eine Konsolidierung der Lage im indisch kontrollierten Kaschmir zu stören. Auch im Lande selbst wird die Kette der extremistischen Anschläge vermutlich nicht abreißen. So kann u.a. die weiterhin angespannte Lage in der Hafenmetropole Karatschi zwischen der MQM sowie rivalisierenden Gruppen von Sindh-Nationalisten und Islamisten jederzeit neu eskalieren.

Die aktuelle innenpolitische Situation, in der sich Pakistan zurzeit befindet, gibt eher Anlass zur Sorge. Um an der Macht zu bleiben, rief Präsident Musharraf am 4. November 2007 den Ausnahmezustand aus. Sicherheitskräfte nahmen daraufhin nach offiziell unbestätigten Angaben rund 1600 Oppositionelle und Bürgerrechtler, darunter die ehemalige Ministerpräsidentin Benazir Bhutto, entweder fest oder stellten sie unter Hausarrest. Die Ausstrahlung privater oder ausländischer Nachrichtensender in den öffentlichen Kabelnetzen wurde von den Behörden bis auf Weiteres unterbunden. Der Vorsitzende Richter des Obersten Gerichtshofes, Mohammed Iftikhar Chaudhary, wurde abgesetzt. Mit seiner Notstandsverordnung griff General Musharraf einem Urteil des Obersten Gerichtshofes vor, der darüber entscheiden sollte, ob er als Armeechef überhaupt dazu berechtigt war, für die Präsidentenwahl am 6. Oktober 2007 zu kandidieren. Er hatte in Abwesenheit – zum Teil durch Boykott – der oppositionellen Parteien die meisten Stimmen erhalten. Deshalb lagen dem Gericht einige Petitionen vor, welche die Kandidatur Musharrafs wegen dessen Doppelfunktion als Staatsoberhaupt und Oberbefehlshaber der Armee als verfassungswidrig bewerten.

Wenige Tage zuvor hatte der Gerichtshof entschieden, dass der ehemalige Premierminister Nawaz Sharif, der von Musharraf im Oktober 1999 gestürzt und danach ins Exil verbannt worden war, nach Pakistan zurückkehren darf. Präsident Musharraf musste deshalb befürchten, dass das Urteil der Obersten Richter ebenfalls negativ für ihn ausfallen würde und zog deshalb die Notbremse. Die Folge sind latente Unruhen und Protestbewegungen im ganzen Land, denen bisher jedoch ein charismatischer Führer fehlt, dem es gelingen könnte, diesen bisher unkoordinierten Prozess in einen effektiven Widerstand und eine tatsächliche politische Option umzumünzen. Von der innenpolitischen Situation gehen deshalb nach wie vor erhebliche Unsicherheiten für das Land selbst, aber auch für den Rest der Welt aus.

Unabhängig vom Ausgang der Machtprobe zwischen dem Musharraf-Lager und den Oppositionsparteien dürfte sich die Auseinandersetzung zwischen säkularen und islamistischen Kräften in Pakistan in den kommenden Jahren eher zuspitzen. Parteien wie die *Jam'iyat al-Ulama-i Islam* (JUI) und *Jama'at-i Islami* teilen viele Ziele der radikalen Islamisten, einschließlich der

Sympathien für die Taliban in Afghanistan, und verteidigen beinah reflexartig jedes gewaltsame Vorgehen staatlicher Sicherheitsagenturen gegen radikal-islamische Organisationen.

Es wäre andererseits ein großer Fehler, Pakistan als gescheiterten Staat (*failed state*) abzuschreiben. Der deutliche Wachstums- und Entwicklungsschub, der trotz der Instabilität der innenpolitischen Situation konstatiert werden kann sowie die erhebliche Belebung der politischen Prozesse sind nicht zu übersehen. In der pakistanischen Armee und den zivilen Eliten des Landes wächst das Bewusstsein dafür, dass der Normalisierungsprozess im indo-pakistanischen Verhältnis sowie der Wiederaufbau Afghanistans erhebliche strategische und wirtschaftliche Dividenden für Pakistan mit sich bringen können.

Präsident Musharraf scheint derzeit noch fest dazu entschlossen, seine ihm aus den Händen gleitende Macht zu verteidigen, wenngleich seine Chancen auf Bewahrung seiner Machtfülle als Staatspräsident und Armeechef kontinuierlich sinken. Etwaige drastische Schritte wie der kürzlich verhängte Ausnahmezustand, die Festsetzung und erneute Ausweisung des ehemaligen Ministerpräsidenten Nawaz Sharif und der gegen Benazir Bhutto verhängte Hausarrest sowie die Absetzung kritischer Richter am Obersten Gerichtshof des Landes dürften den Machtverlust des Präsidenten eher beschleunigen. Es ist daher nicht ungemessen, bereits jetzt eine Bilanz seiner nahezu Alleinherrschaft zu ziehen.

Man muss Musharraf zugestehen, dass er ein vergleichsweise mildes, liberales Regiment, mit grundsätzlichem Respekt vor der Freiheit der Presse und mit vielen Ansätzen guter Regierungsarbeit führt, das vor allem auf wirtschaftlichem Sektor beachtliche Erfolge hervorgebracht hat. Außenpolitisch hat er einen wichtigen Kurswechsel vollzogen, sowohl gegenüber Afghanistan – mit einer meist glaubwürdigen und nachvollziehbaren Politik der Nichteinmischung und des Respekts vor der Souveränität des schwächeren und instabilen Nachbarlandes (ungeachtet aller bis heute andauernden Vorwürfe der Kabuler Regierung an die Adresse Islamabads) – als auch gegenüber Indien, mit dem ab 2004 ein ernsthafter und nachhaltiger Annährungsprozess eingeleitet werden konnte. Unter der Führung Musharrafs hat Pakistan die „*Jihad*-Option“ zur Lösung des Kaschmirkonflikts langsam, aber dennoch glaubhaft zu den Akten gelegt und stattdessen eine Reihe konstruktiver Initiativen in den Friedensprozess einfließen lassen, die zum Teil auf Resonanz in Neu-Delhi gestoßen sind. Dank seiner exponierten Position ist es ihm auch gelungen Pakistans nach wie vor mächtigen und einflussreichen Militär- und Geheimdienstapparat für diese neue außenpolitische Linie zu sensibilisieren. In Frage gestellt und aktiv bekämpft wird sie lediglich von rückwärtsgewandten Islamisten, die wiederholt Attentate gegen Musharraf unternommen haben und seit einigen Jahren im Aufwind zu sein scheinen.

Die Gefahr einer „Talibanisierung" Pakistans besteht jedoch (noch) nicht, weil insbesondere in den Kernprovinzen Punjab und Sindh die säkulare Mittelschicht stark genug ist, um die Extremisten im Zaum zu halten. Die gemäßigten Islamisten streben ihrerseits vor allem die Fortsetzung ihres politischen Marsches durch die Institutionen an, der ihnen bereits einige beachtliche Wahlerfolge und infolgedessen Regierungsbeteiligungen eingebracht hat, und schwören deshalb ebenfalls dem *Jihad* als tauglichem Mittel der Außenpolitik ab.[188]

Die politische Zwickmühle zwischen internationaler Öffnung und Bewahrung der religiösen Werte ist signifikant für Pakistan und schränkt den politischen Bewegungsspielraum Musharrafs erheblich ein. Um an der Macht zu bleiben, benötigt der pakistanische Präsident sowohl die Wirtschaftshilfen der westlichen Industrienationen als auch den Rückhalt in der religiösen Bevölkerung. Es scheint unmöglich, beides auf Dauer realisieren zu können.[189]

2. Afghanistan

Die jüngste Eskalation der Gewalt in Afghanistan bestätigen eine Erfahrung, die bisher bereits vielfach in anderen Nachkriegsländern gemacht wurde: Dass kriegszerstörte Staaten nach einer relativ ruhigen Übergangsphase in den Kriegszustand zurückfallen, ist oftmals darauf zurückzuführen, dass die Kriegsvergangenheit nicht in ausreichendem Maße aufgearbeitet wurde. Mit der Unterstützung der Vereinten Nationen (VN) und der Europäischen Union (EU) hat man in Afghanistan begonnen, einen eigenen Ansatz der Aufarbeitung zu postulieren. Dem widersetzen sich einflussreiche und für Präsident Karzai wichtige lokale Kriegsherrn, die eine Einschränkung ihrer Macht und Privilegien befürchten. Das Vorhaben wird zusätzlich dadurch erschwert, dass es in Afghanistan schon an den grundlegendsten staatlichen Strukturen fehlt. So bedarf beispielsweise der Justizsektor einer grundlegenden Reformierung. Eine Auseinandersetzung mit den Kriegserfahrungen ist in jedem

[188] Vgl. Rieck, Pakistan zwischen Demokratisierung und „Talibanisierung", S. 31.
[189] Vgl. Grützmacher, Die Außen- und Sicherheitspolitik Pakistans, S. 407.

Fall notwendig, wenn Afghanistan und die dort stationierten internationalen Truppen der gegenwärtigen Gewaltspirale entrinnen wollen, die auch eine Bedrohung für die Nachbarländer darstellt.[190]

Der Afghanistan-Krieg der USA und ihrer Verbündeten im Jahr 2001 war die erste direkte militärische Reaktion auf die Terroranschläge des 11. September 2001 und markiert somit den Beginn des Krieges der USA gegen den internationalen Terrorismus. Er richtete sich neben der für die Anschläge in New York und Washington verantwortlich gemachten Terrororganisation al-Qaida auch gegen das seit Mitte der neunziger Jahre in Afghanistan herrschende islamisch-fundamentalistische Taliban-Regime, das der Beherbergung und Unterstützung Osama bin Ladens und anderer hochrangiger Mitglieder al-Qaidas bezichtigt wurde. Die Hauptphase des Krieges gegen die Taliban endete mit dem Fall der Hauptstadt Kabul und der Provinzhauptstädte Kandahar und Kundus im November bzw. Dezember 2001. Es folgten die Einsetzung einer Interimsregierung unter der Führung Hamid Karzais auf der parallel stattfindenden ersten Petersberger Afghanistan-Konferenz sowie die Erteilung eines Mandats zur Unterstützung und Absicherung des Wiederaufbaus an die von NATO-Staaten und mehreren Partnerländern gestellte *International Security Assistance Force* (ISAF) durch den UN-Sicherheitsrat im Dezember 2001.

Angesichts der nach wie vor prekären Sicherheitslage und der schon eher schlecht als recht voranschreitenden Staats- und Nationenbildung ist schon mehrfach vor einem Scheitern des westlichen Engagements in Afghanistan gewarnt worden. Die Antwort auf die Frage, was als Scheitern zu bewerten wäre, oszilliert dabei zwischen dem sicherheitspolitischen Rückfall des Landes in Bürgerkrieg und Chaos und der entwicklungspolitischen Nichterfüllung der Hoffnungen auf Wiederaufbau, Staatsbildung und Demokratisierung.[191] Das erste Szenario – ein eindeutiges Scheitern – ist trotz der Auseinandersetzungen mit Warlords in den Provinzen Afghanistans und der Terroranschläge islamistischer Gruppierungen zumindest solange unwahrscheinlich, solange der Westen militärisch präsent bleibt. Doch bei Wiederaufbau und Staatsbildung ist günstigstenfalls mit langwierigen Prozessen und allenfalls brüchigen Erfolgen zu rechnen. Was letzten Endes als Scheitern gilt, wird von den verschiedenen afghanischen und externen Akteuren unter-

---

[190] Vgl. Citha. D. Maaß, „Kultur des Friedens“ oder „Kultur des Krieges“. Kriegesverbrechen und neue Gewalt in Afghanistan, SWP-Aktuell 30, Berlin 2006, S. 1.

[191] Vgl. Reissner, Risiken des westlichen Afghanistanengagements, S. 263f.

schiedlich beantwortet. Unstrittig ist hingegen, dass die jeweiligen Antworten die laufenden Prozesse beeinflussen werden.

Die alarmierende Gesamtlage in Afghanistan ist u.a. dadurch zu erklären, dass es der Regierung unter Präsident Karzai nicht gelungen ist, die im Zuge des Bonner Prozesses geschaffenen staatlichen Institutionen funktionsfähig zu machen. Die eingesetzte Regierung erwies sich als zu schwach, ihre Amtsgewalt in alle Landesteile auszudehnen. Zusätzlich wurde Karzais Glaubwürdigkeit in der afghanischen Bevölkerung dadurch unterminiert, dass er glaubte, auf die Unterstützung durch den Krieg belasteter und korrupter regionaler Machthaber angewiesen zu sein, mit denen er Bündnisse einging. Im Zuge dieser Vereinbarungen berief er einige Warlords in hohe Ämter und stärkte so ihre Fähigkeit, den nationalen Einigungs-, Befriedungs- und Entwicklungsprozess zu hintertreiben und dessen Umsetzung an ihren Bedürfnissen zu orientieren.

Die Bevölkerung ist indes aufgrund der weiterhin katastrophalen inneren Verhältnisse auf nahezu allen Sektoren des öffentlichen Interesses und des gemeinhin schleppenden Wiederaufbaus frustriert. Sie macht dafür sowohl die Zentralregierung in Kabul als auch die internationale Gemeinschaft verantwortlich. Letztere hat offenbar unterschätzt, wie stark das Land durch die jahrzehntelangen Kriege zerstört war und wie wenige einheimische Arbeitskräfte durch kurze Schulungen in die Lage versetzt werden konnten, Wirtschaft, Verwaltung und innere Sicherheit aus eigenem Engagement wieder herzustellen.

Die wachsende Unsicherheit im Land und die seit Ende 2005 erheblich steigende Anzahl an Anschlägen haben je nach Region in der sie sich ereignen unterschiedliche Ursachen. Im Norden und Westen sind diese vor allem auf gewaltsame Auseinandersetzungen zwischen rivalisierenden Warlords oder zwischen diesen und der Regierung in Kabul zurückzuführen. Im Süden und Osten kommt das Erstarken aufständischer Truppen – so genannter oppositionelle militante Kräfte (OMK) – hinzu. Dazu gehören die sich reorganisierenden Taliban, Drogenbarone, auf Autonomie bedachte Stammesälteste und Teile der bitterarmen Bevölkerung, die selbst oder deren Familien unter dem Vorgehen der internationalen Sicherheitskräfte gelitten haben. Da traditionell enge Stammesbeziehungen über die ohnehin sehr durchlässige Grenze zu Pakistan bestehen, finden die OMK, wie auch al-Qaida, Unterstützung und Rückzugsmöglichkeiten. Eine wichtige Rolle spielen in diesem Zusammenhang die mächtigen Drogensyndikate, die oftmals zur Eskalation der Lage beitragen und dadurch die staatlichen Institutionen schwächen. Ihre Macht wächst mit jeder Rekordernte im Mohnanbau und den damit verbundenen Mehreinnahmen.

Angesichts der nach wie vor schwierigen Gesamtlage, der Gewalteskalation im Süden und der deutlich gestiegenen Anzahl an Selbstmordanschlägen beschränkt sich der Handlungsrahmen der internationalen Gemeinschaft realistischerweise darauf, einer weiteren Verschlechterung der Situation entgegenzuwirken. Vorrangiges Ziel muss zunächst sein, die Lage auf dem jetzigen Stand zu stabilisieren und ein Übergreifen der Gewalt auf den vergleichsweise ruhigen Norden und Westen zu verhindern. Die Herausforderung besteht zweifelsohne darin, zu einem differenzierten Vorgehen in den einzelnen afghanischen Regionen zu gelangen, dass die ausgeprägte Heterogenität dieses Vielvölkerstaates in ausreichendem Maße berücksichtigt. Dies setzt voraus, dass sich sowohl die internationale Gemeinschaft als auch die Regierung Karzai vom Denken in nationalen Kategorien lösen und die Gegebenheiten anerkennen.

2.1 Problem

Es ist eine historische Tatsache, dass bisher keine afghanische Regierung dazu in der Lage war, das gesamte Staatsgebiet zu kontrollieren. Selbst der als „Eiserner Emir" berüchtigte Abdul Rahman (1880-1901) hatte dies mit seinem landesweit operierenden Geheimdienstapparat niemals zustande gebracht. Die grenzübergreifende Dimension des Afghanistan-Konfliktes ist schon in der Einbindung des Landes in das internationale System angelegt, die im Zusammenhang der britischen und russischen Expansionen des 18. und 19. Jahrhunderts vollzogen wurde. Die Bildung eines afghanischen Staates und seine Einbindung weist Unterschiede insbesondere zu den Staaten auf, die wie Indien oder Pakistan zum britischen Empire gehörten. Während aber auf dem indischen Subkontinent die politische Ordnung grundlegend reformiert und moderne Staatlichkeit zumindest im Grundsatz etabliert werden konnte, wurde Afghanistan als „Pufferstaat" geschaffen, dessen Funktion sich weitestgehend darin erschöpfte, den britischen vom russischen Einflussbereich zu trennen und das „große Spiel" um politische Macht und wirtschaftlichen Einfluss vor einem zeitigen Abbruch zu bewahren. Hierauf fußt das geopolitische Ungleichgewicht zwischen den starken indischen und pakistanischen Machtstaaten einerseits und dem „schwarzen Loch" Afghanistan andererseits, das erst zur Projektionsfläche regionaler Machtspiele und dann zum Aktionsraum nichtstaatlicher Gewaltakteure wurde. Russland, Iran und Pakistan, aber auch Indien, Saudi-Arabien und die USA entdeckten Afghanistan im 20. Jahrhundert als Arena des „neuen großen Spiels", dessen Mitspielerkreis sich im Laufe der Zeit auf private Wirtschafts- und Gewaltakteure erweiterte.[192]

Dennoch gab es auch in Afghanistan längere Intervalle, in denen relativ tragfähige staatliche Strukturen und Institutionen etabliert werden konnten. Erst als 1978 nationalorientierte Offiziere der afghanischen Armee einen Militärputsch inszenierten, infolgedessen die Führungskader der Demokratischen Volkspartei (DVPA) aus ihren Gefängnissen befreiten und mit der Regierungsbildung beauftragten, setzte die sukzessive Destabilisierung des Landes ein. Die Zerstörung der staatlichen Strukturen setzte im Ende des Jahres 1979 ein. Der ehemalige CIA-Direktor und jetzige US-Verteidigungsminister Robert Gates räumt in seinen Memoiren ein, dass US-Geheimdienste mit der Unterstützung der afghanischen Islamisten bereits ein halbes Jahr vor der Invasion der Roten Armee in Afghanistan begonnen hätten.[193] Diese erfolgte schließlich am 27. Dezember 1979. Dadurch wurde der Afghanistan-Konflikt internationalisiert und mutierte zum Zankapfel der rivalisierenden Weltmächte. Die Folge war ein unaufhaltsamer Zerfallprozess staatlicher Strukturen, der bis heute andauert.[194]

Nach der Vertreibung der Taliban aus Kabul Ende des Jahres 2001 bestand eine reale Chance, die Staatlichkeit Afghanistan wiederherzustellen.[195] Noch während des von US-Militärs geführten Krieges gegen das Taliban-Regime fand unter formaler UN-Ägide Ende 2001 eine internationale Konferenz statt, auf der die Basis für den künftigen Status des Landes geschaffen wurde. Nicht in Afghanistan durch die Afghanen, sondern auf dem fernen Petersberg

---

192 Vgl. Ahmed Rashid, Islam, Oil and the New Great Game in Central Asia, London 2000.

193 Vgl. Robert M. Gates, From the shadows, Pocket Books, New York 1996, S. 146.

194 Vgl. Matin Baraki, Nation-building in Afghanistan, in: Aus Politik- und Zeitgeschichte, 39/2007, S. 11-17, hier: S. 11ff.

195 Die politische Macht in Afghanistan, die stets auf einer lokalen und regionalen Grundlage beruhte, hatte – mit Ausnahme der Regentschaft des „Eisernen Emirs", Abdul Rahman Khan (1880-1901) – nie eine starke nationale Basis. Alle Versuche, die Macht der Stämme und Unterstämme in den Provinzen zu zerschlagen und die regionale Fragmentierung der politischen Macht in Afghanistan zu beenden, schlugen fehl. Auch war es in der Geschichte Afghanistan nie möglich, längerfristig gegen den Willen der paschtunischen Bevölkerungsmehrheit die politische Macht auszuüben. Vgl. Wolfgang von Erffa, Konfliktprävention in Afghanistan. Eine dauerhafte Friedenslösung bleibt Fernziel, in: Internationale Politik, Ausgabe Dezember 2002, S. 33-38, hier: S. 34f.

bei Bonn wurden die Weichen dafür gestellt, als dort eine provisorische Regierung auf massiven Druck der über zwanzig anwesenden US-Vertreter unter Beteiligung dreier islamistischer und einer monarchischer Gruppe gebildet wurde. Es waren größtenteils jene Kräfte, die von 1992 und 1996 an der Zerstörung Kabuls tatkräftig mitgewirkt hatten, bei der rund 50000 Zivilisten den Tod gefunden hatten.

Abdul Hamid Karzai, der seit Beginn des afghanischen Bürgerkrieges im Jahr 1979 enge Beziehungen zur CIA pflegte, auf deren Gehaltsliste stand und sich zur Zeit der Petersberger Konferenz im Indischen Ozean auf einem US-amerikanischen Flugzeugträger befand, wurde zum Interimsministerpräsidenten gekürt. Da diese Regierung weder Legitimation noch Rückhalt in Afghanistan hatte, wurde sie nach kolonialem Muster von einer internationalen „Schutztruppe", der ISAF, die sich aus Soldaten von NATO-Staaten rekrutierte, nach Kabul begleitet und vor Ort geschützt. Wie schon in der Vergangenheit, wurde eine militärische Lösung des Konflikts favorisiert. Auf der Petersberger Afghanistankonferenz wurden weder europäischen noch afghanischen Vorstellungen eines Nachkriegsafghanistans Rechnung getragen. Das Land ist seither zu einem reglerechten Truppenübungsplatz von USA und NATO geworden, auf dem die neuesten Waffensysteme und Taktiken erprobt werden können. Das afghanische Volk wurde vor vollendete Tatsachen gestellt.

Auf der Grundlage des Petersberger Fahrplans wurden zwischen 2002 und 2005 mehrere Wahlen durchgeführt. Im Dezember war Karzai in das Amt des Ministerpräsidenten eingeführt und dann im Juni 2002 auf einer improvisierten *Loya Djirga* (Ratsversammlung) zum Präsidenten gewählt worden, wobei vierundzwanzig Stimmen mehr abgegeben wurden als Abgeordnete anwesend waren. Am Eingang zum Wahlzeit waren Abgeordnete durch Minister und Gouverneure per Unterschrift verpflichtet worden, für Karsai zu stimmen. Im Vorfeld dieser Präsidentenwahlen hatten die USA rund zehn Millionen US-Dollar ausgegeben, um für Karzai Stimmen zu kaufen. Anfang 2004 wurde auf einer weiteren *Loya Djirga* eine Verfassung verabschiedet und die Islamische Republik Afghanistan proklamiert. Im gleichen Jahr wurden Präsidentschaftswahlen und ein Jahr darauf Parlamentswahlen abgehalten, wobei abermals Drohungen, Gewalt, Mord und Stimmenkäufe an der Tagesordnung waren. Die *New York Times* nannte die Art und Weise, wie die Wahlen in Afghanistan abliefen „eine plumpe amerikanische Aktion".[196]

---

[196] Vgl. Junge Welt vom 11. November 2006.

Unter Druck dem massiven der USA beschloss die NATO auf ihrem Gipfeltreffen in Istanbul am 28. Juni 2004 die faktische Entmachtung bzw. die Unterordnung der ISAF unter NATO-Kommando. Dies bedeutete de facto die Kompetenz- und Aufgabenvermischung von ISAF und den US-geführten Antiterror-Einheiten „Operation Enduring Freedom“ (OEF). Die USA benötigten diese Konstellation, um so ihre Verbündeten in alle militärischen Operationen involvieren zu können. Außerdem erhoffte man sich in Washington dadurch eine Entlastung im Irak-Krieg. Auch die in Afghanistan befindlichen Bundeswehreinheiten wurden auf diese Weise von einer UN- zu einer Antiterroreinheit unter US-Führung umfunktioniert. Die logische Konsequenz war die Entsendung der Tornado-Aufklärungsflugzeuge, und die in absehbarer Zeit zu erwartende Entsendung deutscher Bodentruppen nach Ostafghanistan. Das Land wurde nach einem Operationsplan der NATO unter den Besatzern in vier etwa gleichgroße Sektoren aufgeteilt. Dadurch ist die Aufsichtsfunktion der UNO, die Souveränität und Eigenstaatlichkeit Afghanistan grundsätzlich in Frage gestellt. Diese Demütigung der afghanischen Bevölkerung bereitet u.a. den Nährboden, auf dem der Widerstand gegen die Besatzungstruppen wächst. Solange militärische Besetzung und Fremdbestimmung andauern, solange scheint in Afghanistan eine friedliche Lösung des Konfliktes unmöglich.[197]

Bei all diesen Aktionen war die internationale Gemeinschaft präsent: Die Vereinten Nationen mit ihrem Beauftragten für Afghanistan, Lakhdar Brahimi, die Europäische Union mit ihrem Repräsentanten, dem spanischen Diplomaten Francesco Vendrell, und die Vereinigten Staaten als Hauptakteur mit ihrem Botschafter Zalmay Khalilzad. Alle entscheidenden Beschlüsse wurden entweder im Büro Karzais oder in der US-Botschaft gefasst. Sowohl UN- wie EU-Vertreter ließen sich von den USA instrumentalisieren, nickten die bereits getroffenen Entscheidungen lediglich ab und büßten dadurch Neutralität und Glaubwürdigkeit ein. Es war vor diesem Hintergrund nur folgerichtig, dass die NATO auf ihrem Gipfeltreffen in Istanbul die Entmachtung bzw. Unterordnung der formal UN-mandatierten Schutztruppe ISAF unter NATO-Kommando beschloss.

Ein Abzug der Besatzungstruppen aus Afghanistan würde aber das Land vermutlich erneut dem Zugriff der islamistischen Taliban aussetzen, unter deren Regime die afghanische Bevölkerung ebenso zu leiden hätte. Die Zuversicht innerhalb der Bevölkerung in die Karzai-Administration ist dabei denk-

[197] Vgl. Ders., Nation-building in Afghanistan, S. 12.

bar gering. Afghanistan hat weder eine souveräne noch eine unabhängige Regierung. Das jetzige Kabuler Kabinett besteht zu über fünfzig Prozent aus *American Afghans*, der Rest setzt sich aus Afghanen, die aus dem europäischen Exil zurückkehrten, und einigen willfähigen Warlords zusammen. Hinzu kommen US-Berater, die in allen Ämtern präsent sind und dort Entscheidungskompetenzen wahrnehmen. Diese Zusammensetzung fördert nicht gerade das Vertrauen der afghanischen Bevölkerung in ihre von fremden Mächte eingesetzte und gestützte Regierung in Kabul. Stattdessen gewinnen, die aus dem Untergrund und dem afghanisch-pakistanischen Grenzgebiet operierenden Taliban-Milizen wieder an Einfluss und Rückhalt in der Bevölkerung.

Der Begriff Taliban ist erneut Ausdruck des gewaltsamen Protests geworden, der gerade bei der verarmten Stammesunterschicht auf Zustimmung stößt. Wenngleich je nach lokalem Kontext die Beweggründe für die erneute Unterstützung der Taliban variieren, so geht es meist um die Aufrechterhaltung der lokalen Autonomien sowie die Herstellung von Sicherheit und Gerechtigkeit, die weite Teile der Bevölkerung durch die *Operation Enduring Freedom* inzwischen gefährdet sehen. Während die Taliban eher die hierarchischen Machtstrukturen herausfordern, verstärkt die Drogenökonomie, die im südafghanischen Kandahar eines ihrer wesentlichen Zentren hat, zuvorderst die herrschenden Machtkonstellationen. Die Drogenökonomie ist mittlerweile von so weitreichender wirtschaftlicher Bedeutung, dass nahezu alle Mächtigen, ganz gleich ob auf Regierungsseite oder bei den Taliban, in diese involviert sein müssen, wenn sie ihren Einfluss auf die lokale Politik wahren wollen. Die Anti-Drogenkampagne, welche die internationale Gemeinschaft gemeinsam mit der afghanischen Regierung in Kandahar durchführte, bewirkte zudem, dass sich Bauern und Händler verstärkt den Taliban zuwendeten, da diese bisher nicht gegen die Drogenkriminalität vergingen.[198]

Für die Durchsetzung eines staatlichen Gewaltmonopols in Afghanistan ist vor allem problematisch, dass die gegenwärtigen Macht- und Gewaltkonstellationen in Afghanistan ein uneinheitliches Bild abgeben. So existieren in einigen in einigen lokalen Gemeinschaften Verfahren, über welche die Machtstrukturen immer wieder eine Legitimierung erfahren, während die Machthaber in anderen Regionen über einen großen Entscheidungsraum verfügen. Auch die Abgrenzung zum Staat ist sehr unterschiedlich ausgeprägt; mal ist eine klare Abgrenzung identifizierbar, mal übernehmen lokale Eliten

198 Vgl. Conrad Schetter, Lokale Macht- und Gewaltstrukturen in Afghanistan, Aus Politik- und Zeitgeschichte, 39/2007, S. 3-10, hier: S. 6.

staatlicher Ämter aus Gründen der eigenen Legitimation, politischen Absicherung oder zur Selbstbereicherung.

2.2 Rahmenbedingungen

Die Islamische Republik Afghanistan im Nordosten des iranischen Hochlandes liegt zwischen dem Iran, Pakistan, China und den zentralasiatischen Staaten. Seine geopolitische Lage zwischen Persien, Indien, China und Russland ist für die facettenreiche Geschichte des Landes verantwortlich. Das Gebiet des heutigen Afghanistan war in den vergangenen 4000 Jahren immer wieder Schauplatz aggressiver Kämpfe und Expansionsbewegungen in Asien. Afghanistans Geschichte ist geprägt durch dessen Status als zentralasiatisches Durchzugsgebiet und Puffer zwischen britischen und russischen Kolonialinteressen. Diese manifestierten sich insbesondere in den drei britisch-afghanischen Kriegen.[199]

Afghanistan ist wie Pakistan ein Vielvölkerstaat und Minoritätenmosaik, wobei sich insbesondere aus historischen Erwägungen der Stamm der Paschtunen häufig als eigentliches Staatsvolk sieht. Die Einteilung des rund dreißig Millionen Einwohner zählenden Landes nach ethnischen Gesichtspunkten ist nicht immer eindeutig möglich, da sich sprachliche, religiöse und auf äußeren körperlichen Körpermerkmalen beruhende Kriterien oft überschneiden. Seit Beginn der 1990er Jahre haben in Afghanistan ethnische Konflikte die Auseinandersetzungen zwischen den verschiedenen Mujaheddin-Stämmen geprägt. Die traditionellen Führer Afghanistans waren die Paschtunen, aus denen sich auch ein großer Teil der Taliban rekrutierte. Der Sturz des Taliban-Regimes Ende des Jahres 2001 gab den Minderheiten der Tadschiken, Hazara und Usbeken die Gelegenheit, ein Abkommen über die Verteilung der Macht durchzusetzen. Die Paschtunen sehen sich seitdem Vergeltungsangriffen durch die anderen Volksstämme ausgesetzt.

Die Vielfalt der Ethnien spiegelt sich zwangsläufig auch in der Sprachvielfalt Afghanistans wider. Es existieren schätzungsweise mehr als 57 verschiedene Sprachen und über 200 Dialekte. Die Analphabetenquote ist mit rund siebzig Prozent im internationalen Vergleich sehr hoch. Besetzung, Bürgerkrieg und die Kulturfeindlichkeit der Taliban haben ganzen Generationen ohne jeglichen Zugang zu Bildungseinrichtungen aufwachsen lassen. Besonders betroffen von diesem Bildungsausschluss waren die afghanischen

[199] Vgl. Constanze Fröhlich, Krisenherd Afghanistan, Arnold Bergstraesser Institut, Freiburg i. Br., 2005, S. 303.

Frauen, so dass noch heute rund neunzig Prozent von ihnen Analphabetinnen sind. Der ausgeprägte Analphabetismus ist eines der größten Hindernisse beim Wiederaufbau des Landes. Nach dem Sturz entstanden mit ausländischer Hilfe im ganzen Land neue Schulen, die inzwischen von einem großen Teil der afghanischen Jugend besucht werden können, in einigen Teilen des Landes allerdings nur unter dem Schutz aus- und inländischer Sicherheitskräfte.

Gerade durch den Status als Protektorat ist die Wirtschaft Afghanistan zerstört worden. Wie der afghanische Wirtschaftsminister Mohammed Amin Farhang hervorhob, bestehen 99 Prozent aller Waren auf dem afghanischen Markt aus Importen. Afghanistan ist längst zum Dorado für die Exporteure der Industrieländer geworden. Der einheimischen Wirtschaft wird jegliche Möglichkeit genommen, sich zu entwickeln. Da viele Heroinbarone in den Staatsapparat integriert sind, nutzen sie den „Wirtschaftsaufschwung" zur Geldwäsche.[200] Sie investieren ihren Gewinn ausschließlich im Luxussegment, in Hotels, Häuser und die Lebensmittelproduktion für den Bedarf zahlungskräftiger Ausländer. Das Land ist hinsichtlich seiner Produktionsstruktur, der Erwerbstätigkeit, des Außenhandels und der Siedlungsstruktur ein Agrarland. Gemessen am Bruttoinlandsprodukt pro Einwohner (2006: 335 US-Dollar) zählt Afghanistan zu den drei ärmsten Ländern der Welt. Die relativ geringe Bevölkerungsdichte (46Ew./qkm) erlaubt es,[201] dass sich die überwiegend bäuerliche und nomadische Bevölkerung weitgehend selbst ernährt. Das Versorgungsniveau ist jedoch niedrig: In den Jahren mit schlechter Ernte sind Nahrungsmittelimporte und Spenden zwingend erforderlich.

Weite Teile des Landes sind aufgrund der Bodenbeschaffenheit und der klimatischen Bedingungen kaum oder überhaupt nicht landwirtschaftlich nutzbar. Auf rund zwölf Prozent des Territoriums betreiben sesshafte Bauern Landwirtschaft, rund drei Millionen Nomaden züchten Schafe, Ziegen, Kamele und Pferde und ziehen über weite Strecken, vielfach auch über Landesgrenzen hinaus, die oft nur unzureichend demarkiert sind. Etwa drei Prozent des Bodens sind mit Walt bedeckt, der jedoch durch Raubbau (Holzschmuggel nach Pakistan) und Überweidung gefährdet ist.[202]

---

200 Zur auswärtigen Drogen-Politik der USA vgl. u.a. Robert Lessmann, Amerikanisierung und Militarisierung: Die auswärtige Drogenpolitik der USA, in: Peter Rudolf / Jürgen Wilzewski (Hrsg.), Weltmacht ohne Gegner. Amerikanische Außenpolitik zu Beginn des 21. Jahrhunderts, Nomos-Verlag, Baden-Baden 2002, S. 335-362.

201 Vgl. CIA-World Fact Book 2006.

202 Vgl. Dieter Nohlen (Hrsg.), Lexikon Dritte Welt – Länder, Organisationen, Theorien, Begriffe, Personen, Rowohlt Verlag, 2002, S. 18-21.

Die afghanische Landwirtschaft leidet unter Land- und Wasserknappheit und einem allgemein niedrigen Entwicklungsstand. Das Bewässerungspotential wird aber bei weitem noch nicht in dem Umfang genutzt, als dass bei Einsatz verbesserter Produktionstechniken eine Verbesserung der Versorgung mit Nahrungsmitteln und Faserpflanzen für eine wachsende Bevölkerung möglich wäre. Im Energiebereich mangelt es Afghanistan zwar an Öl, durch Exporte von Erdgas ist es aber theoretisch möglich, dass die Energiebilanz per saldo ausgeglichen wird, insbesondere wenn die inländischen Kohlevorkommen in stärkerem Maße als Wärmeträger nutzbar gemacht werden können. Dies könnte zur Verringerung des unkontrollierten Holzeinschlags führen, durch den die verbliebene landwirtschaftliche Nutzfläche bedroht ist (Erosion).

Als relativ rohstoffarmes Land werden für Afghanistan auch künftig Probleme entstehen, wenn es darum geht, die für die Finanzierung der Importe notwendigen Exporte zu realisieren. Für den Aus- bzw. Aufbau der Industrie (bisher nur Textil- und Nahrungsmittelindustrie) und des tertiären Sektors ist der Ausbau des Bildungswesen eine erste Voraussetzung, da Afghanistan aufgrund seiner geografischen Lage, fehlender Infrastruktur (mit Ausnahme von Fernstraßen) und sehr niedrigem Bildungsstand derzeit nicht mit anderen Entwicklungsländern konkurrieren kann. Die Entwicklungschancen können jedoch nicht genutzt werden, solange die sicherheitspolitische Situation derart instabil bleibt. Auch die fortschreitende Islamisierung der Gesellschaft dürfte den entwicklungsdynamischen Prozessen eher zuwiderlaufen. International besteht an der Befriedung des Landes ein großes Interesse, um – unabhängig von der politischen Entwicklung im Kaukasus und im Iran – die Erdöl- und Erdgasvorkommen Zentralasiens mit dem Seeweg (Pakistan) verbinden zu können.

Die aktuellen Entwicklungen geben allerdings wenig Anlass zu der Hoffnung, dass das Land in absehbarer Zeit in dem Maße befriedet werden kann, um damit die Mindestvoraussetzungen für größere ausländische Investitionen zu schaffen. Afghanistan ist längst zu einem „Drogenmafia-Staat" geworden, bilanzierte kürzlich Ashraf Ghani, erster Kabuler Finanzminister im Kabinett Hamid Karzais. Vom einfachen Bauern bis hin zu Familienmitgliedern Karzais sind alle am Drogengeschäft beteiligt. Schon 2005 berichtete die britische Botschaft in Kabul über die Drogengeschäfte der Familie des afghanischen Präsidenten. Als diese Informationen von der Presse aufgegriffen wurden, kam es zu einem Disput zwischen Präsident Karzai und dem britischen Botschafter, in dessen Folge der Diplomat abberufen wurde. In jüngster Vergangenheit berichteten westliche Medien, darunter der US-Sender ABC, über die lukrativen Drogengeschäfte des Karzai-Bruders Ahamad Wali, der Vorsitzender des südlichen Provinzrates in Kandahar und nebenbei Chef einer Bande war, die Drogen im großen Stil über den Iran und die Türkei nach Westeuropa schmuggelte. Dafür soll Ahmad Wali Karzai jährlich über zwanzig Millionen US-Dollar an Schutzgeldern kassiert haben. Auch der einstige Warlord der Nordallianz und derzeitige Stellvertreter des Innenministers in Kabul, General Mohammed Daud, von Amts wegen verantwortlich für die Bekämpfung der Drogenkriminalität, ist nebenberuflich Drogenbaron. Daher verwundert es nicht, dass der „Kampf gegen den Drogenanbau" unter Federführung der Amerikaner und Briten auf der ganzen Linie gescheitert ist. Die Anbaufläche für Mohn stieg stattdessen um 59 Prozent und im Jahr 2006 wurde die größte jemals in Afghanistan verzeichnete Opiumernte eingefahren. Sie lag um 2000 Tonnen höher als im Vorjahr und erreichte nie zuvor da gewesene 6100 Tonnen. Schon den Exportwert der Opiumernte 2005 bezifferte das UN-Büro für Drogen und Kriminalität auf über 2,7 Milliarden US-Dollar.

Ein Wiederaufbau für breite Schichten findet hingegen kaum statt. Die Arbeitslosigkeit beträgt durchschnittlich 75 Prozent, mancherorts, vor allem im Osten und Süden sogar neunzig Prozent. Diese Verhältnisse erklären die allgemeine Sympathie, die in der Bevölkerung den Taliban entgegengebracht wird. Das von der UNO in Millionenhöhe unterstützte Rückkehrprogramm für afghanische Flüchtlinge muss als gescheitert betrachtet werden, weil diese weder Arbeit noch Unterkunft in der Heimat finden. Die im Rahmen der Demobilisierung 50.000 freigesetzten Kämpfer der Warlords mehren nicht nur das Heer der Arbeitslosen, sondern sind zu einem Faktor der Destabilität, Kriminalität und Unruhe geworden. Da sie keine bezahlte Beschäftigung finden können, um ihre Familien zu ernähren, gehen sie entweder zurück zu ihrem Warlord oder schließen sich den Verbänden der Taliban bzw. al-Qaidas an. Die u.a. von deutschen Beamten ausgebildeten afghanischen Polizisten, die sich zum Großteil aus ehemaligen Milizen der regionalen Warlords rekrutieren und neben den Soldaten Patrouillen fahren, agieren selten als „Freund und Helfer" der Bevölkerung, sondern eher als Kriminelle. Sie überfallen vorzugsweise zurückgekehrte Flüchtlingsfamilien, weil sie bei ihnen ausländische Devisen oder andere Wertgegenstände vermuten. Außerdem durchsuchen sie oft grundlos und willkürlich Passanten auf der Straße und nehmen ihnen Uhren und Handys ab. Wer sich dagegen zu Wehr setzt, muss mit dem Schlimmsten rechnen. Die logische Konsequenz dieser Zustände ist, dass die Sicherheitslage in Afghanistan derzeit dermaßen schlecht ist, wie seit der Demission der Taliban nicht mehr. Darunter leidet die Moral und der

Wille zum Wideraufbau des Landes schwindet. Stattdessen nehmen Angriffe und Attentate zu.

Zu den Sicherheitsproblemen gesellen sich finanzielle. Die internationale Finanzhilfe für Afghanistan ist insbesondere angesichts der Tatsache, dass ein Großteil der Afghanen auf dem Subsistenzniveau lebt und die Infrastruktur weitaus schlechter ist als etwa im Irak, ungenügend. Auf der Afghanistan-Konferenz in Berlin 2004 versprachen Vertreter von mehr als fünfzig Nationen rund 8, 2 Milliarden US-Dollar Entwicklungshilfe für die nächsten drei Jahre. Die Karzai-Administration in Kabul hielt, gestützt auf Berechnungen der Internationalen Entwicklungsbank und der Weltbank 27,5 Milliarden US-Dollar für den Zeitraum zwischen 2004-2011 für den Wiederaufbau des Landes für notwendig. Gleichwohl bestehen in Kabul Hoffnungen angesichts der nach wie vor desolaten Lage im Land, in den kommenden Jahren umfangreichere Finanzhilfen zu erhalten. Diese Hoffnungen wurden durch den Anfang 2006 vereinbarten *Afghanistan Compact* genährt, der sowohl die Verpflichtung der afghanischen Regierung als auch der internationalen Staatengemeinschaft völkerrechtlich untermauert, gemeinsam Bedingungen zu schaffen, die es dem afghanischen Volk ermöglichen, in Frieden und Sicherheit unter einer Rechtsordnung zu leben, die den Schutz einer starken Regierungsgewalt und der Menschenrechte für alle bietet, und ein erfreuliches ökonomisches und soziales Gedeihen im Lande unterstützt.[203]

Der Bevölkerung des ohnehin bettelarmen Landes geht es indes immer schlechter. Selbst in Kabul funktionieren weder Strom- noch Wasserversorgung einwandfrei. Aufgrund der katastrophalen sanitären Verhältnisse brechen in den heißen Sommermonaten immer wieder Cholera-Epidemien aus. Nur eine kleine Minderheit kann sich eine adäquate medizinische Versorgung leisten. Offiziell ist zwar eine Behandlung in einem staatlichen Krankenhaus kostenfrei, aber ohne Beziehungen läuft auch auf diesem Sektor wenig. Die Mieten in der Hauptstadt sind für die meisten Einheimischen selbst wenn sie Arbeit haben unerschwinglich geworden. Ein weltweit wohl einmaliger Grad an Korruption macht alle Anstrengungen einzelner Akteure zunichte.

Bis heute befindet sich Afghanistan in einem Zustand zwischen prekärer Sicherheitslage und völlig unzureichender Staats- und Institutionenbildung. Die anhaltende Unfähigkeit der internationalen Gemeinschaft, für Sicherheit im Land über die afghanische Hauptstadt Kabul hinaus zu sorgen, stärkt die

[203] Für den Originaltext vgl. http://www.unama-afg.org/news/_londonConf/_docs/06jan30-AfghanistanCompact-Final.pdf.

politische und wirtschaftliche Macht der Kommandeure und Warlords in den Provinzen und die islamistischer Formationen wie der Taliban, die sich im Süden des Landes bereits wieder in der Offensive befinden. Hier hat sich die Sicherheitslage in dem Maße verschlechtert, dass dort an eine Befriedung geschweige denn Wahlen nicht mehr zu denken ist. Immer häufiger werden hier Anti-Terror-Einheiten der USA und ihrer Verbündeten attackiert, vermutlich von reorganisierten Taliban-Milizen sowie oppositionellen Kräften aus dem Umkreis des Kriegsherren Gulbuddin Hekmatyar. Nachdem auch ziviles Hilfspersonal Ziel der Angriffe wurde, haben die Vereinten Nationen und viele NGOs ihre Arbeit in der Region eingestellt.[204] Die Entwicklung ist damit exakt dort blockiert, wo die Taliban einst den größten Rückhalt fanden.[205]

Auch in anderen Landesteilen ist der Wiederaufbau der Infrastruktur hinter den Erwartungen und Erfordernissen zurückgeblieben. Die auf der Tokioer Geberkonferenz im Dezember 2001 für den Zeitraum von fünf Jahren zugesagten Hilfsleistungen über 4,7 Milliarden US-Dollar erreichten das Land deutlich langsamer als vorgesehen. Bedenkt man, dass Experten und Hilfsorganisationen diese Zusagen als viel zu niedrig ansehen, dann kann der Eindruck entstehen, der Westen habe sein Sicherheitsinteresse am Hindukusch bereits wieder verloren.

Den in Afghanistan engagierten westlichen Regierungen scheint allerdings bewusst zu sein, dass ihnen ein massives Legitimationsproblem droht. Die USA und Großbritannien haben deshalb begonnen, durch die Entsendung zivil-militärischer regionaler Wiederaufbauteams (*Provincial Reconstruction Teams*, PRTs) die Sicherheitslage in der Provinz zu stabilisieren und die Bedingungen für den Wiederaufbau zu verbessern. Deutschland und andere Staaten haben sich dieser Initiative inzwischen angeschlossen. Eine Ausweitung und Verstetigung der internationalen Präsenz in Afghanistan wurde für zwar für das Jahr 2007 angekündigt, blieb bisher jedoch weiter hinter ihren Möglichkeiten zurück.

Nach Angaben von Unicef aus dem Jahr 2007 gibt es in Afghanistan rund 1,6 Millionen Waisenkinder, um die sich kaum jemand kümmert. Hinzu kommen etwa 55000 Witwen allein in Kabul, die sich größtenteils durch Prostitution ernähren. Die Mieten in der Stadt sind für die afghanische

---

[204] Wie etwa die Organisation „Ärzte ohne Grenzen" nachdem mehrere Mitarbeiter getötet wurden.

[205] Vgl. Boris Wilke, Probleme bei der Stabilisierung Afghanistans. Welchen Beitrag kann der Westen leisten?, in. Erich Reiter (Hrsg.), Jahrbuch für internationale Sicherheitspolitik 2003, S. 551-564, hier: S. 552f.

Durchschnittsbevölkerung, selbst für die Menschen, die Arbeit haben, inzwischen unerschwinglich geworden. Ein Professor verdient durchschnittlich 300 US-Dollar monatlich. Es gibt zahlreiche Fachkräfte, die von ihrem Gehalt nicht leben können und sich bei den NGOs oder bei ausländischen Militärs als Übersetzer verdingen. Dies hat zur Folge, dass Afghanistan seiner Elite beraubt wird, mit allen negativen Konsequenzen für die Entwicklung und den Wiederaufbau des Landes.[206]

Als besonders korrupt gilt der Justizsektor. Richter und Staatsanwälte verdienen im Monat zwischen 35 und 60 US-Dollar. Damit können sie weder ihre Familien ernähren noch eine unabhängige Stellung beziehen, wenn es darum geht, finanzkräftige Drogenschmuggler zu verurteilen. Lediglich sechzig Prozent der Richter haben eine juristische Ausbildung durchlaufen, die Mehrzahl kennt lediglich die Scharia als Rechtsgrundlage. Über ein Drittel von ihnen hat nicht studiert, während etwa dreißig Prozent der Staatsanwälte einen rechtswissenschaftlichen Studiengang erfolgreich abgeschlossen haben. Es handelt sich also größtenteils um juristische Laien, die deshalb kaum zur Entwicklung einer tragfähigen Rechtsstaatsstruktur beitragen können.

2.3 Sicherheit

Gegenwärtig befindet sich Afghanistan in einem schwer zu durchbrechenden Kreis aus prekärer Sicherheitslage und völlig unzureichender Staats- und Institutionenbildung. Die fortwährende Unfähigkeit der internationalen Staatengemeinschaft, für Sicherheit im Land über die afghanische Hauptstadt Kabul hinaus zu sorgen, untermauert die politische und wirtschaftliche Macht der regionalen Kommandeure und Warlords in den Provinzen sowie die islamistischer Gruppierungen wie die der Taliban. Den Mitgliedern der Internationale heimatloser Kämpfer, die über islamistische Netzwerke wie al-Qaida dem afghanischen Kriegesschauplatz zugeführt wurden, ist weder die Ethnizität oder der politische Islamismus, sondern eine als Neofundamentalismus bezeichnete Weltanschauung zum Medium der Mobilisierung und des Zusammenhalts geworden.[207] Konkrete politische Konflikte werden durch eine Re-islamisierung von unten verdrängt, die einmal mehr fundamentalistische Züge angenommen hat. Die Skepsis der Bevölkerung speist sich aus Fremd- und Feindbildern, die nicht mehr konkrete territoriale, sondern diffuse glo-

[206] Vgl. Baraki, Nation-building in Afghanistan, S. 14.

[207] Zu diesem Begriff vgl. [u.a.] Olivier Roy, The Failure of Political Islam, London 1994.

bale Anknüpfungspunkte in einer vermeintlichen Konfliktlinie zwischen rechtschaffenden „Gläubigen“ und „Ungläubigen“ haben.[208]

Bestandteile dieses Weltbildes finden sich auch bei den Taliban und bei al-Qaida. Einem Kreis psychisch oder physisch kriegsversehrten Koranautodidakten, die durch den Krieg und das Leben in den Lagern geprägt sind, scheint der Neofundamentalismus wie auf den Leib geschneidert. Auch das skurrile und anachronistisch anmutende Programm einer Rückkehr zur islamischen Ursprungsgemeinschaft, die totalitären Eingriffe in die Privatsphäre und die systematische Unterdrückung des weiblichen Geschlechts fügen sich in das Bild einer Netzwerkideologie sozial entwurzelter Kämpfer, die gegenwärtig in Afghanistan der Durchsetzung einer menschenfreundlicheren und zeitgemäßeren Ordnung im Wege stehen.

In Post-Konflikt-Situationen ist der Wiederaufbau staatlicher Strukturen in der Regel ganz oben auf der Agenda internationaler Akteure zu finden. In der sozialwissenschaftlichen Literatur wird dieser Prozess als *state-building* bezeichnet. Das größte Hindernis für den Staatsaufbau und die Etablierung einer über Kabul hinausgreifenden und das ganze Land erfassenden Zentralregierung in Afghanistan sind gewiss nicht nur aus der Perspektive des afghanischen Präsidenten Karzai die regional sehr einflussreichen Warlords und die islamistischen Widerstandsgruppen, deren ökonomische Basis nach wie vor auf dem florierenden Drogenhandel gründet. Die Jahresumsätze im afghanischen Drogenhandel betragen ein Mehrfaches der internationalen Hilfen für Afghanistan. Nach dem Sturz des Taliban-Regimes im Dezember 2001 stieg die Opiumproduktion wieder an, erreichte 2003 einen Ertrag von 3600 Tonnen und dürfte gegenwärtig die 5000 Tonnen-Marke bereits übertroffen haben. Eine Verschiebung dieses Trends nach unten ist nicht in Sicht.

Drogenökonomie und Korruption haben wie ein Krebsgeschwür den gesamten Staatsapparat befallen, so dass sie zum größten Hindernis für das afghanische *state-building* geworden sind. Aber auch die Taliban und al-Qaida finanzieren sich durch den Drogenhandel, da sie etwa ein Drittel des Landes im Süden und Osten, wo im großen Stil Mohn angebaut wird, kontrollieren. Erst seit 2001 wird in allen 32 Provinzen des Landes Mohn angebaut. Die Drogenbarone nutzen den florierenden Schmuggel zur Geldwäsche.[209]

Entsprechende Maßnahmen, die dieser Entwicklung entgegen wirken könnten, scheitern weiterhin am nahezu nicht existierenden Machtmonopol der af-

---

[208] Vgl. Boris Wilke, Staatsbildung in Afghanistan?, SWP-Studie, Berlin 2004, S. 12f.
[209] Vgl. Ebd., S. 13.

ghanischen Zentralregierung und der dadurch nahezu unbeschränkten Machtfülle der Provinzfürsten, die mit der Abwicklung des Drogenhandels ihre größte Einnahmequelle verteidigen. Mögliche Machteinschränkungen durch Wahlen sollen deshalb so gut es geht verhindert werden. Der Widerstand der von den Taliban geführten Paschtunen im Osten und Süden des Landes richtet sich zudem gegen die empfundene Unterrepräsentation des größten Stammes in der Regierung Hamid Karzais.[210]

Die Bemühungen der Zentralregierung in Kabul, über die Stadtgrenzen hinaus an Einfluss zu gewinnen, werden ferner durch interne Machtkämpfe erschwert. Gegen die Milizen der Warlords erließ Präsident Karzai deshalb ein ungewöhnlich scharfes Dekret: Wenn sie sich dem Ende 2003 eingeleiteten Entwaffnungs- und Reintegrationsprogramm nicht fügen, würden sie der Justiz überantwortet werden. Diese Ankündigung klingt, insbesondere vor dem Hintergrund der Entwicklungen in den letzten vier Jahren, illusorisch und irreal, da sich an dem instabilen, weil dezentralen Machtgefüge in Afghanistan nicht viel geändert hat. Die aktuellen Umstände in Afghanistan spiegeln daher ein eher ambivalentes Bild wider. So existieren in einigen lokalen Gemeinschaften Verfahren, über welche die Machtstrukturen immer wieder einer regelmäßigen Revision unterworfen werden, während die Eliten in anderen Gemeinschaften über nahezu unbegrenzte Handlungsspielräume verfügen. Auch die Grenze zwischen staatlichen und lokalen Institutionen verläuft sehr unterschiedlich; mal übernehmen lokale Eliten hoheitliche Aufgaben des Staates zur Absicherung der eigenen Legitimation und Selbstbereicherung. Dies zeigt, dass gesellschaftliche (z.B. Stammesgesellschaft) und ökonomische (z.B. Drogenökonomie) Faktoren wie auch externe Intervention (z.B. Kampf gegen den Terror) für die Ausgestaltung der Ordnung eine tragende Rolle spielen. Deshalb kann für Afghanistan ein „horizontales Gefüge konkurrierender, regionaler und lokaler Sicherheitsherrschaften“ konstatiert werden.[211]

Signifikant für Afghanistan ist sicherlich die starke Lokalität der Macht- und Gewaltstrukturen. Aufgrund der faktischen Abwesenheit des Staatswesens und der Stärke partikularer Interessen konnten sich bis heute längerfristig kaum distrikt- bzw. provinzübergreifende Herrschaftsformen durchsetzen. Selbst die Macht lokaler Warlords baut auf sehr instabilen Patronageverbin-

---

[210] Vgl. Reissner, Risiken des westlichen Afghanistansengagements, S. 264ff.

[211] Vgl. Trutz von Trotha, Der Aufstieg des Lokalen, in: Aus Politik- und Zeitgeschichte, 2005, S. 32-38, hier: S. 28f.

dungen auf. Wenngleich diese Anführer über Heiratsverbindungen und Kanalisierung von Ressourcen bemüht sind, ihre Klientel an sich zu binden, wechseln lokale Kommandeure und Milizen nicht selten die Seiten, spielen mit ihren Loyalitäten und verhindern damit nachhaltig die Konzentration physischer Gewalt auf überlokaler Ebene. Selbst die Taliban, die in der westlichen Berichterstattung immer wieder als homogener Block erscheint, steht gegenwärtig vor dem Problem, dass die jeweiligen lokalen Kampfverbände eigene Interessen verfolgen, die eher der Aufrechterhaltung der lokalen Autonomie als der Verwirklichung eines radikal-islamistischen Programms dienen. Dennoch bedeutet diese Lokalität von Herrschaft nicht, dass das Land in voneinander völlig abgeschottete Mikrokosmen zerfällt. Viele afghanische Clans sind – gerade durch die Auswirkungen des Krieges – im ganzen Land und selbst über die Landesgrenzen hinweg nach Pakistan oder den Iran gut vernetzt. Die Lokalität von Herrschaft ist in Afghanistan daher nicht zwangsläufig gleichbedeutend mit der Abschottung der einzelnen Gemeinschaften voneinander, sondern beinhaltet stets auch ein supralokales Beziehungsgeflecht.

Obgleich sicherlich einzelnen Anführern eine enorme Machtfülle zuwächst, ist für das Verständnis der lokalen Macht- und Gewaltstrukturen in Afghanistan entscheidend, diese nicht als Ausdruck von Anarchie und Chaos zu werten. So bedeutet das Fehlen von Staatlichkeit nicht, dass ein Machtvakuum und Anarchie auf lokaler Ebene vorherrschend wäre. So lässt sich durchaus ein dichtes Netz an Spielregeln und Arrangements erkennen, das eine soziale Ordnung auf lokaler Ebene entstehen lässt. Nicht nur in den Stammesgebieten, sondern auch in allen anderen Regionen findet sich eine vergleichsweise hohe Dichte und Komplexität an lokalen Institutionen, die trotz des anhaltenden Krieges fortbestehen und das Zusammenleben regeln. Dazu zählt die gemeinschaftliche Nutzung natürlicher Ressourcen wie Wasser oder Land, die durch Ältestenräte, spirituelle Würdenträger und spezifische, lokale Traditionen verbindlich geregelt werden.[212]

Macht- und Gewaltstrukturen sind häufig an die Gemeinschaft rückgekoppelt. Die Gefolgschaft des Einzelnen fußt häufig auf engen verwandtschaftlichen, tribalen und Klientelbeziehungen. Aus diese Verbindungen resultiert ein Zusammengehörigkeitsgefühl zwischen Anführer, Gefolgschaft und lokaler Gemeinschaft. Materieller Ausdruck dieser Solidaritätsbeziehungen ist, dass ein Teil der eingenommenen Zölle, Schutzgelder und Beute an die Solidaritätsverbände weitergeleitet wird; Überfälle, Raubzüge und Entführungen

---

[212] Vgl. Schetter, Lokale Macht- und Gewaltstrukturen in Afghanistan, S. 7f.

betreffen ausschließlich Menschen, die nicht Teil der jeweiligen Gemeinschaft sind oder mit denen man verfeindet ist.

Die aktuelle Sicherheitslage in Afghanistan ist so schlecht, wie seit dem Sturz der Taliban nicht mehr. So gelang es im Mai 2006 Taliban-Einheiten sogar gut ausgerüstete Polizeieinheiten in die Flucht zu schlagen. Das Land ist im Begriff sich allmählich zu „irakisieren“. Selbstmordanschläge und Attentate erschüttern beinahe täglich das Land. Allein 2006 sprengten sich in Afghanistan 160 Selbstmordattentäter in die Luft.[213] Aus einem Bericht des US-Außenministeriums geht hervor, dass 2005 etwa 15.000 und 2006 knapp 20.500 Menschen getötet wurden. Im Jahr 2006 wurden 749 Anschläge registriert, was eine Steigerung von 50 Prozent im Vergleich zum Vorjahr entspricht.[214] Dabei muss man konstatieren, dass Flächenbombardements der OEF, aber auch Kampfeinsätze der ISAF viele Opfer unter der Zivilbevölkerung gefordert haben. So soll die ISAF, unbestätigten Presseberichten zufolge, bei ihren Operationen im Frühjahr 2007 mehr Zivilisten als Taliban getötet haben.[215] Je größer die Zahl der zivilen Opfer, desto höher der innenpolitische Druck, der auf der afghanischen Regierung lastet. Auch aus diesem Grund sah sich Präsident Karzai unlängst dazu veranlasst, offen Kritik an der Vorgehensweise der NATO zu üben. Die Hinweise verdichten sich, dass hinter verschlossenen Türen bereits über die Ablösung Karzais nachgedacht wird. In Kabul hat sich eine „Nationale Front“ aus Islamisten wie dem ehemaligen Präsidenten Rabani, dem amtierenden ersten Stellvertreter von Karzai, Ahmad Zia Masud, den ehemaligen Generälen Sayed Ahmad Gulabzoi und Nurul Haq Ulumi sowie dem Monarchen Prinz Mutafa Zahir als Opposition zur Politik Karzais herauskristallisiert,[216] dessen politisches Schicksal mehr und mehr von der Fortsetzung der amerikanischen Unterstützung abzuhängen scheint.

Hier schließt sich an, dass ein längerfristiger Machterhalt Karzais unweigerlich an einen Legitimationsnachweis gebunden ist. Diese Legitimation kann neben der bloßen Gewaltandrohung- bzw. Ausübung über eine spirituelle Führerschaft oder aber über religiöse, ethnische oder tribale Repräsentation erzeugt werden, aber auch über die Einnahme staatlicher Ämter oder die Erfüllung gesellschaftlicher Idealbilder. So gelten Personen wie etwa der usbekische Warlord und jetzige Chef des afghanischen Generalstabes, Abdul

---

213 Vgl. SZ vom 20. 7. 2007.
214 Vgl. FAZ vom 2. 5. 2007.
215 Vgl. FAZ vom 14. 7. 2007.
216 Vgl. Baraki, Nation-building in Afghanistan, S. 14.

Rashid Dostum, gemeinhin als das Ideal des „unerschrockenen Widerstandskämpfers", während der gegenwärtige Energieminister Afghanistans, Ismail Khan, das Bild des „guten Emirs" für dessen Klientel aufrecht erhält. Hinsichtlich dieser Zustände wäre es daher sich zu kurz gegriffen, den lokalen Warlords ausschließlich die Verfolgung eigener Interessen vorzuwerfen, indem sie die Bevölkerung ausbeuten und Gewinne auf einem Bankkonto in der Schweiz anhäufen. So streben die Kommandeure immer auch nach gesellschaftlichem Prestige, dass primär aus den lokalen Netzwerken generiert werden soll. Zudem sind die lokalen Gemeinschaften kaum durch eine funktionale Gliederung oder Arbeitsteilung gekennzeichnet. Stattdessen sind die Machthaber daran interessiert, möglichst viele Funktionen auf ihrer Position zu vereinigen. So ist ein Kommandeur niemals nur Kriegsherr, sondern gleichzeitig auch Staatsoberhaupt, Kleriker, Geschäftsmann oder Patron. Die Kontrolle über physische Gewaltmittel gründet daher nicht allein auf den verfügbaren militärischen Ressourcen, sondern hängt auch immer vom gesellschaftlichen Kontext ab.[217]

Unmittelbar nachdem die Demission der Taliban eingeleitet worden war, erkannte die internationale Staatengemeinschaft in dem intransparenten Geflecht aus lokaler Macht- und Gewaltkonstellationen – das unter dem Oberbegriff Kriegsfürstentum zusammengefasst wurde – ihre größte sicherheitspolitische Herausforderung und gleichsam schwerste Hürde für die Stabilisierung des bürgerkriegszerstörten Landes. Jedoch fehlt bis heute eine angemessene Problemlösungsstrategie, wie mit diesen lokalen Herrschaftsstrukturen umzugehen ist. Die logische Folge ist die hohe Inkonsistenz der internationalen Akteure und der afghanischen Regierung hinsichtlich der Entwicklung einer gemeinsamen Strategie zur Durchsetzung eines staatlichen Gewaltmonopols. Das Spektrum der Vorschläge reicht von einer militärischen Bekämpfung, über eine schlichte Negierung bis hin zu einer Kooperation, Einbindung oder Förderung. Diese Vielfalt trägt dazu bei, dass lokale Ordnungen bis heute entweder das politische Geschehen dominieren oder sich in einem offenen Gegensatz zum Wiederaufbau staatlicher Strukturen befinden. Diese inkonsistente und bisweilen kontraproduktive Politik schlägt sich zum einen im Umgang mit den lokalen Gewaltakteuren, und zum anderen in den meist erfolglosen Versuchen nieder, die lokalen Machtstrukturen einer Revision zu unterziehen.

[217] Vgl. Schetter, Lokale Macht- und Gewaltstrukturen in Afghanistan, S. 8.

Um letzteres Ziel realisieren zu können, konzentrierte sich die internationale Gemeinschaft bisher auf eine umfassende Sicherheitssektorreform, die nicht nur den Aufbau der Armee und eines Polizeiapparates vorsah, sondern auch die Entwaffnung, Demobilisierung und gesellschaftliche Integration ehemaliger Kombattanten. Diese Vorgehensweise brachte zunächst auch einige Erfolge mit sich: So schritt der Aufbau der Armee zügig voran, Provinzkommandeure und Milizen stellten ihre Waffen nur noch selten zur Schau. Einige ließen sich sogar zum Teil bereitwillig entwaffnen. Jedoch verschwammen schnell die Grenzen zwischen privaten Milizen und staatlichen Sicherheitsorganen. So gingen Milzen immer wieder in staatlichen Polizei- oder Militäreinheiten auf, Kommandanten übernahmen staatlicher Ämter als Polizeichefs, Divisionskommandeure oder Provinzgouverneure. Auch die *Provincial Reconstruction Teams* (PRTs), die über das ganze Land verstreut sind und sich jeweils aus bis zu 300 NATO-Soldaten sowie ausländischen Entwicklungshelfern zusammensetzen, müssen ambivalent betrachtet werden. Einerseits bedingen die PRTs, dass rivalisierende Kommandeure es aus Sorge vor externer Einmischung vermeiden, Konflikte in kriegerischen Auseinandersetzungen eskalieren zu lassen. Andererseits sind die PRTs, die den lokalen Milizen numerisch meist weit unterlegen sind, schon aus Gründen des Eigenschutzes auf das kooperative Verhalten der lokalen Kommandeure angewiesen, die mittlerweile auch in die Anti-Terror-Operationen der US- und NATO-Streitkräfte eingebunden werden. So hielten US-Verbände 2001/02 mehrere Tausend Milizionäre in Süd- und Südostafghanistan unter Waffen. Aufgrund des Wiedererstarkens der Taliban greift auch die Zentralregierung in Kabul bei der Rekrutierung von Polizei- und Armeeangehörigen immer häufiger auf bereits bestehende Milizen zurück. So konnte man in Afghanistan in den vergangenen Jahren sowohl eine Entwaffnung als auch eine Aufrüstung und Einbindung lokaler Milizen beobachten.

Trotz des mühsamen Wiederaufbaus vermochten die Privatarmeen sich schnell an die neuen Gegebenheiten anzupassen. Sie waren bemüht, Entwicklungshilfen in ihre Klientelsysteme fließen zu lassen, in dem sie kurzerhand nichtstaatliche Organisationen (NGOs), politische Parteien oder Baufirmen gründeten; Fälle in denen ein Milizkommandeur zum örtlichen Polizeichef ernannt wird, während gleichzeitig ein Verwandter Mitglied der Menschenrechtskommission ist, stellen keine Ausnahmen dar. Ein gutes Beispiel dafür, wie Entwicklungshilfemaßnahmen, welche die Veränderung der lokalen Machtverhältnisse zum Ziel haben, sehr schnell selbst zum Spielball lokaler Strukturen werden können, stellt das *National Solidarity Programm*

(NSP) dar. Das NSP, von der Weltbank und anderen Gebern finanziert, hat zum Ziel, recht zügig Entwicklungsprojekte – meist Infrastrukturmaßnahmen – auf lokaler Ebene anzustoßen und umzusetzen. Des weiteren sollten demokratisch gewählte, mit beiden Geschlechtern besetzte Räte (*Schuras*) etabliert werden, die als lokale Anlaufstationen für Entwicklungszusammenarbeit dienen sollen. Wenngleich das erste Ziel erfolgreich in die Praxis umgesetzt werden konnte, war das Zweite in den meisten Fällen zum Scheitern verurteilt. So ging das NSP von der Fehleinschätzung aus, dass die lokalen Machtstrukturen willkürlich generiert, damit grundsätzlich ohne jegliche Legitimation seien und gemeinschaftliche Institutionen auf lokaler Ebene fehlten. Bei der anschließenden Zusammensetzung der *Schuras* gelang es den herrschenden Eliten, die Wahlen zu den Räten so zu beeinflussen, dass die angedachten demokratischen Prinzipien problemlos unterlaufen wurden und sie ihre Macht festigen konnten. Auch die vorgesehenen weiblichen Repräsentanten standen häufig nur auf dem Papier und traten in den *Schuras* nicht in Erscheinung.

Problematisch ist zudem, dass das Programm nicht vom Staat selbst, sondern von afghanischen und internationalen NGOs durchgeführt wird. Diese kommen schnell in die delikate Situation, dass Aushandlungsprozesse zu gestalten sind, in denen es um Verteilung von Macht und Ressourcen sowie um die Durchsetzung von außen herangetragener Werte und Normen geht. Den NGOs fehlen jedoch die Instrumente, über die ein Staat verfügen muss, um gewisse Ansprüche auch gegen Widerstände durchzusetzen zu können. So verfügen sie weder über die entsprechenden Gewaltmittel noch über Ersatzstrategien. Die NGOs avancieren damit letztlich zu Vermittlern eines Wiederaufbauprozesses, die ein zeitlich begrenztes Projekt durchführen und eben keine langfristigen Beziehungen mit der lokalen Bevölkerung aufbauen, wie es normalerweise der Fall ist oder zumindest sein sollte.[218]

2.4 Perspektive

Dem Zusammenspiel von Sicherheits- und Entwicklungspolitik wird in Afghanistan nicht ohne Grund ein sehr großer Stellenwert beigemessen, denn langfristig wird das eine ohne das andere keinen Bestand haben.[219] Die Ent-

[218] Vgl. Katja Mielke / Conrad Schetter, Where is the Village? Local Perceptions and Development Approaches in Kunduz Province, in: Asien, 104 (Juli 2006), 71-87.

[219] Vgl. Christian Ruck / Babak Khalatbari, Fünf Jahre nach den Taliban – aktuelle Entwicklungen am Hindukusch, in: KAS-Auslandsnachrichten, (2007) 1, S. 72-91.

wicklungen der vergangenen Monate zeigen, dass zu dieser Gleichung eine dritte Variable hinzukommen könnte, nämlich die der gesellschaftlichen religiösen Identität: Solange das zweifellos vorhandene Spannungsverhältnis zwischen Modernität und Tradition in Afghanistan nicht einbezogen und in diesem Kontext das Thema Religion nicht stärker gesellschaftspolitisch akzentuiert wird, werden die religiösen Extremisten wieder an Einfluss zurückgewinnen und könnten letzten Endes über die Modernisierer im Land triumphieren. Diese Thematik sollte daher schnellstmöglichst in die Agenda des Wiederaufbaus Afghanistans aufgenommen und mit entsprechender Priorität bearbeitet werden, da sonst die Gefahr droht, dass gewaltbereite Islamisten das Land und den Islam ein zweites Mal zur Geisel nehmen könnten. Dies hätte zweifellos weitreichende sicherheitspolitische Konsequenzen, die jetzt kaum absehbar sind.

Der schleichende Rückeroberungsfeldzug der Taliban, der in manchen Regionen des Landes inzwischen begonnen hat, beginnt in den Köpfen der Afghanen, die sich beim Wiederaufbau ihres Landes vom Westen zunehmend im Stich gelassen fühlen. Gegenwärtig erreicht die geistige Indoktrination auch die Städte, vorangetrieben mit den Mitteln des Zwanges, der Einschüchterung aber mancherorts auch der Sympathie. Die Angriffsstrategie der Taliban kalkuliert kühl zivile Opfer ein. Gezielt werden Angriffe und Selbstmordanschläge so geplant, dass bei den Verbänden der ISAF oder der OEF aus Sicherheitsgründen immer größere Distanz zur Zivilbevölkerung gesucht werden muss.[220] Die Taktik von Taliban und al-Qaida, sich nach Attacken in bewohnte Gebiete zurückzuziehen, um dann die Zivilbevölkerung zum eigenen Schutz zu missbrauchen, wird die internationalen Verbände auf unabsehbare Zeit vor große Probleme stellen, ebenso wie die hohe Anzahl der zivilen Opfer, die bei Operationen von OEF und ISAF ihr Leben verlieren. Für das künftige Vertrauensverhältnis zwischen der afghanischen und internationalen Seite ist es daher wichtig, sich für eine spürbare Minderung der „Kolalateralschäden" einzusetzen, die eventuell durch eine bessere Aufklärung vor einem Flächenbombardement erzielt werden könnte.

Die internationale Intervention und der Wiederaufbau vermochten bislang nicht, die lokalen Macht- und Gewaltstrukturen in Afghanistan zu verändern.[221] Während im Süden des Landes der Kampf gegen den Terrorismus und gegen

---

220 Vgl. Babak Khalatbari, Afghanistan unter dem Terror der Taliban, in: Aus Politik und Zeitgeschichte, 39/2007, S. 18-24, hier: S. 19f.

221 Vgl. Schetter, Lokale Macht- und Gewaltstrukturen in Afghanistan, S. 9f.

die Drogenkriminalität immer stärker zu einem Kampf zwischen externer Einflussnahme und lokalen Autonomieansprüchen mutiert, verstärken die Wiederaufbaumaßnahmen in den nördlichen Landesteilen eher die lokalen Herrschaftsstrukturen. Die Sicherheitslage bleibt indes angespannt und scheint sich künftig eher zu verschärfen als zu entspannen. Lokale Machtkämpfe, ansteigende Kriminalitätsraten und terroristische Anschläge verschiedener Widerstandsgruppen runden das Bild Afghanistans als Krisenherd ab.

Als Resultat der bisher ungenügenden Fortschritte beim Staatsbildungsprozess schwindet die Glaubwürdigkeit in die Regierung Karzai und das Misstrauen gegen die internationalen Kräfte im Land wächst. Sowohl die Regierung als auch die internationale Staatengemeinschaft haben bei der Aufgabe versagt, das Grundbedürfnis in der Bevölkerung nach Sicherheit zu befriedigen. Beide stoßen deshalb immer öfter auf Skepsis und Ablehnung, zumal auch die Hoffnung auf wirtschaftlichen Aufschwung enttäuscht wurde. Das Gros der Afghanen ist pragmatisch genug, um ihrer Regierung zuzugestehen, dass sie bis auf weiteres Sicherheit nur mit umfassender Unterstützung und physischer Präsenz internationale Militärverbände generieren kann. Doch ist dieses Zugeständnis an Konditionen gebunden und stützt sich auf einen labilen Konsens der heterogenen Gesellschaft, die über alle sozio-religiösen Gräben hinweg, in dem kollektivierenden Stolz geeint sind, niemals fremden Mächten unterworfen gewesen zu sein.[222]

Das es der afghanischen Regierung um Hamid Karzai nicht gelungen ist, die Bevölkerung von der Willkür der unzähligen Warlords zu befreien, hat sich deren Akzeptanzkrise zusehends verschärft. Die Frustration darüber potenziert sich, weil weder Sicherheit gewährleistet werden kann noch wirtschaftliche Besserung in Sicht ist. Ins Zentrum der Kritik rücken neben der afghanischen Regierung auch deren internationalen Verbündeten, die für die Ineffizienz ihrer „Marionettenregierung“ in Kabul verantwortlich gemacht werden. Aufgrund der Erfahrungen des langen Krieges und angesichts der schwierigen Überlebensbedingungen im Land, erwartet die Bevölkerung, dass ihre Regierung ihre elementarsten Bedürfnisse nach Sicherheit und wirtschaftlichem Fortschritt erfüllt.

Herrschte in der Frühphase des Nachkriegsaufbaus noch die Hoffnung auf wirtschaftliche Besserung vor, konzentriert sich mit zunehmender Verschlechterung der Gesamtlage die primäre Sorge wieder mehr auf physisches Über-

[222] Vgl. Citha D. Maaß, Afghanistan: Staatsaufbau ohne Staat, SWP-Studie, Berlin, Februar 2007, S.22f.

leben und Sicherheit. Das gilt insbesondere für die zahlreichen Regionen, in denen die nationale Regierung unterrepräsentiert ist und lokale Machthaber die Oberhand besitzen, aber auch für Landstriche, die von Vergeltungsanschlägen als Reaktion auf Machtkämpfe in anderen Landesteilen betroffen sind.

Die internationalen Truppen im Land, deren Anwesenheit eigentlich darauf abzielt, das staatliche Machtmonopol der Karzai-Administration durchzusetzen, werden von vielen Afghanen nicht mehr als Unparteiische, sondern als Handlanger der Kabuler Regierung betrachtet. Militärische Fehlschläge und die oft von den Einsatzkräften in Kauf genommenen Übergriffe auf die Zivilbevölkerung werden gleichermaßen den internationalen Verbänden und der Regierung in Kabul angekreidet. Je robuster die Vorgehensweise von OEF- und ISAF-Truppen im Namen der Sicherheit ist, desto mehr drohen sie die historischen Erfahrungen an fremde Eindringlinge wachzurufen, gegen die sich die – ansonsten zerstrittenen – Stämme und Ethnien seinerseits im gemeinsamen Kampf zusammenschlossen.

Da die Regierung Karzai offenkundig vom Wohlwollen der internationalen Gemeinschaft abhängig ist, nimmt die Bevölkerung letztere in Haftung. Solange die Bevölkerung hofft, dass die internationalen Geber die Regierung zu einer Korrektur ihrer Fehler bewegen kann, beschränkt sich deren Akzeptanzverlust im wesentlichen auf die eigene Regierung. Sollte jedoch erkennbar werden, dass die internationalen Akteure ihre politische Kontrollaufgabe nicht oder nur in unzureichendem Maße wahrnehmen, wird ihre Akzeptanz ebenfalls schwinden. Die verwirrenden und teilweise widersprüchlichen Mandate und Vorgehensweisen der internationalen Militäreinheiten, die derzeit rund 33.000 Mann umfassen, haben verhindert, dass sie an Vertauen und Akzeptanz gewinnen. Da sie das Image neutraler Militärkräfte inzwischen bis zu einem gewissen Grad eingebüßt haben, werden militärische Rückschläge und Übergriffe auf die Zivilbevölkerung auch ihnen angelastet. Insgesamt wird ihre Rolle inzwischen sehr ambivalenter gesehen, doch unterscheidet sich die Wahrnehmung in den einzelnen Regionen erheblich und eröffnet deshalb auch unterschiedliche Handlungsspielräume. So gilt es im Süden und Südosten des Landes zu verhindern, dass die Entfremdung in offene Ablehnung von dann als Besatzern perzipierten Truppen umschlägt. Dagegen ist es im Norden und Westen gelungen, den Dialog mit der Bevölkerung aufrechtzuerhalten und das Vertrauen in die Schutztruppen zu bewahren.

Für den weiteren Verlauf des Aufbaus in Afghanistan ist insofern eine Kurskorrektur der Vereinten Nationen notwendig, da zunächst erst einmal die Voraussetzungen dafür geschaffen werden müssen, um der Durchsetzung eines staatlichen Gewaltmonopols in Afghanistan überhaupt ein Stück näher zu kommen. Dazu bedarf es einer längeren und umfassenderen Intervention der internationalen Gemeinschaft in Afghanistan. Es dürfte ebenso unumgänglich sein, angesichts der schwierigen politischen und strukturellen Kontextbedingungen in Afghanistan ernsthaft eine Intensivierung der Anstrengungen in Erwägung zu ziehen und den Zeitrahmen erheblich weiterzufassen. Dem trug die Aufstockung der ISAF in Afghanistan bereits Rechnung. Abgesehen davon, dass mehr Sicherheitspersonal allein nicht ausreichen wird, kann sie sich auch als kontraproduktiv erweisen. So belegen neueste interne Analysen des Pentagon, dass ein großangelegter Kampfeinsatz, wie er beispielsweise auch für die Operationen im Rahmen der „Operation Enduring Freedom" im Süden, Südosten und den östlichen Grenzgebieten typisch war, der aktuellen Bedrohungssituation nicht angemessen ist, da diese durch dezentral, aus dem Untergrund agierenden Aufstandsgruppen charakterisiert ist.[223] Die zwiespältige Rolle, in die internationale Militärverbände aufgrund dieser Strategie geraten sind, kann der NATO als Warnung dienen, die im Oktober 2006 das Kommando in allen Landesteilen übernommen hat. Als Lehre daraus sollten die ISAF-Truppen zusammen mit internationalen politischen Akteuren ein breitgefächertes Spektrum von Ansätzen entwickeln, die auf die spezifischen Umstände und Bedingungen der jeweiligen Landesteile zugeschnitten sind.[224]

So kann beispielsweise im kritischen Süden eine Stabilisierung der Situation nur dann Erfolg haben, wenn das Vertrauen der Bevölkerung zurückgewonnen werden kann. Dazu ist ein ständiger Dialog mit den lokalen Interessenvertretern zwingend erforderlich, der durch soziale Nothilfemaßnahmen und wirtschaftliche Aufbauprojekte flankiert werden sollte. Als Erschwernis wirkt dabei der internationale Druck, gegen die afghanischen Drogenökonomie entschiedener vorzugehen. Sollten die USA weiterhin großangelegte Operationen zur chemischen Vernichtung der Mohnfelder durchführen, dürfte eine weitere militärische Auseinandersetzung unabwendbar sein. Vor dem Hintergrund der großen Armut, die durch die dürrebedingte Hungersnot im Jahr 2006 verschärft wurde, würde die Bevölkerung in den diesen Regionen Afghanistans noch mehr in die Arme der Taliban und der anderen militanten Oppositionellen getrieben. Politische Stabilisierungsmaßnahmen und

223 Zu dieser Schlussfolgerung gelangen Analysen der US-Militärstrategie im Irak und in Afghanistan. Vgl. Bryan Bender, Pentagon Studying Its War Errors. Analysts Assess Tactics in Iraq, Afghanistan, in: The Boston Globe vom 16. 8. 2006, http://www.boston.com/news/nation/washington/articles/2006/08/16/pentagon_studying_its_war_errors/

224 Vgl. Maaß, Afghanistan: Staatsaufbau ohne Staat, S. 28f.

vertrauensbildende Maßnahmen wären vor dem Hintergrund der Vernichtung der oftmals einzigen Existenzgrundlage der Mohnbauern in Afghanistan wirkungslos. Auch in den anderen Landesteilen sollten die noch vorhandenen Handlungsspielräume sobald wie möglich durch provinzspezifische Initiativen genutzt werden, um der ausgeprägten Heterogenität des Landes gerecht werden zu können.

Sollte es nicht gelingen, einer weiteren Lageverschlechterung entgegenzuwirken, droht die vormals meist prowestliche Stimmung in vielen Landesteilen endgültig umzukippen. Dann könnte sich die Bevölkerung auch in weniger umkämpften Regionen fragen, welchen Vorteil eine offenbar ineffiziente internationale Militärpräsenz gegenüber einem Afghanistan bietet, das allein den Afghanen überlassen ist. In einem solchen Fall wäre auch die – ohnehin angeschlagene – Regierung Harmid Karzais nicht mehr zu halten. Ihre schwindende Akzeptanz könnte spätestens dann vollends erodieren, wenn der Eindruck Überhand gewinnt, dass ihre Abhängigkeit von der internationalen Gemeinschaft zwar der eigenen Klientel Pfründe sichert, aber kaum Nutzen für die große Mehrheit der Bevölkerung bringt. Nicht auszuschließen wäre dann auch, dass die ISAF-Truppen als bloße Besatzungstruppen und Schutzmacht einer ineffektiven Regierung abgelehnt und die internationale Militärpräsenz grundsätzlich in Frage gestellt werden würde. Dabei sind gerade die internationalen Truppen der letzte Aktivposten um zu verhindern, dass das Land erneut in die Hände fundamentalistischer Islamisten fällt, die dann das afghanische Volk erneut zu deren Geisel und zum Zwangsadressaten ihrer rückwärtsgewandten und menschenverachtenden Herrschaft machen würden.

Letztendlich wird die Frage zu beantworten sein, ob es möglich ist, einen Staat zu stabilisieren, der von zahlreichen Großmächten und weltpolitisch ambitionierten Nachbarn umgeben ist und zudem im Zentrum einer grenzüberschreitenden illegalen Ökonomie steht, ohne sich auf institutioneller Basis adäquat positionieren zu können. Nicht nur Pakistan, das ohne Zweifel der Schlüsselstaat in der Region ist, auch Mächte wie Indien und Russland sind in die Destabilisierung Afghanistans involviert, wenn sie den Drogenhandel nicht entschlossen genug eindämmen oder nicht entschieden genug gegen Islamisten vorgehen.

Afghanistanpolitik muss künftig noch stärker in den Gesamteinsatz für eine ganze Region eingebettet sein. Als Pufferstaat gehört Afghanistan zu den Staaten, die besonders für Staatszerfall anfällig sind. Darüber hinaus gibt es in einer Zeit, in der Staatlichkeit auf breiter Front unter Druck gerät, keinen Grund anzunehmen, das ausgerechnet jetzt jenes historisch belegte Gesetz an Gültigkeit verlieren sollte, demzufolge Afghanistan als Staat nicht von sich aus überlebensfähig ist und immer nur durch Unterstützung von außen bestehen kann. Ein sicheres regionales Umfeld muss als Beitrag zur äußeren Stabilisierung von Staatlichkeit verstanden werden.[225]

Deshalb sollten die Nachbarstaaten zu einem verantwortlichen Partner des Friedensprozesses werden, da sie auf diese Weise der afghanischen Regierung auch in Zukunft verpflichtet wären. Die offenkundige Schwäche der Zentralregierung in Kabul und die Abhängigkeit der lokalen Machthaber von externen Einflüssen eröffnen ihnen Handlungsspielräume, ohne direkt politische Verantwortung übernehmen zu müssen. Die sehr allgemein und damit eher unverbindlich gehaltene „Erklärung gutnachbarschaftliche Beziehungen" die diese Staaten im Dezember 2002 abgegeben haben, reicht in diesem Zusammenhang nicht aus. Ermutigend sind hingegen erste Signale zur multilateralen Kooperation im Bereich der Grenzpolizeien. Der nächste Schritt muss jetzt in der Institutionalisierung dieser Bemühungen liegen.[226] So könnten die relevanten externen Akteure wieder für den Friedensprozess in Afghanistan in die Pflicht genommen werden, wie es zwischen 1997-2001 – im Rahmen der so genannten Sechs-Plus-Zwei-Gruppe, die sich aus den Nachbarstaaten China, Pakistan, Iran, Tadschikistan, Turkmenistan, Usbekistan sowie den USA und Russland zusammensetzte – schon einmal der Fall war. Dabei sollten dann allerdings Indien und Saudi-Arabien miteinbezogen werden und sicher auch die NATO.[227]

Das eher kritische Zwischenfazit, das für den augenblicklichen Zustand eine Reihe von Fehl- und Rückschlägen hinsichtlich des Stabilisierungsprozesses in Afghanistan ausweist, ist offen für eine positivere Entwicklung in der Zukunft. Konzentriert man sich auf die Entwaffnung, Demobilisierung und Reintegration der Kämpfer, die Etablierung und Festigung zentralstaatlicher Kerninstitutionen, berücksichtigt man dabei die lokalen Besonderheiten und intensiviert parallel die regionale Einbindung der Nachbarstaaten und Regionalmächte, bestünde eine reale Chance für Afghanistan gestärkt aus der derzeitigen Krise hervorzugehen. Rückblickend könnte sich dann der Bürgerkrieg wie in anderen Fällen als Staatsbildungskrieg entpuppen.

---

[225] Vgl. Wilke, Staatsbildung in Afghanistan, SWP-Studie, Berlin 2004, S. 26f.

[226] Vgl. Barnett R. Rubin / Andrea Amstrong, Regional Issues in the Reconstruction of Afghanistan, in: World Policy Journal, 20 (Frühjahr 2003) 1, S. 31-40, hier: S. 31-40.

[227] Vgl. Wilke, Staatsbildung in Afghanistan, SWP-Studie, Berlin 2004, S. 26.

Voraussetzung dafür ist indes ein machtpolitischer Realismus, der sich nicht nur auf den Umgang mit den innerstaatlichen Akteuren beschränkt, sondern seinen Fokus auf die Region, wo die Nachbarstaaten ihre legitimen wie illegitimen Sicherheitsinteressen verfolgen, erweitert. Sollten die in Afghanistan engagierten Staaten an diesen Realitäten vorbei agieren, droht eine schleichende aber dennoch fortschreitende Fragmentierung und Desintegration entsprechend der bereits existierenden Bruchlinien im Norden, Westen und Südosten des Landes. Ein Scheitern des Staatsbildungsprozesses in Afghanistan liegt nicht im weltpolitischen Interesse und erst recht nicht in dem der afghanischen Bevölkerung. Eine langfristig erfolgreiche Stabilisierung des Landes erfordert allerdings nicht nur finanzielle Unterstützung, sondern auch Zeit.

Grundsätzlich erfordert die gegenwärtige Situation in Afghanistan ein ausgewogenes Verhältnis von militärischer Intervention gegen militante Aufständische und vertrauensbildenden Maßnahmen gegenüber der misstrauischen Bevölkerung. Im derzeit besonders stark umkämpften Süden gilt es, Entfremdung und Hass in der Bevölkerung zu überwinden, die vor allem aus Übergriffen der in Afghanistan operierenden internationalen Truppen resultieren. Durch gemeinsam mit der Bevölkerung konzipierte und realisierte Kleinprojekte, die dem Wiederaufbau des Landes dienen, sollte der abgerissene Dialog wiederhergestellt werden. Dagegen erlaubt die derzeit entspannte Lage im Norden und Westen, von so genannten „Kleinprojekten mit rascher Wirkung“ zu langfristigeren und umfangreicheren Wiederaufbaumaßnahmen überzugehen. Diese sollten insbesondere darauf abzielen, die Fähigkeiten der Bevölkerung zu stärken und sie dadurch unabhängiger von der Hilfe internationaler Hilfsorganisationen zu machen.

3. Tadschikistan

Zentralasien besteht aus den Republiken Kasachstan, Kirgisistan, Tadschikistan, Turkmenistan und Usbekistan. Es besteht kaum ein Zweifel daran, dass diese Region zum neuen Kulminationspunkt geopolitischer Interessen in Asien werden wird. Sie hat bereits eine konfliktreiche zweitausendjährige Geschichte hinter sich, denn die großen Reiche der Vergangenheit rangen seit jeher unablässig um die Herrschaft über die Seidenstraße, die wirtschaftliche Lebensader, die Europa mit Asien verband. Die aktuellen Konflikte unterscheiden sich aber von den Kämpfen der Vergangenheit. Sie resultieren hauptsächlich aus den Veränderungen, die zunächst die Sowjetunion in der Region durchgesetzt hat – und aus dem Chaos, das mit ihrer Auflösung einherging.[228]

Für die meisten Menschen in Zentralasien zog die Unabhängigkeit vom kommunistischen System der Sowjetunion keineswegs sofort das Bedürfnis nach Demokratie und Marktwirtschaft oder nach westlicher Kultur und westlichem Konsumdenken, wie es andernorts in der ehemaligen Sowjetunion der Fall war, nach sich. Stattdessen erlebt Zentralasien eine Renaissance des Islam. Eine der zentralen Dogmen des Sowjetsystems war bis dahin gewesen, dass die Religion mit dem Kommunismus unvereinbar ist. Die Kommunisten gaben sich alle Mühe, jegliche Form religiöser Praxis im Land systematisch zu unterdrücken. Die Nationalitätenpolitik Moskaus war während der Sowjetzeit auf eine Abgrenzung der muslimischen Völker untereinander ausgerichtet, um das Entstehen einer Kraft zu verhindern, die dem kommunistische System hätte gefährlich werden können. Tatsächlich spielten Muslime dann bei dem Zerfallsprozess der UdSSR keine signifikante Rolle. So war in den fünf islamischen Unionsrepubliken Mittelasiens die Zustimmung zum Erhalt der UdSSR bei einem entsprechenden Referendum im März 1991 besonders hoch gewesen.[229] Als die Sowjetunion schließlich zerfiel, sahen die Menschen Zentralasien eine Chance, kulturell und spirituell an die islamische Vergangenheit anzuknüpfen.[230]

Die Rückbesinnung auf die islamischen Wurzeln geschah nicht nur in der Absicht, zu der eigenen ethnischen und kulturellen Identität zurückzufinden. Viele wollten auch wieder Kontakt zu den muslimischen Nachbarn im Süden aufnehmen, von denen sie abgeschnitten waren, seit Stalin die Grenzen zwischen der Sowjetunion und dem Rest der Welt gezogen hatte. Unter den ersten Besuchern der unabhängigen zentralasiatischen Republiken waren islamischen Missionare aus Pakistan, Saudi-Arabien, aus der Türkei und anderen

---

228 Vgl. Ahmed Rashid, Heiliger Krieg am Hindukusch. Kampf um Macht und Glauben in Zentralasien, Droemer Verlag, München 2002, S. 21f.

229 Vgl. Ludmilla Lobova, Der politische Islam im postsowjetischen Russland, in: Erich Reiter (Hrsg.), Jahrbuch für internationale Sicherheitspolitik 2004, Verlag E. S. Mittler & Sohn GmbH, Hamburg – Berlin – Hamburg, 2004, S. 701-716, hier: S. 701f.

230 Im postsowjetischen politischen Wortschatz bezeichnet „Islam“ die traditionelle Ausrichtung dieser Religion und „Islamismus“ ihre Wiedergeburt in einer radikalen Form. Dazu kam das Vordringen neuer Strömungen etwa aus Saudi-Arabien, Syrien oder Pakistan in die Gemeinschaft unabhängiger Staaten (GUS) und damit auch nach Russland. Vgl. Ebd.

islamischen Ländern. Sie halfen beim Bau hunderter neuer Moscheen und verteilten Gratisexemplare des Koran, der ins Russische und andere in der Region beheimatete Sprachen übersetzt wurde. Millionen von Menschen ergriffen in Zentralasien ganz intuitiv die Gelegenheit, ihre Identität und ihr kulturelles Erbe wiederzuentdecken, das eng mit dem Islam verbunden war.[231]

Der Kenntnisstand zentralasiatischer Muslime über die Grundlagen der islamischen Lehre wurde zu Beginn der postsowjetischen Periode indes als sehr niedrig bezeichnet. Dieses religiöse Defizit wurde selbst aus jener ehemaligen Unionsrepublik gemeldet, die am stärksten in Zusammenhang mit islamischer Tradition gebracht wurde, aus Tadschikistan. Der dortige Repräsentant der offiziellen Geistlichkeit hatte im Jahr 1992 sogar verkündet, dass nur ein sehr geringer Anteil der tadschikischen Muslime über die korrekte Ausübung des *namaz*, des rituellen Gebets, informiert sei. Auch Umfragen in Usbekistan und Kasachstan ergaben, dass selbst bei den Muslimen, die sich als „aktive Gläubige“ bezeichneten, die Elementarkenntnisse sehr lückenhaft waren.[232]

In einer ersten Phase der islamischen Wiederbelebung Zentralasiens nach dem Zerfall der Sowjetunion wurden Moscheen und Religionsschulen in großer Zahl wieder geöffnet oder neu gegründet. Nichtstaatliche Missionsstellen und Stiftungen im islamischen Ausland, aber auch Regierungen wie die Saudi-Arabiens, internationale Organisationen wie die *World Muslim League* und islamische Universitäten wie die Al-Azhar in Kairo oder die Abdul-Aziz-Universität in Jiddah[233] stellten finanzielle und personelle Mittel für diese institutionelle Wiedergeburt des Islam auf dem Territorium der zerfallenden Sowjetunion zur Verfügung und förderten das Studium junger Muslime aus diesem Raum an ihren eigenen Institutionen.

Der wachsende Einfluss des „ausländischen Islam“ bereitete den herrschenden Eliten der postsowjetischen Gesellschaften im Süden der GUS zunehmend Sorgen. Mitte der neunziger Jahre begannen die Regierungen in Usbekistan und Turkmenistan damit, Lehrpersonal und Prediger aus Saudi-

[231] Vgl. Rashid, Heiliger Krieg am Hindukusch, S. 22.

[232] Vgl. Uwe Halbach, Islam und islamistische Bewegungen in Zentralasien, Aus Politik- und Zeitgeschichte B3-4, 2002, S. 26f.

[233] Jiddah (auch Dschidda) ist die bedeutendste Hafenstadt Saudi-Arabiens am Roten Meer und gleichzeitig Sitz der überregional bekannten Abdul-Aziz-Universität, an der viele bedeutende Islamgelehrte studiert haben.

Arabien auszuweisen.[234] Der religiöse Austausch mit dem Ausland wurde nun zunehmend als ein Einfallstor für regionsfremde radikale Ausprägungen des Islam wahrgenommen, für die sich – mit Blick auf die exponierte Bedeutung, die saudische Missionsstellen spielen – das Schlagwort vom „Wahhabismus" einbürgerte.[235]

Die zentralasiatischen Staatschefs, bei denen es sich mit Ausnahme des kirgisischen Präsidenten Askar Akajew ausschließlich um Apparatschiks aus der kommunistischen Ära handelte, standen dieser Entwicklung mit großer Skepsis gegenüber. Statt der neuen Entwicklung aufgeschlossen zu begegnen, bewegten sich die stark zentralisierten, bürokratisierten postsowjetischen Herrschaftseliten weiter auf den ausgetretenen Pfaden, die sie am besten kannten: Sie unterdrückten Meinungsfreiheit, Demokratie, Popkultur und schließlich auch die islamische Erneuerung. Einige zentralasiatischen Staaten revidierten ihre Religionsgesetzgebung und führten strengere Maßnahmen zur Überprüfung oder Abwehr ausländischer Missionstätigkeiten ein.

Die Rückkehr Zentralasiens ins Weltgeschehen brachte aber auch globale Konflikte mit sich. Die enormen Öl- und Gasreserven der Region waren bisher kaum erschlossen worden, da man es Moskau vorgezogen hatte, die auf russische Territorium liegenden Vorkommen in Sibirien auszubeuten. Jetzt wurde Zentralasien zum Schauplatz eines Wettkampfes, bei dem die Interessen Russlands, der USA sowie der Nachbarländer Iran, Türkei, Pakistan und China miteinander konkurrierten. Politische Beobachter wie der amerikanische Politikwissenschaftler Zbigniew Bzezinski sprachen schon bald vom „neuen großen Spiel" („new great game") – in Anlehnung an den im 19. Jahrhundert entstandenen Ausdruck für den Konflikt zwischen dem russischen Zarenreich und Großbritannien, in dem es um die Vorherrschaft in Asien ging. Jetzt kämpften Russland, China und die USA um Lizenzen für den Bau von Pipelines, die ihnen Zugang zu den Bodenschätzen und damit auch Einfluss auf die Bevölkerung Zentralasiens verschaffen würde.

Seit 1979 war Afghanistan nur noch eine Schachfigur in der vom Kalten Krieg bestimmten Rivalität zwischen den USA und der Sowjetunion gewesen, und noch immer stand das Land, trotz der Implosion des Sowjetimperiums, zwischen den Fronten. Während des Krieges hatten die USA über den pakistanischen Geheimdienst ISI den extremistischen und antisowjetischen

---

234 Vgl. Alexei Malashenko, Islam in Central Asia, in: Roy Allison / Lena Jonson (Hrsg.), Central Asia Security. The New International Context, London 2001, S. 49-68.

235 Vgl. Halbach, Islam und islamistische Bewegungen in Zentralasien, S. 26.

Widerstandskämpfern Geld zukommen lassen. Dieses Geld war die Initialzündung für eine Bewegung, die das sicherheitspolitische Bild grundlegend verändern sollte: Eine neue Gruppe, die Taliban, kam an die Macht und errichtete das Modell eines extremen islamischen Fundamentalismus, wie man ihn bis dahin in der muslimischen Welt nicht gekannt hatte. Mit finanzieller und militärischer Unterstützung des saudischen Terroristen Osama bin Laden wurde Afghanistan zu einem Stützpunkt für militante Islamisten jeglicher Art und Herkunft. Sie erhielten bei den Taliban eine militärische Ausbildung, kehrten danach in ihre Heimat (darunter auch die zentralasiatischen Republiken) zurück und begannen dort damit das politische System zu destabilisieren.

Die oben angesprochene kurzsichtige, repressive Politik der zentralasiatischen Regime förderte diese Entwicklung zusätzlich. Die Staatschefs verweigerten politische und wirtschaftliche Reformen in Ländern, die ihre wichtigste wirtschaftliche Stütze – die Sowjetunion – verloren hatten. Diese Blockadepolitik, verbunden mit religiöser Unterdrückung, trieb moderate und reformorientierte politische Kräfte in die Ausbildungslager der Taliban und al-Qaida. Die zentralasiatischen Machthaber gingen ihrerseits scharf gegen islamischen Aktivisten vor. Dabei wurden nicht nur militante Regimegegner, sondern auch Tausende unpolitischer Muslime, die lediglich ihren Glauben praktizierten unter Generalverdacht gestellt, eingesperrt, gefoltert und zu langen Haftstrafen in Straflagern verurteilt. In Tadschikistan tobte fünf Jahre lang ein blutiger Bürgerkrieg (1992-1997), in dem sich islamische Rebellen auf der einen und das tadschikische Regime auf der anderen Seite gegenüberstanden. Dieser Krieg forderte vermutlich mehr als 100.000 Menschenleben.[236]

Im Zuge der Maßnahmen zur Bekämpfung des internationalen Terrorismus, die unmittelbar nach den Anschlägen des 11. September 2001 eingeleitet wurden, rückten nicht nur Afghanistan und Pakistan, sondern auch die nun unabhängigen zentralasiatischen Staaten der ehemaligen Sowjetunion in den Fokus weltweiter Aufmerksamkeit.[237] Dabei waren Ausstrahlungen des afghanischen Konfliktherdes auf seine nördliche Umgebung für die betroffenen Staaten schon lange zuvor zum dominierenden Thema regionaler Sicherheitspolitik geworden. Poröse Grenzen, Drogenhandel und länderübergreifender Terrorismus wurden spätestens seit 1999 als Bedrohungsfaktoren für die Stabilität der Region hervorgehoben. Auch das Thema „Islamismus in GUS-Raum“ fand von diesem Zeitpunkt an stärkere internationale Beach-

236 Vgl. Ebd., S. 24f.
237 Vgl. Ebd., S. 24f.

tung. Die Hauptgründe hierfür waren der zweite Tschetschenienkrieg, der von Russland immer mehr zum Abwehrkrieg gegen „internationalen Islamismus“ hochstilisiert wurde, Terroranschläge in Usbekistan und die ersten Übergriffe bewaffneter Einheiten wie der „Islamischen Bewegung Usbekistans“ (IBU) aus Afghanistan auf Grenzgebiete zentralasiatischer Staaten im Ferghana-Tal. Diese Aktionen machten die IBU, die in der Region propagandistisch tätige *Hizb ut Tahrir al Islami* (Islamische Befreiungspartei) oder als „Wahhabiten“ bezeichnete religiöse Aktivisten über die Grenzen der GUS hinaus bekannt.

Angesichts der Entwicklung Afghanistans zur Drehscheibe international agierender *Jihad*-Gruppen wurden von einigen Beobachtern mitunter der Eindruck erzeugt, es handle sich hierbei um eine von außen in den eurasischen Raum zielende islamistische Infiltration. Unterhalb derartig weit überzogener Invasionsszenarien hatte man im Prozess „islamischer Wiedergeburt“ in Zentralasien und anderen Muslimregionen Russlands seit längerem Irritationen und Verwerfungen festgestellt. Unterschiedliche religiöse Überzeugungen und Wertvorstellung gerieten zunehmend in Konflikt. Die späte Rache einer sowjetischen Religionspolitik kam zum Tragen, die den Islam innerhalb ihres Machtbereichs zwar nicht beseitigt, dafür aber seine Bildungsinstitutionen liquidiert und ihn so auf nationales Brauchtum und rituelle Praxis reduziert hatte. Als nach der Liberalisierung der Religionspolitik am Ende der sowjetischen Ära und der Aufhebung des Eisernen Vorhangs junge Leute aus dem Nordkaukasus, Tatarstan, und Mittelasien verstärkt religiöse Bildung nachfragten, wurde dieses Bedürfnis zu einem Teil im islamischen Ausland oder durch ausländisches Lehrpersonal im Inland befriedigt. Dieser Austausch öffnete die nachsowjetischen Gesellschaften auch für Strömungen des religiösen Fundamentalismus. Mitunter waren solche Kräfte bereits in spätsowjetischer Zeit in Zentralasien, dort insbesondere im Ferghana-Tal und in Tadschikistan in Erscheinung getreten.

Die Vorstellung einer massiven, den Prozess der „islamischen Wiedergeburt“ dominierenden Intervention regionsfremder Elemente aus Saudi-Arabien und anderen Teilen der islamischen Welt ist jedoch ebenso überzogen und überspitzt dargestellt worden, wie die russische Argumentation, die den Sezessionskonflikt mit Tschetschenien zu einem Kampf gegen den internationalen Islamismus verklärte. Unverändert lückenhafte empirische Grundlagen für Aussagen über Ausmaß, Trägerschaft und Effizienz islamistischer Mobilisierung lässt genügend Raum für Über- bzw. Untertreibung bei der Einschätzung religiös-politischer Bewegungen im postsowjetischen Raum.

Demoskopische Untersuchungen in Zentralasien deuten auf ein wachsendes Bekenntnis zum Islam als Religion und nationales Erbe, eine Option für eine stärkere politische Rolle der Religion, aber nur ein minoritäres Votum für einen islamischen Staat hin.

3.1 Problem

Der Wegfall des Eisernen Vorhangs, der bis dato sowjetische Muslime von deren Glaubensbrüdern im Mittleren Osten und Südasien getrennt hatte, rückte nach der Implosion des Sowjetimperiums ein kulturelles Ereignis, die „islamische Wiedergeburt", in den Fokus geopolitischer Prognosen und Spekulationen. Man stritt darüber, ob das postsowjetische Zentralasien zwischen Kaukasus und Pamir eher als eine „postsowjetische" oder als eine „islamische Region" zu betrachten sei. Anfänglich wurde in westlichen Analysen das sich entwickelnde Spektrum internationaler Beziehungen im Süden der GUS auf ein Ringen der zwischen der „säkularen Türkei" und dem „theokratischen Iran" um die Seelen exsowjetischer Muslime reduziert. Es zeigte sich jedoch, dass weder die religiös determinierte islamische noch die ethnische determinierte türkische Orientierung innerhalb der Bevölkerung den herausragenden ideologischen Stellenwert einnahm, den einige Beobachter vermutet hatten. Wenn religiös-ideologische Einflüsse auf Muslime der ehemaligen Sowjetunion vom Ausland ausgingen, dann weniger vom schiitischen Iran, von dem man im Westen eine entsprechende Einflussnahme am ehesten erwartet hatte, als von sunnitischen Missionsstellen in Saudi-Arabien und Pakistan.[238]

Der blutige Bürgerkrieg in Tadschikistan wurde als erste politische Bedrohung durch islamistische Strömungen in Zentralasien wahrgenommen. Er forderte von allen Bürgerkriegen in den letzten fünfzig Jahren im Verhältnis zur Bevölkerung die höchste Zahl an Opfern. Auslöser des Krieges war der erste Versuch einer einheimischen islamistischen Bewegung in Zentralasien, an die Macht zu gelangen. Nachdem sich Tadschikistan unter Präsident Rahmon Nabijew 1991 für unabhängig erklärt hatte, versank es sofort im Bürgerkrieg. Dem postkommunistischen Regime stand vor allem aber die Vereinigte Tadschikische Union (VTU) entgegen. Der VTU gehörten wiederum die Partei der islamischen Wiedergeburt (PIW), die Demokratische Partei (Liberale) sowie die Berg-Badachschaner Autonomiebewegung an,

[238] Vgl. Ebd., S. 27f.

von denen letztere mit Akbarsho Iskandarow kurzzeitig einen Gegenpräsidenten stellten. Da tadschikische Bürgerkrieg war dennoch kein eskalierender Konflikt zwischen Altkommunisten, islamischen Fundamentalisten und Demokraten, wie es in den westlichen Medien verkürzt wiedergegeben wurde. Er war weniger Ausdruck eines ideologischen Konflikts als vielmehr ein Machtkampf zwischen konkurrierenden Clans in den verschiedenen Regionen des Landes.

Die tadschikischen Islamisten stellen einen Sonderfall unter den militanten islamischen Gruppierungen Zentralasiens dar. Die Bewegung vereinigt die verschiedenen Richtungen des Islam und postuliert daraus einen Vertretungsanspruch, der weit über den anderer radikaler Gruppierungen im heutigen Zentralasien hinausreicht. So leitet sich die Lehre der Islamischen Bewegung Usbekistans (*Islamic Movement of Usbekistan*, IMU) weitgehend aus dem saudiarabischen Wahhabismus und einer Auslegung des Deobandismus durch die Taliban ab. Zu den tadschikischen Islamisten zählen die „inoffiziellen“ Ulema,[239] die während der Sowjetzeit im Untergrund operieren mussten, die eingetragenen Geistlichen, die dem „offiziellen“ Islam angehören, die sufistischen Pirs und ihre Anhänger im Pamir-Gebirge sowie eine jüngere Generation von Islamisten, die vor allem vom Afghanistankrieg und der Wiederkehr der eines tadschikischen Islamismus nach dem Kollaps der Sowjetunion geprägt waren. All diese Gruppierungen schlossen sich im Zuge des rasanten Aufstiegs des Islam in Tadschikistan nach 1991 zusammen – ein Zusammenschluss, der in seinem Umfang die zentralasiatischen Machthaber schockierte. Allein im Zeitraum 1990-1992 wurden eintausend neue Moschee in Tadschikistan eröffnet, mehr als eine jeden Tag. Viele waren in Wohnhäusern, Schulen und Arbeitsstätten untergebracht. Nach Ausbruch des Bürgerkrieges gelang es den radikal-islamischen Gruppierungen, noch mehr Anhänger für ihre Sache zu rekrutieren.[240]

Der Aufstieg des Islam war eng mit dem des tadschikischen Nationalismus verknüpft. Das historische Selbstbild Tadschiken war nach wie vor durch den

---

239 Ulema oder Ulama heißen Rechtgelehrte des Islam. Ihre Organisation und ihr politischer Einfluss variieren in den unterschiedlichen islamischen Gesellschaften. Am stärksten ist sie im schiitischen Islam, wo ihre Rolle institutionalisiert wurde. In den meisten Ländern sind sie die lokalen Autoritäten, die über die korrekte Interpretation der islamischen Glaubenslehre entscheiden.

240 Vgl. Rashid, Heiliger Krieg am Hindukusch, S. 129ff.

Aufstand der Basmatschi[241] gegen die Sowjetregierung in den 1920er Jahren geprägt, obwohl die Sowjets versucht hatten, ihn in den Geschichtsbüchern zur reaktionären Bewegung zu degradieren. Nach deren Version wurde die Bewegung von Mullahs angeführt und von britischen Imperialisten unterstützt. Nach der Unabhängigkeit im Jahr 1991 erforschten viele Tadschiken ihre historische Herkunft in dem Bestreben, nationalen Konsens und eine Identität dort zu etablieren, wo zuvor nichts Entsprechendes gewesen war. Anders als in Usbekistan, wo ein antirussischer, usbekischer Nationalismus als erste wichtige politische Strömung nach der Unabhängigkeit ein groß-usbekisches Nationalbewusstsein hervorbrachte, besaß Tadschikistan keine national-historischen Wurzeln, da die Tadschiken über ganz Zentralasien verstreut leben. Zudem wurden im Zuge der Kollektivierung der Landwirtschaft die feudalen Clans größtenteils zerschlagen. Usbeken stellen rund ein Viertel der Bevölkerung Tadschikistans, die Mehrzahl von ihnen hat sich im Norden und Südwesten des Landes niedergelassen. Dabei waren die Usbeken zuvor überproportional in der kommunistischen Partei vertreten gewesen. Viele Tadschiken hielten folglich das Wiederaufleben des radikalen Islam für ein geeignetes Mittel, um eine tadschikische Identität zu prägen und den inneren Zusammenhalt Tadschikistans als Staat zu sichern.[242]

Die große Armut und die technologische Rückständigkeit Tadschikistans während der Sowjetzeit, seine Abhängigkeit von dem zwangsweise eingeführten Bauwollanbau, die karge Landschaft, in der viele abgelegene Dörfer in Täler des Pamir vom Zentrum des Landes und sogar von den Nachbarn abgeschnitten sind – all diese Faktoren haben zur Folge, dass Tadschiken sich überwiegend mit ihrer Region und ihrem Clan identifizieren und nicht mit ihrem Land. In Anbetracht des fehlenden Nationalbewusstseins waren die politischen Ziele auf beiden Seiten der Bürgerkriegskombattanten eng gesteckt, da die von Clans unterstützten Kriegsherren mehrmals die Seite wechselten. Unter dem Deckmantel der „ethnischen Säuberung“ begingen sie in den von ihnen kontrollierten Gebieten Gräueltaten an der Bevölkerung. Als sich nach

---

241 Die Basmatschi waren mittelasiatische Aufständische, die sich 1916 gegen die allgemeine Mobilmachung im ersten Weltkrieg in Turkestan erhoben. Diese Mobilmachung war nach den katharinischen Reformen im 18. Jahrhundert der erste Bruch mit dem Toleranzedikt und der damit einhergehenden Nichteinmischungspolitik russischer Kolonialbeamter in lokale Belange. Die zaristischen Truppen gingen mit äußerster Gewalt gegen die Widerständler vor du erstickten so den Aufstand im Keim. Vor dem zaristischen Terror flohen viele Turkmenen, Usbeken und Kirgisen über die persische, afghanische oder chinesische Grenze.

242 Vgl. Rashid, Heiliger Krieg am Hindukusch, S. 130f.

dem Bürgerkrieg allmählich ein stärkeres tadschikisches Nationalbewusstsein formte, hatte es deshalb ausgeprägt antiusbekische und weniger antirussische Züge. Die harten politischen Maßnahmen des usbekischen Präsidenten Karimow gegenüber Tadschikistan sowie seine Entschlossenheit, die tadschikische nationale Renaissance zu verhindern oder wenigsten zu behindern, steigerten lediglich die Ressentiments gegenüber Usbekistan und ließen eine feindseliges Klima zwischen diesen beiden zentralasiatischen Republiken entstehen, dessen Konfliktpotential bis heute schwelt.

Der Bürgerkrieg endete zwar 1997 mit einer Regierungsbeteiligung der Islamisten in Duschanbe, die sich aber inzwischen gespalten haben: Während ihre gemäßigten Führer offenbar an den Annehmlichkeiten der Macht gefallen gefunden haben, kämpfen die radikalen Islamisten für eine Kalifat, also die Errichtung eines Gottesstaats in Zentralasien. So ist das Ferghana-Tal der Rückzugsraum für militante Islamisten geblieben. Die künstlichen Grenzen, die einst Stalin zwischen Tadschikistan, Usbekistan und Kirgisistan ziehen ließ, zerstückeln das Tal im Schatten der gewaltigen Hochgebirgsketten. Das Gebiet, in dem knapp zehn Millionen Menschen leben, ist von einer Staatsmacht allein kaum zu kontrollieren. Religiöse Eiferer überqueren trotz strenger Kontrollen über geheime Bergpässe unbemerkt die Landesgrenzen. Ihre Anhängerschaft wächst stetig. Den Islamisten ist es gelungen mit dem Koran das weltanschauliche Vakuum, dass der Untergang des Kommunismus hinterlassen hat, auszufüllen. Dabei profitieren sie vor allem von der desolaten wirtschaftlichen Situation des Landes. So gewinnt etwa die verbotene islamistische Partei *Hisb al-Tahrir* täglich an Mitgliedern. Die Organisation wird aus den Golfstaaten finanziell unterstützt; so erhalten ihre Mitglieder monatlich zwischen zwanzig und fünfzig US-Dollar, was einem Vielfachen eines durchschnittlichem Monateinkommen in einem Land wie Tadschikistan entspricht, in dem Lehrer und Ärzte zwischen zwei und sieben US-Dollar im Monat verdienen.

Aber nicht nur die soziale Not führt radikalen Organisationen wie der *Hisb al-Tahrir* Anhänger zu. Auch deren Hauptziel, die Errichtung eines Kalifats mit dem Zentrum im Ferghana-Tal, begeistert viele Tadschiken. Bisher hat die *Hisb al-Tahrir* immer erklärt, dieses Ziel ohne Waffengewalt erreichen zu wollen. Auch internationale Beobachter räumen ein, dass der Organisation bisher keine Terroranschläge nachgewiesen werden konnten. Doch seit die tadschikische Regierung damit begonnen hat, das Recht auf freie Religionsausübung empfindlich einzuschränken, radikalisieren sich die Forderungen der Islamisten. Vor diesem Hintergrund waren einige Terror-Experten davor, dass einzelne Gruppen der *Hisb al-Tahrir* Kontakte zum Terrornetzwerk al-Qaida unterhalten könnten oder bereits unterhalten.

Solche Spekulationen liefern der tadschikischen Regierung freilich den passenden Vorwand, um schärfer gegen islamistischen Organisationen vorzugehen. Seit die tadschikischen Sicherheitskräfte damit begonnen haben, entschiedener gegen islamistische Gruppierungen vorzugehen, droht der labile Frieden im Land zu brechen. Wie im Nachbarland Usbekistan werden unter dem Deckmantel des internationalen Kampfes gegen den Terrorismus Tausende potentielle Islamisten oft ohne rechtsstaatliches Verfahren inhaftiert und Repressalien ausgesetzt. Internationale Menschenrechtsorganisationen wie *Human Rights Watch* haben in diesem Zusammenhang bereits mehrfach die brutalen Foltermethoden und staatlichen Schauprozesse kritisiert. Bisher hat die oft willkürliche staatliche Verfolgung den Islamisten in Usbekistan und Tadschikistan lediglich dazu geführt, dass diese an Mitgliedern gewonnen und sich zunehmend radikalisiert haben. Belege hierfür sind die Bombenanschläge auf die amerikanische und israelische Botschaft in Taschkent im Juli 2004. Ähnliche Übergriffe werden inzwischen auch in Tadschikistan befürchtet.

Ein weiteres Problem ist die Involvierung Tadschikistans in den internationalen Drogenhandel. Beinah achtzig Prozent des weltweiten Opiums und Heroins stammen inzwischen aus Afghanistan. Nach dem Willen der USA und Europas soll der Drogenschmuggel bereits an der Grenze zu Tadschikistan gestoppt werden. Doch diesen Vorhaben überfordert die Kapazitäten des bitterarmen Landes – und deckt gleichsam die erheblichen Versäumnisse in der Bekämpfung der internationalen Drogenökonomie schonungslos auf. Seit 2005 bewacht die tadschikische Armee die 1344 Kilometer lange Grenze zu Afghanistan ohne die Unterstützung russischer Grenztruppen. Der Kampf gegen die Drogen ist seither eine rein nationale Aufgabe Tadschikistans, deren Soldaten für ihre Aufgabe nur mit veralteten Nachtsichtgeräten und Fahrzeugen ausgestattet sind. Der wichtigste Verbündete der afghanischen Drogenschmuggler ist die Armut Tadschikistans. Das Land ist die kleinste, rohstoffärmste und zweifellos auch die abhängigste der fünf Republiken Zentralasiens. Da mehr als eine Million der insgesamt 7,3 Millionen Tadschiken saisonweise in Russland arbeitet und daheim mehr als jeder zweite ohne Beschäftigung bleibt, ist die Versuchung groß, durch den Drogenschmuggel schnelles Geld zu verdienen. Die Gewinnspanne ist enorm. Im nordafghanischen Kundus kostet ein Kilogramm Heroin rund 1500 US-Dollar, in der tadschikischen Hauptstadt Duschanbe steigt der Preis auf rund 20000 US-Dollar, in Moskau auf 100000 US-Dollar und in Westeuropa werden mitunter 250000 US-Dollar bezahlt.[243] Die Route über Tadschikistan ist wichtiger, als die über Usbekistan und Turkmenistan, da die Grenzen hier durchlässiger sind. Das Opium oder Heroin wird in Autos und Lastern über Russland, Weißrussland und die Ukraine nach Mitteleuropa transportiert. Diese so genannte „Seidenroute" wird nach Schätzung von Europol künftig an Bedeutung gewinnen, da die Drogenbehörden auf der so genannten „Balkanroute" über die Türkei, Bulgarien, Tschechien und Österreich stärker kontrollieren, wesentlich härter durchgreifen und in der Regel unzugänglicher für Schmiergelder sind.

Der Drogenhandel gefährdet die zusätzlich die Entwicklung des Landes. Eine UNDCP-Studie sieht im Drogenschmuggel die wichtigste Ursache für die wachsende Kriminalität in Tadschikistan. Der Drogenmafia, gestützt auf die traditionellen Clanstrukturen, gelingt zunehmend den Staat zu unterwandern. Es muss befürchtet werden, dass inzwischen Justizbeamte, Militärs und selbst hohe Regierungskräfte am Drogengeschäft mitverdienen. Das Drogengeschäft heizt die Korruption an. In einem derart armen Land wie in Tadschikistan ist fast alles käuflich. In ein korruptes System fließen aber kaum ausländische Investitionen, welche die Energiewirtschaft oder der Landwirtschaftssektor dringend benötigen und eine Verbesserung der Lebensbedingungen in Tadschikistan rückt in immer weitere Ferne.

Auf internationale Ebene verbreitete insbesondere Russland das Bild der islamischen Bedrohung Zentralasiens und Eurasiens. Präsident Putin machte die Verfolgung und Bekämpfung dieser Gefahr zu einem Hauptthema russischer Außen- und Sicherheitspolitik innerhalb der GUS, aber auch im Umgang mit China, den USA und anderen Adressaten und setzte sich für eine Festigung multilateraler Sicherheitskooperationen in Zentralasien im Rahmen von zwei eurasischen Strukturen und Formaten ein: des GUS-Sicherheitspakts und der Mitte 2001 im Rahmen der Shanghaier Organisation für Zusammenarbeit institutionalisierten Kooperation mit China und den zentralasiatischen Staaten.[244]

---

[243] Vgl. http://www.qantara.de/webcom/show_article.php/_c-468/_nr-468/i.html?PHPSESSID=5

[244] Vgl. Halbach, Islam und islamistische Bewegungen in Zentralasien, S. 28.

3.2 Rahmenbedingungen

Tadschikistan, das 1929 den Status einer vollwertigen Republik innerhalb der UdSSR erlangte, wurde nach dem Zerfall der Sowjetunion Ende 1991 zu einem souveränen Staat. Unmittelbar nach der Unabhängigkeit des Landes am 9. September 1991 kam es zu Spannungen zwischen der kommunistischen Regierung unter Präsident Nabijew und einer starken nationaldemokratisch-religiösen Opposition, die sich zur Vereinigten Tadschikischen Union (VTU) zusammenschloss. Der politische Machtkampf in Duschanbe löste Unruhen in ganz Tadschikistan aus, weil andere Regionen eine größere Autonomie forderten oder drohten, sich von der Republik abzuspalten. Bewaffnete Milizen begannen damit, willkürlich zu morden. Tadschikistan trieb ins Chaos, während Nabijew zusehends hilfloser agierte. Als die Gewalt eskalierte, war der Präsident im September 1992 gezwungen, zurückzutreten. Zum ersten Mal wurde ein zentralasiatischer Politiker von der Gewalt auf der Straße und durch öffentlichen Druck abgesetzt.[245]

Russische Soldaten übernahmen die Kontrolle über den Flughafen von Duschanbe und die Grenze zu Afghanistan. Die Kämpfe im Süden des Landes, wo mittlerweile ganze Dörfer verwaist waren, nahmen zu – eine der größten Wanderungsbewegungen in Zentralasien seit dessen Kollektivierung begann. Nach einem Putschversuch durch neo-kommunistische Milizen im Oktober 1992 wählte das tadschikische Parlament Emomalii Rahmon, einen kommunistischen Parteiführer aus der Provinz Kuljab, zum Präsidenten. Rahmon übertrug die Leitung sämtlicher Ministerien kurzerhand Kuljabern und zerstörte damit alle Hoffnungen, dass die neue Regierung einen Ausgleich mit den Oppositionellen anstreben würde.[246] Der Bürgerkrieg ging stattdessen in einen langwierigen Guerillakrieg über. Anführer der PIW flohen in den Iran, nach Pakistan, Russland und Afghanistan, wo rund 80.000 Flüchtlinge zu ihnen stießen. Unterdessen flohen Tadschikistans weltliche Oppositionsführer nach Moskau. Der Konflikt in Tadschikistan rückte in das Interesse der Weltpolitik, da er immer mehr zu einem transnationalen Krieg ausgeartete:

---

245 Vgl. Rashid, Heiliger Krieg am Hindukusch, S. 137f.

246 Zum Verlauf des Bürgerkriegs vgl. [u. a.], Shirin Akiner, Tajikistan: Desintegration or Reconciliation?, Royal institute of International Affairs, London 2001; R. Grant Smith, Tajikistan. The Rocky Road to Peace, in: Central Asia Survey 18 (1999), S. 243-251; Barnett R. Rubin, Russian Hegemony and State Breakdown in the Periphery. Causes and Consequences of the Civil War in Tajikistan, in: Barnett R. Rubin / Jack Snyder (Hrsg.), Post-Soviet Political Order. Conflict and State Building, London – New York 1998, S. 243-251.

Flüchtlinge wurden in Afghanistan ausgebildet, bewaffnet und nach Tadschikistan in den Kampf geschickt, während Anführer der PIW in den Iran, nach Pakistan und nach Saudi-Arabien reisten und um militärische und finanzielle Hilfe baten. Russland und Usbekistan unterstützten die tadschikische Regierung, entsandten Truppen, Flugzeuge und militärischen Nachschub, ungeachtet des Dialogs, den sie mit der Opposition aufrecht erhielten.

Die Gefechte wurden indes mit unverminderte Härte fortgeführt. Beide Seite erkannten allmählich, dass keine von ihnen stark genug war, um den Gegner in die Knie zu zwingen. Eine Pattsituation entstand: Die VTU führte in Sommermonaten von Afghanistan aus Guerillaangriffe durch, und die Regierung versuchte im Winter, die verlorenen Gebiete zurückzuerobern. Die Sinnlosigkeit dieser Aktionen hatte zur Folge, dass beide Seiten sich sukzessive in Richtung Friedensgespräche bewegten. Als die Taliban im Jahr 1996 Kabul unter ihre Kontrolle brachten und die bis dahin regierenden afghanischen Tadschiken absetzten, verschob sich das regionale Kräfteverhältnis dramatisch. Zentralasiatische Staatschefs befürchteten, dass die Taliban, unterstützt von der Volksgruppe der Paschtunen, versuchen würden, ihre strenge Auslegung des Islam in Zentralasien zu verbreiten. Sowohl die Regierungen als auch die VTU erkannten jetzt, dass es ihrem gemeinsamen Interesse lag, den Bürgerkrieg baldmöglichst auf dem Verhandlungsweg zu beenden. Der Bürgerkrieg wurde schließlich mit der Hilfe mehrerer UN-Vermittler durch Präsident Rahmon und Oppositionsführer Nuri am 27. 6. 1997 in Moskau beendet. Rahmon blieb Präsident, während der 2006 verstorbene VTU-Chef Nuri zum Vorsitzenden der mit der Umsetzung der Friedensvereinbarungen beauftragten Nationalen Versöhnungskommission (NVK) bestimmt wurde.

Dieses Friedensabkommen hatte Modellcharakter für andere zentralasiatische Staaten, auch wenn sie es nur zähneknirschend akzeptierten.[247] Eine Generalamnestie wurde verkündet, Gefangene wurden ausgetauscht, und zum ersten Mal wurde in Zentralasien eine Koalitionsregierung zwischen ehemaligen Kriegsgegnern gebildet, der eine islamistische Partei angehörte. Die Rebellen der PIW wurden unter Aufsicht der UNO in die reguläre Armee aufgenommen, tadschikische Flüchtlinge, die aus Afghanistan zurückkehrten, wieder in ihren Dörfern angesiedelt. Die PIW wurde offiziell legitimiert. Im Februar 2000 fanden Parlamentswahlen statt, an denen sechs Parteien teilnahmen. Rahmons Volksdemokratische Partei erzielte mit 64,5 Prozent der

---

[247] Vgl. Ebd., S. 141f.

Stimmen einen überwältigenden Sieg. Obwohl ausländische Beobachter wiesen auf vermutete Wahlfälschungen seitens der Regierung hinwiesen, erklärte VTU-Chef Nuri, der mit 7,5 Prozent lediglich auf einem enttäuschenden dritten Platz hinter der kommunistischen Partei landete, dass seine Partei die Wahlergebnisse anerkenne und dass der Friedensprozess unumkehrbar sei. Ein vergleichbarer Kompromiss oder Konsens waren in Usbekistan und anderen zentralasiatischen Staaten bis dahin undenkbar gewesen. Dennoch hatte der jahrelange Bürgerkrieg tiefe Spuren hinterlassen, die sich vor allem für die Wirtschaft des kleinen Landes niederschmetternd auswirkten.

Tadschikistan ist traditionell die ärmste unter den fünf zentralasiatischen Republiken. Durch die Folgen des verheerenden Bürgerkrieges wurde das Land in seiner Entwicklung weit zurückgeworfen. Mittlerweile zählt es mit einem jährlichen Pro-Kopf-Einkommen von unter 380 US-Dollar zu den zwanzig ärmsten Ländern der Welt.[248] Mindestens zwei Drittel der Bevölkerung leben unterhalb der Armutsgrenze. Die Regierung in Duschanbe hat sich diesen besonderen Herausforderungen gestellt und begegnet ihnen mit einem stetigen Reformwillen. Die halbjährlichen Überprüfungskommissionen des Internationalen Währungsfonds (IWF) kommen regelmäßig zu vergleichsweise positiven Urteilen, insbesondere hinsichtlich der makroökonomischen Entwicklung des Landes. In einigen ökonomisch entscheidenden Bereichen, darunter Privatisierung von Großbetrieben und Landreform, steckt die Entwicklung jedoch noch in den Kinderschuhen.

Dennoch kennzeichnen mittlerweile konstante Wachstumsraten in fast allen Bereichen und makroökonomische Stabilisierung die wirtschaftliche Entwicklung in Tadschikistan. Im Jahr 2006 lag das Wirtschaftswachstum bei sieben Prozent – der gleiche Wert wird für das Jahr 2007 erwartet. Motor des wirtschaftlichen Aufschwungs sind vor allem die Überweisungen tadschikischer Gastarbeiter aus dem Ausland und die gestiegenen Weltmarktpreise für Aluminium, dem wichtigsten Exportgut Tadschikistans. Eine stetige Zunahme der ausländischen Direktinvestitionen, eine hohe Inlandsnachfrage und steigende Reallöhne werden das Wachstum vermutlich weiter beflügeln. Sorgen bereiten jedoch die steigende Inflation (2006: elf Prozent) sowie die stetig sinkenden Zahlen bei der Produktion von Baumwolle und elektrischer Energie.[249]

---

248 Zur Angabe des Pro-Kopf-Einkommens in Tadschikistan vgl. CIA World Factbook 2006.

249 Zu den Wirtschaftsangaben vgl. http://www.auswaertiges-amt.de/diplo/de/Laenderinformationen/Tadschikistan/Wirtschaft.html

Obwohl nur sieben Prozent der Fläche des Landes für die Landwirtschaft nutzbar sind, arbeitet hier der überwiegende Teil der tadschikischen Bevölkerung, vor allem in der Baumwollproduktion. Da landwirtschaftlichen Erzeugnisse den die Nahrungsmittelbedürfnisse der Bevölkerung nicht decken, stellen sowohl Russland als auch das Welternährungsprogramm der Vereinten Nationen Nahrungsmittelhilfen in Form von Getreide zur Verfügung. Im industriellen Sektor sind die Aluminiumproduktion sowie die Energieerzeugung aus Wasserkraft die dominierenden Zweige. Die Parallel- und Schattengesellschaft spielen in Tadschikistan wie in allen Entwicklungsländern eine erhebliche Rolle. Hier erweist sich insbesondere die Nähe zu Afghanistan und die damit verbundene Verwicklung in die Drogenökonomie des Nachbarlandes für das internationale Image des Landes als problematisch.

Eine endemische Korruption sowie ein hoher Korruptionsgrad innerhalb der staatlichen Behörden und fehlende Rechtssicherheit stellen wie in Pakistan oder Afghanistan auch in Tadschikistan erhebliche Investitionshemmnisse dar. Dennoch haben hier sich in den letzten Jahren einige Länder mit nennenswerten Großprojekten bzw. konkreten Investitionsabsichten hervorgetan. Neben Projekten mit russischer und iranischer Beteiligung gewinnen Projekte mit chinesischen (Straßen- und Stromleitungsbau) und türkischen Firmen (Textilindustrie/Gastronomie) immer stärker an Bedeutung. So betrugen in den ersten drei Quartalen des Jahres 2006 die ausländischen Direktinvestitionen bereits rund 200 Millionen US-Dollar und haben damit den Vorjahreswert um mehr als das Dreifache übertroffen.

Wichtigster außenpolitischer Partner Tadschikistans ist die russische Föderation, mit der das Land eine sicherheitspolitische Partnerschaft unterhält, die sich u.a. in der Errichtung russischer Militärbasen mit rund 5000 Soldaten und Waffenlieferungen für die tadschikische Armee widerspiegelt.[250] Zuneh-

[250] Tadschikistan unterhält seit seiner Unabhängigkeit enge Beziehungen zu Russland, das seinerseits wiederum erheblichen Einfluss auf dessen innenpolitischen Verhältnisse nahm. Das wurde unter anderem darin versinnbildlicht, dass die Sicherung der Außengrenzen Tadschikistans vom Russischen Grenzschutz gewährleistet wurde und in Duschanbe auch nach der Unabhängigkeit des Landes die 201. Motorisierte Schützendivision der Russischen Armee stationiert blieb. Mit Auslaufen der Stationierungsverträge wurde ein weiterer Verbleib der russischen Streitkräfte und des Grenzschutzes im Jahr 2004 Gegenstand bilateraler Verhandlungen. Ergebnis dieser Verhandlungen war schließlich ein Abkommen, dass u.a. die Einrichtung einer permanenten russischen Militärbasis, die Überlassung einer Raumbeobachtungsstation (einst Bestandteil des russischen Raketenfrühwarnsystems) bei Nurek an die russischen Streitkräfte sowie eine schrittweise Übernahme des Grenzschutzes zu Afghanistan vorsah. Zum 1. September 2005 wurde der letzte Grenzabschnitt tadschikischen Grenzschützern übergeben, wenn-

mende Bedeutung erhält das Verhältnis zu China, dass aufgrund des Rohstoffreichtums Zentralasiens generell an guten Beziehungen zu den GUS-Republiken interessiert ist. Es bestehen außerdem gute Beziehungen zu den USA und zur Europäischen Union. Nachdem destabilisierende Einflüsse aus dem radikal-islamischen Afghanistan lange Zeit das größte sicherheitspolitische Problem dargestellt hatten, reihte sich Tadschikistan unmittelbar nach den Anschlägen des 11. September 2001 in die internationale Anti-Terrorkoalition ein und bot seine Militärbasen zum Kampf gegen Taliban und al-Qaida an. Zur Regierung Hamid Karzais in Afghanistan bestehen heute freundschaftliche Beziehungen. Ein Machtwechsel in Afghanistan wäre für Tadschikistan daher problematisch, zumal im Inneren des Landes weiterhin islamistische Gruppierungen, die terroristischen Gruppierungen in Afghanistan zumindest ideologisch sehr nah stehen, für die Errichtung eines Kalifatstaates in Tadschikistan kämpfen.

Im Sinne einer strategischen Südöffnung erhofft man sich in Duschanbe eine Intensivierung des Handels, um sich dadurch etwas aus der usbekischen Umklammerung lösen zu können. Zu Usbekistan, das Tadschikistan im Norden und Westen umfängt, besteht nach wie vor ein konfliktträchtiges Verhältnis, das sich vor allem in der usbekischen Verminung ganzer Grenzabschnitte, der Behinderung des Reiseverkehrs, Streitigkeiten um Strom- und Gaslieferungen sowie um die Nutzung der Wasserreserven widerspiegelt. Das Verhältnis zu Kirgisistan hat sich dagegen spürbar verbessert, nachdem Tadschikistan nach dem Regimewechsel im Nachbarland kurzzeitig seine Grenzen geschlossen hatte. Die Beziehungen zu Kasachstan sind dagegen belastungsfrei. Der Iran ist schon aufgrund der gemeinsamen sprachlichen und kulturellen Wurzeln, sondern auch als Wirtschaftspartner und Rohstofflieferant von großer Bedeutung. Allerdings lehnt Duschanbe, schon aufgrund der innerpolitisch instabilen Lage, jegliche islamisch-fundamentalistische Beeinflussung ab. Die Tadschiken sind zu über neunzig Prozent Anhänger des Islam, vorwiegend sunnitischen Bekenntnisses. Lediglich im Osten des Landes existieren einige Anhänger des schiitischen Islams. Daneben lebt auch eine christliche Minderheit mit etwa 230000 Mitgliedern in Tadschikistan.

---

gleich weiterhin eine russische Grenzschutztruppe in Tadschikistan stationiert bleibt. Im Sommer 2006 wurde Russland zudem ein umfangreiches Paket von Verträgen zur militärischen und wirtschaftlichen Zusammenarbeit unterzeichnet. Das darin enthaltene Investitionsvolumen beläuft sich für den Zeitraum von fünf Jahren auf rund zwei Milliarden US-Dollar. Vgl. http://www.inwent.org/v-ez/lis/tjk/seite2.htm (Zugriff am 5.12.2007)

3.3 Sicherheit

Als der tadschikische Bürgerkrieg 1997 sein Ende fand, stand der Frieden allenfalls auf tönernen Füßen. Bereits im Jahr 1999 drohte das Friedensabkommen mehrmals zu scheitern, weil die VTU eine schnellere Lösung der getroffenen Vereinbarungen forderte, welche die Hardliner hinter Rahmon jedoch bremsten. In Duschanbe kam es in der Folge zu einer Reihe von Bombenanschlägen, Attentaten und Entführungen. Außerhalb der Hauptstadt wurden die Kämpfe zwischen Regierungstruppen und islamistischen Rebellen fortgesetzt. Während dieser Gewaltexzesse war es vor allen Dingen dem UN-Vermittler Gerd Merrem zu verdanken, dass der Dialog zwischen den Kriegsparteien fortgeführt wurde.[251]

Der damals desolate Zustand der tadschikischen Volkswirtschaft erschwerte die Umsetzungen der Vereinbarungen. Die Landwirtschaft war vom jahrelangen Bürgerkrieg schwer geschädigt, Fabriken waren geschlossen worden, es herrschte Massenarbeitslosigkeit. Nach Ende des Bürgerkriegs hatten laut Schätzung der Vereinten Nationen rund sechzig Prozent der Tadschiken unter dreißig Jahren keine Arbeit. Der Wiederaufbau des Landes war dringend erforderlich, damit beiden Seiten Argumente in die Hand bekamen, ihren Anhängern klarzumachen, dass der Friedensprozess ihnen zugute kam. Die Hilfsarbeiten und die Reintegration der Vertriebenen gerieten jedoch immer wieder ins Stocken, weil es den nötigen Finanzen fehlte und die internationale Gemeinschaft kaum Interesse an der Situation des Landes zeigte.

Da Arbeitsplätze Mangelware waren, bestritten die Tadschiken ihren Lebensunterhalt auf andere Weise. Nach Angaben der *International Organization of Migration* (IOM) verließen jedes Jahr 200.000 Männer Tadschikistan und verdingten sich in Russland als Saisonarbeiter. Andere schlossen sich international operierenden Drogenkartellen an, die von Afghanistan aus operierten. Nachdem die Taliban 1998 Teile Nordafghanistans unter ihre Kontrolle gebracht hatte, wurde Tadschikistan zum Hauptumschlagsplatz für afghanisches Heroin, das zunächst nach Russland und dann nach Europa geschmuggelt wurde. Im Mai 2000 meldeten tadschikische Regierungsbeamte, dass zehn mal soviel Heroin nach Tadschikistan gelangt sei wie im Vorjahr. Das mit dem Drogenschmuggel erwirtschafte Geld vergrößerte die Korruption und verzögerte die Umsetzung der dringend notwendigen Wirtschaftsreformen. Darüber hinaus stellten Scharmützel zwischen Drogenmafia und

---

[251] Vgl. Rashid, Heiliger Krieg am Hindukusch, S. 142f.

staatlichen Sicherheitskräften eine ständige Gefahr für die innere Sicherheit dar. Die Tatsache, dass die tadschikische Regierung diese Phase überstand, war wohl vor allem der allgemeinen Kriegesmüdigkeit im Land geschuldet.

Die Partei der islamischen Wiedergeburt (PIW) hatte ihre eigenen Probleme mit dem Frieden in Tadschikistan. Es entbrannte eine hitzige Diskussion um die Frage, wie die Partei ihre politische Zukunft und die Zukunft des Islam in Zentralasien sichern sollte. In Tadschikistans disparatem Gemisch aus ethnischen, regionalen und Clan-Beziehungen hatte die Basis der PIW kaum über die Beziehungen der Clans ihrer Anführer oder ihre regionalen Kontakte hinausgereicht. Der Bürgerkrieg entwickelte sich mehr und mehr zu einem Konflikt zwischen den Clans als zu dem eigentlich angestrebten islamischen *Jihad*. Innerhalb der Partei sprachen sich die Gemäßigten mit Nuri an der Spitze dafür aus, dass der *Jihad*, wie er ursprünglich von der PIW propagiert und von später der Islamischen Bewegung Usbekistans (IMU) aufgegriffen worden war, nicht die einzige Funktion islamischer Bewegungen in Zentralasien sein dürfe. Viele Anführer der PIW lehnten jedoch den gemäßigten und moderateren Kurs ab. Einige hielten Nuri für zu nachgiebig gegenüber der Regierung, andere hingegen akzeptierten dessen Kompromisse mit Präsident Rahmon. Eine weitere Zersplitterung der Partei war die Folge, die sich deutlich in den schlechten Wahlergebnissen von 2000 niederschlugen.

Darüber hinaus weigerten sich einige Befehlshaber sowie einfache Kämpfer, dem Befehl der PIW länger Folge zu leisten und der Regierungsarmee beizutreten. Viele von ihnen schlossen sich stattdessen dem usbekischen Feldherrn Dschuma Namangani an, der im Bürgerkrieg auch für die PIW gekämpft, das Friedensabkommen jedoch abgelehnt hatte. Namangani beschloss, seinen Kampf nunmehr gegen das Regime in seinem Heimatland Usbekistan, fortzusetzen. Er gründete hierzu die IMU, die von Afghanistan und vom tadschikischen Tawildara-Tal aus operierte und sich mittlerweile mit usbekischen Regierung einen Kampf auf Leben und Tod liefert. Ein lokales Sicherheitsproblem war zu einem regionalen geworden. Dessen Angriffe in den Jahren 1999, 2000 und 2001 und das oftmals dilettantische Verhalten der Regierung in Duschanbe vertieften die Gräben innerhalb der PIW zusätzlich, wodurch es Präsident Rahmon gelang, die Partei für seine Zwecke zu instrumentalisieren. Zahlreiche Kämpfer der PIW, die nicht in die reguläre Armee Tadschikistan eintraten, wurden kriminell und bereiteten der Regierung mit Entführungen und Bankrauben große Probleme. Noch im Sommer 2001 trieb eine Bande von rund einhundert Männern, angeführt von einem niederen Befehlshaber der PIW, in Dörfern um Duschanbe ihr Unwesen, bis die tadschikische Armee schließlich eingriff, die Rebellen stellte und einen Großteil, darunter ihren Anführer, tötete.

Als die PIW ihren politischen Rückhalt verlor, ging ihre größte Gruppierung mit Nuri an der Spitze in die parlamentarische Opposition, nicht zuletzt auch deshalb, weil die Gruppe erkannte, dass der PIW – und dem Land – ernste Gefahr von noch extremistischeren Parteien und Ideologen drohte. Zwar war der Bürgerkrieg zu Ende, doch Tadschikistan lag immer noch im Zentrum eines insgesamt politisch instabilen Gebiets in Zentralasien und Afghanistan, eine Situation, die innerhalb der internationalen Staatengemeinschaft kaum Beachtung fand. Duschanbe diente weiterhin als Nachschubbasis für den Widerstand gegen die Taliban, die inzwischen einen langen Grenzabschnitt zwischen Afghanistan und Tadschikistan kontrollierten. Die Länder, die den tadschikischen Widerstand gegen die Taliban unterstützten, erkannten schnell, dass dieser dringend umfangreichere Militärhilfen benötigten würde, wenn die Grenzen der zentralasiatischen Republiken gegen Übergriffe der Taliban wirksam geschützt werden sollten. Am 26. Oktober 2000 kamen der damalige russische Verteidigungsminister Igor Sergejew, der iranische Außenminister Kamal Kharrazi mit dem tadschikische Präsident Rahmon zusammen und verpflichteten sich, ihre Unterstützung zu verstärken. Dadurch wurde Tadschikistan stärker als jemals zuvor zu einem Frontstaat gegen die Taliban, die angekündigt hatten, das Land destabilisieren zu wollen. Angesichts der äußeren Gefahren und der Angst, dass Zehntausende afghanischer Flüchtlinge nach Tadschikistan strömen könnten, fiel es der Regierung in Duschanbe schwer, sich auf die wirtschaftlichen Erfordernisse des Landes zu konzentrieren.

Die Taliban waren und sind jedoch keineswegs die einzige Gefahr für die Sicherheit Tadschikistans und seines Umfelds. Das Land bildete außerdem für die IMU, die immer noch im Tawildara-Tal einen Stützpunkt unterhielt, das Tor zum Ferghana-Tal. Im Sommer 2001 rekrutierte die IMU ihre Anhänger bereits aus allen ethnischen Gruppen Zentralasiens und entwickelte sich auf diese Weise schnell zu einer überregionalen islamischen Bewegung im zentralasiatischen Raum. Aufgrund der Anwesenheit der IMU auf tadschikischem Territorium spitzten sich die Probleme Duschanbes mit Usbekistan und Kirgisistan zu. Auch in Tadschikistan fasste eine neue panislamische Bewegung Fuß, die sich bereits in allen zentralasiatischen Republiken auf dem Vormarsch befand: die *Hizb ut-Tahrir al-Islami* (Partei der islamischen Befreiung, HT). Anders als die PIW, deren Anhänger vor allem aus ländlichen Gegenden stammten, rekrutierte die HT ihre Anhänger in erster

Line aus der städtischen, gebildeten Oberschicht. Obwohl die HT nicht militant war, lehnte es die tadschikische Regierung ab, eine zweite islamische Bewegung neben der PIW zu tolerieren, und ging mit aller Schärfe gegen sie vor – eine Vorgehensweise, die von den PIW-Politikern in der Koalition mitgetragen wurde. Während Rahmon in der HT eine Gefahr für die innere Sicherheit sah, betrachtete die PIW diese als Konkurrenz für die eigene islamische Basis. Von jetzt an standen sich zwei radikal-islamische Lager gegenüber.[252]

Nachdem die internationale Gemeinschaft die politischen Belange Tadschikistans lange vernachlässigt hatte, schien nun allen Beobachtern klar zu werden, dass das Land von den Taliban, der IMU und der HT bedroht wurde – und dass diese Bedrohungslage Konsequenzen für die Stabilität des gesamten zentralasiatischen Raumes haben würde. Als die USA versuchten, die Taliban und al-Qaida zu isolieren, erkannten sie allmählich, wie wichtig ein stabiles Tadschikistan für dieses Vorhaben war. US-Regierungssprecher bezeichneten Tadschikistan erstmals als „ein strategisch wichtiges Land“, das gestärkt werden müsse, um den Frieden und die Sicherheit in Zentralasien zu garantieren. Sie sagten Militärhilfen zu, um so das Land zu festigen.[253] Im Gegenzug verpflichtete sich die tadschikische Regierung dazu, dem Sicherheitsprogramm der NATO-Partnerschaft für den Frieden beizutreten. Die Beratergruppe der Länder für Tadschikistan, deren wichtigste Geldgeber die Vereinigten Staaten, Japan und die Europäische Union waren, sagten Kredite und Hilfszahlungen in Höhe von 430 Millionen US-Dollar zu. Das Hilfspaket wurde Präsident Rahmon im Mai 2001 in Tokio, im Rahmen des Jahrestreffens der zehn Geberländer und der fünfzehn internationalen Institutionen, an deren Spitze der IWF und die Weltbank stehen, vorgelegt. Das fertige Paket war fast doppelt so umfangreich wie die zugesagte Summe des Vorjahres, als Tadschikistan lediglich 280 Millionen US-Dollar erhielt.

Die Bürgerkriege in Tadschikistan und in Afghanistan nährten bei vielen Politikern die Überzeugung, dass regionale oder von Clans unterstützte islamische Bewegungen, die den Status quo zu verändern suchten, das Volk spalteten, das Land zerstörten und einen raschen wirtschaftlichen Niedergang zur Folge hatten. Infolgedessen wurde die fortschreitende Islamisierung der betroffenen Länder mit allen staatlichen Mitteln bekämpft. Die kompromisslose Vorgehensweise zeigte schon bald einige Erfolge. Es setzte eine sukzes-

---

252 Vgl. Ebd., S. 147f.

253 Vgl. Ahmed Rashid, Western Powers Bolster Tajikistan, in: Central Asia Analyst (Tokio) vom 23. 5. 2001.

sive Entislamisierung ein. Örtliche Mullahs zogen sich wieder in ihre Moscheen zurück. Im Vergleich zu Pakistan und Afghanistan, wo in den Madrasas Hunderttausende von Fundamentalisten indoktriniert wurden, war Tadschikistan zu einer viel weltlicheren Lebensweise zurückgekehrt. Der PIW war es nicht gelungen, dem Land ihr Weltbild aufzuzwingen, und ohne deren Koranschulen gab es keine Basis, welche die Partei in der Zukunft unterstützt hätte. Das Scheitern der PIW war nicht zuletzt darauf zurückzuführen, dass die Gelder für die Madrasas überwiegend aus Pakistan und Saudi-Arabien stammten. Diese Staaten standen der PIW jedoch eher ablehnend gegenüber, da diese gegen das Taliban-Regime in Afghanistan gekämpft hatte. Keines der beiden Länder übte in Tadschikistan großen Einfluss aus, zumal die Regierung bereits 1993 die Finanzierung von Madrasas durch ausländische Geldgeber untersagt hatte.

Nach den Verlusten, welche die PIW während des tadschikischen Bürgerkriegs erlitten hatte, war die Partei ganz offensichtlich nicht in der Lage, sich selbst neu zu konstituieren, geschweige denn einen politischen Plan für einen Wiederaufbau des zerstörten Landes vorzulegen. Aus dem gleichen Grund war sie ebenfalls außerstande, einen politischen Islam zu institutionalisieren oder zumindest seine Anziehungskraft zu konservieren. Die Unterstützung an der Basis für die PIW und ihre politische Aktivität nahm stetig ab, ihr Einfluss auf die jüngere Generation war inzwischen geringer als noch fünf Jahre zuvor. An ihrer Stelle hatten Regionalismus und Clan-Politik in den Tälern stärker Fuß gefasst, während die Menschen sich um die spärlichen Entwicklungshilfen stritten, die von der Regierung angeboten wurden, und versuchten, sich trotz drückender Armut über Wasser zu halten. Die Kriegsmüdigkeit hatte jeden Wunsch nach einem radikalen politischen Wandel in der breiten Bevölkerung erstickt. Die Menschen hatten jedoch nicht ihre Einstellung zum Islam revidiert, sondern waren lediglich zu der Lebensweise zurückgekehrt, die sie aus Sowjetzeiten gewohnt waren. Im Verlauf des Bürgerkriegs und in den Jahren danach hatten die Tadschiken zwar in ihrem muslimischen Glauben gefestigt, doch die radikalen und politischen islamistischen Untertöne aus der Zeit des Bürgerkriegs allmählich verstummen lassen. Sie respektierten zwar die Gesetze des Islam, aber das Gros von ihnen war nicht länger dazu bereit, sich vor den ideologischen Karren einiger militanter Fundamentalisten spannen zu lassen. Die militante Richtung des Islam ist in Tadschikistan zwar vorerst gescheitert, aber noch nicht besiegt. Mit Hinblick auf die vorherrschenden Armut stehen die Tadschiken immer noch vor der Herausforderung, ein Nationalbewusstsein zu etablieren, das die Clans vereinigen und eine demokratische Ära einläuten könnte.

3.4 Perspektive

Die aktuellen Entwicklungen in Tadschikistan berechtigen zu der Hoffnung, dass das kleinste zentralasiatische Land auch künftig militante Islamisten die Stirn bieten kann und wird. Im Vergleich zur Zeit des Bürgerkriegs hat sich die Menschenrechtslage deutlich verbessert. Tadschikistan hat alle wichtigen Menschenrechtskonvention der Vereinten Nationen unterzeichnet. Im regionalen Vergleich steht das Land inzwischen relativ gut da. Dennoch bestehen nach wie vor Defizite, wie etwa die menschenunwürdigen Bedingungen in den Strafvollzugsanstalten. Tadschikistan ist ebenso seinem Ziel näher gekommen, der Welthandelsorganisation (WTO) beizutreten. Sollten die Reformbemühungen Duschanbes und die konstant steigende makroökonomische Leistungsfähigkeit des Landes weiter anhalten, scheint ein WTO-Beitritt des Landes in den nächsten Jahren möglich.

Hinsichtlich des islamistischen Gefahrenpotentials in Tadschikistan sind die Aussagen erheblich ambivalenter, wenngleich konkrete Gefahren für die Stabilität des Landes wohl derzeit nicht existent sind. Die Aussagen in westlichen Analysen über die Stabilität im postsowjetischen Raum differieren in entscheidenden Punkten. Das gilt nicht für die Einschätzung der Gefahr, die von islamischen Antiregimekräften ausgeht.[254] Das Spektrum reicht hier von „an irritant, but not a risk“ bis „main risk“. Zweifellos kam es im Zeitraum zwischen 1999 und 2004 zu Schlüsselereignissen für die Wahrnehmung des islamistischen Terrorismus als einem regionalen und wohlmöglich globalen Sicherheitsproblem. Aber ist das postsowjetische Zentralasien im weltweiten Vergleich deshalb wirklich zu einem sicherheitspolitischen Brennpunkt geworden? Nach Weltreligionen differenzierende Statistiken weisen den zentralasiatischen Raum keineswegs als internationales Terrorzentrum aus. Doch die Nähe zu Afghanistan und die Erinnerung an den tadschikischen Bürgerkrieg, in dem eine islamistische Partei als Gewaltakteur auftrat, halten die Aufmerksamkeit für die Verbindung zwischen Islamismus und Gewalt in dieser Region wach. Immer wieder kommt es zu terroristischen Übergriffen. Im Mai 2005 stürmte eine bewaffnete Gruppe ein Gefängnis im usbekischen Andischan, in dem 23 Geschäftsleute unter Anklage des „religiösen Extremismus“ einsaßen. Dieses Ereignis bildete die Initialzündung für das später von Sicherheitskräften angerichtete Blutbad, das internationale Proteste nach

---

[254] Vgl. Uwe Halbach, Antiterrorismus und Jihad im postsowjetischen Raum, SWP-Studie, Berlin 2007, S. 27f.

sich zog. Ein weiteres Gefängnis wurde im Januar 2006 in einer Kleinstadt in Tadschikistan gestürmt. Im Mai desselben Jahres wurden in tadschikische und kirgisische Grenzposten angegriffen und Waffen geraubt. Bei dem Angriff und der anschließenden Verfolgung starben dreizehn Menschen.

Neben der inter- als auch innerethnischen Fragmentierung Tadschikistans spielen auch die besonderen geographischen und klimatischen Verhältnisse einen nicht zu vernachlässigende Rolle für den staatlichen Zusammenhalt und die Stabilität des Landes. Tadschikistan wird nicht nur von mächtigen Gebirgsketten durchzogen, die das Staatsterritorium in einzelne Täler zerstückelt, sondern unterliegt auch klimatischen Bedingungen, die zahlreiche Passstraßen nur wenige Monate im Jahr befahrbar machen und so den Norden und Osten des Landes vom südwestlichen Zentrum für den Rest des Jahres faktisch voneinander trennen. Insofern stellen bereits die klimatischen und geographischen Gegebenheiten Hindernisse, zumindest aber enorme Herausforderungen für die territoriale und nationale Integration und die Etablierung eines regierbaren, von einer Zentralgewalt kontrollierten tadschikischen Staatsgebildes, dar. Vor diesem Hintergrund ist es kaum verwunderlich, dass sich Tadschikistan bereits kurz nach Erlangung seiner Autonomie als gescheiterter Staat (*failed state*) gebärdete und gleichsam ein Prozess der „Afghanisierung Tadschikistans" einsetzte, in dessen Verlauf das Land in rivalisierende Regionen und Lokalgemeinschaften zerfiel.[255]

Im Jahr 2006 häuften sich in Tadschikistan und Kirgisistan Hinweise auf eine erneute Radikalisierung islamischer Bewegungen. Während Kirgisistan dieser Trend vor allem mit einer anhaltenden Schwächung der Staatlichkeit nach der „Tulpenrevolution" von 2005 zusammenhängt, liegen die Gründe für eine ähnliche Entwicklung in Tadschikistan wohl vor allem in der mangelnden Durchdringung des durchaus beobachtbaren wirtschaftlichen Aufschwungs im ganzen Land. Auch aufgrund dieses Trends arbeiten die zentralasiatischen Staaten im Kampf gegen den Terrorismus inzwischen enger zusammen, nachdem sie sich in den vergangenen Jahren gegenseitig die Verantwortung für diese Entwicklung zugeschoben hatten. Die Chefs der usbekischen und kirgisischen Geheimdienste unterzeichneten ein als Antiterrorallianz bezeichnetes Abkommen – gemeinsame Operationen im Süden Kirgisistans folgten.

In Zentralasien hat sich ein Spektrum des politischen Islams entwickelt, das man nicht auf terroristische Gewalt reduzieren kann. Dies gilt unter ande-

---

[255] Vgl. Roland Götz / Uwe Halbach, Politisches Lexikon der GUS, C. H. Beck Verlag, München 1996, S. 308.

rem für diejenige Organisation, die im Zusammenhang mit dem radikalen Islamismus am häufigsten genannt wird: die *Hizb ut-Tahrir*. Bis heute konnten ihr keine Gewaltakte, weder auf logistischer noch auf operativer Ebene, nachgewiesen werden. Sie strebt ein Kalifat an und agiert transnational nach der Devise: *think globally, act locally*. Sie kombiniert verschiedene ideologische Instrumente und Argumente und wendet sich mit deren Hilfe vehement gegen bestehende Macht- und Ordnungsstrukturen. Aufgrund ihres inzwischen erworbenen „Märtyrerstatus", zudem ihr das gewaltsame Vorgehen usbekischer Sicherheitskräfte verholfen hat, besitzt sie eine gewissen Anziehungskraft. Sie agiert intransparent und vorwiegend auf informeller Ebene. Angesichts ihrer konspirativen Erscheinungsform bleiben alle offiziellen Angaben über Mitgliederzahlen der Organisation allenfalls zweifelhaft. Den lokalen Sicherheitsagenturen zufolge findet derzeit eine Absplitterung gewaltbereiter Kräfte von der „nicht terroristischen" Mutterpartei statt. Die Rekrutierungsfelder der HT werden geografisch über Usbekistan und das Ferghana-Tal hinaus und auch sozial ausgeweitet – auf Studenten, Geschäftsleute und Staatsbedienstete. Die Organisation entwickelt angeblich Strategien zur Unterwanderung der Staats- und Sicherheitsapparate.

Als Ursachen für die terroristische Gewalt im GUS-Raum sind verschiedene Faktoren ermittelt worden: Transformationskrisen, Legitimationsschwäche der amtierenden Regime und die Perzeption „ungerechter Herrschaft" in Teilen der Bevölkerung, hohe Arbeitslosigkeit und andere sozioökonomische Probleme, die mitunter eine Perspektivlosigkeit generiert, die vor allem junge Bevölkerungsgruppen betrifft. Die Gefahr der Islamisierung und der wachsenden Regression ist weder in Tadschikistan noch in den anderen zentralasiatischen Republiken gebannt. Die Auseinandersetzungen zwischen rivalisierenden Clans halten an. Während in den vergleichsweise gutsituierten nördlichen Provinzen die säkularen Clans, die Präsident Rahmon nahe stehen, regieren, haben in den armen südlichen Landesteilen weiterhin die Islamisten großen Einfluss. Rahmon unterdrückt sowohl deren Einfluss als auch den der westlich orientierten Kräfte. Viele Oppositionelle wurden unter dem Vorwurf des Putschversuchs und der Volksaufwiegelung zu Gefängnisstrafen verurteilt. So wurde unter anderem der frühere Oppositionsführer Iskandarow mit einer Freiheitsstrafe von 23 Jahren belegt. Die Dreißig-Prozent-Quote, die der Opposition nach dem Ende des Bürgerkriegs an hohen Regierungsämtern eingeräumt wurde, wartet bis heute auf die Umsetzung in die Praxis. Die Präsidentschaftswahlen vom 6. November 2006 gewann Staatspräsident Rahmon angeblich mit 79 Prozent der Stimmen. Ernstzunehmende Gegenkandidaten gab es nicht.

Trotz aller Fortschritte bleibt die Menschenrechtssituation in Tadschikistan problematisch, auch wenn das Land 2003 auf internationalen Druck die Ausübung der Todesstrafe ausgesetzt und ihre Verhängung für Männer von fünfzehn auf fünf Tatbestände verringert hat. In den Gefängnissen herrschen weiterhin unzumutbare Verhältnisse – Rechtsstaatlichkeit ist nur sehr bedingt gewährleistet. Korruption und Nepotismus sind innerhalb der Regierung, Verwaltung und Justiz weit verbreitet. Die Medien können nicht unabhängig arbeiten. Staatliche Druckkulissen haben dazu geführt, dass sich Journalisten in Tadschikistan in spürbare Selbstzensur auferlegt haben, um überhaupt arbeiten zu können.

Insgesamt reiht sich Tadschikistan mit seiner verfassungsrechtlichen Entwicklung und seiner insgesamt eher repressiven Lage in eine Reihe mit den anderen vier zentralasiatischen Republiken ein. Es unterscheidet sich aber dadurch, dass es als einziges Land Zentralasiens in einen internen Konflikt abdriftete. Während der politische Wandel in Kasachstan, Usbekistan, Kirgisistan und Turkmenistan relativ friedlich verlief und diese vier Staaten als herausragendes ihrer staatlichen Entwicklung auf die innenpolitische Stabilität verweisen können, musste Tadschikistan, welchem gemeinhin das Phlegma des „Armenhauses der Sowjetunion“ anhaftete, einen Bürgerkrieg erleben, der die Gesellschaft zutiefst spaltete und das Land an den Rande des wirtschaftlichen Ruins führte. Auf der anderen Seite existiert gegenwärtig nur in Tadschikistan eine politische Opposition, auf deren Belange das Regime Rücksicht nehmen muss. Doch auch die regelmäßig durchgeführten Parlamentswahlen können nicht darüber hinwegtäuschen, dass die Instabilität des Landes weiterhin latent vorhanden ist, welche die Zentralgewalt jederzeit erneut in Frage stellen kann.

4. Usbekistan

Usbekistan hat bereits vor seiner Unabhängigkeit am 31. August 1991 gewaltsame ethno-politische Konflikte erlebt. So eskalierten im Juni 1989 die Spannungen zwischen Usbeken und Mescheten[256] im usbekisch kontrollierten

[256] Mescheten sind eine ethnische Minderheit, die ursprünglich aus Südgeorgien stammt und im November 1944 von Stalin nach Zentralasien deportiert worden war. Seit 1999 gibt es in Georgien ein Gesetz, das die Rückkehr der Mescheten nach Georgien unterstützen soll, das bisher aber kaum in die Praxis umgesetzt wurde.

Teil des Ferghana-Tals, die mehrere Todesopfer forderte. Im Mai und Juni 1990 gab es blutige Auseinandersetzungen zwischen Usbeken und Kirgisen im kirgisischen Osh, die ebenfalls auf den usbekischen Teil des Ferghana-Tals ausstrahlten. Usbeken verließen daraufhin Kirgisistan und flüchteten nach Usbekistan.[257]

Seit der Unabhängigkeit des Landes gab es zwar keine größeren ethnopolitischen Auseinandersetzungen mehr, jedoch wurde die innenpolitische Stabilität durch eine Reihe von terroristischen Übergriffen in Frage gestellt. So kam es im Zeitraum von 1997 bis 1998 zu mehreren Attentaten auf Politiker und Verwaltungsbeamte im Ferghana-Tal. Im Februar 1999 erschütterte eine Serie von Bombenanschlägen die usbekische Hauptstadt Taschkent. Im Sommer 2000 drangen paramilitärische Verbände der *Islamic Movement of Uzbekistan* (IMU) von Afghanistan und Tadschikistan aus nach Usbekistan ein, konnten aber nach kurzer Zeit vom usbekischen Militär zurückgedrängt werden. Seither ist Usbekistan innenpolitisch zwar relativ stabil, es finden sich jedoch eine Reihe von Konfliktpotentialen, die mittel- bis langfristig die bestehende Stabilität untergraben könnten. Die strukturellen Konfliktursachen liegen zum einen im politischen Einflussbereich: im Mangel an demokratischen Strukturen und Mechanismen gewaltfreier Konfliktbeteiligung, in der fehlenden Rechtsstaatlichkeit sowie in der erheblichen, wiederholten Missachtung der Menschenrechte. Zum anderen sind im sozioökonomischen Bereich eine zunehmende soziale Ungleichheit, fortschreitende Umweltzerstörung und die immer schwerer wiegende Ressourcenknappheit in Verbindung mit dem Bevölkerungswachstum als latente Konfliktherde zu nennen.

Aber auch außenpolitisch bietet Usbekistan ein ausgesprochen ambivalentes Bild. Kaum ein anderer Staat im postsowjetischen Raum hat derartig drastische außen- und sicherheitspolitische Kurswechsel zwischen pro- und antiwestlichen, pro- und antirussischen Ausrichtungen vollzogen wie Usbekistan. Mitte der neunziger Jahre orientierte sich das Land in seiner Außen- und Sicherheitspolitik am Westen und distanzierte sich gleichsam von Moskau und von russisch geleiteten Integrationsprojekten im GUS-Raum. Der amerikanische Zentralasienexperte Frederick Starr glaubte damals in Usbekistan sogar einen „regionalen Stabilitätsanker“ zu erblicken.[258] In der Folgezeit ließ das

---

257 Vgl. Marie-Carin von Gumppenberg, Studien zur länderbezogenen Konfliktanalyse – Usbekistan, Studie im Auftrag der Friedrich Ebert Stiftung, auf: http://library.fes.de/pdf-files/iez/01934.pdf (Zugriff am 5.12.2007)

258 Vgl. Frederick Starr, Making Eurasia Stable, in: Foreign Affairs 75 (Januar/Februar 1996) 1, S. 80-92.

usbekische Modell autoritärer Stabilitätswahrung in einer unsicheren Übergangszeit aber zunehmend inhärente Schwäche postsowjetischer Präsidialautokratie erkennen.[259]

Den anvisierten Rang einer durch Wirtschaftswachstum und Reformfähigkeit ausgewiesenen regionalen Führungsmacht hat Usbekistan inzwischen an Kasachstan abtreten müssen, das bei einer wesentlich kleineren Bevölkerung ein mehr als vierfaches Nationalprodukt aufweist. Der Nachbar und traditionelle Konkurrent um die Vormachtstellung im zentralasiatischen Raum entwickelte sich, begünstigt durch seinen Rohstoffreichtum, greifende Wirtschaftsreformen und seine Öffnung nach außen zum größten Empfänger ausländischen Investitionskapitals (seit 1993 rund 30 Milliarden US-Dollar) in einer Region, die im übrigen eher in weltwirtschaftlicher Marginalität verharrt. Eine „demokratische" Entwicklungsalternative stellt Kasachstan allerdings auch nicht dar. Des weiteren ist umstritten, inwieweit das riesige Land überhaupt als Bestandteil Zentralasiens einzustufen ist, da Kasachstan vor allem in seiner wirtschaftlichen Entwicklung mehr Ähnlichkeit mit Russland als mit seinen Nachbarn aufweist.

Im Fall von Usbekistan steht dagegen außer Frage, dass die Republik ein zentraler Bestandteil Zentralasiens ist.[260] Seine geographische Lage, seine zentrale Bedeutung in der regionalen Geschichte, seine Bevölkerungsgröße und andere Faktoren weisen es als Kernland der Region aus. Als solches wurde es auch von der sowjetischen „nationalen Abgrenzung" Zentralasiens (1924-1936) bewusst angelegt. Mit rund 27 Millionen Einwohnern ist Usbekistan der bevölkerungsreichste Staat, auf den rund 44 Prozent der Gesamtbevölkerung des postsowjetischen Zentralasiens entfallen. Das Land grenzt an alle übrigen zentralasiatischen Republiken sowie Afghanistan und ist mit ihnen ethnisch-demographisch verflochten. Usbeken bilden im gesamten zentralasiatischen Raum relevante Bevölkerungsgruppen, namengebende Nationalitäten aus den Nachbarstaaten wiederum Minoritäten in Usbekistan. Schon öfter konnte beobachtet werden, dass sicherheitspolitische Erschütterungen

---

[259] Vgl. Uwe Halbach, Usbekistan als Herausforderung für westliche Zentralasienpolitik, SWP-Studie, Berlin 2006, S. 7f.

[260] In letzter Zeit warfen politische Morde erneut Schatten auf die oft zitierte „politische Stabilität" Kasachstans. Die Schikanen gegen die politische Opposition haben sich intensiviert. In einem Demokratisierungsranking von *Freedom House* hebt sich Kasachstan mit einer Gesamtnote von 6,36 auf einer Skala von 1 bis 7, wobei 1 den Idealwert abbildet, nicht wirklich von den „worst preformers" Turkmenistan und Usbekistan ab. Vgl. Kazakhstan: Democratization Takes Back Seat to Energy Profits, in: Eurasianet Civil Society, vom 14.6.2006.

im Ferghana-Tal, im Länderdreieck Usbekistan – Tadschikistan – Kirgisistan, eine grenzüberschreitende Wirkung entfalten. In dieser Subregion, die von ethnischer Heterogenität und sozioökonomischen Problemen geprägt ist und die höchste Bevölkerungsdichte in Zentralasien (und im gesamten GUS-Raum) aufweist, wurden die besonders wirren Grenzverläufe zum Symbol transnationaler Verflechtung, da sie ethnische Enklaven des einen Staates auf dem Territorium eines anderen hinterlassen.[261]

Zu Beginn seiner staatlichen Eigenständigkeit wurden Usbekistan die günstigsten Voraussetzungen für das *nation building* in der Region bescheinigt. Dagegen vermutete man vor allem in Tadschikistan und Kasachstan die größten Schwierigkeiten. Vor allem im Fall von Kasachstan sprachen die besonders starke Bevölkerungsteilung zwischen den Volksgruppen der Kasachen und Slawen, eine zumindest anfänglich dramatische Wirtschaftsschrumpfung sowie die enge Verflechtung mit Russland, die schon aufgrund der gemeinsamen Grenze von 7000 Kilometern Länge unvermeidlich war, gegen die Etablierung eines unabhängigen und freien Staates. Tatsächlich vollzog aber Kasachstan eine rasche Wandlung zum postsowjetischen Nationalstaat, während Usbekistans Stabilität zunehmend auf den Prüfstand geriet. Das usbekische Modell autoritärer Staatswahrung, das von Präsident Karimow in einer Vielzahl von Schriften und Abhandlungen beschrieben wurde, das instabilen Staaten der Region als Vorbild vorgehalten wurde und dem man anfangs im Westen Kredit einräumte, verlor rasch an Überzeugungskraft. Durch die Ereignisse von Andischan ist dieses Modell vollends in Frage gestellt worden.

Die Zwischenfälle vom 12. und 13. Mai 2005, in deren Folge die Stadt Andischan im äußersten Osten Usbekistans weit über Zentralasien hinaus bekannt wurde, haben die Innen- und Außenpolitik Usbekistans nachhaltig erschüttert. Andischan steht nicht nur für einen innenpolitischen Gewaltexzess, der den Vergleich mit der Vorgehensweise des chinesischen Machtapparates hinsichtlich Studentenproteste auf dem Platz des Himmlischen Friedens in Peking im Jahr 1989 provoziert hat. Er steht außerdem für eine Verschiebung der geopolitischen Koordinaten, wenngleich bei genauerer Betrachtung deutlich wird, dass diese dramatische Wende das Resultat eines längeren Prozesses war. Die Beziehungen Usbekistans zum Westen waren schon vor den Ereignissen in Andischan belastet gewesen, die dramatischen Vorgänge brachten diese jedoch auf einen brisanten Tiefpunkt.

---

[261] Vgl. Halbach, Usbekistan als Herausforderung für westliche Zentralasienpolitik, S. 7.

Bis heute ist ungeklärt, was in Andischan genau geschah. Haben Regierungstruppen auf friedliche Demonstranten geschossen oder auf eine gemischte Menschenmenge, bestehend aus gewaltbereiten Akteuren, unbeteiligten Zuschauern und friedlichen Demonstranten? Wie hoch war die Zahl der Todesopfer? Während die usbekische Regierung von zuletzt 187 Opfern sprach, gingen Menschenrechtsorganisationen von mindestens 500 Opfern aus, wobei die tatsächliche Anzahl wahrscheinlich noch höher anzusiedeln ist. Auf erste kritische Stellungnahmen westlicher Regierungsvertreter entgegnete das usbekische Regime, dass der Einsatz staatlicher Gewalt eine in diesem Fall notwendige Maßnahme auf die organisierte Gewalt der Gegenseite gewesen sei.[262] Die Regierung, so die usbekische Seite, hätte sich nach Kräften bemüht, Opfer unter der Zivilbevölkerung zu vermeiden. Diese offizielle Version wird jedoch selbst von Kommentatoren bezweifelt, die eine einseitige Berichterstattung westlicher Medien kritisiert haben. Andischan versinnbildlicht eine Problematik, die bereits in Beslan offenbar wurde: Staatliche Gewalt ist im postsowjetischen Raum offenbar nicht in der Lage, unter Vermeidung von Opfern differenzierend gegen sicherheitspolitische Herausforderungen vorzugehen, bei denen sich Gewaltakteure unter die Zivilbevölkerung mischen. Hinzu kam in diesem Fall zweifellos die Bereitschaft des Regimes, Anfechtungen seines Gewaltmonopols mit der Anwendung maximaler Gewalt zu begegnen.

Das rigide Vorgehen der usbekischen Sicherheitskräfte zog im Oktober 2005 EU-Sanktionen nach sich. Zum Jahrestag der Ereignisse kam es im Mai 2006 zu Demonstrationen von Menschenrechtsorganisationen und usbekischen Diasporagemeinschaften in mehreren europäischen Hauptstädten sowie im Nachbarland Kirgisistan. Ein Jahr nach Andischan stellte die Organisation *Human Rights Watch* den Ablauf der Ereignisse wie folgt dar: In der Nacht vom 12. zum 13. Mai 2005 griffen organisierte bewaffnete Kräfte Regierungsgebäude an, stürmten ein Gefängnis, in dem 23 lokale Geschäftsleute

---

[262] Nach Darstellung der usbekischen Regierung spielten sich die Ereignisse in Andischan folgendermaßen ab: Vor dem Aufmarsch der Regierungstruppen hätten bewaffnete Kräfte der Opposition Militäreinheiten angegriffen, Waffen und Munition geraubt, ein Gefängnis gestürmt, etwa 500 Häftlinge befreit und bewaffnet, Verwaltungsgebäude und zivile Objekte angegriffen, Zivilisten und Vertreter der Rechtsschutzorgane als Geiseln genommen, einige davon ermordet und dabei die Zivilbevölkerung als Schutzschild gegen staatliche (Gegen-)Gewalt missbraucht. Vgl. Den Kommentar der usbekischen Regierung zum Entwurf der Resolution der EU für die Behandlung im Dritten Komitee der UNO-Vollversammlung (Botschaft der Republik Usbekistan in der BRD, S. 1) Zitiert in: Ebd., S. 8.

unter der Anklage des „religiösen Extremismus“ auf ihre Gerichtsverfahren warteten, und mobilisierten am frühen Morgen des 13. Mai eine Protestkundgebung auf dem zentralen Platz Andischans. Nach und nach versammelten sich dort Tausende unbewaffnete Zivilisten und protestierten friedlich für gegen mannigfache politische und wirtschaftliche Missstände in ihrem Land. Im Verlauf des Tages umschlossen Regierungstruppen die Demonstranten und feuerten aus gepanzerten Fahrzeugen wahllos in die Menge, woraufhin die Eingeschlossenen versuchten zu fliehen. Eine Gruppe benutzte dabei zuvor genommene Geiseln als Schutzschild. Die usbekische Regierung beharrt darauf, dass die ersten Schüsse in die Menschenmenge von bewaffneten Akteuren auf der Gegenseite abgegeben wurden und die Unruhen als solche von islamistischen Aufwieglern initiiert wurden. Augenzeugenberichte über die Demonstrationen halten dem entgegen, dass nicht religiöse Parolen zu hören waren, sondern Beschwerden über lokale Missstände.[263]

Obwohl usbekische Sicherheitskräfte Hunderte von Demonstranten tötete, als diese versuchten, vom Ort der Kundgebung in Andischan zu fliehen, hat die Regierung noch immer nichts unternommen, um die Verantwortlichen für das Massaker zu finden und zur Rechenschaft zu ziehen. Stattdessen hat sie jegliche Verantwortung von sich gewiesen und unterdrückt alle Stimmen, die eine unabhängige und transparente Untersuchung fordern. Nach dem Massaker gingen die usbekischen Behörden aggressiv gegen Menschenrechtler, unabhängige Journalisten und politische Aktivisten vor, die versuchten, die ihre Sicht der Dinge hinsichtlich der Geschehnisse des 13. Mai und der folgenden Tage zu verbreiten. Diese Personen wurden unter vorgetäuschten Anklagen verhaftet, geschlagen, bedroht, überwacht oder praktisch unter Hausarrest gestellt. Sie wurden auch von Banden angegriffen und in Anprangerungen im Sowjet-Stil gedemütigt. Der Prozess gegen die vermeintlichen Aufwiegler begann noch im September desselben Jahres. Die Anklage gegen fünfzehn Männer umfasste mehr als dreißig Vergehen aus dem Usbekischen Strafgesetzbuch, darunter Mitgliedschaft in einer extremistischen Organisation, Mord und Terrorismus. Die Männer bekannten sich gleich zu Anfang des Prozesses in allen Anklagepunkten schuldig und einige baten sogar, dass man sie zum Tode verurteile. Ihre Aussagen stimmten weitgehend mit der Anklageschrift überein – in einigen Geständnissen wurden lange Passagen der An-

[263] Vgl. Marie-Carin von Gumppenberg / Markus Brach von Gumppenberg, Die Ereignisse im usbekischen Andijan 2005 und ihre geopolitischen Implikationen, in: Orient, 47 (2006) 1, S. 63-70.

klageschrift wortgenau zitiert – und entsprachen auch der offiziellen Darstellung der Ereignisse in den usbekischen Medien.[264]

Spätestens seit den Ereignissen von Andischan gilt Usbekistan neben Turkmenistan als das zentralasiatische Land, in dem die geringsten politischen Freiheiten bestehen. Seit Jahren bewertet *Freedom House*[265] den Stand der Demokratisierung mit 6,75 Punkten von 7 möglichen Punkten (keine politische Freiheit), was bedeutet, das in Usbekistan kaum politische Freiheiten existieren. *Freedom House* macht seine Einschätzung an folgenden Parametern fest: In Usbekistan gibt es keine freien, fairen und transparente Wahlen. Meinungs- und Versammlungsfreiheit sind stark eingeschränkt, Glaubens- und Gewissenfreiheit nicht gewährleistet. Der Bevölkerung wird jede Möglichkeit vorenthalten, offen und legal ihre Interessen, Bedürfnisse und Probleme zu äußern.

Mit der Stationierung amerikanischer und deutscher Truppen in Usbekistan im Zuge des Kampfes gegen den internationalen Terrorismus Anfang 2002 begann die Regierung, partiell politische Reformen einzuleiten. Sie erklärte die staatliche Zensur offiziell für abgeschafft; gestattete die Publikation einiger kritischer Artikel; ließ Sicherheitskräfte wegen Menschenrechtsverletzungen verhaften und verurteilen; setzte ein halbes Jahr mit der Verhaftung der politischen und religiösen Oppositionellen aus und gestattete dem Internationalen Komitee des Roten Kreuzes zeitweise den Zugang zu usbekischen Gefängnissen. Außerdem wurde die bis dato ausschließlich im Untergrund operierenden Oppositionspartei *Birlik* für 2003 die Registrierung und die Teilnahme an den Parlamentswahlen in Aussicht gestellt. Dieser Reformansatz muss im Zusammenhang mit der neuen geostrategischen Bedeutung gesehen werden, die Usbekistan nach den Anschlägen des 11. September 2001 zufiel. Heute zeigt sich, dass dieser Ansatz nicht als Teil einer nachhal-

---

[264] Human Rights Watch hat starke Zweifel, dass der Prozess den internationalen Grundsätzen für ein faires Verfahren entsprach. Die Angeklagten hatten keinen kompetenten und effektiven Rechtsbeistand und konnten mit ihren Pflichtverteidigern nicht vertraulich kommunizieren. Außerdem waren die Pflichtverteidiger eher damit bemüht, die Verteidigung ihrer Klienten zu untergraben, als sie zu unterstützen. So plädierte nicht ein einziger der Anwälte, dass sein Mandant unschuldig sei, keiner zog die Beweisführung der Anklage in Zweifel und alle wiesen darauf hin, dass ihre Mandanten sofort gestanden und hätten.

[265] *Freedom House* ist eine amerikanische Nichtregierungsorganisation (NGO), die jährlichen einen fundierten Bericht über den Stand der politischen und wirtschaftlichen Freiheiten in den einzelnen Transformationsländern herausgibt. In Usbekistan hat *Freedom House* im Herbst 2002 und in Kirgisistan im Frühjahr 2003 Schulungszentren für Menschenrechtsaktivisten eröffnet.

tigen Reformstrategie des usbekischen Regimes unter Präsident Karimow gewertet werden kann, da viele Zugeständnisse inzwischen wiederrufen und auch die Kooperation mit den ausländischen Truppen erheblich zurückgefahren wurde.

4.1 Problem

Dass Usbekistan in unmittelbarer Nähe zu politisch instabilen, ethnisch oder regional stark untergliederten Nachbarländern wie Afghanistan und Tadschikistan gelegen ist, spielt eine zentrale Rolle in der Sicherheitspolitik des Landes. Der usbekische Präsident Karimow schreibt hierzu: „Usbekistan ist von Ländern umgeben, die von ethnischen, demographischen, ökonomischen und anderen Problemen belastet sind. Usbekistan grenzt an einen solchen Herd der Instabilität wie Afghanistan, das von inneren Konflikten zerrissen ist, welche durch religiöse Extremisten, ethnische Gruppierungen, Drogenkartelle und verschiedene Kräfte von außen her angeheizt werden. Außerdem grenzt es an Tadschikistan, wo die Gefahr einer erneuten Eskalation des Bürgerkriegs anhält.“[266] Die Sicherung des eigenen Landes gegenüber Afghanistan und Tadschikistan ist daher oberste Priorität der usbekischen Sicherheits- und Verteidigungsstrategie.[267]

Obgleich auch Usbekistans unmittelbare Nachbarn dessen Einschätzung hinsichtlich der aktuellen Gefahrenlage für die Sicherheit in Zentralasien teilen, gelang es bis heute nicht, eine multilaterale Sicherheitsgemeinschaft ins Leben zu rufen. Nicht nur die usbekisch-kasachischen Rivalitäten um die Vorherrschaft in Zentralasien, sondern auch ungeklärte Grenzfragen und unterschiedliche außenpolitische Vorstellungen ließen bisher alle Ansätze eines zentralasiatischen Sicherheitsbündnisses im Sande verlaufen. So rangen sich im April 2000 die Präsidenten Kasachstans, Kirgisistans, Usbekistans und Tadschikistans zwar zu einem Konsens in sicherheitspolitischen relevanten Fragen durch. Sie unterzeichneten in Taschkent einen „Vertrag über gemeinsame Schritte im Kampf gegen Terrorismus, politischen und religiösen Extremismus, internationales organisiertes Verbrechen und andere Bedrohungen

[266] Vgl. Islam Karimow, Usbekistan an der Schwelle zum 21. Jahrhundert. Gefährdung der Sicherheit, Bedingungen der Stabilität und Garantien für den Fortschritt, Düsseldorf 2000, S. 16.

[267] Vgl. Marie-Carin von Gumppenberg, Studien zur länderbezogenen Konfliktanalyse – Usbekistan, Studie für die Friedrich-Ebert-Stiftung, Berlin 2002, S. 13f.

der Stabilität und Sicherheit der Staaten". Die Vertragsinhalte wurden jedoch – wie viele andere zuvor getroffene Übereinkommen – bisher nicht in die Praxis umgesetzt.

Ein zentrales Argument, dass nicht nur die usbekische Regierung immer wieder der internationalen Kritik an ihren Repressionsmaßnahmen entgegenhält, verweist auf die Gefahr der islamistischen Gegenentwurfs religiöser Extremisten zum bestehenden Staatsmodell. Dass ein Scheitern des herrschenden Regimes in Taschkent unweigerlich die radikale Islamisierung von Staat und Gesellschaft zur Folge hätte, wird gelegentlich auch in westlichen Analysen der politischen Konstellationen in Usbekistan behauptet. Unbestritten ist die sicherheitspolitische Brisanz islamistischer Oppositionsbildung, doch wird dieses Feindbild mitunter von den herrschenden Eliten instrumentalisiert, um uneingeschränkt gegen oppositionelle Kräfte im eigenen Land vorgehen zu können.[268] Im Hinblick auf beide Sichtweisen muss jedoch vor Simplifizierungen gewarnt werden: Vor einer ungeprüften Übernahme des Feinbildes „religiöser Extremismus" ebenso wie vor der Unterschätzung islamistischer Gewaltpotentiale, die sich durchaus – zumindest in einigen Teilen der Region – auf dem Boden prekärer politischer und sozioökonomischer Bedingungen generiert haben.[269]

Usbekistan hat unter den sowjetischen Nachfolgestaaten den höchsten muslimischen Bevölkerungsanteil (mit über zwanzig Millionen dem Irak vergleichbar) und ist auch in Bezug auf das Verhältnis zwischen Staat und Religion das Schlüsselland in Zentralasien. Bis in die Mitte der neunziger Jahre stand hinsichtlich dieser Thematik noch Tadschikistan im Vordergrund, an dessen innenpolitischen, zum Bürgerkrieg eskalierenden Machtkämpfen u.a. eine Partei der islamischen Wiedergeburt maßgeblich beteiligt war. Für das usbekische Regime bildete der tadschikische Bürgerkrieg den Kontrast, von dem sich das eigene Modell eines „autoritärem Säkularismus" positiv abheben sollte. Erste Konfrontationen zwischen staatlichen Sicherheitsagenturen und islamistischen Gruppierungen gehen in Usbekistan auf die Jahre 1991 und 1992 zurück. Die islamistischen Organisationen agierten unter verschiedenen Namen wie *Adolat* (Gerechtigkeit) und *Islom Ioshkari* (Islamisches

---

268 Dieses Feindbild versorge die Regierung mit „einer Entschuldigung dafür, dass sie alle Oppositionsgruppen aus dem politischen Prozess ausschließt." Es helfe ihr auch dabei, sich militärische und politische Unterstützung der internationalen Staatengemeinschaft zu sichern. Vgl. Edward W. Walker, Islam, Islamism and Political order in Central Asia, in: Journal of International Affairs, 56 (2003) 2, S. 21-41, hier: S. 21.

269 Vgl. Halbach, Usbekistan als Herausforderung für westliche Zentralasienpolitik, S. 19f.

Heer) vor allem im Ferghana-Tal und forderten die regierenden Eliten offen heraus. Die folgenden gewaltsamen Auseinandersetzungen prägten nachhaltig das politische Feindbild des im Dezember 1991 zum Präsidenten gewählten Republikführers Karimow. *Adolat* hatte damals in Namangan – dem religiösen Zentrum im Ferghana-Tal – praktisch die Macht an sich gerissen und versuchte in einer Phase des Zusammenbruchs bisheriger Ordnungsstrukturen die Bevölkerung mit Parolen islamistischer Ordnungs- und Rechtsmodelle für sich einzunehmen. Es entstand der Eindruck einer ordnungspolitischen Konkurrenz zwischen einem sowjetische geprägten Säkularismus und einem Islamismus, der die Konflikte und sozialen Verwerfungen beim Übergang in die staatliche Unabhängigkeit des Landes für seine Belange zu nutzen verstand. Es war zugleich die Periode, in der die usbekische Führung damit begann, weltliche und durchaus berechtigte Regimekritik von säkularen Foren auf einen Untergrundislam umzuleiten.

Die usbekische Regierung sieht deshalb im politischen Islam die Hauptbedrohung für die innere wie für die äußere Sicherheit des Landes. Für die Politisierung des Islam macht sie zwei Gruppen verantwortlich: die Islamische Bewegung Usbekistans (IMU) sowie die *Hizb ut-Tahrir al Islami* (HT). Der IMU gehören vornehmlich Usbeken an, die Mitte der 1990er Jahre infolge ihrer massiven Verfolgung durch die usbekischen Sicherheitsbehörden das land verlassen haben. Diese kämpften im tadschikischen Bürgerkrieg auf der Seite der oppositionellen Kräfte. Nach der Unterzeichnung des Friedensvertrages in Tadschikistan formierten sie sich als Islamische Bewegung Usbekistans. Diese Organisation verlegte ihre Stützpunkte in die unkontrollierten Gebiete Osttadschikistans sowie nach Afghanistan. Von hier aus führte die IMU verschiedenste Operationen in Usbekistan durch, die alle darauf abzielten, den Sturz des usbekischen Regimes herbeizuführen und einen Kalifatsstaat in Zentralasien zu etablieren. So verübte die IMU im Zeitraum 1997-1998 u.a. Anschläge auf Verwaltungseinrichtungen im Ferghana-Tal. Im Sommer 1999 und 2000 drang sie von Afghanistan aus nach Kirgisistan und Usbekistan ein, besetzte dort Dörfer und nahm Geiseln. Nur unter massiven militärischen Aufwand gelang es schließlich, die Eindringlinge auf afghanisches und tadschikisches Territorium zurückzuwerfen.[270]

Die IMU weist in der Tat alle Charakteristika einer terroristischen Organisation auf, weshalb sie auch im August 2000 vom amerikanischen Außenministerium als solche eingestuft wurde. Sie verfügt über eine moderne Füh-

---

[270] Vgl. Gumppenberg, Studien zur länderbezogenen Konfliktanalyse – Usbekistan, S. 26f.

rungsstruktur. Ihre Hierarchien sind wie die al-Qaidas flach – ihre Mitglieder (rund Tausend) nur lose miteinander vernetzt. Die IMU unterhielt, zumindest bis zum September 2001, finanzielle und logistische Unterstützung durch die Taliban, durch verschiedene überregional agierende islamistische Netzwerke (z.B. al-Qaida) sowie durch die usbekische Diaspora in Saudi-Arabien. Das von ihr propagierte Weltbild (Errichtung eines Kalifats) ist keineswegs klar formuliert, es entbehrt zudem jeder programmatischen Ausgestaltung. So existiert keine Konzept für den Fall, dass die Bewegung tatsächlich die Macht in Usbekistan erringt. Deshalb ist eher davon auszugehen, dass die IMU mit ihren Operationen vielmehr eine Kommunikationsstrategie verfolgt, die zeigen soll, dass die usbekische Regierung weder die innere noch die äußere Sicherheit des Landes gewährleisten kann und dass deshalb alle von ihr unternommenen Maßnahmen zur Bekämpfung des islamistischen Terrorismus von vornherein zum Scheitern verurteilt sind.

Seit Mitte der 1990er Jahre operiert zudem eine aus der Geschichte des Mittleren Ostens bekannte islamistische Partei in Usbekistan. Es handelt sich hierbei um die bereits mehrfach genannte *Hizb ut-Tahrir al Islami*, die 1952 durch die Abspaltung von den *Muslimbrüdern* unter Palästinensern in Jordanien entstanden war und sich nachfolgend in verschiedenen islamischen Ländern im Untergrund ausbreitete.[271] In Usbekistan konzentrierte sie sich zunächst auf das Ferghana-Tal, ist aber heute in allen Landesteilen tätig. Die HT rekrutiert ihre Anhänger keineswegs in den unaufgeklärten Bevölkerungsschichten, sondern in den gebildeten Kreisen. Dabei hilft ihnen die hohe Arbeitslosigkeit, von der auch viele junge Usbeken betroffen sind. Auch Regierungsvertreter sollen ihr bereits angehören. Schätzungen gehen von rund 10.000 Anhängern aus, von denen sich rund die Hälfte im derzeit im Gefängnis befindet. Das Ziel der HT ist – im Gegensatz zur IMU – klar definiert und konzeptionell untermauert. Die Partei strebt in Zentralasien die Errichtung eines Kalifats an und somit die Einführung der Scharia als einziger Rechtsordnung an. Nach eigenen Aussagen ist die HT bestrebt, diese Ziel keineswegs mit Waffengewalt durchzusetzen, sondern durch politische Argumentation zu erreichen. Es existieren in der Tat bisher keinerlei Hinweise, die an dieser Aussage zweifeln lassen. Dennoch hegen die usbekischen Behörden erhebliche Zweifel an der Gewaltlosigkeit der HT und meinen Beweise zu

[271] In Deutschland ist die *Hizb ut-Tahrir al Islami* im Januar 2003 als verfassungsfeindliche Organisation verboten worden.

haben, die belegen, dass die Organisation sehr wohl dazu bereit ist, ihre politischen Ziele mit Gewaltmitteln durchzusetzen.[272]

Über die tatsächliche Gefahr, die von der IMU und der HT für das usbekische Establishment ausgeht, kann indes nur spekuliert werden. Derzeit ist die IMU personell wie finanziell geschwächt, da im Zuge des intensiven Antiterror-Kampfes in Afghanistan ihre Ausbildungslager bombardiert und die Verbindungen zu den ausländischen Geldgebern gekappt wurden. Sie ist jedoch nicht gänzlich zerschlagen. Ihre verbliebenen Anhänger könnten sich neu formieren und terroristische Anschläge auf westliche Einrichtungen in Zentralasien planen und durchführen. Ihre Motivation und das technische Knowhow reichen dazu allemal.

Organisationen wie die HT wurden durch die Folgen der Anschläge des 11. September 2001 kaum geschwächt, da sie ihre Basen in der Bevölkerung selbst haben und diese sich oft zurecht gegen staatliche Misswirtschaft und willkürlich Gewaltanwendung der Sicherheitsbehörden organisieren. Die HT erhält ihren Zuspruch gerade deshalb, weil die Probleme, die sie in den 1990er Jahren einst erstarken ließ, bis heute weiterbestehen: die mangelnden politischen Partizipationsmöglichkeiten, die fehlenden Ausbildungs- und Berufschancen insbesondere junger Usbeken sowie die schlechte Gesundheits- und Ernährungssituation weiter Bevölkerungsteile. Auf diese Probleme meint die HT – im Gegensatz zur IMU – eine passende, weil gewaltlose Antwort gefunden zu haben. Sie legte ein Konzept vor, das für einige diskriminierte Bevölkerungsteile Usbekistans durchaus Überzeugungskraft entwickelt hat.

4.2 Rahmenbedingungen

Usbekistan ist qua Verfassung eine Präsidialrepublik. Der Präsident der Republik (seit 1991 Islam Karimow) besitzt eine enorme Macht- und Kompetenzfülle.[273] Seine weitreichenden Interventions- und Mitwirkungsbefugnisse

---

272 Vgl. Gumppenberg, Studien zur länderbezogenen Konfliktanalyse – Usbekistan, S. 27.

273 Eine Besonderheit der politischen Systeme Zentralasiens ist zweifellos der Fortbestand von Präsidialregimen, deren Führung sich am Ende der Sowjetära aus einer jüngeren Generation der lokalen sowjetischen Nomenklatur rekrutierte. Nirgendwo sonst im postsowjetischen Raum gab es eine vergleichbare Regimekontinuität. Diese wurde im März 2005 mit der Entmachtung des 15 Jahre amtierenden kirgisischen Präsidenten Akajew unterbrochen. Im ersten Jahrzehnt staatlicher Unabhängigkeit bildeten sich politische Systeme heraus, in denen sich vorsowjetische, sowjetische und nachsowjetische regionale Herrschaftsmuster mischten – allerdings mit von Land zu Land unterschiedlichen Ausprägungen autoritärer Herrschaft. Vgl. Neil J. Melvin,

stellen ihn über alle anderen Verfassungsorgane. Er ernennt und entlässt die Minister; er gibt die Richtlinien für die Innen- und Außenpolitik des Landes vor (Richtlinienkompetenz); er kann das Parlament in seiner legislativen Funktion umgehen, indem er Referenden ansetzt und gegebenenfalls per Dekret regiert. Das in unregelmäßigen Intervallen tagende Parlament besitzt lediglich eingeschränkte Kontroll- und Interventionskompetenzen. Es kann weder der Präsidenten noch die Regierung mit geeigneten legislativen Instrumenten seines bzw. ihres Amtes entheben. Im Gegenzug hat der Präsident das Recht, das Parlament aufzulösen. In Artikel 11 der usbekischen Verfassung ist zwar formal eine politische Gewaltenteilung festgeschrieben, doch wird niemand ernsthaft behaupten, dass diese in Usbekistan Anwendung findet.

Die formalen, in der Verfassung, in Gesetzestexten und Verordnungen festgeschriebenen Institutionen und Verfahren werden durch formale Strukturen und Praktiken unterlaufen. Regierungsvertreter und Verwaltungsbeamte sind weder ihrem Amt verpflichtet noch loyal gegenüber dem Recht oder an die geltenden Regeln eines Beamtenethos gebunden. Vielmehr sind sie in ein Netz persönlicher Verpflichtungen eingebunden, dass sie ihnen eine permanente Abhängigkeit auferlegt. Auf der einen Seite sind sie ihrem persönlichem Klientel (Clan, Region) verpflichtet. Auf der anderen Seite sind sie ihrem persönlichen „Patron" bzw. Vorgesetzten verantwortlich, dem sie loyal zu dienen haben.[274] Das derzeit herrschende System ist als neo-patrimoniales System[275] zu bezeichnen, da traditionelle Loyalitäts- und Abhängigkeitsverhältnisse die Legitimationsgrundlage der herrschenden Eliten bilden. Im Machtzentrum dieses politischen Systems steht der Präsident, der alle politischen Entscheidungen durch ein Netz persönlicher Beziehungen lenkt. Einflussnahme auf politische Entscheidungsprozesse erfolgt weniger über direkte Wahlen, Parteien oder Lobbyisten als vielmehr über direkte persönliche Kontakte und Beziehungen.

Die Frage nach der Gewährleistung der Menschenrechte wird hinsichtlich der zentralasiatischen Staaten immer wieder aufgeworfen. In der usbekischen Verfassung befassen sich 23 von 128 Artikeln mit dem Schutz der Men-

---

Authoritarian Pathways in Central Asia: A Comparison of Kazakhstan, Kyrgyz Republic and Uzbekistan, in: Yaacov Roi (Hrsg.), Democracy and Pluralism in Muslim Eurasia, London / New York: Frank Cass. 2004.

274 Vgl. Gumppenberg, Studien zur länderbezogenen Konfliktanalyse – Usbekistan, S. 15f.

275 Der Begriff Patrimonialismus wurde ursprünglich auf afrikanische Staaten angewandt. Vgl. dazu: Peter Pawelka, Herrschaft und Entwicklung im Nahen Osten: Ägypten, C. F. Müller UTB-Verlag, Heidelberg 1985.

schenrechte. Die usbekische Verfassung garantiert Gewissens-, Meinungs- und Versammlungsfreiheit, verbietet Folter, willkürliche Verhaftung und andere Verletzungen der Menschenrechte. Zudem ist Usbekistan unmittelbar nach seiner Eigenständigkeit der „Universalen Menschenrechtsdeklaration" beigetreten und hat in der Folgezeit die meisten völkerrechtlichen Konventionen und Verträge unterzeichnet. In der politischen Realität hat sich das Land doch immer mehr zum Sorgenkind internationaler Menschenrechtsbeobachtung im postsowjetischen Raum entwickelt. Eine krasse Diskrepanz zwischen der Rhetorik und den Handlungen des Regimes zeigt sich auf vielen Gebieten, nicht nur in Bezug auf Verfassungspostulate für Menschen- und Bürgerrechte. So hat Präsident Karimow wiederholt öffentlichkeitswirksam eine offenere und professionellere Berichterstattung in den Medien gefordert und im Jahr 2002 die staatliche Zensurbehörde offiziell abgeschafft. Von Presse- und Informationsfreiheit kann in Usbekistan trotzdem keine Rede sein. Im Jahr 1999 verkündete Karimow den „Übergang vom starken Staat zur starken Zivilgesellschaft" anzustreben. In der Folgezeit gerieten zivile Organisationen jedoch noch massiver unter Druck. Nach den Ereignissen von Andischan kam es sogar zum staatlichen Frontalangriff gegen vom Ausland unterstützte Nichtregierungsorganisationen (NGOs).[276]

Die wirtschaftliche Entwicklung Usbekistans wird durch zahlreiche Faktoren in ihrer Entwicklung gebremst. Entwicklungshemmend ist vor allem der Umstand, dass Usbekistan ein quasi doppeltes Binnenland ist, das heißt, dass es weder einen direkten noch einen indirekten (über Nachbarstaaten) Zugang zum Meer besitzt. Es ist daher von dem augenblicklich wichtigsten globalen Transportweg, dem Meer, abgeschnitten. Die Kosten für jeden Warentransport von und zu den Meeren ist sehr kostspielig. Aus diesem Grund sind usbekische Waren auf dem internationalen Markt nicht konkurrenzfähig. Darüber hinaus wird die wirtschaftliche Entwicklung des Landes bis heute durch den Wegfall der innersowjetischen Wirtschaftsbeziehungen beeinträchtigt. Zu Sowjetzeiten war Usbekistan ein wichtiger Lieferant von Rohstoffen (v.a. Baumwolle und Gold) und Importeur von Fertigwaren (v.a. Textilien). Nach der Unabhängigkeit gingen diese florierenden Wirtschaftsbeziehungen zurück, zudem brach der militärisch-industrielle Komplex weg. Viele Großbetriebe erwiesen sich als nicht konkurrenzfähig und stellten ihre Produktion ein. Die usbekische Wirtschaft konzentrierte sich fortan auf die Ausbeutung von mineralischen Rohstoffen und den Anbau von Agrarprodukten.

---

[276] Vgl. Halbach, Usbekistan als Herausforderung für westliche Zentralasienpolitik, S. 15f.

Die usbekische Regierung setzt seither auf eine Industrialisierungspolitik der Importsubstitution, die zu einer stärkeren Versorgung des Binnenmarktes mit einheimischen Produkten und zur Diversifizierung der Exporte führen sollte. Diese Politik war jedoch nicht in allen Bereichen erfolgreich. Einige der neu entstandenen Industrien (z.B. das Autowerk UzDaewoo) erwiesen sich ebenfalls als nicht konkurrenzfähig. Die Investitions- und Produktionskosten überstiegen bei weitem die Einnahmen. Der Absatzmarkt für die gefertigten Produkte war zu klein und die potentiellen Käufer nicht zahlungsfähig. Eine Exportdiversifikation gelang nicht in dem gewünschten Maße. Nach wie vor sind Baumwolle, Energieträger sowie Schwarz- und Buntmetalle Hauptexportgüter. Usbekistan ist deshalb weiterhin von der Preisentwicklung an den internationalen Rohstoffmärkten abhängig. Dem Land gelang es ebenfalls nicht, seine Handelspartner zu diversifizieren. Wichtigste Wirtschaftspartner sind nach wie vor die ehemaligen sowjetischen Republiken, wohin Usbekistan rund ein Drittel aller Waren exportiert und woher es Importe in ähnlichem Umfang erhält. Zudem förderte das von der Regierung eingeführte Wechselkurssystem einseitig prioritäre Wirtschaftszweige, wie die Baumwollwirtschaft, die seit Jahrzehnten als besonders kritischer Sektor im usbekischen Wirtschafts- und Gesellschaftsgefüge gilt. Für den Export ist sie nach wie vor die wichtigste Branche. Die drei wichtigsten Baumwolle produzierenden Länder der Region (Usbekistan, Turkmenistan, Tadschikistan) haben zwar unterschiedliche politische Systeme, aber in allen drei existiert für die Baumwollanbauer so gut wie kein Freiraum für die Verteidigung ihrer Rechte gegenüber Wirtschaftseliten, die nicht nur den Baumwollsektor kontrollieren, sondern auch die Staatsorgane einschließlich des Rechtsschutz- bzw. Justizsektors.

Trotz einiger Reformschritte, wie z.B. der Umstellung auf andere Anbaukulturen wie Weizen, werden im Baumwollsektor weiterhin soziale, ökologische und ökonomische Missstände konserviert, die gegen Ende der sowjetischen Periode internationale Aufmerksamkeit für den Wirtschaftsraum Zentralasien geweckt hatten. Dazu gehört die Erschöpfung des Bewässerungssystems ebenso wie der massenhafte Ernteeinsatz von Schülern und Studenten, die dadurch für Monate der Ausbildung entzogen werden.

Insgesamt greift der usbekische Staat rigide in das Wirtschaftsleben ein. Dabei hat er die von Kleinhandel lebende lokale Bevölkerung, vor allem in Grenzregionen wie dem Ferghana-Tal, mit restriktiven zoll- und grenzpolitischen Maßnahmen gegen sich aufgebracht. Neuere Oppositionskräfte, die sich 2005 in der Koalition „Mein sonniges Usbekistan“ größtenteils aus Geschäftsleuten formierten, ziehen nun gegen die staatliche Wirtschaftspolitik zu Felde. Die Privatisierung in den wirtschaftlichen Kernbereichen (v.a. Energiewirtschaft, Metallurgie) ist bis heute nicht abgeschlossen. In der mittleren und Großindustrie wurde zwar ein Entstaatlichungsprozess angestoßen, d.h. Betriebe wurden in Aktiengesellschaften umgewandelt. Der Staat behielt jedoch einen deutlichen Aktienanteil. Bis Ende der 1990er Jahre wurden zwar alle kleinen Unternehmen privatisiert, der Staat sicherte sich jedoch auch hier durch ein ausgeklügeltes Kontrollsystem und ausführliches Berichtswesen weitgehende Interventionsrechte.[277]

Die usbekische Bevölkerung wächst mit einer der höchsten Wachstumsraten im postsowjetischen Raum. Seine Altersstruktur weist die Bevölkerung Usbekistans als eine der jüngsten in Eurasien aus: 56 Prozent seiner Einwohner waren 2003 jünger als 25 Jahre. Das Land verfügt mit dieser überdurchschnittlich jungen Bevölkerung über ein beträchtliches Entwicklungspotential. Mit dieser Alterstruktur kommt Usbekistan aber auch den „heißen Gesellschaften" des Mittleren Ostens nahe, in denen oft mehr als die Hälfte der Bevölkerung jünger als 18 Jahre ist. Dabei wird oft die Anfälligkeit junger Männer für militante politische und religiöse Strömungen hingewiesen. In diese Klientel zählen sowohl arbeitslose junge Leute, die weder eine religiöse noch eine Hochschulbildung erlangt haben, aber auch Studenten, Basarhändler und ein Teil der geistigen Elite, meist aus jungen Intellektuellen bestehend, die keine legale Möglichkeit finden, Opposition zu artikulieren.[278] Inzwischen ist Usbekistan in eine Periode demographischen Wandels eingetreten, in der das Gewicht junger Altersgruppen allmählich geringer wird und die Geburtenraten stagnieren.

Der Lebensstandard der usbekischen Bevölkerung ist seit der Unabhängigkeit deutlich gesunken. Zunächst versuchte die Regierung die von Moskau im Vergleich zu anderen Dritte-Welt-Ländern relativ hohen Lebensstandards im Gesundheits- und Bildungswesen beizubehalten, stieß jedoch schnell an die Grenzen des Machbaren. Aufgrund eines wachsenden Haushaltsdefizits sah man sich gezwungen, graduelle Reformen im Sozialbereich einzuleiten. Sub-

---

[277] So haben Kleinunternehmen ihren Bargeldbestand jeden Abend an einen Behördenvertreter zu übergeben. Jeden Monat müssen sie dem Staat ausführlich über sämtliche unternehmerische Transaktionen berichten. Die Anfertigung des Berichts nimmt ca. zwei Arbeitstage in Anspruch.

[278] Vgl. Bahtiyar Babadzhanow, Religious-opposition Groups in Uzbekistan, in: Ders. (Hrsg.), Proceedings of the Conference on Combating Religious Extremism in Central Asia: Problems and Perspectives, Duschanbe 2002.

ventionen wurden abgebaut, Leistungs- und Versorgungsansprüche entzogen, Benutzergebühren für den sozialen Dienstleistungssektor erhoben. Medizinischen Grundversorgung ist folglich nicht mehr flächendeckend und auch nicht mehr kostenfrei möglich. Bildung wird immer mehr zu einem Luxusgut. Kinder aus armen Familien haben kaum eine Chance, eine gute und umfassende Bildung zu erhalten, da sie nicht über die entsprechenden finanziellen Mittel verfügen, um sich Kleidung und Bücher zu kaufen bzw. die notwendigen Studiengebühren zu entrichten. Die Lehrer an staatlichen Schulen sind chronisch unterbezahlt (ca. 12 US-Dollar monatlich) und deshalb unmotiviert. Viele quittieren ihren Dienst. Daher herrscht in Usbekistan ein akuter Lehrermangel; die Klassen werden dementsprechend immer größer und umfassen mittlerweile nicht selten fünfzig Schüler. Darunter leidet selbstredend die Unterrichtsqualität. Wissen, geschweige den praxisorientiertes Wissen, kann kaum noch vermittelt werden.[279]

Dies alles führt dazu, dass die soziale Differenzierung in Usbekistan immer stärker zunimmt. Die Einkommensschere zwischen Arm und Reich geht immer weiter auseinander. Das Lohnniveau schwankt stark zwischen den verschiedenen Branchen. Die höchsten Löhne werden für Finanz-EDV-Dienstleistungen gezahlt, die niedrigsten in der Landwirtschaft. Die Zahl der Arbeitslosen steigt seit Jahren an, wenngleich die Regierung offiziell von Vollbeschäftigung spricht. Es wird immer deutlicher, dass der Staat eine wachsende Zahl an Schul- und Hochschulabsolventen nicht mehr durch Arbeitsbeschaffungsmaßnahmen einer regulären Beschäftigung zuführen kann. Das ohnehin illusorische Regierungsziel „Vollbeschäftigung“ ist deshalb nicht mehr zu halten. Die schwierige Arbeitsmarktsituation trifft vor allem Jugendliche und Frauen. Angesichts dieser prekären Lage auf dem Arbeitsmarkt, sind viele Usbeken dazu übergegangen, auf gepachteten Land Obst, Gemüse und Getreide anzubauen, um ihr Überleben zu sichern. Zahlreiche Jugendliche flüchten sich zudem in Drogen. Viele Usbeken, die im Grenzgebiet leben, gehen illegalen Wirtschaftsaktivitäten (Waren- Benzinschmuggel, Drogen- und Waffenhandel) nach. Eine wachsende Zahl von jungen Leuten entscheidet sich zu emigrieren.

Dass es bisher noch nicht zu massiven sozialen Protesten gekommen ist, kann im Wesentlichen auf zwei Faktoren zurückgeführt werden: Erstens versucht die Regierung im Rahmen staatlicher Programme die Infrastruktur gerade in den ländlichen Gebieten, wo über sechzig Prozent der Bevölkerung

[279] Vgl. Gumppenberg, Studien zur länderbezogenen Konfliktanalyse – Usbekistan, S. 19f.

leben, zu verbessern. Sie fördert den Wohnungsbau, unterstützt den Ausbau der Gas- und Wasserleitungsnetze, baut Berufsschulen und Krankenhäuser. Zweitens nutzt sie die *Mahalla*,[280] das usbekische System der Nachbarschaftshilfe, um soziale Spannungen durch gezielte Zuteilung von kommunalen Vergünstigungen (v.a. Renten, Kindergeld, Arbeitslosenunterstützung) auszubauen.

Wie die meisten Teilrepubliken der ehemaligen Sowjetunion hat auch Usbekistan eine polyethnische Gesellschaft. 79 Prozent seiner Bevölkerung sind ethnische Usbeken, die tadschikische Minderheit hat einen Anteil – laut offiziellen Angaben – von 4,5 Prozent, Kasachen und Russen von je 3,8 Prozent. Weitere Minderheiten stellen die Tataren, Karakalpaken, Kirgisen, Ukrainer und Koreaner dar. Angesichts der vielfach zu beobachtender gewaltsamer innerethnischer Kollisionen während des Zerfalls der Sowjetunion wird der usbekischen Regierung als Hauptverdienst angerechnet, dass sie den Frieden zwischen den Volksgruppen wahren konnte.[281] Die Nationalitätenfrage wird auch künftig für die Stabilität des Landes bedeutend bleiben. Die Internationale Liga für Menschenrechte stellt der usbekischen Regierung auf diesem Gebiet jedoch ein kritisches Zeugnis aus. In ihrem Bericht an die UN im März 2006 beklagt sie die massenhafte Aufhebung von NGOs und die Schließung von Kulturzentren ethnischer Minderheiten, neben der Verminderung von multilingualen Schulen. Sie weist zudem darauf hin, dass bestimmte ethnischen Minoritäten (Karakalpaken und Kasachen in der Aral-Region[282])

---

280 Im Jahr 1993 wandelte die usbekische Regierung per Gesetz die bis dato bestehenden Mahallas in Selbstverwaltungsorganisationen um. Nun verwaltet ein Komitee die Mahalla, welches sich aus einem Vorsitzenden, einem stellvertretenden Vorsitzenden und einem Sicherheitschef zusammensetzt. Es wird laut Gesetz von der Bevölkerung gewählt, de facto aber vom örtlichen Bürgermeister eingesetzt. Die Aufgabe des Mahalla-Komitees ist es, kleinere Rechtsfragen (Nachbarschaftsstreitigkeiten, Scheidungen) zu schlichten, sozial schwache Mahalla-Mitglieder (kinderreiche Familien, alleinstehende Frauen) zu unterstützen und Festivitäten auszurichten. Zu den Aufgaben einer Mahalla gehört es aber auch, den Lebenswandel seiner Mitglieder zu überwachen. So wird genau registriert, ob Kinder rechtzeitig zur Schule gehen, ob Jugendliche verbotene Aktivitäten (Drogenkonsum, Mitgliedschaft in einer islamistischen Gruppierung) nachgehen oder ob sich fremde nachts in der Mahalla aufhalten. Die Kontrolle des Komitees ist insbesondere in Mahallas auf dem Lande sowie im Ferghana-Tal umfassend. In den Plattenbauten in Taschkent ist die Kontrolle aufgrund einer höheren Fluktuation der Mitglieder schwächer. Vgl. Ebd., S. 21.

281 Vgl. Halbach, Usbekistan als Herausforderung für westliche Zentralasienpolitik, S. 13f.

282 Ein ausgesprochenes Krisengebiet in sozialer und ökologischer Hinsicht ist die Region um den Aralsee. Bedingt ist dieser Umstand durch wirtschaftlichte Fehlplanungen und Fehlentscheidungen der sowjetischen Führung, die von der unbegrenzten

den medizinischen Auswirkungen ökologischer Katastrophen in besonderem Maße ausgesetzt sind und weit überdurchschnittliche Krebs- und Säuglingssterberaten ausweisen.[283]

Stärker identitätsstiftend als Ethnizität sind der Wohn- und Herkunftsort und die Heimatregion. Dabei kristallisieren sich vier Hauptgruppen heraus: Taschkenter, Einwohner der Ferghana-Tals, usbekisch und tadschikisch sprechende Einwohner der historischen Metropolen Samarkand und Buchara, Einwohner der Westprovinz Choresm. Lokale Einflüsse spielen nicht nur im Alltagsleben, sondern auch im Prozess politischer Elitenbildung eine bedeutende Rolle, die in Untersuchungen zu den Machtstrukturen in Usbekistan nur selten Berücksichtigung finden.[284]

Bisher gibt es in Usbekistan kaum offene Formen des sozialen Protestes, jedoch viele Formen des indirekten Widerstands. Während einige Usbeken ihr Heil in der Subsistenzwirtschaft suchen, flüchten sich andere in die Dro-

---

Verfüg- und Nutzbarkeit der Boden- und Wasserressourcen ausging. Seit den 1960er Jahren wurde für den Anbau von Baumwolle und Reis aus beiden Zuflüssen des Aralsees, Amurdarja und Syrdaria, extensiv Wasser abgeleitet. Infolgedessen sank der Wasserspiegel des Aralsees dramatisch ab. Stellenweise ging das Ufer um 100 Meter zurück. Dadurch wurde das ökologische Gleichgewicht nicht nur des Aralsees, sondern der ganzen Region empfindsam geschädigt. Der Aralsee ist versalzen. Die Vegetation in den Delta-Bereichen der beiden Zuflüsse wurde zerstört; das regionale Klima veränderte sich.

Betroffen vom „stummen Tschernobyl", wie die Aralsee-Katastrophe bezeichnet wird, ist vor allem die Bevölkerung in Karakalpakistan. Wesentliche Beschäftigungszweige wie Fischerei, Jagd oder Schifffahrt sind beinahe vollständig kollabiert. Viele Menschen sind bereits weggezogen, der Rest meist arbeitslos. Die Agrarproduktion retardiert. Die angebauten Produkte sind oft von zweifelhafter Qualität, da die Anbauflächen durch jahrelange systematische Überdüngung hochgradig toxisch kontaminiert sind. Infolgedessen finden sich in vielen landwirtschaftlichen Erzeugnissen relativ hohe Anteile an Pflanzenschutzmitteln. Soziales Konfliktpotential bieten aber nicht nur die hohe Arbeitslosenquote, die unzureichende Gesundheitsversorgung und mangelnde medizinische Betreuung, sondern auch die zunehmende Wasserknappheit. Infolge langer Dürreperioden ist das Wasser zur Bewässerung der landwirtschaftlichen Anbauflächen knapp geworden. Die Bevölkerung kann nicht mehr über die Subsistenzwirtschaft ihr Überleben sichern. In einigen Gebieten hat die Welthungerhilfe bereits Hungersnöte registriert. Vgl. Gumppenberg, Studien zur länderbezogenen Konfliktanalyse – Usbekistan, S. 25.

283 Vgl. International League for Human Rights, Alternative Report: On the Compliance of the Republic of Uzbekistan with the United Nations Convention on Elimination of All Forms of Radical Discrimination. 68th Session of the UN Committee on the Elimination of Radical Discrimination (CERD). 20.02.-10.03.2006. www.ilhr.org/ilhr/regional/centasia/protests/uzbekistan_report-9.8.05.htm>.

284 Zu den informellen Netzwerken und ihrer politischen Nutzung vgl. Joel Carmen, Machteliten Usbekistan: Clans oder politische Allianzen?, in: Orient, (2005) 4, S. 581-601.

gen. Wieder andere entscheiden sich für die Emigration. Die usbekische Bevölkerung wird wohl auch künftig erhebliche Einschnitte in das Sozialsystem ihres Landes hinnehmen müssen. Der Lebensstandard wird weiter sinken – die Arbeitslosigkeit weiter ansteigen. Eine kleine Oberschicht, die über gute Kontakte zu den politischen Entscheidungsträgern verfügt wird sich auf Kosten der breiten Masse bereichern. All diese Faktoren werden dazu beitragen, dass das innenpolitische Konfliktpotential anwächst.[285]

4.3 Sicherheit

Es wurde bereits darauf hingewiesen, dass die usbekische Regierung in der Erstarkung einer gewaltbereiten Islamistenszene die größte Gefahr für die innere und äußere Sicherheit ihres Landes sieht. In diesem Zusammenhang rückt immer wieder ein Landstrich als Krisenregion Nummer eins in den Fokus der usbekischen Sicherheitsbehörden: Das Ferghana-Tal im Drei-Länder-Eck, das seit jeher als Sammelbecken islamistischer Bewegungen gilt. Bereits im Jahr 1912 entstanden hier die ersten Einheiten einer Strömung, die später unter der leicht missverständlichen Bezeichnung „Wahhabiten“ bekannt wurde. Nach der Oktoberrevolution 1917 war das Ferghana-Tal Zentrum der islamisch orientierten *Basmatschen*, die bis in die 1930er Jahre hinein aktiven Widerstand gegen die Etablierung des sowjetischen Systems leisteten.

Zum Ende der Sowjetära erstarkten im Ferghana-Tal erneut islamistische Bewegungen, darunter die *Hizb ut-Tahrir*, die ab Mitte der 1990er Jahre von der usbekischen Regierung unter Präsident Karimow rigoros unterdrückt und bekämpft wurden. Eine Verhaftungswelle setzte ein. Islamistische Kräfte, die später die *Islamic Movement of Uzbekistan* (IMU) gründeten, wurden ins Exil getrieben. Gegen Ende der 1990er Jahre spitzte sich die Lage im Ferghana-Tal zu. 1997/98 erschütterte eine Mordserie den usbekischen Teil des Tals. Prominente Lokalpolitiker, Verwaltungsbeamte und Polizisten fielen ihr zum Opfer. Auf dem Höhepunkt der Unruhen versuchte 1998 der Usbeke Mahmud Chudoiberdiev in Chodschand, im tadschikischen Teil des Tals, die Macht an sich zu reißen. Der Umsturzversuch scheiterte jedoch – der Rebellenführer wurde im Jahr 2000 in Abwesenheit zum Tode verurteilt. Im Spätsommer 1999 und 2000 drangen aus Tadschikistan paramilitärische in den

---

[285] Vgl. Gumppenberg, Studien zur länderbezogenen Konfliktanalyse – Usbekistan, S. 21.

kirgisischen Teil des Ferghana-Tals ein. Erst bei Wintereinbruch konnten die sich monatelang hinziehenden Kämpfe beendet werden.

Das Ferghana-Tal gilt nicht nur als Sammelbecken islamistischer Gruppierungen, sondern auch als außenordentlicher Brennpunkt ethno-politischer, demographischer und sozialer Probleme. Bis Anfang des 20. Jahrhunderts bildete das Tal einen einheitlichen, politischen, administrativen und wirtschaftlichen Raum. Anfang 1920 teilten es die Sowjets ungeachtet jeglicher naturgeografischer und ethno-politischer Gegebenheiten auf. Das Tal ist die fruchtbarste – bis zu drei Ernten sind im Jahr möglich – und zugleich die am dichtesten besiedelte Region in Zentralasien. Die überwiegende Mehrheit der dort angesiedelten Menschen sind Usbeken (rund zwei Drittel). Diese leben nicht nur im usbekischen, sondern auch im kirgisisch und tadschikisch kontrollierten Teil des Tales. Die soziale Situation ist im usbekischen Teil kritisch. In den letzten Jahren ist die Bevölkerung rasant angestiegen. Der Arbeitsmarkt kann viele Jugendliche nicht mehr aufnehmen, die Arbeitslosenzahl steigt dementsprechend. Ein Großteil der Bevölkerung sichert ihr Überleben durch den Anbau landwirtschaftliche Produkte. Das zur Verfügung stehende, landwirtschaftlich nutzbare Land wird jedoch immer knapper. Daher pachten immer mehr Usbeken Ländereien auf der kirgisischen Seite des Tals.[286]

Das existente ethno-politische Konfliktpotential wird durch das usbekische Grenzregime verschärft. Nach den paramilitärischen Übergriffen aus dem südlichen Kirgisistan erklärte die usbekische Regierung das Ferghana-Tal zum Sicherheitsgebiet. Ab Herbst 1999 ließ sie an der Grenze zu Tadschikistan und Kirgisistan – ohne Vorwarnung und entgegen allen internationalen Konventionen – mit Antipersonenminen legen. Verlässliche Angaben über die Anzahl der Toten und Verletzten, die diesen Minen bereits zum Opfer fielen, existieren nicht. Jedoch melden offizielle Stellen Kirgisistans und Tadschikistans, dass bisher bereits knapp einhundert Menschen und mehrere hundert Stück Vieh durch Antipersonenminen ums Leben gekommen sind.[287]

Usbekistan verminte auch seine in Kirgisistan gelegene Enklave Sukh. Diese ist von hoher politischer Bedeutung. Zum einen gilt die Enklave als möglicher Stütz- und Rückzugspunkt der IMU, zu dem die paramilitärischen Verbände verstoßen könnten, um von dort aus problemlos auf usbekisches Territorium vorzudringen. Zum anderen stellt die Enklave einen möglichen

---

286 Vgl. Ebd., S. 30f.

287 Vgl. International Crisis Group: Central Asia: Border Disputes and Conflict Potential, Osh / Brussels 2002, S. 12.

Präzedenzfall im sich hinziehenden Konflikt um die Demarkation der usbekisch-kirgisischen Grenze dar. Kirgisistan reklamiert, dass Usbekistan rund 520 Hektar kirgisischen Staatsgebietes vermint habe, während man in Taschkent darauf besteht, eigenes Territorium vermint zu haben. Insgesamt sind über 140 Grenzabschnitte entlang der 1308 Kilometer langen usbekisch-kirgisischen Grenze umstritten. Zwar arbeitet bereits seit einigen Jahren eine zwischenstaatliche Kommission an einem Kompromiss in dieser Frage, eine baldige Einigung ist dennoch nicht in Sichtweite.

Nach den Übergriffen militanter Islamisten im Ferghana-Tal verlegte das usbekische Militär nicht nur Antipersonenminen, sondern verstärkte auch das Grenzregime. Die Zahl der Grenzsoldaten wurde erheblich aufgestockt. Außerdem wurde eine Visumspflicht für kirgisische und tadschikischen Staatsbürger eingeführt. Von dieser Pflicht wurden nur diejenigen befreit, die in unmittelbarer Grenznähe lebten. Mit diesen Maßnahmen wurde die Bewegungsfreiheit der Bewohner des Ferghana-Tal empfindlich eingeschränkt, die bis dahin ungehindert die Grenzen passiert hatten, um Handel zu treiben oder Verwandte und Freunde zu besuchen. Infolgedessen nahm der Unmut in der Bevölkerung gegenüber restriktiven und korrupten Grenzbeamten zu, der zuweilen in handgreiflichen bis bewaffneten Auseinandersetzungen eskalierte. Der legale Grenzhandel retardierte. Das Angebot auf beiden Seiten der Grenze reduzierte sich erheblich. Viele Menschen wurden so ihrer Lebensgrundlage beraubt. Infolge der strikten Durchsetzung des Grenzregimes durch die usbekischen Behörden wurden Dörfer getrennt, ganze Siedlungen von der Energie- und Wasserversorgung abgeschnitten, Kinder am Besuch naheliegender Schulen gehindert und Kranken der Besuch naheliegender Krankenhäuser verwehrt. Ein Ersatz für die weggebrochene Infrastruktur – etwa neue Schulen, Krankenhäuser oder Wasser- und Gasleitungen – blieb aus. Um einer möglichen gewaltsamen Eskalation der Proteste der Grenzbevölkerung entgegen zu wirken, engagieren sich einiger Zeit internationale Geberorganisationen wie *Mercy Corps* sowie lokale NGOs wie die *Foundation for Tolerance International* im Ferghana-Tal, um mit Infrastrukturprojekten und Trainings für Grenzsoldaten das vorhandene Konfliktpotential zu reduzieren.

Trotz dieser konfliktabfedernden Maßnahmen sind die Bewohner des usbekischen Teils des Ferghana-Tals aufgrund der dort vorhandenen vielfältigen Probleme weitaus politisierter – und deshalb auch konfliktbereiter – als in anderen Regionen des Landes. Gleichzeitig ist das Ferghana-Tal jedoch weitaus stärker als alle anderen Region Usbekistans in islamische Traditionen eingebunden. Sie birgt ein Netz von Loyalitäten und Verwandtschaftsbeziehungen und beinhaltet gleichsam ein System sozialer Kontrolle, dass für Außenstehende intransparent bleibt und deshalb Spekulationen der usbekischen Sicherheitsbehörden über mögliche islamistische Zellen in dieser Region nährt.

Nach den Terrorakten von 1997 und 1999 verschärften die usbekischen Behörden ihren Kampf gegen religiöse Extremisten. Gleichzeitig appellierte die Regierung an islamische Kultur und Geschichte auf dem Territorium des heutigen Usbekistans und bemühte sich, diese kulturelle Ressource stärker in ihre Bemühungen um eine postsowjetische Nationenbildung einzubinden. Sie versuchte, islamische Eliten in ihr Patronagesystem zu integrieren und straffte mit einem neuen Religionsgesetz gleichzeitig die ihre Kontrolle über die muslimische Geistlichkeit und Moscheen. Doch stieß diese staatliche Kontrolle schnell an ihre Grenzen. Die Konfrontation zwischen Staat und autonomen religiösen Kräften ist in Usbekistan nach wie vor evident. Internationale Menschenrechtsorganisationen schätzen die Zahl der wegen religiöser Aktivitäten Inhaftierter mittlerweile auf bis zu 7.000.[288] Die seit Mitte der neunziger Jahre in Zentralasien aktive *Hizb ut-Tahrir e-Islam* bildet den Kristallisationskern des islamistischen Feindbilds. Und sie zeigt Potentiale auf, die ein solches Feindbild bestätigen: die vehemente Anfeindung der politischen Machtverhältnisse und einen utopischen Gegenentwurf in Gestalt eines islamischen Kalifats; Organisationsstrukturen, die den Vergleich mit dem revolutionären Professionalismus der Bolschewisten hervorgerufen haben, weil sie aus kleinsten Zellen bestehen und so die Anpassung an ein repressives politisches Umfeld ermöglichen, reichhaltige Rekrutierungsfelder in mannigfachen Krisenregionen Usbekistans.

Auch wenn die Mehrheit der Bevölkerung Usbekistans und Zentralasiens mit dem historischen Kalifat wenig anzufangen weiß, verschaffen doch die derzeitigen politischen und sozialen Verhältnisse diesem religiös verklärten Gerechtigkeitsappell verbreitet Gehör. Im Zusammenhang mit den Unruhen in Andischan erlangte eine angebliche Splittergruppe der HT Aufmerksamkeit, die nach dem Vornamen ihres Gründers Akram Joldasch als *Akkramiyya* bezeichnet wird. Ihre Mitglieder nennen sich selbst anders – „Gläubige“ oder „Brüder“ – und fallen vor allem durch soziale und wirtschaftliche Aktivitäten auf, die für religiös-politische Bewegungen in anderen Teilen durchaus charakteristisch sind. So gründeten Anhänger des inzwischen inhaftierten Akram Joldasch eigene Werkstätten und Läden und versorgten Mitglieder ihres

[288] Vgl. Halbach, Usbekistan als Herausforderung für westliche Zentralasienpolitik, S. 20f.

Netzwerks mit Arbeitsplätzen, bildeten aber auch religiöse Studienzirkel. Diese Netzwerke erwiesen sich besonders unter den im Ferghana-Tal vorherrschenden schwierigen sozioökonomischen Lebensbedingungen als wirkungsvoll. So wurde ein Prozess gegen 23 lokale Geschäftleute zum Auslöser für die blutigen Unruhen in Andischan, die wohl viele hundert Todesopfer forderten.

Insgesamt lässt sich aber feststellen, dass in Usbekistan und erst recht im weiteren Zentralasien islamistische Strukturen auf nationaler und regionaler Ebene nur in eingeschränkter Form existieren, insbesondere wenn die dortige Bedrohungslage mit der in Ländern wie Pakistan oder Afghanistan vergleicht. Postsowjetische Gesellschaften im islamischen Zivilisationsraum unterscheiden sich auch sechzehn Jahre nach der Implosion des Sowjetimperiums und einer – an der Zahl neuer Moscheen gemessenen – beträchtlichen „islamischen Wiedergeburt“ nach wie vor erheblich von Pakistan, Afghanistan oder den arabischen Staaten. Der überwiegende Teil der Usbeken nimmt heute eher aus traditionellen denn aus religiösen Gründen an islamischen Zeremonien teil. Eine mehr oder weniger wachsende Zahl besucht die Freitagsgebete. Aber nur eine Minderheit beruft sich auf die Religion als wichtigste Instanz auf, die ihre Identität und ihr soziales Verhalten dominiert. Den höchsten Stellenwert hat nach wie vor die Institution der Familie.

Das Ferghana-Tal nimmt, wie schon in der ausgehenden sowjetischen Ära, eine exponierte Stellung hinsichtlich der „islamischen Wiedergeburt“ in Zentralasien ein. Damit kommt, so Halbach, eine externe Dimension bei der Wahrnehmung islamistischer Bedrohung durch die usbekische Regierung ins Spiel: denn in diesem Gebiet sind politische Entwicklungen beinahe zwangsläufig grenzüberschreitend. Tatsächlich war die Islamische Bewegung Usbekistans (IMU) vor 2001 transnational vernetzt und unterhielt Basen in Afghanistan und Tadschikistan. Auf diese Weise avancierte die Organisation schnell zum Scharnier zwischen inneren und äußeren Sicherheitsrisiken in Zentralasien. Sie trat bei ihren militärischen Operationen als eine gegen die Regierung Usbekistans gerichtete Formation auf, die von Rückzugsstellungen in unkontrollierten Landesteilen in Tadschikistan und Basen in Afghanistan aus operierte.[289] Ihr militärischer Führer, Dschuma Namangani, wurde zum Todfeind des usbekischen Präsidenten Islam Karimow. Einerseits wurde die Bewegung von den innenpolitischen Verhältnissen in Usbekistan mit ihrer massiven Repression aller staatlich nicht sanktionierten islamischen Aktivitäten

289 Vgl. Ders., Islam und islamistische Bewegungen in Zentralasien, S. 7.

geformt, andererseits von den Wirren der Bürgerkriegsszenarien in Tadschikistan und Afghanistan. Die IMU genoss die Unterstützung der Taliban und wurde unter islamistischen Gruppen im Umfeld al-Qaidas lokalisiert. In Washington setzte man sie wegen der Verbindung zu Osama bin Ladens Terrornetzwerk im September 2000 auf die Liste der gefährlichsten internationalen Terrorgruppen. Die Unterstützung bei der Vernichtung der IMU dürfte Usbekistans wichtigste Triebfeder gewesen sein, der Allianz gegen den Terror beizutreten. Angaben zur militärischen Stärke als wichtigem Indikator für die sicherheitspolitische Relevanz der IMU schwanken indes gewaltig.[290] Die usbekische Regierung machte ihrerseits unterschiedliche Angaben zum Drohpotential ihres Hauptgegners. Mal stellte sie dessen Gefährlichkeit ganz besonders in den Vordergrund, mal warnte sie vor übertriebenen Einschätzung seiner tatsächlichen militärischen Fähigkeiten. Mal wurde die islamistische Ideologie dieser Bewegung in den Vordergrund gestellt, dann wieder betont, die Namangani-Banden hätten keinen religiösen Bezug, sonder repräsentierten vielmehr eine zweckrationale Gewalt, die durch die Destabilisierung ganzer Regionen die Sicherung von Drogenrouten vor staatlichem Zugriff organisieren wolle. Auch externe Beobachter stellen eine andere, nicht militärische Bewegung als die größte Herausforderung für die postsowjetischen Regime in Zentralasien dar.

Die HAT versteht sich dagegen als eine globale Kalifatsbewegung. Kennzeichnend ist ihre straffe pyramidale Organisation, die von lokalen Basiseinheiten aus wenigen Personen über regionale und nationale Organisationsebenen bis zu einer überregionalen Führung reicht, ihre intensiven Propagandabemühungen und ihre Kalifatslehre. Als ihr Endziel bezeichnet sie die politische Integration aller Muslime in einem erneuerten Kalifat. Sie propagiert dafür ein Wirrwarr aus traditionalistischen und reformistischen Lehren, anachronistischen Utopien und sozialen Gerechtigkeitsappellen, die bei der anhaltend schlechten sozioökonomischen Lage Zentralasiens auf einen fruchtbaren Boden fallen. Auf ihren arabischen Ursprung verweisen Akzente wie antisemitische Parolen, die der Bevölkerung Zentralasiens – auch in ihren traditionellen religiösen Segmenten – eher fremd sind. Mit dem Etikett „Talibanisierung“, mit dem islamistische Dynamiken in Zentralasien gern und oftmals voreilig versehen werden, sind ihre ideologischen Positionen indes nicht

[290] Der international renommierte Zentralasienexperte Ahmed Rashid sprach im September 2001 von rund 3000in Afghanistan stationierten IMU-Kämpfer. Auf nicht mehr als 300 Mann bezifferte sie dagegen der in Afghanistan wieder aktiv gewordene usbekische General und Warlord Dostum. Vgl. Der Spiegel vom 15.10.2001.

zu beschreiben. Kontakte zu den Taliban oder zu al-Qaida wurden ihr vor den Anschlägen des 11. September 2001 ebenfalls nicht nachgesagt. Erstmals wurden Mitglieder der HT in einem Strafprozess in Taschkent im Oktober 2001 mit Osama bin Laden in Verbindung gebracht.

Ungeachtet der Versuche der usbekischen Regierung, einen Zusammenhang zwischen der HT, den Taliban und al-Qaida zu konstruieren, um sie gewaltsam bekämpfen zu können, konstatieren neutrale internationale Beobachter, dass es sich hierbei zwar um eine radikale, aber gleichzeitig nicht gewalttätig operierende Bewegung handelt. Während die IMU in den Jahren 1999 und 2000 in Dörfern und Kleinstädten im Ferghana-Tal rekrutierte, sucht die HAT ihre Mitstreiter eher im urbanen Milieu, an Universitäten und in durchaus gebildeten Bevölkerungsschichten.[291] Ihre Gewaltlosigkeit ist ihre gefährlichste Waffe in einem Land mit einer Regierung, der es offenbar an politisch-argumentativen Instrumenten fehlt, um die rückwärtsgewandten Ideologien der HAT zu widerlegen. Es sind daher vor allem Anhänger und Sympathisanten dieser Bewegung, deren Mitgliederzahl allein in Usbekistan auf weit über 10.000 geschätzt wird, die den größten Teil der aus religiösen und politischen Gründen verurteilten Häftlinge in usbekischen Straflagern und Gefängnissen stellen. Seit einigen Jahren gehen aber auch Kirgisistan und Tadschikistan entschlossener gegen die islamistische Bewegung vor. Aufgrund ihrer intensiven Propagandabemühungen halten Religionsexperten in Regierungskreisen sie für eine dynamischere und deshalb gefährlichere Erscheinung als die IMU, da man gegen letztere militärischen vorgehen könne. Viel schwerer sei es, gegen Bewegungen zu kämpfen, die laut einem alten sowjetischen Slogan „am Menschen arbeiten". Doch sollte der politische Einfluss der HAT auch in Usbekistan nicht überschätzt werden. Die Entfaltung regionsfremder und puristischer Strömungen in der „islamischen Wiedergeburt" wurde von usbekischen Diasporakreisen unterstützt, die seit Jahrzehnten in Saudi-Arabien und deren Motivation eher die religiösen Vorstellungen der saudischen als die der usbekischen Gesellschaft widerspiegeln dürfte.[292]

Den Kampf gegen den Islamismus stellen die usbekischen Eliten mitunter als die Verteidigung nationaler Unabhängigkeit gegen extern unterstützte Feind der Republik dar. Dies soll zum einen den eigenen Machtanspruch si-

---

291 Vgl. Rashid, Talibanisation and Central Asia, in: Talibanisation: Extremism and Regional Instability in South and Central Asia, CPN (Conflict Prevention Network) SWP, September 2001, S. 33-54, hier: S. 48.

292 Vgl. Halbach, Usbekistan als Herausforderung für westliche Zentralasienpolitik, S. 21.

chern und zum anderen identitätsstiftend wirken, um dem Minoritätenmosaik Usbekistans ein gemeinsames Ziel zu bieten, für das es sich zu kämpfen lohnt.

4.4 Perspektive

Nach dem Beginn der Bombardierung Afghanistans am 7. Oktober 2001 äußerten internationale Menschenrechtsorganisationen die Befürchtung, dass die USA ihre neu geschmiedeten Bündnisse mit den zentralasiatischen Staaten, insbesondere mit Usbekistan, zum Anlass nehmen würden, Forderungen nach mehr Demokratie oder Respektierung der Menschenrechte zurückzustellen. Tatsächlich hat Regime in Usbekistan keinen Moment gezögert, die staatliche Unterdrückung sämtlicher islamistischer Aktivitäten fortan ins Zentrum ihrer Sicherheitspolitik zu stellen, ungeachtet dessen, ob diese nun friedlich oder gewalttätig waren. Die usbekische Regierung nutzte die Gunst der Stunde und brachte alle derartigen Aktivitäten unmittelbar mit Osama bin Laden und dessen Terrornetzwerk al-Qaida in Verbindung. Die westlichen Bündnispartner konnten deshalb schwerlich gegen die damit einhergehenden Repressalien Einspruch erheben. Diese Taktik führte in einem Urteil gegen neun Anhänger der bekanntermaßen gewaltfreien HT im Oktober 2001 zum gewünschten Erfolg. Ihnen wurden kurzerhand Kontakte zu al-Qaida zur Last gelegt. Die kirgisische Regierung folgte dem usbekischen Beispiel: Mehrere Dutzend islamischer Aktivisten wurden zur selben Zeit verhaftet und wurden angeklagt, der IMU oder der HT anzugehören – aber auch Kontakte zu al-Qaida zu unterhalten.[293]

Die Religionspolitik der zentralasiatischen Staaten ist seit ihrer Unabhängigkeit ambivalent. Einerseits appellierten die politischen Führer an den Islam, andererseits mussten sie die wachsende Hinwendung an das religiöse und kulturelle Erbe ihrer Länder und Völker mit verfassungsmäßigen Trennung von Staat und Religion und der – zumindest in Ländern wie Kasachstan und Kirgisistan noch stark ausgeprägten – multikonfessionellen Bevölkerungsstrukturen in Einklang bringen.[294] Für ihren Appell an den Islam werden drei Hauptmotive genannt: *Erstens* bezogen sie das islamische Erbe in ihre Politik der Nationenbildung ein, da sie nicht auf diese wichtige kulturelle Ressource für ein postsowjetisches Nationalbewusstsein verzichten wollten und auch nicht konnten. *Zweitens* waren sie bemüht, den Oppositionskräften

---

293 Vgl. Rashid, Heiliger Krieg am Hindukusch, S. 230f.
294 Vgl. Halbach, Islam und islamistische Bewegungen in Zentralasien, S. 31.

zuvorzukommen, von denen sie fürchteten, dass sie auf eine religiöse Artikulation von Regimekritik zurückgreifen könnten. Einige religiöse Bewegungen begannen, die bestehenden politischen und kulturellen Verhältnisse als „heidnisch", die herrschenden Eliten als „exkommunistisch", die Religionsnomenklatur als „regimetreu" und des Alltagsislam als „polytheistisch" zu bezeichnen. *Drittens* wollten die Regime auch ihre Autorität in der islamischen Welt unter Beweis stellen, wenngleich diese Dimension ihrer Außenpolitik gewiss nicht die Oberhand über andere Ausrichtungen, wie z.B. die westliche Orientierung, gewann.

Die Ambivalenz staatlicher Islampolitik wurde vor allem in Usbekistan sichtbar. Hier betrieb der Staat zunächst mit erheblichen Aufwand die Pflege kultureller und religiöse Symbole der mittelasiatischen Geschichte auf dem Territorium des heutigen Usbekistan. Für die „tiefere Erforschung des großen islamischen Erbes und der Werke islamischer Theologen und Gelehrter" wurde 1995 das internationale Zentrum für Islamforschung und 1999 die Islam-Universität gegründet. Andererseits ging keine Regierung in der GUS dermaßen rigide gegen islamische Bewegungen vor, die sich der staatlichen Kontrolle entzogen, wie die usbekische Administrative. Nach Terroranschlägen in Namangan, einer als Zentrum nonkonformistischer religiöser Aktivität angesehenen Stadt und Provinz im Ferghana-Tal, steigerte sich seit 1997 das Vorgehen staatlicher Gewaltorgane gegen „religiöse Extremisten" erheblich und artete in eine Verfolgungs- und Verhaftungswelle aus. Das 1998 novellierte Religionsgesetz unterwarf alle religiösen Aktivitäten der Bevölkerung einer stärkeren staatlichen Aufsicht. Nichtregistrierte Moscheen wurden geschlossen, die Benutzung von Lautsprechern für den Gebetsruf untersagt, Studenten mit betont islamischer Kleidung vom Campus ihrer Universitäten verwiesen. Oft genügte die Barttracht, um einen jungen Mann des „religiösen Extremismus" zu bezichtigen. Strafverfahren gegen „Wahhabiten" und „religiöse Extremisten", die oft zu Schauprozessen hochstilisiert wurden, brachte viele islamische Aktivisten, auffallend viele aus dem Ferghana-Tal, ins Gefängnis. Der Verdacht liegt nahe, dass die usbekische Regierung unter dem Vorwand der Bekämpfung des „religiösen Extremismus" jeden noch verbliebenen Ausdruck von Regimekritik und Dissens unterdrücken wollen.

Die postsowjetischen Machtstrukturen in Usbekistan können als Beispiel für ein modernes „sultanistic regime" herangezogen werden, das sich durch folgende Merkmale charakterisieren lässt: Eine stark personalisierte Herrschaft (Karimow), einer starken Loyalität der politischen Eliten gegenüber dem Herrscher (Präsident), ein rigides System von Belohnung und Bestrafung der Mitarbeiter sowie einen Führungsstab, dessen Personal direkt vom Herrscher ausgewählt wird und dessen Stellung sich aus der totalen persönlichen Unterordnung unter die Allmacht des Herrschers ableitet.[295]

Gleichwohl wurden Risse im Machtgefüge sichtbar, welche die Frage aufwarfen, ob Usbekistan unter Karimow „over-governed" oder nicht eher „under-governed" sei. Das Regime stellt zwar einen scheinbar omnipräsenten Sicherheits- und Repressionsapparat vor, basiert aber nicht auf politischer Institutionenbildung. Wie in anderen zentralasiatischen Staaten verläuft die politische Dynamik zwischen dem Präsidenten und nichtstaatlichen Akteuren, bestehend als Familienclans und Finanzmagnaten, sie verläuft nicht zwischen der Exekutive und dem Parlament. Jeder Versuch, demokratische Normen und Standards in der Region zu etablieren, hat sich dieser Realität zu stellen.[296] Als sichtbares Symptom für einen Riss in diesem Machtgefüge konnte u.a. eine Rivalität zwischen dem usbekischen Innenministerium und dem Nationalen Sicherheitsrat konstatiert werden, als den zweifellos mächtigsten Gewaltstrukturen des postsowjetischen Staats.[297] Einige Beobachter halten etwaige Unzufriedenheit und Verunsicherung innerhalb des Machtzentrums für die Hauptherausforderung der Karimow-Administration. Ein Einblick von außen in Dynamiken, Personalien und Clanstrukturen gestaltet sich ausgesprochen schwierig, so das derartige Aussagen oft spekulativ bleiben.

Unstrittig ist weitgehend, dass die größte Unwägbarkeit bei der weiteren politischen Entwicklung Usbekistans in der bislang ungenügend vorbereiteten Nachfolge Präsident Karimows liegen dürfte.[298] Eine Prognose zur politischen Entwicklung Zentralasien lautet: Usbekistan und Turkmenistan können sehr leicht zu „failed states" werden, wenn ihre despotischen Herrscher unerwartet von der politischen abtreten oder gestürzt werden. Darüber hinaus wurden Symptome eines „regime at risk" in der Kompromisslosigkeit der Regierung und der Frustration breiter Bevölkerungskreise registriert. Gewaltsame Zusammenstöße wie die Ereignisse in Andischan werfen ihre Schatten voraus. Die Todesopfer dürften zumindest einige Regierungsvertreter tangiert haben und könnten auf deren Loyalität gegenüber Präsident Karimow auswirken. Nach Andischan, dass internationale Protesten hervorrief und die usbekische Regierung in Erklärungsnot brachte, setzte der Präsident besonders

---

[295] Vgl. Ders., Usbekistan als Herausforderung für westliche Zentralasienpolitik, S. 23f.

[296] Vgl. Frederick Starr, Clans, Authoritarian Rulers, and Parliaments in Central Asia, Washington, D. C.: Johns Hopkins University, Juni 2006.

[297] Vgl. Eurasia Insight vom 5.1.2005.

[298] Vgl. Halbach, Usbekistan als Herausforderung für westliche Zentralasienpolitik, S. 24.

die sicherheitspolitischen Kader unter Druck, die in Kontakt zu westlichen Partnern gestanden hatten. Verteidigungsminister Gulamow wurde kaltgestellt und im Juni 2006 zu einer fünfjährigen Bewährungsstrafe, wegen angeblichen Geheimnisverrats, verurteilt.

Die Situation, die nach den Anschlägen des 11. September 2001 in Zentralasien entstanden ist, birgt unzählige Gefahren, aber sie bietet auch eine unschätzbare Gelegenheit einen Wandel einzuleiten. Indem die zentralasiatischen Staaten der westlichen Allianz gegen al-Qaida beitraten, haben sie sich für den Kampf der internationalen Gemeinschaft gegen Terrorismus und islamischen Extremismus entschieden. Infolgedessen konnten sie es sich nicht leisten, die langfristigen Konsequenzen ihres Handelns zu ignorieren.[299] Wenn die Allianz unter Führung der USA die Gefahr, die von islamistisch-militanten Gruppierungen wie der IMU ausgeht, erfolgreich bekämpft, dann kann die internationale Gemeinschaft darauf bestehen, dass sich die zentralasiatischen Regime an internationalen Standards hinsichtlich Demokratisierung, wirtschaftlicher Entwicklung und soziale Verantwortung orientiert. Die zentralasiatischen Regime stehen am Scheideweg: Sie können entweder die Lehren aus dem Kollaps des afghanischen Machtapparates ziehen oder zusehen, wie Terrorismus, Instabilität und Elend in ihrem Land anwachsen, wie zuvor in Afghanistan. Oder sie nutzen das Engagement der internationalen Staatengemeinschaft in der Region, um daraus Impulse für den Aufbau ihrer eigenen Länder abzuleiten. Die eigentlichen Krisenherde in Zentralasien sind die dort vorherrschenden Machtstrukturen, nicht die Terroristen.

In Anbetracht der Unfähigkeit der IMU, die Geschichte und Traditionen der Menschen zu berücksichtigen, die sie angeblich mit ihrer extremistischen islamischen Ideologie repräsentiert, dürfte die öffentliche Unterstützung außerhalb des Ferghana-Tals begrenzt sein. Auch die HT leitet ihre Ideologie von externen Quellen ab, die den zentralasiatischen Traditionen meist fremd sind. Ihre *Jihad*-Pamphlete sind für an ein globales Publikum adressiert und befassen sich nicht mit den wirklichen Problemen Zentralasiens und seiner Bewohner. Überdies werden die Führung und die Hierarchie beider Gruppierungen geheim gehalten. Die Anführer können sich folglich nicht als Alternativen zu Präsidenten Karimow präsentieren, ohne sich zu erkennen zu geben. Sie müssen aber Farbe bekennen, wenn es darum geht, den Menschen ihre alternativen Konzepte darzulegen. Die beste Möglichkeit für die zentralasiatischen Regierungen, den Einfluss dieser Gruppen zu zerstören, wäre,

[299] Vgl. Rashid, Heiliger Krieg am Hindukusch, S. 297f.

diese ans Tageslicht zu zerren, die Ausübung des Islam in ihren Ländern nicht länger zu unterdrücken und Reformen einzuleiten, sodass Bewegungen wie die IMU und die HT anschließend nichts anderes zu bieten hätten als ihre fremdartigen und rückständigen Ideologien.

Der Auftrag an internationale Usbekistan- und Zentralasienpolitik ist schwierig: Die internationale Gemeinschaft kann den Kontakt zu den regionalen Machteliten nicht verweigern, muss deshalb deren Sicherheitsbedürfnisse zur Kenntnis nehmen und ihnen das Gefühl vermitteln, auf gleicher Augenhöhe zu kommunizieren. Sie darf aber Gesprächsthemen nicht tabuisieren, gegen die diese Gesprächspartner starke Resistenz entwickelt haben. Ein so unumgängliches und gleichsam sensibles Thema wie Menschenrechtspolitik sollte deshalb so sachbezogen und ideologiefrei wie möglich thematisiert werden. Gerade im Fall Usbekistan dürfte diese Vorgehensweise der richtige Ansatz sein. Denn gerade die Entwicklung dieses Landes hat anschauliche Lektionen über negative sicherheitspolitische Folgen einer menschenrechtsverletzenden Politik erteilt.

5. Indonesien

Südostasien gilt in der islamischen Welt gemeinhin als Peripherie, ist aber in den vergangenen Jahren hauptsächlich aufgrund des Terroranschlags auf Bali, aber auch wegen der Reformbewegungen in Malaysia und insbesondere in Indonesien stärker in den Vordergrund des internationalen Interesses gerückt.[300] Noch in den 1980er und 1990er Jahren waren große Teile der Region – ausgehend vom wirtschaftlichen Höhenflug Japans über die rapide Exportindustrialisierung der so genannten *Four Little Tigers* bis hin zu den Tigerstaaten der Dritten Generation – in den westlichen Industrienationen vor allem als wirtschaftliche Boomregion wahrgenommen worden. Die rapide voranschreitende Industrialisierung und eine schnelle Integration in den Weltmarkt bestimmten über einen langen Zeitraum nahezu ausschließlich die Wahrnehmung vieler Länder in der Region. Dabei wurde die zum Teil lange „Tradition“ von Konflikten – zu nennen sind etwa der seit 1948 andauernde

[300] Südostasien umfasst die elf Staaten Brunei, Burma (Myanmar), Indonesien, Laos, Kambodscha, Malaysia, Osttimor, die Philippinen, Singapur, Thailand und Vietnam. Diese Länder (mit Ausnahme Osttimors) sind gleichsam Mitglieder in der Association of Southeast Asian Nations (ASEAN).

Bürgerkrieg in Birma oder die internen Konflikte in Indonesien und den Philippinen – ebenso wenig thematisiert, wie die Existenz diktatorischer Regime und deren repressive Herrschaftsausübung, die in Ländern wie Thailand, Indonesien, den Philippinen und Südkorea mit der gewaltsamen Unterdrückung oppositioneller Bewegungen und der Verfolgung ethnischer Minderheiten einher ging.[301]

Bewaffnete Konflikte und Gewaltexzesse galten angesichts der enormen wirtschaftlichen Entwicklung, die in immer mehr Ländern der Region zu beobachten war, zumeist als zeitlich begrenzte Phänomene des gesellschaftlichen und wirtschaftlichen Wandels, als Relikte vergangener Entwicklungsphasen (Kolonialismus) oder schlicht als „Kinderkrankheiten", die auf dem Weg zu stabilen gesellschaftlichen Verhältnissen als kaum vermeidbar erschienen. Ursächliche Interdependenzen zwischen einzelnen Konflikten in der Region und den erheblichen Wandlungsprozessen wurden dagegen kaum hergestellt. Erst mit dem zwischenzeitlichen Ende des ökonomischen Aufschwungs und der als „Asienkrise" bekannt gewordenen schweren Finanz- und Wirtschaftskrise Ende der 1990er Jahre traten gewaltsame Konflikte auch in Südostasien wieder verstärkt ins internationale Bewusstsein. Zur wirtschaftlichen Talfahrt gesellten sich nun auch polische und gesellschaftliche Krisen in den Ländern der Region. Hier ist vor allem das Ende des Suharto-Regimes in Indonesien zu nennen, in dessen Folge es nicht nur zu gewaltsamen Übergriffen gegen die chinesische Minderheit in vielen Städten des Landes kam. Auch die Loslösung Osttimors wurde von schweren Unruhen begleitet. Darüber hinaus kam es auch zu einer weiteren Intensivierung des seit Jahrzehnten anhaltenden Konflikts um die indonesische Provinz Aceh.[302]

---

301 Vgl. Michael Waibel / Rolf Jordan / Helmut Schneider (Hrsg.), Krisenregion Südostasien. Alte Konflikte und neue Kriege, Horlemann Verlag, 2006, S. 1f.

302 In Aceh im Norden Sumatras kamen in den siebziger Jahren separatistische Bewegungen auf. Grund hierfür war die von der Zentralregierung in Jakarta betriebene massive Ausbeutung von Öl- und Gasvorkommen, von deren Ausbeutung nur rund fünf Prozent der Region selbst zugute kamen. Die mit der Ausbeutung einhergehende Landenteignung und die Umweltschäden sorgten für zusätzlich Konfliktstoff. 1976 konstituierte sich die Bewegung „Freies Aceh" (Gerakan Aceh Merdeka, GAM), die seither einen Unabhängigkeitskampf gegen die Zentralregierung Indonesiens führt. Nach dem Sturz Suhartos und der Entlassung Osttimors intensivierte die GAM den bewaffneten Widerstand. Jakarta entschied sich daraufhin für eine Doppelstrategie aus verschärfter militärischer Repression und der Verabschiedung eines Sonderautonomiegesetzes, in dem Aceh eine größere Beteiligung an der Rohstoffausbeutung sowie Eigenständigkeit in Fragen der lokalen (auch islamischen) Rechtssprechung, Regierung und Verwaltung zugesichert wurden.

Die stärkere Sensibilisierung der Öffentlichkeit für Gewaltkonflikte in Südostasien wurde in der Folge der Ereignisse des 11. September 2001 zusätzlich verstärkt, als diese vor allem in Indonesien und den Philippinen mit Tendenzen eines erstarkenden islamischen Fundamentalismus und der Gefahr eines internationalen Terrorismus in Verbindung gebracht wurden. Die USA sahen in Südostasien einen Hauptschauplatz des islamistischen Terrors und eröffneten deshalb dort im Januar 2002 unter dem Codenamen „Freedom Eagle – Philippines" neben Afghanistan die zweite Front im „War on Terror", die sich gegen die militante Abu-Sayyaf-Gruppe richtete. Ob diese jemals Kontakte zu al-Qaida unterhalten hat, sei ebenso dahingestellt wie die grundsätzliche Frage, ob die Wurzeln von Konflikt und Gewalt in den Gesellschaften Südostasiens nicht eher lokaler als internationaler Natur sind. Freilich ist nicht zu leugnen, dass seit den Bombenanschlägen von Bali (2002) und Jakarta (2004) und den Aktivitäten der indonesischen Organisation *Jemaah Islamiyah*, der Verbindungen nach Malaysia, den Philippinen, Singapur und Thailand nachgesagt werden, Südostasien durchaus ein Terrorismusproblem mit globalen Implikationen hat. Wichtiger im hier interessie-

Der Konflikt eskalierte dennoch weiter, nachdem Waffenstillstände zwischen Regierungstruppen und den Separatisten 2000 und 2002 scheiterten. Ursächlich waren eine grundsätzlich unveränderte GAM-Politik, die Waffenstillstand und Autonomie lediglich als Übergangsstufen in die eigene Unabhängigkeit verstand, und das wirtschaftlich und politisch begründete Interesse des indonesischen Militärs an der Fortsetzung der Kampfhandlungen. Im Mai 2003 verhängte Jakarta das Kriegsrecht und entsandte rund 40000 Sicherheitskräfte, um die GAM endgültig zu vernichten. Die zivile Provinzverwaltung wurde dem Militär unterstellt. Nach amtlichen Angaben kamen während des einjährigen Kriegsrechtsregimes etwa 2000 Rebellen ums Leben. 2004 wurde das Kriegsrecht aufgehoben und ein „ziviler Notstand" ausgerufen, wobei der Armeekommandeur in seiner Funktion als Gouverneur der Provinz Aceh durch einen Zivilisten ersetzt wurde. Während die wichtigsten Vertreter der dortigen Zivilgesellschaft Aceh verließen, reagierte das restliche Indonesien wie auch die internationale Staatengemeinschaft auf die erneute Eskalation des Konflikts zustimmend oder indifferent. Aceh war zu einen indonesischen Tschetschenien mutiert, in dem die Sezessionsgefahr zwar gewaltsam gebannt, ein Ende des Konfliktes damit aber nicht näher gerückt war.
Ende 2005 trafen sich erstmals nach zwei Jahren wieder Vertreter der Rebellen und Regierungsvertreter auf Vermittlung der früheren finnischen Ministerpräsidenten Ahtisaari zu Gesprächen in Helsinki. Die indonesische Seite lehnte einen Vorschlag der GAM-Delegation ab, in fünf bis zehn Jahren ein Unabhängigkeitsreferendum abzuhalten und bis dahin die Bestimmungen des Sonderautonomiestatus in die Tat umzusetzen. Immerhin bestand Einvernehmen dahingehend, die Gespräche fortzusetzen. Vgl. zum Verlauf des Aceh-Konflikts [u.a.] Felix Heyduk, Der Aceh-Konflikt und seine Auswirkungen auf die Stabilität Indonesiens und Südostasiens, SWP-Studie, Berlin, Februar 2004.

renden Kontext ist, dass die umfangreichen amerikanischen Militärhilfen zur Bekämpfung von *Abu Sayyaf* Washington die Möglichkeit geboten hat, auf einst an China verlorenen, strategisch bedeutsamen Territorium wieder Fuß zu fassen.[303]

Die spektakulären Entführungen im Süden der Philippinen im Jahr 2000 und die Anschläge von Bali und Jakarta bestimmten lange Zeit das Image Südostasiens in den westlichen Medien und machten die einstigen Erfolgsmeldungen vom wirtschaftlichen Aufstieg Südostasiens fast vergessen. Zu einer differenzierten Auseinandersetzung mit den oftmals seit Jahrzehnten andauernden Konflikten in der Region hat aber auch diese neue Wahrnehmung kaum beigetragen. Die gewaltsamen Auseinandersetzungen dort werden im öffentlichen Diskurs überwiegend als Ausdruck ethnischer oder religiöser Konflikte thematisiert, wie sie nach dem Wegfall der Systemkonkurrenz insbesondere in Osteuropa und in Afrika zu beobachten waren und mitunter bis heute sind. Es ist jedoch zu hinterfragen, inwieweit Kultur, Religion und Ethnizität als originäre Konfliktursachen anzusehen sind oder ob sich die Konfliktparteien dieser Kategorisierungen nicht vielmehr zum Zwecke der Mobilisierung von Unterstützung und der Sicherung von Ressourcen im Laufe der Konflikte bedienen. Wie in Zentralasien spielen auch in der südostasiatischen Region Konflikte zwischen Zentralstaat und Interessengruppen in der Peripherie eine bedeutende Rolle. Ethnizität, ebenso wie die religiöse Komponente, gewinnt erst im Verlauf von Gewaltkonflikten an Bedeutung – etwa bei der Generierung und Sicherung der für den Konflikt notwendigen Ressourcen.[304]

Seit der Loslösung Osttimors im Jahr 1999 haben separatistische und ethno-religiöse Konflikte in Indonesien die Fragilität dieses großen Archipel-Staates erkennen lassen, der in seiner jüngeren Geschichte vornehmlich mittels Androhung und Anwendung von Gewalt zusammengehalten wurde. Mit der fortschreitenden Demokratisierung des Landes ging eine Fragmentierung des zentralstaatlichen Gewaltmonopols einher, so dass latente Konflikte gewaltsam eskalieren konnten, welche die nationale Einheit bis heute gefährden. Die größte Herausforderung für Indonesien besteht folglich in der Konsolidierung der demokratischen Legitimität und Autorität.[305]

---

303 Vgl. Jörn Dosch, Das Verhältnis der EU und der USA zu Südostasien, in: Aus Politik- und Zeitgeschichte, B21-22, 2004, S. 7-14, hier: S. 11f.

304 Vgl. Waibel / Jordan / Schneider, Krisenregion Südostasien, S. 3.

305 Vgl. Sebastian Braun / Felix Heyduk / Kay Möller, Indonesien: Demokratie, Regierbarkeit und nationaler Zusammenhalt, SWP-Studie, Berlin, Februar 2005, S. 10f.

Indonesien war zu keiner Zeit seines Bestehens eine sprachlich und ethnisch homogene Nation. Der Archipel ist Heimat für mehrere hundert ethnische Gruppen, über zweihundert verschiedene Sprachen werden gesprochen und ebenso viele Kulturen zählbar. Als am 17. August 1945 die Republik ausgerufen wurde, trug das leitende Motto „Einheit und Vielfalt" dieser Heterogenität Rechnung. Die vom damaligen Präsidenten Sukarno proklamierte Staatsideologie der „Fünf Prinzipien des Volkes" war bewusst säkular ausgerichtet. Das einende Band bestand im Kampf gegen die niederländischen Kolonialherren (1945-1949). Die im Jahr 1950 begonnene Zentralisierung der politischen, administrativen und wirtschaftlichen Macht in Jakarta und der Hauptinsel Java war eine Reaktion auf den Versuch der ehemaligen Kolonialherren, sich durch die Unterstützung der Unabhängigkeitsbewegungen in östlichen Provinzen wie den Molukken weiterhin Einfluss zu sichern. Die mit der Zentralisierung einhergehende Entmachtung lokaler Eliten hatte in Westjava, Westsumatra, Aceh, Sulawesi und den Molukken Aufstände provoziert, deren Nachwirkung bis heute insbesondere in den rohstoffreichen Provinzen Aceh und Papua[306] zu spüren sind.

---

[306] Im Jahr 1969 hatten die Vereinten Nationen Indonesien nach einem von der Zentralregierung manipulierten Referendum mit der Verwaltung West-Neuguineas (West-Papuas) betraut. Sieben Jahre später votierten 1025 von Jakarta handverlesene papuanische Stammesvertreter in einem diesmal UN-mandatierten Referendum für den Anschluss an Indonesien. Daraufhin konstituierte sich eine Organisation für ein Freies Papua (Organisasi Papua Merdeka, OPM), die seither einen Guerillakrieg gegen die indonesischen Besatzer führt. Am 1. Juli 1975 proklamierte die OPM die Unabhängigkeit Westpapuas. Im Gegensatz zur GAM ist die OPM aufgrund traditioneller Stammesrivalitäten fragmentiert. Ihr ehemaliger Führer Yustinus Jurib wurde im November 2003 von indonesischen Sicherheitskräften erschossen. Ein so genannter Papua-Präsidialrat, zusammengesetzt aus verschiedenen lokalen Stammesführern, hat sich im Gegensatz zur OPM einem gewaltlosem Kampf für die Unabhängigkeit verschrieben und beansprucht hierfür ein demokratisches Mandat. Andere lokale Politik kollaborieren mit Jakarta, um ihre Pfründe zu sichern.
Auch wenn der Unabhängigkeitskampf in Papua heute nur noch sporadisch aufflackert, stellt die Unruheprovinz für den nationalen Zusammenhalt Indonesiens ein potentiell größeres Risiko dar als Aceh, da Papua weder historisch noch kulturell zum indonesischen Staatsverband gehört. Der bewaffnete Widerstand mag zwar gegenwärtig fragmentiert sein, doch genießt er nach wie vor die Sympathie der lokalen Bevölkerung, den friedlichen Lösungsansätzen bei andauernden Übergriffen durch die Sicherheitskräfte der Zentralregierung die Unterstützung entziehen könnte. Schließlich grenzt die Provinz an das kulturell verwandte und unabhängige Papua-Neuguinea, auf dessen Territorium sich die OPM in der Vergangenheit gelegentlich zurückziehen konnte. Vgl. Ebd., S. 11f.

Sezessionistische Tendenzen gibt es aber nicht nur in Aceh und Papua, sondern auch in anderen Provinzen wie Riau und den Molukken. Die Zentralregierung bemüht sich seit 2001 diesen Entwicklungen zu begegnen, indem sie 341 Distrikte und Städte – ausgenommen die dreißig indonesischen Provinzen – bei Verwaltung, Organisation und Wirtschaft usw. von einem breit angelegten Dezentralisierungsprogramm partizipieren lässt. Die genannten Entitäten sind aber zu klein, verfügen über keine eigenständige Identität und sind der Zentralregierung über intraelitäre Beziehungen zu eng verbunden, als dass sie eine ernste Herausforderung für den nationalen Zusammenhalt darstellen würden. Gleichzeitig sind aber auch hier die Widerstände gegen den traditionellen Zentralismus gewachsen.[307]

In Indonesien zeichnen heute die Provinzregierungen für alle hoheitlichen Aufgaben, mit Ausnahme von innerer und äußerer Sicherheit, Außenpolitik, Steuer- und Geldpolitik, Rechtswesen und Religion, verantwortlich. Sie verwalten dreißig Prozent ihrer Ausgaben eigenverantwortlich. In der Realität kommt die Dezentralisierung bisher nur etwa dreizehn Distrikten zugute, die über ein hinreichendes Maß an natürlichen Ressourcen verfügen. Unternehmenszentralen haben sich massiert in Jakarta und Java angesiedelt, die daher überproportional von der Erhebung von Steuern auf die lokale Produktion profitieren. Ärmere Distrikte waren deshalb in der Vergangenheit bestrebt, die ihnen dadurch entstehenden Nachteile durch die Erhebung zusätzlicher Steuern und durch Protektionismus zu kompensieren. Grundsätzlich gehen mit dem Dezentralisierungsprogramm neue Formen der Korruption einher. Dieser Missstand wird sich Ansicht einiger Beobachter noch zusätzlich verstärken, seitdem die Verantwortlichen direkt gewählten lokalen Parlamenten rechenschaftspflichtig geworden sind, die wiederum über Parteilisten besetzt werden.[308] Ungeachtet dessen verbinden die lokalen Eliten hohe Erwartungen mit dem Dezentralisierungsprogramm. Eine Rückkehr zu zentralstaatlichen Verhältnissen scheint derzeit ausgeschlossen.

Auf nationaler Ebene wurde 2004 erstmals ein Regionaler Repräsentativrat gewählt, der über Gesetze im Zusammenhang mit dem Dezentralisierungsprogramm (etwa betreffend die Aufteilung der Einnahmen aus Einkommens- und Mehrwertsteuer) beraten soll. Es bleibt abzuwarten, ob sich hieraus eine

---

307 Vgl. Ebd., S. 12f.

308 Vgl. M. Ryaas Rasyid, Regional Autonomy and Local Politic in Indonesia, in: Edward Aspinall / Greg Fealy (Hrsg.). Local Power and Politics in Indonesia: Decentralisation and Democratisation, Singapore: Institute of Southeast Asian Studies, 2003, S. 63-71, hier: S. 62f.

echte Institution entwickeln wird; in jedem Fall haben die 128 Mitglieder dieses Rates als unmittelbar gewählte Vertreter eines Distrikts oder einer Stadt in Jakarta erhebliches politisches Gewicht. Viele von ihnen verdanken ihre exponierte Position in den jeweiligen Regionen guten Beziehungen zu ehemaligen indonesischen Staatschefs wie Suharto. Insofern stimmen die Interessen der traditionellen Eliten nicht nur mit der javanischen Politik und Wirtschaft überein, sondern auch im Hinblick auf das Dezentralisierungsprojekt.[309]

5.1 Problem

Viele der gewaltsamen Konflikte im asiatisch-pazifischen Raum reichen in ihren Grundstrukturen zum Teil weit in die Frühphase kolonialer Eroberung zurück oder schließen direkt an den Prozess der Dekolonialisierung und des *Nation Building* in der Region an. So berief sich die in Aceh aktive GAM (Gerakan Aceh Merdeka) zur Legitimation ihres bewaffneten Widerstands gegen die Zentralregierung in Jakarta nach außen wie nach innen auf ihre Wurzeln im Kampf gegen die holländische Kolonialmacht und die japanischen Besatzer während des Zweiten Weltkriegs. Auch die in Mindanao und auf den Sulu-Inseln gegen die Zentralregierung in Manila kämpfenden muslimischen Gruppen (früher die MNLF, heute v.a. die MILF) definieren sich im Kontext eines bis in die spanische Kolonialzeit zurückreichenden antikolonialen Kampfes, der in den letzten Jahrzehnten aber zunehmend mit dem Motiv der Befreiung des „islamischen Territoriums“ verwoben wird.[310] Seither haben sich politischen und ökonomischen Interessen innerhalb der Konflikte mehrmals geändert – in allen Ländern der Regionen stehen Widerstandsbewegungen heute den um staatliche Souveränität und nationale Einheit bemühten Zentralregierungen gegenüber.[311]

In Südostasien reichen die Wurzeln des Konflikts um die indonesische Provinz Aceh wohl am weitesten in die Geschichte zurück.[312] Zwar hat sich

309 Vgl. Braun / Heyduk / Möller, Indonesien: Demokratie, Regierbarkeit und nationaler Zusammenhalt, S. 12.

310 Für einen Überblick islamistischer Gruppierungen in Südostasien vgl. Vgl. Patrick Bolte / Felix Heyduk / Osman Rzyttka, Politischer Islam, Separatismus und Terrorismus in Südostasien, SWP-Studie, März 2003, Berlin.

311 Vgl. Waibel / Jordan / Schneider, Krisenregion Südostasien, S. 5ff.

312 Vgl. Patrick Ziegenhain, Politische und materielle Interessen im Aceh-Konflikt, in: Waibel / Jordan / Schneider, Krisenregion Südostasien, S. 41-58.

hier die Situation nach 1998 im Rahmen der Demokratisierung und Dezentralisierung wieder etwas entspannt, der Grunddissens konnte von den wechselnden Regierungen und Oppositionskräften jedoch nicht gelöst werden. Zudem besteht aufgrund jahrelanger Menschenrechtsverletzungen auf beiden Seiten ein tiefes Misstrauen. Hinzu kommt eine deutlich aufgewertete Rolle des indonesischen Militärapparates, der sich nun innerhalb des Konfliktes neu aufzustellen versucht. Daher fehlt auch hier nicht der Hinweis auf divergierende Interessen sowohl auf Seite der GAM als auch auf der des indonesischen Militärs und den unterschiedlichen Regierungsebenen. Die bereits angesprochene Fragmentierung sowohl der acehnesischen Eliten als auch der indonesischen Regierung begrenzt die Möglichkeiten einer friedlichen Konfliktlösung. Daneben wird auch in Indonesien der islamistische Terrorismus immer mehr als überregionales Sicherheitsproblem wahrgenommen.

Der Islam kam bereits im 10. Jahrhundert nach Indonesien. Um 930 n. Chr. wurde in der Region Aceh das erste Sultanat gegründet. Lange Zeit blieb es dabei, bis sich der Islam im 15. Jahrhundert durch indische und arabische Händler in Sumatra ausbreitete und Anfang des 16. Jahrhunderts schließlich auch Java erreichte. Viele der damaligen Fürsten – und mit ihnen ein Großteil der Bevölkerung – konvertierten daraufhin zum sunnitischen Islam. Während des 17. und 18. Jahrhunderts breitete sich die Religion dann auch auf den übrigen indonesischen Inseln aus. Die beiden größten muslimischen Organisationen Indonesiens sind heute die traditionalistische *Nahdatul Ulama* (NU) und die modernistische *Muhammadiyah*. Erstere ist mit rund dreißig Millionen Mitgliedern die größte muslimische Organisation weltweit. Prominentestes Mitglied ist ihr Mitbegründer und ehemaliger Staatspräsident Abdurrahman Wahid. In sechzehn Provinzen Indonesiens bildet die Scharia bereits die Grundlage der Rechtsprechung. Vor allem aus Aceh und Nordsumatra wird in diesem Zusammenhang immer wieder von Bestrafungen wie öffentlichem Auspeitschen für Spieler oder für Paare, die sich in der Öffentlichkeit küssen, berichtet. Der Sturz von Präsident Suharto im Jahr 1998 und der Übergang zur parlamentarischen Demokratie wurde von beiden islamischen Massenorganisationen Indonesiens im Wesentlichen unterstützt. Die Wahlen von 1999 zeigten, dass sich, ähnlich wie bei den ersten demokratischen Wahlen im Jahr 1955, die säkularen und islamischen Parteien in etwa die Waage hielten.[313]

---

[313] Vgl. Andreas Ufen, Islam und Politik in Südostasien. Neuere Entwicklungen in Malaysia und Indonesien, in: Aus Politik- und Zeitgeschichte, B21-22, 2004, S. 15-21, hier: 18f.

Vor dem Hintergrund des internationalen Terrorismus gerät hingegen immer wieder die *Jemaah Islamiyah* („Islamische Gruppe", JI) in den Fokus nationaler und internationaler Sicherheitsbehörden.[314] Spekulationen über eine Spaltung und Schwächung des lokalen Terrornetzwerks erwiesen sich erst im September 2004 als voreilig, nachdem sich die Organisation mit einem aufwendig geplanten Selbstmordanschlag vor der australischen Botschaft in Jarkarta zurück ins öffentliche Bewusstsein bombte. Das Attentat signalisierte eine Renaissance der JI, die ein Jahr zuvor im Kampf mit indonesischen Sicherheitskräften einen empfindlichen Rückschlag erlitten hatte und bei manchen als zerschlagen galt. Der Bombenanschlag auf die australische Botschaft war ein Schock für all diejenigen, die nach der Verhaftung von über zweihundert Mitgliedern der JI im Vorjahr des Attentats in Thailand an ein Auseinanderfallen der Organisation geglaubt hatten. Amerikanische und australische Geheimdienste hatten zuvor vor möglichen Anschlägen in Indonesien gewarnt, waren jedoch von touristischen Anschlagszielen ausgegangen. Am Morgen des 9. September 2004 explodierte vor der australischen Botschaft in Jakarta eine Autobombe, die neun Indonesier tötete und 182 Personen verletzte.[315] Einen Tag später übernahm die mit al-Qaida kooperierende

---

[314] In Südostasien gilt die JI als das einzige Terrornetzwerk, das von mehreren Ländern aus operiert und sich eher an Ideologien als an konkreten Interessen orientiert. Es besteht aus individuellen Mitgliedern diverser Gruppen in Malaysia, Indonesien und den Philippinen sowie Zellen in Singapur, Malaysia und Indonesien. Mehrere dieser Zellen konnten bisher ausgehoben werden. Es ist unklar, wie viele derzeit noch existent sind. Die militant-terroristischen Elemente der Organisation werden offenbar von einem regionalen Konsultativrat (Shura) in Malaysia koordiniert, dem bis Mitte 2001 der Indonesier Hambali (eigentlich Riduan Isamuddin) vorgestanden haben soll. Diese Rolle übernahm dann der im Dezember 2002 von der indonesischen Polizei verhaftete Ali Gufron. Dem Rat waren bzw. sind Zellen in Singapur und Malaysia zugeordnet. Er soll darüber hinaus die Zusammenarbeit mit MILF und indonesischen Gruppen koordinieren. Die Organisation von Anschlägen übernehmen locker organisierte Zellen, die sich ad hoc bilden. Führungspersonen besorgen Geld und Sprengstoff für lokale Handlanger, die meist erst kurz vor den Anschlägen an Koranschulen rekrutiert werden. Das indonesische Netzwerk reicht von Aceh bis Sumbawa und setzt sich aus Ehemaligen und Aktivisten verschiedener Koranschulen, Veteranen aus den Konflikten in den Molukken und Zentralsulawesi sowie Afghanistan-Veteranen zusammen. Zwischenzeitlich soll die JI Dutzende von Trainingslagern in ganz Indonesien betrieben haben, bestehend aus jeweils zehn bis zwanzig Rekruten, die dort auf ihren Einsatz in den Molukken und Zentralsulawesi vorbereitet wurden. Vgl. Patrick Bolte / Felix Heyduk / Osman Rzyttka, Politischer Islam, Separatismus und Terrorismus in Südostasien, SWP-Studie, Berlin 2003, S. 40.

[315] Vgl. Ders. / Kay Möller / Osman Rzyttka, Bomben auf Bali. Republik ohne Richtung. Indonesien nach den Terroranschlägen, SWP-Aktuell 40, Oktober 2002, Berlin.

JI die Verantwortung für den Anschlag und forderte alle australischen Staatsbürger in Indonesien dazu auf, das Land zu verlassen. Der australischen Regierung wurde für den Fall der Aufrechterhaltung der damals 850-Mann-starken Truppenpräsenz im Irak mit weiteren Anschlägen gedroht.[316]

Im Unterschied zu anderen lokalen Terrororganisationen in Südostasien ist die JI ein regionales Netzwerk mit schätzungsweise 3.000 Mitgliedern, das sich eher an Ideologien als an konkreten (zumeist sozialen) Interessen orientiert. Die Organisation strebt wie die meisten islamistischen Organisationen die Errichtung eines regionalen Kalifats an, bestehend aus Malaysia, Indonesien, den südlichen Philippinen sowie möglicherweise Brunei, Singapur und dem südlichen Thailand. Sämtliche Mitglieder der operativen Führungsebene wurden Ende der achtziger bzw. Anfang der neunziger Jahre mit finanzieller Unterstützung Saudi-Arabiens in Afghanistan ausgebildet. In dieser Zeit konnten auch Kontakte zu al-Qaida geknüpft werden, die seither für eine logistische und gelegentlich operative Kooperation genutzt wurden, wobei die JI stets darauf bedacht war, ihre Unabhängigkeit in strategischen Fragen zu behalten. Trotz dieser strategischen Autonomie bleibt Südostasien auch für das Terrornetzwerk Osama bin Ladens ein wichtiger Brückenkopf. Al-Qaida ist dabei weniger an regionalen Rekrutierungs- und Ausbildungsmöglichkeiten als an kriminell-ökonomischen Optionen interessiert. Südostasien als Drehkreuz jeglicher Art von transnationaler Kriminalität bietet al-Qaida mit seiner umfassenden kriminellen Infrastruktur nach wie vor Möglichkeiten zur Finanzierung weiterer Aktivitäten. Lange Zeit war die Region nur ein Rückzugsgebiet für al-Qaida, das keine größere operative Bedeutung für den islamistischen Terrorismus hatte. Die in den neunziger Jahren durch finanzielle Unterstützung aus Saudi-Arabien erfolgte islamistische Ideologisierung vieler als gemäßigt geltender Moslems in Südostasien mittlerweile zumindest an den Rand des Zentrums des internationalen Terrorismus gerückt.

Im Zuge der globalen Entwicklungen setzte auch in Südostasien seit Beginn der neunziger Jahre eine Transnationalisierung des Terrorismus ein. Bislang eher sporadische Kontakte zwischen radikalen Kräften wurden grenzüberschreitend intensiviert. Die Rekrutierung wie auch die ideologische und militärische Ausbildung vieler JI-Mitglieder erfolgte seit Mitte der neunziger Jahre verstärkt in Camps in Ägypten, dem Jemen und in Pakistan. Die Festnahme von dreizehn Mitgliedern der JI in der pakistanischen Hafenme-

---

316 Vgl. Felix Heyduk, Der Bombenanschlag von Jakarta, Die Rückkehr der Jemaah Islamiyah, SWP-Aktuell 44, September 2004, S. 1f.

tropole Karatschi im Dezember 2003 deutete darauf hin, dass sich das südasiatische Terrornetzwerk um vermeintlich sichere Rekrutierungs- und Ausbildungsplätze bemühte. Zwischen 1996 und 2000 betrieb die JI in den südlichen Philippinen in Kooperation mit der dort beheimateten *Moro Islamic Liberation Front* (MILF) ein Ausbildungslager, in dem auch Mitglieder indonesischer Terrororganisationen trainiert wurden, die später vornehmlich in Südsulawesi und Westjava aktiv wurden. Nach den Fahndungserfolgen der Sicherheitsbehörden im Jahr 2003 zog sich ein Teil der JI-Terroristen vermutlich in diese Gebiete zurück und beteiligten sich dort an der Austragung ethnisch-religiöser Konflikte. Ein Teil der JI hat sich inzwischen wohl auf die Bekämpfung s.g. „weicher" (touristischer) Ziele vorbereitet.[317]

Die wechselnden indonesischen Regierungen sehen sich bei der Bekämpfung dieser und ähnlich gelagerter Bedrohungen mit einem Dilemma konfrontiert, da hier Befindlichkeiten der Moslems tangiert werden und die im Antiterrorkampf führende Macht USA mit ihrer rigiden Vorgehensweise vermehrt auf Kritik stoßen. So beschränken sich Jakartas Antiterrormaßnahmen anscheinend aus Rücksicht auf die islamische Bevölkerungsmehrheit bisher mehr oder weniger auf die Verfolgung von Straftaten statt auf die Bekämpfung terroristischer Strukturen. Ein im Januar 2003 verabschiedetes Antiterrorgesetz kann rückwirkend nur bis Oktober 2002 – dem Zeitpunkt der Anschläge von Bali – zur Anwendung kommen. Dies führte dazu, dass Prozesse wie der gegen das mutmaßliche spirituelle Oberhaupt der JI, den Geistlichen Abu Bakar Ba´asyir, jahrelang verschleppt wurden.[318]

Die JI hat zwischenzeitlich auch von ethnisch-religiöser Gewalt in Teilen des indonesischen Archipels profitiert, so etwa in den zentrasulawesischen Distrikten Morowali und Poso, wo ein schon beendet geglaubter religiöser Konflikt im Oktober 2003 wieder aufflammte. Beobachter machten dafür eine mit der JI kooperierende Miliz verantwortlich.[319] In der indonesischen Bevölkerung regte sich durchaus Kritik an den amerikanischen Interventionen in Afghanistan und im Irak, die von der damaligen Präsidentin Megawati Sukarnoputri (2001-2004) öffentlich geteilt wurde. Diese äußerte sich aber nicht in anhaltenden antiamerikanischen Demonstrationen oder gar Ausschreitungen gegen US-amerikanische Vertretungen in Indonesien. Da die

---

[317] Vgl. Ebd., S. 2.

[318] Vgl. Braun / Heyduk / Möller, Indonesien: Demokratie, Regierbarkeit und nationaler Zusammenhalt, S. 17f.

[319] Vgl. International Crisis Group, Indonesia Backgrounder: Jihad in Central Sulawesi, Jakarta/Brüssel vom 3. 2. 2003.

große Mehrheit der indonesischen Muslime eher moderat eingestellt ist, bleibt aber ethno-religiöse Gewalt ein lokales Phänomen. In der breiten Bevölkerung werden mittelöstliche Konzepte wie der internationale *Jihad* zumeist nicht verstanden und religiös motivierte Gewaltexzesse abgelehnt. Zuletzt scheiterte 2002 ein Versuch die Scharia in der Verfassung zu verankern. Allerdings wird die Scharia-Debatte als solche in der breiten Bevölkerung als zulässig empfunden. 2004 befürworteten in einer Umfrage des amerikanischen *Freedom Institute* 40-60 Prozent der Befragten Indonesier die Anwendung bestimmter körperlicher Strafen nach islamischen Recht.[320] Streng islamische bzw. islamistische Parteien erzielten bei den Parlamentswahlen 1999 und 2004 insgesamt jeweils 15,5 Prozent der Stimmen, aber auch ihr Lager ist – wie das islamische Parteienspektrum insgesamt – einer starken Fragmentierung unterworfen. Die überwiegende Anzahl der Koranschulen im Land verfolgt einen moderaten Lehrplan, dessen Lerninhalte vor allem Toleranz und Pluralismus beinhalten. Allerdings üben arabische Vorbilder eine gewisse Anziehungskraft auf von Arbeitslosigkeit bedrohte Studenten aus. Moderne Kommunikationsmittel und ein stagnierender Demokratisierungsprozess haben ebenso wie die Verschlechterung der ökonomischen Rahmenbedingungen zu einer Radikalisierung einiger Studenten beigetragen. Gleichzeitig verfolgt die Regierung in Jakarta bislang weder eine umfassende antiterroristische Strategie noch führt sie einen Dialog mit islamischen Gruppen zu sozialen oder bildungspolitischen Fragen.

Der grundsätzlich gemäßigte Charakter des indonesischen Islam war bis in jüngste Zeit nicht zuletzt dem Umstand zu verdanken, das radikale Tendenzen der zwei muslimischen Massenorganisationen in Schach gehalten wurden. Durch ihre Bindung an jeweils eine politische Partei konnte deren Partizipation am politischen Prozess gesichert werden, was eine gewaltsame Eskalation bisher unnötig machte. Durch die Nominierung zweier Mitglieder der NU als Vizepräsidentschaftskandidaten im Jahr 2004 könnte sich die Mitglieder der *Muhammadiyah* jedoch zurückgesetzt fühlen. Ihr Ausfall als „Puffer" gegen islamistische Tendenzen gäbe durchaus Grund zur Sorge. Prinzipiell besteht in beiden Organisationen die Möglichkeit, dass sie von Radikalen unterwandert werden, wobei die *Muhammadiyah* bereits jetzt die vergleichsweise „reinere" Lehre vertritt.[321]

---

[320] Vgl. The Jakarta Post vom 12. 11. 2004.

[321] Vgl. Braun / Heyduk / Möller, Indonesien: Demokratie, Regierbarkeit und nationaler Zusammenhalt, S. 18.

Innerhalb des islamistischen Spektrums Indonesiens erregte 2004 der Einzug der „Partei für Gerechtigkeit und Solidarität“ (*Partai Keadilan Sejahtera*, PKS) ins Repräsentantenhaus Aufsehen, die praktisch aus dem Stand 7,2 Prozent der Wählerstimmen auf sich vereinigen konnte. Ihre Wähler interessierten sich dabei weniger für die religiöse Agenda der PKS, sondern ließen sich eher von deren nichtkorrupten und sozialem Engagement überzeugen. Der Islamismus ist im indonesischen Parlament aber eher eine Randerscheinung. Allerdings treten außenparlamentarisch einige gewaltbereite Gruppierungen immer mehr in den Vordergrund. Dazu gehören paramilitärische Milizen wie die *Laskar Jihad* (die Jihad-Kämpfer) und die *Front Pembela Islam* (Front der Verteidiger des Islam), die sich u.a. am Bürgerkrieg in den Molukken beteiligten bzw. wiederholt durch s.g. „Aktionen gegen die Sünde“, d.h. Angriffe auf Gaststätten oder Diskotheken auf sich aufmerksam machten. Die Demokratisierung seit 1998 ermöglichte es auch den gewaltbereiten Islamisten, sich so frei zu bewegen und zu organisieren wie seit Jahrzehnten nicht mehr.[322]

In dem Maße, in dem sich traditionelle Strukturen in Jakarta und in den Distrikten weiter verfestigen, dürften solche Kräfte weiteren Zulauf erhalten. Will man derartigen Bewegungen wirksam entgegenwirken, müssen die indonesischen Parteien und die Regierung die notwendigen sozioökonomischen Reformen einleiten und durchsetzen, auf eine Instrumentalisierung der Massenorganisationen verzichten, die ihrerseits soziale Aufgaben wahrnehmen, und einen Dialog mit dem gewaltlosen islamischen Spektrum der indonesischen Parteien suchen. Es besteht allerdings die Gefahr einer mittelfristigen Polarisierung der politischen Landschaft Indonesiens, welche die Herrschaftseliten dazu ermutigen könnte, Errungenschaften des eingeleiteten Demokratisierungsprozesses zurückzunehmen.

Der Bombenanschlag des 9. September 2004 hat deutlich gemacht, dass die *Jemaah Islamiyah* keineswegs von der Bildfläche verschwunden ist. Sie hat lediglich eine territorial gegliederte Kommandostruktur (re-)aktiviert, sich trotz aller Erfolge der Sicherheitskräfte regeneriert und zu einer weiterhin schlagfähigen Organisation reformiert. Auch die in den Monaten vor dem Anschlag kursierenden Spekulationen über eine mögliche Veränderung der Operationstaktik der JI – weg von Bombenanschlägen mit unschuldigen (muslimischen) Opfern, hin zur gezielten Ermordung von Vertretern der nationalen und internationalen politischen und ökonomischen Eliten – sind

---

[322] Vgl. Ufen, Islam und Politik in Südostasien, S. 18.

durch den Anschlag auf die australische Botschaft nachhaltig widerlegt worden. Aufgrund der zellenartig konzipierten Struktur der JI sind lokale Einheiten, ebenso wie bei al-Qaida, offenbar relativ autonom in der Wahl ihrer Anschlagsziele.[323]

5.2 Rahmenbedingungen

Seit dem Sturz des Diktators Suharto im Jahr 1998 befindet sich Indonesien in einem Übergangsprozess zu einer demokratischen Gesellschaft.[324] Ein bisher ungekanntes Ausmaß an politischen Freiheiten hat Anpassungsprozesse in Politik, Wirtschaft und Gesellschaft ausgelöst. Im Jahre 1999 wurde erstmals seit 1955 ein indonesisches Parlament demokratisch gewählt und der Präsident von einem Volkskonsultativrat gewählt. Doch haben über dreißig Jahre Diktatur tiefe Spuren im politischen und im Alltagsverhalten der Indonesier hinterlassen, die sich nicht kurzfristig überwinden lassen werden. Straf- und Gesetzlosigkeit dominieren in einigen Teilen des Landes das alltägliche Leben. Ethnische und religiöse Konflikte sowie separatistische Bewegungen bedrohen den Zusammenhalt des riesigen Inselreiches. Es wird noch viele Mühen und Zeit brauchen, bis die bisherigen „Kultur der Gewalt" einer friedlicheren Formen der Konfliktlösung Platz macht.

---

323 Vgl. Heyduk, Der Bombenanschlag von Jakarta, S. 3.

324 Suharto war General und schaltete 1965 nach Protesten linksgerichteter Studenten und einem missglückten angeblich kommunistischen Putschversuch den Präsidenten Achmed Sukarno aus. Seit 1966 Regierungschef war er ab 1967 amtierender Staatschef. Am 27. März 1968 wurde er auch offiziell Präsident. Dieses Amt übte er bis 1998 aus. Während seiner Amtszeit zeigte sich Suharto gegenüber der restlichen Welt sehr offen und machte keine Anstalten, sein Land zu isolieren. Enge Kooperation mit den USA und eine neoliberale Wirtschaftspolitik brachten ihm im Westen zusätzlich Prestige ein. In der Innenpolitik zeigte der General dagegen Härte und schaltete jegliche Opposition aus. Nach der Machtergreifung wurden in Indonesien etwa eine Million Kommunisten und regierungsfeindliche Studenten ermordet. Parallel zu ihrer Ermordung fand auch der Völkermord an den Chinesen Indonesiens statt, der schätzungsweise eine halbe Millionen Opfer kostete. Nach lang anhaltenden Studentenprotesten musste Suharto am 21. Mai 1998 zurücktreten. Neuer Präsident wurde der von ihm ausgesuchte Nachfolger Jusuf Habibie.
Nach dem Ende seines Regimes wurde er wegen Korruption vor Gericht gestellt. Ihm wurde vorgeworfen, mindestens 571 Millionen US-Dollar öffentlicher Gelder veruntreut zu haben. Am 28. September 2000 wurde das Verfahren aus Gesundheitsgründen eingestellt, sein Sohn *Hutomo Mandala Putra (gen. Tommy)* wurde am 26. September verurteilt, saß nach erfolgreicher Flucht eine gewisse Zeit im Gefängnis, wurde jedoch „frühzeitig" im Dezember 2006 entlassen.

Im April 2007 war der indonesische Präsident Susilo Bambang Yudhoyono, in den Medien und in der Bevölkerung kurz SBY genannt, und sein Kabinett zweieinhalb Jahre im Amt. Die Hälfte der fünfjährigen Amtszeit ist abgelaufen und die Blicke richten sich langsam aber sicher auf die bevorstehenden Parlaments- und Präsidentschaftswahlen im Jahr 2009. Die Medien und politischen Analysten nahmen dies zum Anlass, eine Bilanz hinsichtlich der Arbeit des Präsidenten und seines Mitarbeiterstabes zu ziehen. Dabei fällt zumindest die ökonomische Bilanz vergleichsweise zufriedenstellend aus. Nach mageren Wachstumsraten in den vergangenen Jahren ging die indonesische Regierung bei der Verabschiedung des Staatshaushaltes 2007 von einem Wirtschaftswachstum von rund 6,3 Prozent für 2007 aus, nachdem es 2006 etwa 5,8 Prozent waren. Zwar sank das Exportvolumen zum Jahresende etwas, lag mit sechzehn Prozent aber immer noch über dem Vorjahresniveau. Die Inflation nahm zunächst ebenfalls deutlich ab, stieg nach ihrem Tiefstand im November 2006 mittlerweile wieder auf 6,52 Prozent im März 2007.[325]

Doch wie in anderen Ländern auch, partizipieren die unteren und untersten Einkommensschichten kaum oder überhaupt nicht von diesem Aufschwung. Die Zahl der absolut Armen (nach Definition der Weltbank) ist auf 39 Millionen gestiegen – das entspricht einem Bevölkerungsanteil von 17,75 Prozent. Sie leiden insbesondere unter den seit Ende 2006 enorm gestiegenen Reispreisen. Immerhin gibt die arme Landbevölkerung etwa 35 Prozent ihres Einkommens für Reis aus. Seit 19,2 Millionen arme Familien seit Ende 2006 auch keine direkten Subventionen mehr erhalten, ist ihre Situation noch prekärer geworden. Auch die indonesische Mittelschicht spürt wenig vom Wirtschaftsaufschwung. Der Index für das Verbrauchervertrauen ist seit November 2004 ebenfalls kontinuierlich gesunken. Mit einem Bruttoinlandsprodukt (BIP) von rund 3600 US-Dollar pro Einwohner liegt Indonesien zwar zehn mal so hoch das zentralasiatische Tadschikistan aber auch zehn mal unter dem Deutschlands.[326]

Zwar arbeiteten vor fünfzehn Jahren noch immer fünfzig Prozent der Beschäftigten im Agrarsektor, der Holz, Kautschuk, Palmöl, Kopra, Kaffee, Tabak und Gewürze für den Export und Reis als Grundnahrungsmittel produziert, doch mit einem Anteil von nur 17 Prozent am BIP steht die Landwirtschaft hinter dem Industriesektor (41 Prozent) und Dienstleistungen (42

---

[325] Vgl. Erwin Schweisshelm, „Halbzeit“ der Regierung Susilo Bambang Yudhoyono: Die Fortschritte sind beachtlich, die Probleme aber auch, FES-Kurzbericht, Juni 2007.

[326] Zu den statistischen Daten vgl. CIA World Fact Book 2006.

Prozent) unter diesem Aspekt nur an dritter Stelle.[327] Im Industriesektor sind rentenkapitalistische Praktiken, das Vorherrschen von Kleinbetrieben (durchschnittlich unter 2 ha) und Kapitalmangel limitierende Faktoren für die Produktionssteigerung. Der Abbau fossiler Brennstoffe hat durch den Export vor allem durch Erdölförderung einen großen Einfluss auf die wirtschaftliche Entwicklung des Landes, was wiederum zu einer starke Abhängigkeit von Ölpreisschwankungen führt. Investitionsschwerpunkte in den Entwicklungsplänen der indonesischen Regierung sind Industrien, die den Ausbau der Agrarproduktion unterstützen, die regionale Entwicklung vorantreiben und einheimische Rohstoffe verarbeiten. Da die Verbrauchergüterindustrie nur langsam wächst, besteht nach wie vor ein hoher Importbedarf an Kosum- und Investitionsgütern. Die seit 1967 erlaubten ausländischen Wirtschaftsprojekte (*joint ventures*) haben das Arbeitsangebot bisher kaum vergrößert, sondern eher zur Verdrängung einheimischer Betriebe geführt. In den 1980er Jahren geriet Indonesien aufgrund des weltweit fallenden Ölpreises in eine Wirtschaftskrise. Der damalige Präsident Suharto versuchte daraufhin, der ungünstigen ökonomischen Entwicklung mit einer Reduzierung der öffentlichen Ausgaben entgegenzuwirken (Steuererhöhungen, Einfrieren der Löhne, Subventionsabbau bei Nahrungsmitteln). Entwicklungspolitische Ziele sind in Indonesien vor allem die Gewährleistung der Nahrungsmittelversorgung, die weitere Nutzung der erheblichen Bodenschätze und die Förderung in- und ausländischer Investitionen im Industriesektor.

Aber nicht nur der Präsident steht in der Kritik, auch die politischen Parteien trennen oft Welten von ihrer Wählerschaft. In einer Meinungsumfrage des indonesischen Meinungsforschungsinstituts LSI im März 2007 gaben 65 Prozent der Befragten an, dass sie sich von den Parteien im Parlament nicht ausreichend repräsentiert fühlten. Die stärkste Identifikation mit ihrer Partei haben die Wähler der säkularen PDI-P. Bei der islamisch-fundamentalistischen PKS sehen die Befragten die größte Kluft zwischen rhetorischen Ansprüchen und politischer Praxis. Bei den Jugendlichen ist die Frustration am größten: So gaben 55 Prozent der befragten Jugendlichen an, bei den nächsten Wahlen im Jahr 2009 auf keinen Fall eine der etablierten Parteien wählen zu wollen. Vor diesem Hintergrund ist die kürzlich stattgefundene Kabinettsumbildung zu verstehen, in die wohl nur Optimisten größere Hoffnungen auf ein danach effizienteres Regierungshandeln gesetzt haben. Dabei wurden vor allem politische Ämter neu besetzt, nur der Wechsel an der Spitze des Mi-

[327] Vgl. Nohlen, Lexikon Dritte Welt, S. 358-361.

nisteriums für Staatsunternehmen betraf direkt ökonomische Interessen des Landes. Minister, die sich schweren Korruptionsvorwürfen ausgesetzt sahen, blieben zum Teil im Amt. Mehr und mehr wird deutlich, dass der Aufgalopp für die Parlaments- und Präsidentschaftswahlen 2009 bereits begonnen hat. Dabei bleibt nicht nur wirtschaftlich, sondern auch politisch in der verbleibenden Zeit noch eine Menge zu tun, zumal das Parlament bisher gerade mal ein halbes Dutzend Gesetze auf den Weg gebracht hat.

Langsam reift auch in Indonesien die Erkenntnis, dass Demokratie auch eine gerechte Verteilung der Errungenschaften des Wachstum zur Erhaltung der sozialen Stabilität benötigt. Trotzdem hat sich seit dem Amtantritt von Präsident Yudhoyono die Zahl der armen Familien kontinuierlich erhöht. Zusammen mit den 39 Millionen absolut armen beziffert die Weltbank die Zahl der Indonesier, denen ein Einkommen von weniger als zwei US-Dollar am Tag zur Verfügung steht, auf 110 Millionen Menschen, also etwa der Hälfte der Gesamtbevölkerung.[328] Das Armutsbekämpfungsprogramm, das der Präsident nach seinem Amtsantritt initiierte, hat hier kaum Erfolge vorzuweisen. Offiziell wird die Arbeitslosenquote mit 10,28 Prozent und etwa zehn Millionen angegeben, wobei die indonesische Statistik „gainful employment“ bereits mit mehr als zwei Stunden Arbeit pro Woche ausweist. Die tatsächlichen Zahlen (inklusive Unterbeschäftigung) dürften in etwa viermal so hoch liegen. Um allein für die jährlich zwei Millionen arbeitssuchenden Neuankömmlinge auf dem Arbeitsmarkt Jobs zu generieren, müsste das Wachstum bei rund 6,7 Prozent liegen. Dabei dürften die bereits jetzt anvisierten 6,3 Prozent schwer zu erreichen sein. Fast zwei Drittel der Arbeitslosen sind junge Leute zwischen 15-24 Jahren, die entweder nur einen Hauptschulabschluss besitzen oder die Schule abgebrochen haben. Sie leben vor allem von Gelegenheitsjobs im informellen Sektor. Sie sind und werden angesichts der vorherrschenden Bedingungen arm bleiben. Wenn sie eigene Familien gründen, werden sie wiederum kaum in der Lage sein, ihren Kindern eine Ausbildung zu finanzieren, die ihnen einen sozialen Aufstieg ermöglichen könnte.[329]

Das Bevölkerungswachstum konnte zwar gegenüber den 1960er und 1970er leicht gesenkt werden, dennoch stellt es aufgrund der extremen Unterschiede in der regionalen Bevölkerungsverteilung nach wie vor eine der größten Herausforderungen Indonesiens dar. Die hohe Bevölkerungsdichte

---

[328] Indonesien hatte laut DSW-Datenreport im Jahr 2006 rund 225,5 Millionen Einwohner. Andere Quellen sprechen von über 240 Millionen Einwohnern.

[329] Vgl. Schweisshelm, „Halbzeit“ der Regierung Susilo Bambang Yudhoyono, S. 3.

(durchschnittlich 118 Einwohner/qkm) in einigen Landesteilen wie Java, Madura oder Bali, gekoppelt an abnehmende Beschäftigungs- und Subsistenzmöglichkeiten im Agrarsektor, führt zur Migration erwerbsloser Landarbeiter in die bereits überfüllten Slums der Millionenmetropolen, beispielsweise in die der Hauptstadt Jarkarta. Trotz einiger Erfolge stößt die Familienplanung im Verhalten der Bevölkerung (Kinderreichtum als Alters- bzw. Sozialversicherung) an eine nur allmählich überwindbare Grenze. Im Rahmen des *Transmigrasi*, dem bis dato größten Umsiedelungsprojekt der Welt, sind mit finanziellen und materiellen Anreizen rund fünf Millionen Menschen in dünn besiedelte und deshalb kaum erschlossene Gebiete umgesiedelt worden, in denen durch Brandrodung des Tropenwaldes neue landwirtschaftlichen Anbauflächen gewonnen werden sollen, die aufgrund ökologischer Benachteiligung allerdings für eine kontinuierliche landwirtschaftliche Nutzung kaum geeignet sind.

Die rassische, ethnisch-kulturelle und sozial Vielfalt Indonesiens (rund 360 Ethnien) erschwert ebenfalls die innere Konsolidierung und limitiert die sozioökonomische Entwicklung des Inselstaates. Die Mehrheit der Bevölkerung gehört der malaiisch-polynesischen Völkerfamilie an, die durch rund zwei Millionen Chinesen als wichtigster Minorität verstärkt wird. Deren wirtschaftliches Geschick im Handel und ihr spezifisch gruppenkonzentriertes Verhalten haben immer wieder zu Spannungen mit der malaiischen Bevölkerung geführt. Nach schweren antichinesischen Ausschreitungen militanter Moslems Ende der 1980 wurde am 22. April 1981 eine Verschwörung radikaler Moslems (Kommando Jihad) aufgedeckt, deren Ziel es war, die Regierung Suharto zu stürzen und eine islamische Republik zu errichten. Separatistische Bewegungen wie in Aceh und Papua hemmen bis heute den indonesischen Integrationsprozess.

Rund 88 Prozent der Indonesier sind Muslime, die praktische alle der sunnitischen Glaubensrichtung angehören. Es gibt in Indonesien insgesamt nur etwa 100.000 Schiiten. Viele Indonesier praktizieren eine synkretische Form des Islam, das bedeutet, die Vermischung von religiösen Ideen und Philosophien zu einem neuen System oder Weltbild. Mit über 191 Millionen Moslems ist Indonesien der Staat mit der größten muslimischen Population weltweit, der Islam ist jedoch nicht Staatsreligion. Alle Bürger müssen sich gemäß der Staatsideologie Pancasila[330] zu einer von fünf Weltreligionen bekennen (isla-

[330] Pancasila sind fünf Grundsätze der nationalen Ideologie und Verfassung der Republik Indonesien, denen im Vielvölkerstaat eine identitätsbildende und homogenisierende Wirkung zugedacht wird. Dazu gehören: 1. Das Prinzip der All-Einen göttlichen Herrschaft; 2. Humanismus/Internationalismus; 3. nationale Einheit; Demokratie und

misch, katholisch, evangelisch, buddhistisch oder hinduistisch) bekennen. Anzumerken ist ferner, dass einige Volksgruppen in Indonesien den Islam zwar als ihre offizielle Religion angeben, tatsächlich aber Animismus[331] praktizieren.

Die endemische Korruption ist weiterhin ein Kardinalproblem in Indonesien. Beim aktuellen Index von *Transparency International* konnte das Land gegenüber dem Vorjahr kaum Boden gut machen und kam nur auf Platz 134, der auf eine sehr starke Durchdringung des Staatsapparates durch Korruption hinweist.[332] Die Ratifizierung der UNO-Konvention zur Korruption hat diesen Trend bisher ebenso wenig beeinflussen können wie die Gründung einer Anti-Korruptionsbehörde, die sich redlich bemüht, Fälle von Korruption aufzudecken und an die Justiz zu überstellen. Daneben haben sich auch die Medien durch investigativen Journalismus einige Verdienste mit Hinblick auf die Bekämpfung der Korruption in Indonesien erworben. So portraitiert ein Fernsehsender wöchentlich den „Korrupteur der Woche“. Aber die fehlende moralische Durchdringung der Regierung und Lokalpolitiker, die meist selbst von Korruption betroffen sind, stehen weiteren nachhaltigen Fortschritten in der Korruptionsbekämpfung nach wie vor im Weg.

Der Regenwald Indonesiens gilt als einer der artenreichsten weltweit. Dennoch werden die Baumbestände in keinem anderen Land der Erde so schnell vernichtet wie dort. Etwa 88 Prozent des Holzes stammen aus illegalem Einschlag. Dieser dramatische Trend spiegelt sich auch im Zustand des Artenbestandes wieder: Indonesien hat mit Abstand die längste Liste bedrohter Tierarten vorzuweisen. Die Holzwirtschaft ist jedoch nur für einen Teil der Umweltzerstörung verantwortlich. Große Flächen werden gerodet

---

5. Soziale Gerechtigkeit. Die darüber hinaus gehende Forderung der muslimischen Bevölkerungsgruppen, auch die Befolgung der Scharia für ihre Anhänger festzuschreiben, war zwar ursprünglich vorgesehen, wurde dann aber doch nicht in Verfassung aufgenommen. Das Staatswappen der Republik Indonesien repräsentiert die fünf Symbole der Pancasila vor dem mythischen Garuda-Adler. Vgl. dazu [u.a.] Dieter Becker, Die Kirchen und der Pancasila-Staat – Indonesische Christen zwischen Konsens und Konflikt, Verlag der Ev. Luth. Mission, Erlangen 1996.

331 Als Animismus bezeichnet man allgemein schriftlose, in Reinform ausschließlich bei Jäger-Sammler-Kulturen verbreitete indigene Religionen. Es gibt demnach nicht eine einzige Religion des Animismus, vielmehr entwickelt sich der Animismus gleichermaßen als Urreligion wie als Regelwerk des Aufbaus der Soziokultur und auch als nicht-analytischer Vorläufer in jeder Kultur anders. Vgl. dazu [u.a.] Kurt Galling (Hrsg.), Die Religion in Geschichte und Gegenwart, 4. neubearb. Auflage, Mohr Siebeck Verlag, Tübingen 1997.

332 Vgl. http://www.transparency.org/regional_pages/asia_pacific/regional_projects/asia_urb/background_indonesia (Zugriff am 11.12.2007)

und abgebrannt, um Bodenschätze erschließen zu können oder Agrarflächen zu schaffen, die vor allem für Papier- und Ölpalmenplantagen genutzt werden. Beim Abbrennen der riesigen Waldflächen entsteht starker Rauch, der sich teilweise auf die Nachbarländer Malaysia, Singapur und Brunei erstreckt, dort gesundheitliche sowie wirtschaftliche Schäden verursacht und deshalb politische Konflikte hervorruft.

Indonesien, immerhin drittgrößtes asiatisches Land, tritt innerhalb des Staatenverbundes ASEAN immer selbstbewusster auf, insbesondere mit Hinblick auf die politischen Probleme in Thailand und den Philippinen. Mit der Zuspitzung der Regierungskrise in Thailand und dem dortigen Militärputsch im September 2007 schwindet der regionale Einfluss der Regierung in Bangkok. Umso klarer treten dagegen Indonesiens Ambitionen in den Vordergrund. Im Interesse Jakartas liegen dabei vor allem strategische Kooperationsverhältnisse zu China und Indien. Den USA ist daher daran gelegen, die Zusammenarbeit mit Indonesien zu intensivieren. Natürlich auch deshalb, weil das Land mit der weltweit größten muslimischen Bevölkerung ein wichtiger Partner für die Amerikaner im Kampf gegen den internationalen Terrorismus ist. Als untrügliches Zeichen für das amerikanische Interesse an Indonesien kann dabei die Wiederaufnahme der 1998 eingefrorenen militärischen Zusammenarbeit dienen.

Seit 2007 ist Indonesien Nicht-Ständiges Mitglied im Weltsicherheitsrat, mittlerweile zum dritten Mal nach 1973-1974 und 1995-1996. Mit Qatar und Südafrika hat man versucht, die Resolution gegen den Iran aufgrund der Weigerung Teherans, das iranische Atomprogramm offen zulegen, zu verhindern oder wenigstens stark abzuschwächen, musste sich dann aber dem massiven Druck der USA beugen. In Indonesien löste dies vor allem bei den islamistischen und nationalistischen Bewegungen große Empörung aus. Der Präsident musste dem Parlament Rede und Antwort stehen. Der Druck auf die indonesische Regierung wird sicherlich wachsen, je länger sich eine Konfliktentschärfung mit dem Iran hinauszögert.

5.3 Sicherheit

Das Militär nimmt im indonesischen Machtapparat eine exponierte Stellung ein. Nach dem Sturz Suhartos sind viele ehemalige Offiziere Mitglieder in einer der neuen Parteien geworden und sichern sich dadurch politischen Einfluss. Prominente Beispiele für diese Praxis ist der aktuelle Präsident Yudhoyono oder dessen Herausforderer bei den Wahlen 2004, Wiranto, der von

1998 bis 2000 Oberbefehlshaber der Streitkräfte war. Diese spielten lange Zeit eine zentrale Rolle im politischen Geschehen des Landes und dienten als Machtbasis für den früheren Präsidenten Suharto, der durch einen Militärputsch im Jahr 1965 die Militärführung an sich riss. Dies ermöglichte ihm, ein Jahr später auch nach dem Amt des Staatspräsidenten zu greifen. Mitunter sprach man von einer „dualen Rolle“ des Militärs, das erstens die innere und äußere Sicherheit des Staates als einheitliche Nation gewährleistete, und zweitens dabei half, dass die Staatsführung ihre politischen Ziele am Wohle des Volkes (und selbstredend auch an den Interesse des Militärs) ausrichtete. Seine Machtfülle erlaubte es dem Militärapparat, weitreichend in den politischen Entscheidungsfindungsprozess einzugreifen. Traditionell hatten viele Kabinettsmitglieder bereits militärische Laufbahnen hinter sich, ebenso wie viele Parlamentarier. Die Kommandeure der regionalen Streitkräfte spielten oft auch eine wichtige politische Rolle in jeweiligen Einzugsgebieten.

In mancher Hinsicht steht und fällt Indonesiens Demokratisierung mit einer erfolgreichen Militärreform. Deren Ziel müsste die Professionalisierung des Militärs (Beschränkung der Kompetenzen auf unmittelbar sicherheitsrelevante Gebiete) und eine verbesserte Transparenz für dessen Einflussnahme auf Staat, Wirtschaft und Gesellschaft sein. Man würde militärischer Propaganda aufsitzen, sähe man in den indonesischen Streitkräften den letzten Garanten und Aktivposten für die Stabilität des Nationalstaates. So waren Offiziere sowohl in den Molukken[333] als auch in Osttimor aufgrund ihrer Verbindungen zu radikalen islamistischen Gruppierungen bzw. kriminellen Milizen eher Teil des Problems als Beitrag zu dessen Lösung.[334]

---

333 Im April 2004 entflammte zwischen Christen und Moslems in den Molukken neue Gewalt auf, nachdem ein 2002 von Repräsentanten beider Seiten unterzeichnetes Friedensabkommen mehrfach gebrochen wurde. Ein von der javanischen Laskar-Jihad-Miliz auf Betreiben indonesischer Offiziere lancierter Bürgerkrieg hatte in der Provinzhauptstadt Ambon und in anderen Teilen der 2001 von der Provinz Maluku abgetrennten Nordmolukken mindestens 5000 Menschenleben gefordert und fast 700000 zu Flüchtlingen gemacht. Vgl. International Crisis Group, The Search for Peace in Maluku, Jakarta/Brüssel, 8. 2. 2002. Im April 2004 kamen in Ambon rund 36000 Menschen ums Leben. Vgl. Far Eastern Economic Review vom 6. 5. 2004, S. 11. Einen Monat später explodierten dort drei Bomben, eine vierte in der Nähe einer Kirche konnte rechtzeitig entschärft werden. Die indonesische Presse spekulierte über ein ferngesteuertes Manöver zur Beeinflussung der Präsidentschaftswahlen. Vgl. The Jakarta Post vom 6. 5. 2004.

334 Vgl. Braun / Heyduk / Möller, Indonesien: Demokratie, Regierbarkeit und nationaler Zusammenhalt, S. 13.

Die indonesischen Streitkräfte sind dem eigenem Selbstverständnis nach seit dem Unabhängigkeitskampf gegen die niederländischen Kolonialisten Hüter der Verfassung und der Nation. Noch heute verfügen sie über eine bis in die entlegensten Dörfer reichende territoriale Struktur, die unter der Ägide General Suhartos der Kontrolle der Bevölkerung und der Früherkennung und raschen Niederschlagung möglicher Aufstände diente. Ein im Jahr 1998 eingeleiteter Versuch, die Territorialstruktur des Militärs zu zerschlagen, blieb ohne praktische Konsequenzen. Bereits zwei Jahre vor Beginn der so genannten „gelenkten Demokratie“ (1959-1965) hatte der damalige Präsident Sukarno das Militär zudem mit der Aufsicht über enteignete niederländische Unternehmen beauftragt und damit den Grundstein für umfassende wirtschaftliche Verflechtungen gelegt. In den Jahren 1964 und 1965 wurde das Militär zudem Nutznießer der Verstaatlichung britischer und amerikanischer Unternehmen. Bis heute beziehen die Streitkräfte schätzungsweise sechzig bis siebzig Prozent ihres Etats und legalen und illegalen außerbudgetären Aktivitäten.[335]

Suharto gründete sein Regime von Anfang an auf militärischer Macht. Dabei wurde der Anwendungsbereich der bereits 1959 etablierten militärisch-zivilen Doppelfunktion der Armee erheblich ausgeweitet. Sie ermächtigte die Streitkräfte faktisch zur Übernahme politischer, wirtschaftlicher und bürokratischer Ämter. Mit der Absetzung Suhartos 1998 geriet die Armee jedoch in die Defensive. Nachdem Präsident Jusuf Habibie die Pressefreiheit einführte, wurden Fälle publik, in denen sich indonesische Soldaten Menschenrechtsverletzungen in den Krisengebieten Osttimor, Aceh und Papua schuldig gemacht hatten. Dies spaltete das Offizierskorps und gab den Reformern den nötigen Rückhalt, um die Doppelfunktion des Militärs aufzuheben und die Polizei aus dem Kompetenzbereich des Militärs in den des Ministers für Verteidigung und Sicherheit zu überstellen.[336] Allerdings vermochte erst Habibies Nachfolger Abdurrahman Wahid mit der Tradition zu brechen, diesen Posten grundsätzlich mit einem hohen Militär zu besetzen. Dafür wurde das Amt des koordinierenden Sicherheitsministers unter Habibie, Wahid wie auch unter Megawati jeweils mit einem pensionierten Offizier besetzt (der jetzige Präsident Yudhoyono bekleidete es von 2001-2004).[337]

---

335 Vgl. The Jakarta Post vom 23. 6. 2004.

336 Allerdings war General Wiranto zu dieser Zeit in Personalunion Minister und Oberbefehlshaber der Streitkräfte.

337 Vgl. Braun / Heyduk / Möller, Indonesien: Demokratie, Regierbarkeit und nationaler Zusammenhalt, S. 14.

Bis heute nimmt der Oberbefehlshaber der Streitkräfte und der Polizei des Landes in faktisch gleichberechtigter Funktion zu den Ministern an den Kabinettssitzungen der indonesischen Regierung teil. Auf Provinz-, Distrikt- und Gemeindeebene werden die zivilen Verwaltungen weiterhin zu einem hohen Prozentsatz von Offizieren im Ruhestand geleitet. Dagegen verfügen die Streitkräfte seit den Parlamentswahlen 2004 über keine Parlamentssitze mehr. Die Urteile von Militärgerichten sollen künftig vom Obersten Gerichtshof überprüft und gegebenenfalls aufgehoben werden können. Des weiteren soll die Strafgerichtsbarkeit für Soldaten von Militärgerichten an zivile Gerichte übertragen werden, die Zuständigkeit für Ermittlungen verbleibt jedoch weiter bei der Militärpolizei.[338]

Mit dem vorläufigen Ende der inneren Fraktionalisierung, die nach der Entmachtung Suhartos im Mai 1998 einsetzte, gewann das Militär erneut an Einfluss. Nun waren sich die nationalistischen und die islamisch orientierten Offiziere in ihrer Ablehnung der Loslösung Osttimors und der Reformpolitik Wahid weitestgehend einig. Ihrer vereinten Macht hatte das Kabinett nur wenig entgegen zu setzen. Das damalige Reformkabinett erwies sich als zu instabil und durchsetzungsfähig. Probleme bereitete Wahid auch der notorisch korrupte Polizeiapparat, der mit den neuen Kompetenzen und Anforderung im Bereich der inneren Sicherheit hoffnungslos überfordert wurde. Zudem rivalisierten Armee und Polizei neuerlich um politischen Einfluss und die Sicherung von Pfründen.

Auch Megawati Sukarnoputri verdankte ihren Aufstieg zur Staatspräsidentin nicht zuletzt dem Einfluss des Militärs, das sich Wahids Ersuchen nach Ausrufung des Notstands verweigerte. Die neue Präsidentin begnügte sich fortan mit Lippenbekenntnissen zur Fortsetzung der Militärreform. So hatten die Streitkräfte bei der Implementierung der vom Verteidigungsminister proklamierten Richtlinien, bei der internationalen Zusammenarbeit und sogar bei der Beschaffung von Rüstungsgütern weitgehend freie Hand.[339] Die Ausrufung des Kriegsrechts in der Krisenprovinz Aceh im Mai 2003 dürfte sowohl auf die nationalistische Grundorientierung der Präsidentin als auch

338 Vgl. The Jakarta Post vom 2.9. 2004.

339 Im April 2004 kritisierte ein parlamentarischer Untersuchungsausschuss die Entscheidung des Armeestabschefs vom Oktober 2002, vier russische Kampfhubschrauber anzuschaffen, wegen mangelnder Transparenz und „Objektivität". Vgl. The Jakarta Post vom 29. 4. 2004. Im November 2004 erklärte der neue Verteidigungsminister, die unkontrollierte Beschaffungspraxis solle binnen drei oder vier Jahren beendet werden. The Jakarta Post vom 4. 11. 2004.

auf entsprechende Wünsche der militärischen Führung gründen. Während des Präsidentschaftswahlkampfs im Jahr 2004 wagte kein Kandidat, die Territorialstruktur des Militärs offen in Frage zu stellen. Der von Yudhoyono im Oktober 2004 ins Amt berufene Verteidigungsminister sprach sich dafür aus, eine „angemessene territoriale Rolle“ solange sicherzustellen, bis „Zivilisten sich tatsächlich selbst regieren und politische Parteien als Säulen der Demokratie funktionieren.“[340] Insofern haben sich angesichts der militärischen Vergangenheit des gegenwärtigen Präsidenten laut gewordene Befürchtungen bestätigt, die 1998 eingeleitete Entpolitisierung des Militärs könnte in eine Militarisierung der Politik umschlagen.[341] Präsidentin Megawati hatte während ihrer Amtzeit 2002 und 2003 bei Gouverneurswahlen in Jakarta und Mitteljava pensionierte Offizieren sogar gegen Kandidaten der eigenen Partei unterstützt. Im Zuge der 2001 eingeleiteten Dezentralisierung wurden darüber hinaus sogar noch aktive Militärs wieder mit wichtigen Verwaltungsaufgaben betraut.

Im Jahr 2003 unternahm die Armeeführung erneut einen Versuch zur Absicherung ihrer politischen Rolle. Während der Beratungen zu einem Streitkräftegesetz legten die Generäle einen eigenen Entwurf vor, mit dessen Verabschiedung sie die präsidiale und parlamentarische Kompetenz für die Verhängung eines regionalen Ausnahmezustandes und für die gegebenenfalls auch präventive Entsendung von Truppen in Krisengebiete usurpiert hätte. Präsidentin Megawati hatte sich ursprünglich für eine Verschiebung der Beratungen auf einen Termin nach der Vereidigung der neuen Abgeordneten ausgesprochen. Später räumte sie ein, sie habe der Einbringung des Entwurfs nur unter Druck des damaligen Sicherheitsministers Yudhoyono zugestimmt.[342] Unter dem Eindruck ihrer Wahlniederlage billigte Megawati im September 2004 schließlich die Beratung der modifizierten Gesetzesgrundlage. Das inzwischen verabschiedete Gesetz schreibt die Autorität des Präsidenten (nicht aber des Verteidigungsministers) gegenüber dem Oberbefehlshaber der Streitkräfte fest, lässt aber offen, ob das Staatsoberhaupt militärische Einsätze im Vorfeld genehmigen muss. Aktive Soldaten dürfen auch weiterhin im Verteidigungsministerium, im Ministerium für Politische und Sicherheitsfragen, im militärischen Sekretariat des Präsidenten, in den Nachrichtendiensten und

---

[340] Vgl. The Jakarta Post vom 4. 11. 2004.

[341] Vgl. Braun / Heyduk / Möller, Indonesien: Demokratie, Regierbarkeit und nationaler Zusammenhalt, S. 15.

[342] Vgl. The Jakarta Post vom 12. 8. 2004.

sogar im Büro des Generalstaatsanwalts tätig werden.[343] Präsident Yudhoyono kündigte unmittelbar nach seiner Wahl an, das Streitkräftegesetz überprüfen zu wollen.

2003 wurden die nachrichtendienstlichen Strukturen und Kapazitäten der Streitkräfte vor dem Hintergrund der terroristischen Herausforderung landesweit reaktiviert. Ein Weißbuch des Verteidigungsministers definierte innere Risiken als prioritäre Bedrohung der nationalen Sicherheit. 2004 wurde der Verteidigungshaushalt von 671 Millionen auf 1,3 Milliarden US-Dollar beinahe verdoppelt. Die amtlichen Militärausgaben rangieren im Moment auf Platz zwei hintern den Ausgaben für Bildung und Erziehung, bleiben aber sowohl gemessen an der Größe des Landes als auch im regionalen Vergleich eher bescheiden. Die wichtigsten Einsatzgebiete des Militärs liegen zweifellos im Inneren des Landes. So zählt der Kampf gegen Terrorismus und innere Unruhen zum primären Aufgabenfeld der indonesischen Streitkräfte. Entgegen der Meinung der indonesischen Regierung sehen internationale Beobachter in Indonesien durchaus einen potentiellen Nährboden für die Aktivitäten transnational agierender Terroristen. Das Land durchläuft nach dem Sturz Suhartos einen schwierigen Transformationsprozess, bei dem Politik, Wirtschaft und Rechtswesen unter Auflagen des Internationalen Währungsfonds (IWF) wenn möglich zeitgleich reformiert werden müssen. Während auf der Habenseite die Einführung eines Mehrparteisystems steht, das bereits mehrfach einen gewaltlosen Machtwechsel ermöglichen konnte, verzehrt der Schuldenabbau einen Großteil des Staatshaushalts. Die hohe Arbeitslosenquote erzeugt auch in Indonesien in Rahmenbedingungen, die es radikalen Gruppierungen ermöglichen, ihre gewaltverherrlichende Saat auszubringen.

Die indonesische Regierung versucht hingegen das Sicherheitsproblem des Terrorismus klein zu reden. Erst nach dem Anschlag auf Bali im Jahr 2002, dessen Verursacher relativ schnell identifiziert und ihre organisatorische und ideologische Zugehörigkeit herausgefunden worden war, hielt sich der damalige Vizepräsident mit Äußerungen seiner falsch verstandenen Solidarität mit der islamischen Ummah zurück. Es wäre von enormer Wichtigkeit, dass die Regierung Bereitschaft zeigt, jene Scharfmacher und geistigen Verführer zu verurteilen, aus Bildungseinrichtungen sowie aus den Moscheen zu verbannen, die Fanatismus, Hass, Intoleranz und religiösen Extremismus verbreiten. Dies ist bisher nicht geschehen, möglicherweise weil der Präsident jeden Konflikt mit radikaleren moslemischen Gruppen vermeiden möchte.

---

[343] Vgl. Asiatimes vom 1. 10. 2004.

Nicht nur wegen der bevorstehenden Wahlen, sondern auch, weil sie nicht als Erfüllungsgehilfin der USA in ihrem Kampf gegen „das Böse“ in Indonesien gelten möchte. Darüber hinaus befürchtet die indonesische Regierung Vergeltungsanschläge.

Religiös begründeter Terror muss auch in Indonesien als Erscheinungsform der politischen, wirtschaftlichen, sozialen Probleme sowie einer ethisch-moralischen Krise verstanden werden, um die wahren Ursachen des Terrors zu erkennen. Der Kreislauf von Arbeitslosigkeit, Verelendung und Desorientierung nach dem Fall des alle Lebensbereiche beherrschenden und kontrollierenden Suharto-Regimes führt u.a. dazu, dass die Eltern nicht mehr in der Lage sind, die Schulgebühren, Uniformen und Bestechungsgelder für Lehrer und Rektoren ihrer Kinder zu zahlen. Islamische „Bildungsreinrichtungen“ wie die *Ngruki*-Schule des radikalen Predigers *Ba'ashir* offerieren kostenfreie Unterbringung in Internaten und freie „Bildung“. Die Finanzierung solcher Schulen erfolgt vielfach aus Saudi-Arabien durch die dem Wahhabismus verbundenen einflussreichen und finanzkräftigen Gruppen. Diese Schulen indoktrinieren die noch sehr jungen Menschen auf der Basis einer engstirnigen Interpretation des Korans. Dort werden das Christentum und andere Religionen, insbesondere das Judentum aber auch die Amerikaner, als Hauptfeinde des Islam verteufelt. Das propagierte Ziel ist auch hier, Ungläubige durch Anwendung des *Jihad* möglichst auszulöschen oder zumindest aus dem Land zu treiben. Die oftmals auch unter islamischen Wissenschaftlern, Gläubigen, Gelehrten und selbst ernannten Predigern herrschende Unwissenheit bezüglich der islamischen Lehre und der arabischen Sprache führen dazu, dass diese halbgebildeten und selbsternannten islamischen Führer zu radikalen Überreaktionen tendieren, um möglichst gottesfürchtig und als religiöse Respektspersonen zu erscheinen.

Während die Suharto-Regierung mit drastischen Maßnahmen gegen radikal-islamische Bewegungen vorging, nutzten diese Gruppen in der liberalen Phase der „Reformasi“ und gleichzeitig orientierungsloser Sicherheitskräfte das Vakuum, sich neu zu formieren und alte Ziele mit radikalen Methoden zu erreichen. Kurzfristig versuchten diese Gruppen in Kooperation mit den etablierten islamischen Parteien zunächst, in der Präambel der reformierten Verfassung die Einführung der Scharia in einzelnen Provinzen oder auch landesweit zu verankern (s.g. Jakarta Charta). Dies gelang wegen des Widerstands der säkular ausgerichteten PDI-P, der GOLKAR sowie der TNI-Fraktion (Indonesisches Militär und Polizei) im Parlament und in der Beratenden Volksversammlung nicht.

Die Kriege der USA und ihrer Verbündeten in Afghanistan und Irak waren wie Wasser auf die Mühlen islamistischer Gruppierungen. Auch die bereits in Afghanistan unter den Taliban ausgebildeten Indonesier kehrten in die Heimat zurück, schlossen sich teilweise der *Laskar Jihad* an, um gegen die „Ungläubigen" in Ambon, Halmahera, Sulawesi und anderswo zu kämpfen, und gaben ihre Kenntnisse im Umgang mit Waffen, Sprengstoffen und im Bombenbau an die bereits zum Einsatz in islamischen Madrasas (Koranschulen) motivierten jüngeren Talibs (Koranschüler) weiter. Die Muster des Missbrauchs der religiösen Bildungsstätten gleichen sehr der in Pakistan und Afghanistan angewandten Praxis. Es ist davon auszugehen, dass sich bereits eine relativ umfangreiche Gruppe solcher militanten radikalislamisch motivierten jungen Menschen formiert hat. Wegen mangelnder Chancen auf dem Arbeitsmarkt unterliegen sie weiterhin den kollektiven Zwängen, die innerhalb einer radikalisierten Zelle wirken und mutieren deshalb zu einer ernsten Gefahr für die Sicherheit des Landes. Die Auswirkungen auf die wirtschaftliche Entwicklung des Landes sind ebenfalls nicht zu übersehen: Mangelnde Sicherheit und Terrorgefahr führen zu geringerer Investitionsneigung, sinkendem Wachstum und reduziertem Tourismus. Darüber hinaus bedroht Terrorismus die regionale Sicherheit und beunruhigt die ASEAN-Mitgliedsstaaten.

5.4 Perspektive

Die indonesische Demokratie ist immer noch weit davon entfernt, die gesetzten Ziele der „Reform Agenda", die sie sich vor wenigen Jahren selbst gesteckt hat, zu erreichen. Knapp zehn Jahre nach dem Sturz des Suharto-Regimes ist die Reform, die zu einer modernen Demokratie mit spezifischen indonesisch-asiatischen Elementen führen sollte, weiter von diesem Ziel entfernt als vor Yudhoyonos Machtantritt. Das herrschende System definiert man am treffendsten als eine „Anocracy", ein Hybridsystem, in dem Elemente von autoritären Strukturen mit denen einer Demokratie im politischen System und im politischen Prozess vermischt sind. Darüber hinaus verfügt es über ausgeprägte plutokratische Elemente, deren Charakterisierung in der Herrschaft des Geldes über fast alle anderen Werte der Gesellschaft liegen. Ob es nun um Parlamentsentscheidungen, die Ernennung in wichtige, d.h. einkommenssteigernde Ämter, die Erlangung von Lizenzen oder schlicht die Aufnahme in Bildungseinrichtungen geht, das Geld regiert. Korruption ist zwar verbal geächtet, aber dennoch tägliche Praxis in fast allen Lebensbereichen. Hunderte politischer Parteien bemühen sich gegenwärtig, bei den im Oktober 2009 anstehenden Wahlen möglichst viele der zu vergebenden Parlamentssitze zu erreichen. Ihre Ziele sind meist unklar und werden oft nicht einmal artikuliert. Bereits jetzt ist offensichtlich, dass das neue Wahlgesetz kaum einer kleinen Partei oder einer Neugründung eine Chance einräumt, da die bereits im Parlament etablierten Parteien die Zugangsschranken für neue Parteien erheblich erhöht haben. Wahlerfolge werden anhand der verfügbaren finanziellen Mittel kalkuliert. Jede Partei mit den entsprechenden Sponsoren darf auf Sitze im nationalen Parlament oder den regionalen Parlamenten hoffen. Die politische Machtelite steht nach wie unter dem erheblichen Einfluss der konservativen Kräfte des Militärs und der restaurativen politischen und wirtschaftlichen Kräfte des alten Regimes. Die Führungsschwäche der Regierung führt zu einem Machtvakuum, das regierungserfahrene Gruppen (GOLKAR), das Militär und andere, den Konglomeraten der Wirtschaft nahestehende Gruppen ausnutzen, um die politischen Entscheidungen wesentlich zu beeinflussen.

Indonesien hat ungeachtet aller wirtschaftlichen Erfolgsbilanzen weiterhin ein massives Armutsproblem. Für dessen Lösung ließ die Regierung bisher effektive Konzepte weitestgehend vermissen. Die vom Präsidenten angekündigten Investitionen in die Infrastruktur werden zwar selbst von Kritikern als richtiger Schritt gelobt, doch dies allein ist viel zu wenig, um die stetig wachsende Kluft zwischen Oben und Unten kleiner werden zu lassen. Die Hauptstadt Jakarta und einige andere Metropolen boomen zwar. Baustelle reiht sich dort an Baustelle, und fast wöchentlich schießen neue Hochhäuser als Appartment- oder Bürokomplexe aus dem Boden. Mit dieser Entwicklung vermag der ländliche Sektor jedoch nicht einmal annähernd Schritt zu halten. Dort fehlt es bisweilen sogar an so Grundlegendem wie befestigten Straßen und funktionierender Stromversorgung. Während die Neun-Millionen-Metropole Jakarta anderen südostasiatischen Großstädten mit etwas Verspätung ins 21. Jahrhundert folgt, haben einige Dörfer hinsichtlich ihres Entwicklungsstands kaum den des vorigen erreicht. Sowohl bei der ländlichen Bevölkerung als auch bei der mittelständischen Jugend in den Großstädten macht sich seit Jahren Unmut breit, soziale Proteste eskalieren deshalb schnell.[344]

Das Phänomen des internationalen Terrorismus wird auch in Indonesien seinen Platz auf der politischen Agenda behalten, wenngleich die politischen Entscheidungsträger oftmals den Eindruck vermitteln wollen, alles im Griff zu haben. Die indonesische Regierung fand sich nach dem 11. September

---

[344] Vgl. Junge Welt vom 18. 8. 2007.

2001 mit dem Dilemma konfrontiert, nationale und internationale Aspekte der Sicherheit gegen die Interessen der eigenen, mehrheitlich muslimischen Bevölkerung abzuwägen. So war die damalige indonesische Präsidentin Megawati zwar das erste islamische Staatsoberhaupt, das sich der von den USA ausgerufenen Koalition gegen den Terror bekannte. Diese Festlegung erfolgte jedoch relativ spät und vor dem Hintergrund einer Kontroverse im Regierungslager, nachdem sowohl der Vizepräsident Hamzah Haz als auch der GOLKAR-Vorsitzende Akbar Tangjung eine Distanzierung von den USA gefordert hatten. Haz wurde zudem als einer der Anstifter antiamerikanischer Demonstrationen in Jakarta identifiziert.[345]

Zur Bekämpfung der Ursachen einer politischen Radikalisierung müsste die Regierung eine armutsorientierte Entwicklungspolitik betreiben, diese flankierend mit sozialpolitischen Programmen versehen, sich um ‚good governance' bemühen und gleichzeitig den Kampf in den eigenen Reihen gegen die Korruption beginnen. Die vorhandenen Gesetze gegen Terror, Geldwäsche, Vollmachten für Polizei, Geheimdienste und Militärs sind zu weitgehend und taugen, wie man bisher beobachten konnte, hinsichtlich der Terrorbekämpfung nur wenig. Sie tragen stattdessen wesentlich zur Beeinträchtigung der verfassungsmäßig garantierten Menschenrechte bei. Das neue Bildungsgesetz stellt die religiöse Bildung in den Vordergrund und verhindert so, dass Pluralismus, Toleranz und indoktrinierungsfreie Ausbildung zum selbständigen Denken (statt Auswendiglernen) gelehrt wird. Notwendig wäre zudem eine staatliche Kontrolle privater, religiöser Schulen. Andere Bildungseinrichtungen, wie die Schulen und Universitäten der großen islamischen Organisationen, wie NU und *Muhammadiyah* leisten hingegen komplementäre Bildungsangebote von oft guter Qualität.

Die Ausbildung und die Einsatzkontrolle der Polizei, der Geheimdienste und der TNI sind oft unzureichend und in wesentlichen Teilen schlecht. Zudem macht die mangelnde Koordination der Sicherheitsorgane es den Terroristen auch weiterhin einfach, ihre Bomben zu platzieren. Aus diesen Gründen bleibt es wohl auf absehbare Zeit unvermeidbar, dass die Schlagzeilen der indonesischen Medien weiterhin terroristische Anschläge zum Thema haben werden und die Menschen dies zunehmend als eine aufgezwungene „Normalität" zu akzeptieren lernen. Sollte es der Regierung in Jakarta nicht bald gelingen, Indonesiens staatliche Autorität in einer Weise neu zu definie-

[345] Vgl. Bolte / Heyduk / Rzyttka, Politischer Islam, Separatismus und Terrorismus in Südostasien, S. 37f.

ren, die auch den Völkern und Regionen an der Peripherie gerecht wird, werden separatistische Bewegungen und Terrorakte ein Problem bleiben, das nicht vor Staatsgrenzen Halt macht, sondern ganz Südostasien erschüttern wird. Die von Indonesien immer wieder geltend gemachte Nichteinmischungspolitik in „innere Angelegenheiten der Nachbarländer" innerhalb des ASEAN-Bundes wird dieser Gefahr nicht gerecht und ist daher auch dem Eigeninteresse des Landes nicht zweckdienlich.

6. Die Philippinen

Mit dem Sturz des Marcos-Regimes[346] im Jahr 1986 kehrten die Philippinen nach vierzehnjähriger Diktatur zur Formaldemokratie zurück. In der Verfassung von 1987 wurden Präsidialsystem, Zweikammer-Parlament, unabhängige Gerichtsbarkeit und der Schutz von Menschenrechten verankert. Dennoch wird der gesellschaftliche Entwicklungsprozess des Landes durch die Vorherrschaft von sogenannten „politischen Familien" in Wirtschaft und Politik charakterisiert. Trotz zahlreicher Aufstände und Rebellionen in der Geschichte des Landes gegen soziale Miseren konnten die Oberschicht ihren Reichtum und Einfluss behaupten. Das politische System der Philippinen wird nach wie vor von einer kleinen Elite kontrolliert, deren Basis für politische Macht ihre Zugriffsmöglichkeiten auf ökonomische Ressourcen sind. Nur mit dem entsprechenden finanziellen Polster können überhaupt politische

---

[346] Während der Marcosdiktatur (1965-1986) kam es zu massiven Repressalien gegen Oppositionelle. Manche von ihnen wurden jahrelang unter fadenscheinigen Gründen in Untersuchungshaft gehalten, wie der prominente Regimekritiker Benigno Aquino. Im Zuge der verbreiteten Unruhen in der Bevölkerung kam es auch dort zu Repressalien, denen etliche Oppositionelle zum Opfer fielen. Unterdessen bereicherten sich Marcos Familie und dessen engsten Vertrauten, während die Auslandsverschuldung des Landes ständig stieg. Nach dem Mord an Benigno Aquino, der 1983 nach jahrelangem Exil in den USA auf die Philippinen zurückkehrte und am Flughafen von Manila erschossen wurde, wuchs der Widerstand des philippinischen Volkes gegen Marcos. Dieser versuchte Anfang 1986 durch vorgezogene Neuwahlen das Blatt zu seinen Gunsten zu wenden, doch seine politische Rivalin und Witwe Aquinos war inzwischen sehr populär geworden und Marcos Versuche, die Wahlen zu fälschen, wurden schnell durch internationale Beobachter angeprangert. Führende Militärs wechselten im Februar 1986 die Seite und wurden in ihrer Entscheidung durch Massendemonstrationen unterstützt, die international Beachtung fanden. Militäreinheiten, die den Aufstand niederschlagen sollten, wechselten ebenfalls die Seiten, so dass Marcos mit einem Militärhelikopter das Land ins Exil nach Hawaii verließ. Corazon Aquino wurde am selben Tag als neue Präsidentin der Philippinen vereidigt.

Ämter „gewonnen" werden. Mit diesen wird dann eine traditionelle Patronagepolitik betrieben, die wenig Freiraum für programmatisches Denken und langfristige Entwicklungsstrategien bietet. Stattdessen werden kurzfristige Gewinne und Einzelprojekte priorisiert. Parteien sind vorwiegend lose Familien-Allianzen, die sich zu Ad-hoc-Wahlbündnissen zusammenschließen. Programmatische Plattformen, feste Mitgliedschaften, eine Führungs-, Kommunikations- und Abstimmungskultur sowie eine historische und soziale Bindung an Wählerkreise sind weitgehend unbekannt. Ein typischer philippinischer Kongressabgeordneter wird daran gemessen, wie viele Ressourcen er oder sie in den Wahlkreis transferieren kann. Die anhaltende Machtkonfiguration und die damit einhergehende politische Kultur inklusive der entsprechenden Erwartungshaltungen der Wählerschaft zu durchbrechen, ist eine langfristige Herausforderung für einen demokratischen Politikansatz. Dies ist jedoch ohne eigene finanzielle Mittel für Parteiorganisationen und das Umsetzen von eigenen kommunalen Flaggschiffprojekten, welche die Beteiligung der Bevölkerung vorsehen, kaum möglich. In Abwesenheit einer staatlichen Parteienfinanzierung spielen die Mittel, die einzelnen Abgeordneten zustehen, eine zentrale Rolle. Aufgrund der Politisierung der staatlichen Finanzen und der Prärogative der Präsidentin, diese Mittel auszuzahlen oder eben auch einzubehalten, kann offene Kritik an Präsidentin Arroyo mitunter teuer werden.[347]

Dies gilt umso mehr für die politische Auseinandersetzung auf den Philippinen. Die noch immer im Raum stehenden Vorwürfe der Wahlmanipulation im Jahr 2004 sowie konkrete Hinweise auf massive Korruption in der Regierung haben Volksparteien wie die *Akbayan* in offene Opposition zur Arroyo-Administration treten lassen, der zudem die systematische Aushöhlung demokratischer Rechte und Institutionen vorgeworfen wird. Die Regierung habe in diesem Zusammenhang, so die Kritiker, die Versammlungsfreiheit im Jahr 2005 und im ersten Halbjahr 2006 massiv eingeschränkt, mit Präsidialdekret 464 habe sie zudem die Kontrollfunktion des Parlaments beschnitten und das Ausrufen des Notstandes nach Unruhen im Februar 2006 sei einer Vorstufe des Kriegsrechts gleichgekommen. Besonders Besorgnis erregend ist die Einschüchterung und Verfolgung oppositioneller Kräfte, die nach der Notstandserklärung eine neue Dimension erreicht zu haben scheinen. Medieninstitutionen wurden durchsucht, Oppositionelle inklusive Parlamentarier

---

[347] Vgl. http://fesportal.fes.de/pls/portal30/docs/FOLDER/WORLDWIDE/ASIEN/KURZBERICHTE/KBPHILIPPINEN (Zugriff am 12. 12. 2007)

wurden polizeilich observiert und oft willkürlich festgenommen, die Arbeit von politischen Gruppen in ländlichen Regionen durch das Militär massiv behindert.

Die politische Gewalt schlug insbesondere 2006 hohe Wellen: Eine Serie von politischen Morden vor allem an Kommunisten, Journalisten und selbst religiösen Würdenträgern hat mittlerweile internationale Aufmerksamkeit erregt. Die Regierung steht unter dem dringenden Verdacht, diese Repression zumindest zu dulden. Ihr Versprechen, diese Fälle zu lösen, wurde bisher nicht eingehalten. Stattdessen verbreitet sich Frustration über die Fortsetzung der traditionellen Elitenpolitik über zwanzig Jahre nach der Vertreibung des Diktators Marcos. Die sozioökonomische Lage weiter Teile der Bevölkerung hat sich indes nicht verbessert, die Institutionen der formalen Demokratie haben den Status quo bisher gesichert. Seit unter der Präsidentschaft Arroyos selbst diese ihre Unabhängigkeit allmählich einbüßen – insbesondere die Wahlbehörde sieht sich hier massiver Kritik ausgesetzt – hat die *Akbayan* nicht nur ein Amtsenthebungsverfahren gegen die Präsidentin, sondern in einer Koalition mit anderen linken Gruppen, das Konzept eines „Transitionary Revolutionary Goverment“ (TRG) unterstützt. Dieser provisorische Rat, zusammengesetzt aus Vertretern der Opposition, Wirtschaft und Kirche, sollte unter Duldung des Militärs nach dem Abtreten der Präsidentin für eine Neuordnung der politischen Institutionen und soziale Reformen eintreten. Dieses Konzept ist nach dem gescheiterten Putschversuch im Februar 2006 und der zwischenzeitlichen Konsolidierung Arroyos vom Tisch.

Die Präsidentin ficht die Kritik an ihrem Regierungsstil indes nicht an. Sie verweist stattdessen auf die gute Leistungsbilanz ihrer Regierung und stützt ihre Argumentation fast gänzlich auf makroökonomische Verbesserungen. Diese sind zum Teil auch zu verzeichnen: die Wirtschaft wuchs in den letzten Jahren um vier bis fünf Prozent (2005: 4,7 Prozent), die Währung (Peso) stabilisiert sich, die Lage der öffentlichen Haushalte verbessert sich aufgrund der Umsetzung von Steuererhöhungen und einer energischeren Vorgehensweise bei der Erhebung selbiger. Darüber hinaus ist die einem Friedensabkommen mit der *Moro Islamic Liberation Front* (MILF) um die seit langem anhaltenden Konflikte in Mindanao um einiges näher gekommen, wenngleich ein tragfähiges Abkommen bis heute nicht in Sicht ist.

Die von Arroyo ins Feld geführten makroökonomischen Errungenschaften ihrer Administrative können aber nicht darüber hinwegtäuschen, in welcher schlechten wirtschaftlichen Gesamtverfassung sich die nach wie vor Philippinen befinden. In der Wirtschaftsentwicklung hat das Land den Anschluss an andere asiatische Wachstumsökonomien bisher nicht gefunden. Agrarischer Großgrundbesitz lähmt auch heute noch die ländliche Entwicklung. Als Wachstumssektoren weist das Land nur zwei Branchen aus: ca. 100 Exportsonderzonen bescheren dem Land mit der Montage von Elektronikkomponenten zweistellige Zuwachsraten in der Ausfuhr; etwa vier bis fünf Millionen Arbeitsmigranten sind als „overseas contract workers" registriert und gleichen mit Einkommenstransfers in die Heimat die stark defizitäre Zahlungsbilanz aus. Verarmte ländliche Gebiete, kaum staatliche Sozialinvestitionen und eine hohe und weitersteigende Einkommenskonzentration sind die wichtigsten Charakteristika der sozialen Entwicklung des Landes, die Arbeitslosigkeit liegt bei 10 bis 15 Prozent, Unterbeschäftigung bei 20 Prozent. Der Grad der gewerkschaftlichen Organisierung ist mit 5 bis10 Prozent der Lohnarbeiter des formellen Sektors äußerst niedrig.

Arroyos rigider Führungsstil verärgert nicht nur Parlamentarier der Opposition, Teile der kritischen Zivilgesellschaft, die ehemalige Präsidentin Aquino sowie Ex-Präsident Estrada. Das Militär ist in seiner Loyalität zur Präsidentin gespalten, nachdem es wiederholt für politische Zwecke missbraucht wurde. So sollen ranghohe Offiziere im Auftrag Arroyos in Wahlmanipulationen bei der Präsidentschaftswahl im Jahr 2004 verwickelt gewesen sein. Diese kooperationswilligen Personen sollen nach dem Amtsantritt der Präsidentin in hohe Ämter befördert worden sein, der Kooperation unwillige Kommandeure regionaler Einheiten wurden hingegen abgelöst und ins Abseits gedrängt.[348]

Vor diesem Hintergrund und der grassierenden Korruption haben sich Kräfte innerhalb des Militärapparates konsolidiert, die wiederholt für interne Reformen eingetreten sind. Zu ihnen gehören zum einen junge Offiziere, die in der *Philippine Military Academy* zu prinzipientreuen Führungskräften herangezogen worden sind. Sie organisieren sich in Gruppen wie „Magdalo" und der „Young Officers Union – new generation" (YOUng) und finden ihre Mentoren in höheren Rängen. Diese sind andererseits in Gruppierungen wie „Reform of the Armed Forces Movement" (RAM) oder „Young Officers Movement" (YOM) organisiert und spielen bereits zentrale Rollen bei militärischen Umsturzversuchen. Eine erste Warnung an die Regierung wurde im Jahre 2003 in Form der so genannten „Oakwood Mutiny" ausgesandt. Damals besetzten junge Offiziere der „Magdalo" einen Hochhauskomplex in der philippinischen Metropole Makati und verlangten Reformen. Ihre Beschwer-

[348] Vgl. http://fesportal.fes.de/pls/portal30/docs/FOLDER/WORLDWIDE/ASIEN/KURZBERICHTE/KBPHILIPPINEN (Zugriff am 12. 12. 2007)

den über Korruption in den eigenen Reihen wurden bisher jedoch nicht aufgegriffen. Zwar wurde den Forderungen der Offiziere nach einer Untersuchung der Vorwürfe entsprochen, jedoch befindet sich der so genannte „Mayuga-Bericht" noch immer unter Verschluss. Die Unfähigkeit der Regierung der schwachen wirtschaftlichen Entwicklung und die steigende Armut in der Bevölkerung wirksam entgegenzutreten, erklärt die latent konfliktträchtige Stimmung auf den Philippinen.

6.1 Problem

Auch wenn es derzeit auf den Südphilippinen keine militärische Zuspitzung zwischen staatlichen Sicherheitskräften und muslimischen Rebellen gibt, ist der seit langem andauernde Konflikt, dessen historischen Wurzeln bis zu den Anfängen der spanischen Kolonialzeit im 16. Jahrhundert zurückreichen, längst nicht beendet. Verglichen mit Malaysia und Indonesien erreichte der Islam die Philippinen erst relativ spät. Erst im 14. Jahrhundert, ausgehend vom südlichen Sulu-Archipel, fasste die Religion Fuß in den bis dahin animistisch geprägten Küstenregionen Luzons, Palawans und der Visayas. So gelang es den 1521 gelandeten Spaniern in den nördlichen Philippinen relativ schnell, dem noch jungen und wenig verwurzelten Islam Grenzen zu setzen und die Einheimischen stattdessen zum Katholizismus zu bekehren.[349] Anders sah es in Mindanao, Palawan und im Sulu-Archipel aus. Als die Spanier 1596 in Mindanao eintrafen, existierten dort bereits vergleichsweise mächtige Sultanate, in denen sich der Islam bereits verfestigt hatte. Die dortigen Herrscher leisteten erbitterten Widerstand gegen die Kolonialisierungsversuche und verwiesen die Spanier zweimal jeweils für dreißig Jahre ihres Forts in Zamboanga, das den Seehandel zwischen südlichen Philippinen und China unterbinden sollte. Trotz des gemeinsamen Gegners bildete sich unter den Sultanaten im Süden jedoch keine gemeinsame Identität heraus. Die mit dem Begriff *Moro* implizierte Homogenität war weitgehend theoretischer Natur: Iranun, Manguindanos und Sulus waren unterschiedliche malaiische Ethnien, die bis ins 20. Jahrhundert miteinander um die Vormacht in der Region konkurrierten.[350] Bis heute sind die Moros in drei größere und zehn kleinere ethno-linguistischen Gruppen aufgesplittert. Den spanischen Kolonialisten

---

[349] Vgl. Damien Kingsbury, Southeast Asia. A Political Profile, Oxford 2001, S. 304.

[350] Vgl. Thomas M. McKenna, Muslim Rulers and Rebels. Everyday Politics and Armed Separatism in the Southern Philippines, Berkeley, 1998, S. 83.

gelang es bis zum Ende ihrer Herrschaft 1899 nicht, die vollständige Kontrolle über die Inseln zu erringen. Der Versuch, diese im ausgehenden 19. Jahrhundert durch eine Großoffensive an sich zu reißen, der mit der Zerstörung von Moscheen und Zwangskonvertierungen einherging, vergrößerte die religiösen Gräben zwischen Christen und Muslimen zusätzlich.[351]

Sozioökonomisch entwickelte sich Mindanao nur langsam und blieb weit hinter dem katholischen Norden zurück. Folgenreich erwies sich auch die so genannte „homestead policy" der USA, die Filipinos aus dem Norden dazu veranlassen sollte, sich auf Mindanao anzusiedeln. Das wohl bedeutendste Vermächtnis der amerikanischen Kolonialzeit ist jedoch die Herausbildung der kollektiven Moro-Identität. Die Rivalitäten und Fehden innerhalb der Volksgruppe der Datus behinderten nach Auffassung der Amerikaner die Wirtschaftsentwicklung der Region. Die Moros sollten daher unter der Führung der Datus und dem Banner des Islam vereint werden. Eine aufgeklärte Moro-Gemeinde, „weise geführt von amerikanischen Beamten", sollte „schrittweise Reichtum und Kultur" erlangen und sich zu einem „demokratischen Regierungsbezirk entwickeln."[352]

Die weiterhin aktuelle und bis heute andauernde Konfliktphase setzte Ende der 1960er Jahre ein. Sie wurde ausgelöst durch sich zuspitzende Landkonflikte und hat bis heute nach zurückhaltender Schätzung mehr als 100000 Opfer gekostet. Zur gewaltsamen Eskalation kam es vor allem aufgrund konfligierender Landnutzungsansprüche zwischen den muslimischen Bewohnern Zentralmindanaos[353] und christlichen Neusiedlern aus den dichter besiedelten nördlichen Landesteilen, als Folge einer durch staatliche Umsiedelungsprogramme nach dem Zweiten Weltkrieg angestoßenen Zuwanderungsbewegung. Um die Wende zum 20. Jahrhundert stellten Muslime und Lumad noch die Bevölkerungsmehrheit in Mindanao und den Sulu-Inseln. Anfang der 1970er Jahre hatten sich die Mehrheitsverhältnisse aufgrund der starken Zuwanderung aus dem Norden ins Gegenteil verkehrt. Zwar leben die Muslime,

---

351 Vgl. Bolte / Heyduk / Rzyttka, Politischer Islam, Separatismus und Terrorismus in Südostasien, S. 31.

352 Amerikanischer Kolonialbeamter zitiert in: McKenna, Muslim Rulers and Rebels, S. 105.

353 Die Insel bzw. Inselgruppe Mindanao liegt zwischen der Sulu-See im Westen und der Philippinischen See im Osten. Gemeinsam mit den beiden nördlicher gelegenen Inselgruppen Visayas und Luzón bildet Mindanao einen Inselstaat der Philippinen. Die Insel Mindanao ist mit einer Fläche von 95581 qkm nach Luzón die zweitgrößte Insel der Philippinen. Zusammen verfügen diese beiden Hauptinseln etwa über zwei Drittel der gesamten Landfläche der Philippinen und beherbergen über siebzig Prozent der Bevölkerung von denen allein vierzehn Millionen auf Mindanao entfallen.

die mit knapp vier Millionen Menschen etwa ein Fünftel der philippinischen Gesamtbevölkerung (rund 88 Millionen) repräsentiert, nahezu ausschließlich im Süden des Landes. Mit einem Bevölkerungsanteil von nur noch rund 21 Prozent sind sie aber auch dort zu einer Minderheit im eigenen Land geworden. Lediglich in einigen Provinzen, auf den Sulu-Inseln und in Zentralmindanao, stellen sie noch Bevölkerungsmehrheiten.[354]

Vor diesem Hintergrund konnten sich Ende der 1960er Jahre unter der Führung der von Nur Misuari gegründeten *Moro National Liberation Front* (MNLF) die politischen Kräfte durchsetzen, die mit den Mitteln des bewaffneten Kampfes die staatliche Unabhängigkeit für die philippinischen Muslime erreichen wollten. Perspektiven für eine friedliche Konfliktlösung eröffneten sich erst wieder mit dem Ende des Kriegsrechtsregimes Marcos und der Übernahme der Präsidentschaft von Corazon Aquino im Jahr 1986. Erstes Ergebnis war 1989 eine Autonomieregelung für die *Autonoms Region in Muslim Mindanao* (ARMM), für die sich in einem Referendum die Bewohner von zunächst vier Provinzen entschieden hatten. Nach einem weiteren Plebiszit im Jahr 2001 wurde die ARMM um zwei weitere Provinzen erweitert. Im Jahr 1996 verzichtete die MNLF in einem Friedensabkommen auf die Unabhängigkeitsforderung und akzeptierte eine Autonomielösung, die nach ihrer Meinung aber auf weitere Provinzen Mindanaos sowie auf die Insel Palawan ausgeweitet werden sollte. Aufgrund der dort vorherrschenden Mehrheitsverhältnisse in der Bevölkerung war dieses Ansinnen jedoch rein illusorisch. Nur Misuari, Gründer und Führer der MNLF, wurde im selben Jahren zum ersten Gouverneur der autonomen Muslimregion ARMM gewählt. Damit hätte ein historischer Schlussstrich unter einen Konflikt gezogen werden können, der weder von Spanien und den USA als den ehemaligen Kolonialmächten noch dem unabhängigen philippinischen Nationalstaat nach 1945 beendet worden war.

Die tatsächlichen Entwicklungen in dieser Region, spiegeln jedoch ein anderes Bild wider. Die politisch von der MNLF dominierte Autonomieverwaltung erwies sich, bedingt durch begrenzte Mittel und Kompetenzen, aber auch durch klientelistische Machtsicherung und Korruption als wenig erfolgreich. Die wachsende Unzufriedenheit unter der muslimischen Bevölkerung, deren Lebensbedingungen sich nicht spürbar verbessert hatten – schätzungs-

---

[354] Vgl. Helmut Schneider, Konfliktursache Islam? Die Gewaltkonflikt im Süden Thailands und den Philippinen im Vergleich, in: Waibel / Jordan / Schneider, Krisenregion Südostasien, S. 73-100, hier: S. 73ff.

weise siebzig Prozent der Bevölkerung Mindanaos leben unterhalb der Armutsgrenze –, führte zur Entmachtung. Nur Misuaris innerhalb seiner eigenen Organisation und zu dessen Absetzung als Provinzgouverneur. Misuaris Versuch, die anstehenden Gouverneurswahlen durch eine gewaltsame Intervention zu verhindern, scheiterte unter hohen Verlusten. Seit Mitte der 1990er Jahre haben gewaltsame Übergriffe von Seiten der bewaffneten muslimischen Opposition, des philippinischen Militärs, aber auch von paramilitärischen Gruppierungen und kriminellen Entführerbanden drastisch zugenommen. Seit dem Jahr 2003 muss in der Folge einer Armeeoffensive in Zentralmindanao gegen einen wichtigen Stützpunkt der militanten Widerstandgruppe *Moro Islamic Liberation Front* (MILF) in der Nähe der Stadt Pikit von einer ernsten Zuspitzung der Situation gesprochen werden. Nach Angriffen der MILF-Guerilla auf mehrheitlich von Christen bewohnten Siedlungen im Norden und Westen Mindanaos sowie einem Bombenanschlag unbekannter Urheberschaft in der Stadt Koronadal hat Präsidentin Arroyo inzwischen dem Militär freie Hand für selektive Luft- und Artillerieangriffe auf vermutete Rebellenstützpunkte gegeben, die bereits zahlreiche Opfer gefordert haben. Mindanao stand damit erneut am Rand eines offenen Krieges.

Die Aufgabe des Ziels staatlicher Unabhängigkeit zugunsten einer Autonomieregelung im Rahmen des philippinischen Nationalstaates war unter den muslimischen Philippinen immer kontrovers gesehen worden. Zu den Kritikern gehört neben der zahlenmäßig kleinen, vor allem durch Entführungen und Anschläge bekannt gewordenen Gruppe *Abu Sayyaf*[355] vor allem die stärker islamisch, aber nicht streng fundamentalistische MILF. Diese hatte sich unter der Führung Hassan Salamats bereits 1979 von der MNLF abgespalten und ist heute mit etwa 12.000 Mitgliedern die weitaus stärkste der drei bewaffneten Widerstandsgruppen. Die MILF hält an der ursprünglichen Forderung der muslimischen Minderheit nach einem unabhängigen Staat fest und hat das Friedensabkommen von 1996 zwischen der Regierung in Manila und der MNLF nicht akzeptiert. Versuche, die MILF militärisch zu zerschlagen und sie aus den von ihr kontrollierten Gebieten zu verdrängen, wurden 1997 unter Präsident Ramos, 2000 unter Präsident Estrada sowie 2003 unter Präsidentin Arroyo unternommen, blieben aber ohne dauerhaften Erfolg, da sich

---

[355] Diese Gruppe ist vor allem durch spektakuläre Entführungen von ausländischen Urlaubern in den Jahren 2000 und 2001 ins Zentrum des internationalen Interesses gerückt. So erregte im Frühjahr 2000 die Geiselnahme von 21 Touristen, darunter eine Familie aus Göttingen, die Aufmerksamkeit der Medien in Deutschland. Die Urlauber waren aus einem Ferienlager in Malaysia von der *Abu Sayyaf* entführt worden.

die in Zentralmindanao stark in der Bevölkerung verankerte MILF immer wieder reorganisieren und räumlich neu positionieren konnte.[356] Derzeit besteht ein auf malaiischer Vermittlung zustande gekommener Waffenstillstand, der jedoch nicht als Dauerzustand missverstanden werden sollte.

6.2 Rahmenbedingungen

Skandale um Wahlmanipulation, Korruption und Machtmissbrauch kennzeichnen die politische Lage auf den Philippinen und erschüttern das ohnehin geminderte Vertauen der Bevölkerung in die Amtsführung von Präsidentin Arroyo, die im Frühjahr 2001 als Retterin des Landes gefeiert, durch einen Volksaufstand gegen den der Korruption bezichtigten Präsidenten Joseph Estrada an die Macht gelangte. Da bei Arroyo Massenproteste in ähnlicher Größenordnung bisher ausblieben und die Opposition keine adäquate Alternative präsentieren konnte, überstand die Präsidentin mit Unterstützung des Militärs und der katholischen Kirche die bisher schwerste Krise ihrer Amtzeit.[357] Trotzdem ist eine sinnvolle Politik aufgrund des Imageverlusts nach den Wahlfälschungsvorwürfen hinsichtlich der Präsidentschaftswahlen 2004 kaum möglich, da sich die Regierung fortwährend gegen neue Beweise ihrer Illegitimität zur Wehr setzen muss. Gleichzeitig ist sie mit der Abwehr vermeintlicher Putschversuche beschäftigt. So benötigte die Präsidentin 2006 etwa 13.000 Polizisten zu ihrem Schutz, um in Manila eine Ansprache zu halten. Am 25. Juli 2005 beantragte die Opposition im Repräsentantenhaus ein Amtsenthebungsverfahren gegen Präsidentin Arroyo wegen des Verdachts der Wahlmanipulation und Korruption. Arroyo stand seit Anfang Juni 2005 unter verschärfter öffentlicher Kritik, nachdem am Tag der umstrittenen Präsidentschaftswahl von 2004 mitgeschnittene Telefongespräche veröffentlicht wurden. Darin soll Arroyo gegenüber einem Leiter der staatlichen Wahlkommission ihrer Erwartung Ausdruck verliehen haben, einen deutlichen Sieg und einen Vorsprung von einer Million Stimmen ausweisen zu können. Die Opposition interpretierte dies als Aufforderung zum Wahlbetrug.

Schon unmittelbar nach der Wahl hatte es Manipulationsvorwürfe gegeben, eine Wahlanfechtungsklage war eingereicht worden. Arroyo sprach von einer „Fehleinschätzung“ ihrerseits, die bei dem Versuch entstand, sich der

---

356 Vgl. Schneider, Konfliktursache Islam?, S. 82.

357 Die philippinische Bevölkerung bekennt sich zu rund 90 Prozent zum katholischen Glauben. Nur etwa 5 Prozent sind Muslime.

korrekten Stimmenauszählung zu vergewissern. Außerdem wurde ihr vorgeworfen, mit Geldern aus illegalem Glücksspiel Wahlleiter bestochen zu haben. Eine Vielzahl gesellschaftlicher Gruppen, darunter einflussreiche Wirtschaftsverbände und Persönlichkeiten wie die frühere Präsidentin und Arroyo-Verbündete Corazon Aquino, forderte den Rücktritt der Staats- und Regierungschefin. Arroyo, die noch Polizei und Militär hinter sich wusste, hielt jedoch trotz des Drucks an ihrem Amt fest.

Der frühere Präsident Fidel Ramos, der nach wie vor großen Einfluss besitzt, distanzierte sich zwar nicht von Arroyo, setzte aber die zügige Umsetzung einer Verfassungsreform durch, um eine demokratischere Kräfteverteilung auf die politischen Institutionen voranzutreiben. Der Antrag auf Amtsenthebung verfehlte im Repräsentantenhaus am 6. 9. 2005 das erforderliche Quorum von einem Drittel der Abgeordnetenstimmen. Mit der Begründung, einen Putschversuch „totalitärer Kräfte der Rechts- und Linksextremen“ verhindern zu wollen, verhängte Präsidentin Arroyo am 24. 2. 2006 den Ausnahmezustand. Sie verbot damit zugleich die Feierlichkeiten zum zwanzigsten Jahrestag des Sturzes von Diktator Ferdinand Marcos durch die „People's Power“-Revolution am 25. 2. 1986. Schon einige Tage zuvor hatte die Armee erklärt, einen Putschversuch gegen die Präsidentin verhindert zu haben. Bis zum 3. 3. 2006, als der Ausnahmezustand aufgehoben wurde, nahmen die Sicherheitskräfte rund fünfzig Personen fest, gegen welche die Staatsanwaltschaft Anklage wegen umstürzlerischer Aktivitäten erhob; fünf linksgerichtete Abgeordnete hatten sich der Festnahme entzogen, indem sie sich ins Parlamentsgebäude geflüchtet hatten. Die Betroffenen wurden zumeist verdächtigt, mit der *New People's Army* (NPA), dem bewaffneten Arm der verbotenen Kommunistischen Partei der Philippinen, in Verbindung zu stehen. Diese soll rund 8.200 bewaffnete Kämpfer zählen und schwerpunktmäßig auf Luzon operieren. Bei Gefechten mit den Rebellen wurden 2005 nach Angaben der Armee 3.000 Menschen getötet, achtmal mehr als im Vorjahr.

Von der unsicheren innenpolitischen Situation gehen für die Wirtschaft des Landes viele Unsicherheiten aus und verhindern (noch) einen nachhaltigen Aufschwung. Immer wiederkehrende politische Turbulenzen und die Hypotheken hoher Staats- und Auslandsverschuldung haben das Land in der Entwicklung und im Vergleich zu den Nachbarn zurückgeworfen. Inzwischen ist aber zu beobachten, dass sich die Wirtschaft immer weniger von der Politik beeinflussen lässt. Dank dieser Emanzipation von politischen Querelen gelingt es zunehmend, ein Wachstumsmomentum aufzubauen. So konnte das Land in den letzten Jahren mit Wachstumsraten von fünf bis sechs Prozent aufwarten, überwiegend in Sektoren, die fern des staatlichen Einflusses liegen, wie der Telekommunikation und einer blühenden Call Center-Industrie, die nach Indien zur Nummer zwei in Asien arrivieren kann. Die Inflationsrate sank dank sinkender Ölpreise. Im Jahresmittel lag sie 2006 bei 6,6 Prozent nach 7,6 Prozent in 2005.

Die philippinische Wirtschaft weist die für viele Entwicklungsländer typische Zweiteilung auf: Moderne Elektronik-Industrie und boomender Dienstleistungssektor auf der einen Seite, Armut und Subsistenzlandwirtschaft, in der immer noch rund vierzig Prozent der Bevölkerung beschäftigt sind, andererseits.[358] Obwohl die Philippinen zu den vier aufstrebenden Pantherstaaten gerechnet werden, gehören sie zu den, zumindest aus europäischer Perspektive, ärmeren Ländern. Es herrscht ein starker wirtschaftlicher Gegensatz zwischen einer kleinen reichen Oberschicht und der breiten Bevölkerungsmehrheit. In Manila etwa gibt es einerseits die saubere und sichere Wolkenkratzerstadt von *Makati* mit zahlreichen internationalen Unternehmen, auf der anderen Seite aber auch viele ausgedehnte Slums ohne ausreichende Wasser- und Stromversorgung. Weiterhin lässt sich ein deutliches Nord-Süd-Gefälle im Einkommen feststellen. Während auf der Hauptinsel Luzon (im Norden) eine exportorientierte Industrie (vor allem im Bereich der Textil- und Elektronikindustrie) präsent ist, herrscht im südlichen Mindanao weitgehend die Landwirtschaft (Reisanbau) vor. Ein großes wirtschaftliches Hemmnis stellt die Versicherung von Geldeinlagen bei Philippinischen Banken dar. Nur Beträge bis 250.000 Peso sind versichert.[359] Dies gilt selbst dann, wenn die Einlagen auf verschiedenen Konten bei derselben Bank hinterlegt sind.

Die Landwirtschaft beschäftigt zwar noch zwei Fünftel aller Arbeitskräfte, ihr Anteil am Sozialprodukt beträgt jedoch nur noch neunzehn Prozent. Aufgrund des hohen Anteils der Subsistenzlandwirtschaft ist die Produktivität des Agrarsektors niedrig. Die Industrie trägt ca. 31 % zur Entstehung des Sozialprodukts bei. Ein wichtiges Standbein ist dabei die Elektronik-Industrie. Das Assembling im Bereich Halbleiter und elektronische Bauteile macht ca. zwei Drittel der philippinischen Exporte aus. Auf mittlere Sicht ist mit einem

---

[358] Zur wirtschaftlichen Situation der Philippinen vgl. [u.a.] Niklas Reese, Rainer Werning (Hrsg.), Handbuch Philippinen. Gesellschaft – Politik – Wirtschaft – Kultur. Horlemann, Bad Honnef 2006.

[359] Bei einem gegenwärtigen Wechselkurs von 1 Euro für 63 Peso (Stand: 07/2007) wäre das eine Summe von knapp 4000 Euro.

erheblichen Wachstum im Bergbau zu rechnen. Die Philippinen verfügen zudem über große Lagerstätten an Gold, Kupfer und Nickel.[360]

Die Philippinen haben aufgrund der weit verbreiteten Englischkenntnisse einen sehr starken Dienstleistungssektor, der rund fünfzig Prozent des Bruttoinlandsprodukts ausmacht. Vor allem Callcenter, die für amerikanische Firmen arbeiten, sind auf den Philippinen weit verbreitet. Gegenüber indischen Callcenter-Mitarbeitern haben Filipinos für den amerikanischen Markt den Vorteil, dass sie einen verständlicheren Akzent sprechen und besser mit amerikanischen Ausdrücken vertraut sind. Weitere Dienstleistungszweige sind Buchhaltung und Softwareentwicklung, da philippinische Hochschulabsolventen in diesen Bereichen sehr gut ausgebildet sind, aber trotzdem recht niedrige Gehälter haben. Einen bedeutenden Wirtschaftsfaktor stellen die Filipinos dar, die im Ausland als so genannte *Overseas Filipino Worker* (OFW) arbeiten. Die Überweisungen dieser Gastarbeiter betrugen im Jahr 2004 etwa 8,5 Milliarden US-Dollar. Etwa acht Millionen Filipinos (rund neun Prozent der Gesamtbevölkerung) arbeiten ständig im Ausland, philippinische Frauen besonders häufig in Hongkong, Singapur, Taiwan und arabischen Ländern, vor allem als Haus- oder Kindermädchen aber auch in einfachen Tätigkeiten, etwa als Kassiererin.

Auch die Heirat mit einem Ausländer aus einem wohlhabenden Staat ist sehr beliebt und wird häufig zum Anlass genommen, das Land zu verlassen und eine neue Existenz im Ausland zu beginnen. Mit den Einkünften in harter Währung können bei verhältnismäßig geringem Aufwand große Projekte in der Heimat verwirklicht werden. Die monatlichen Zahlungen von Filipinos nach Hause lassen die Bevölkerung im eigentlichen Sinn einen besseren Standard erreichen. Aufgrund der guten Ausbildung und guter Englischkenntnisse finden sich philippinische Auswanderer in den USA, Kanada, Australien, Neuseeland und Europa (Großbritannien, Italien, Spanien, Frankreich, Deutschland und der Schweiz) gut zurecht. Sie arbeiten häufig im Gesundheitswesen, meistens als Techniker und Technologen, aber auch als Mediziner und Krankenpfleger sowie als Erzieher, Hauspersonal und in der Gastronomie.

Auf den Philippinen gibt es 90.000 registrierte Ärzte und 2.400 Krankenhäuser, davon 1.700 in öffentlicher Hand. Über sechzig Prozent der Bevölkerung sind in der gesetzlichen Krankenversicherung *Philippine Health Insurance Corporation* (PhilHealth) versichert, aber nur die Hälfte von ihnen hat

[360] Vgl. http://www.auswaertiges-amt.de/diplo/de/Laenderinformationen/Philippinen/Wirtschaft.html (Zugriff am 13. 12. 2007)

Zugang zur Gesundheitsversorgung. Generell sind die staatlichen Krankenhäuser chronisch unterfinanziert und dementsprechend schlecht ausgestattet. Die Behandlung erfolgt kostenlos, Medikamente hingegen müssen selber bezahlt werden. Vermögende Filipinos und Ausländer bevorzugen die großen und hervorragend ausgestatteten Krankenhäuser in Manila.[361] Der überwiegende Teil der Bevölkerung besitzt keinerlei Impfschutz. Tetanusprophylaxe ist nur sporadisch verbreitet, der Tollwut-Durchseuchungsgrad ist dementsprechend hoch.

Das nach amerikanischem Vorbild konzipierte philippinische Bildungswesen besteht aus überwiegend staatlichen Primär- und Sekundarschulen und fast ausschließlich privaten oder kirchlich betriebenen Colleges und Universitäten. Es herrscht allgemeine Schulpflicht bis zum 6. Grundschuljahr. Die Alphabetisierungsrate ist hoch, dennoch gibt es viele Schulabbrecher. Die staatlichen Schulen sind gekennzeichnet durch hohe Klassenstärken, Mangel an Schulbüchern und anderen Lehrmitteln und schlecht bezahlte Lehrer. Zu dem bei Amtseinführung von Präsidentin Arroyo verkündeten 10-Punkte-Programm gehören der Bau weiterer Schulen, deren bessere Ausstattung (Möblierung, Schulbücher) und Stipendien für arme Familien. Die Sekundarstufe I schließt mit dem 10. Schuljahr ab. Bachelorstudiengänge erfordern Studienzeiten von vier bis fünf Jahre, anschließend kann nach weiteren zwei Jahren ein Masterabschluss erlangt werden. Die staatlichen Hochschulen geraten wegen knapper Budgets zunehmend ins Hintertreffen gegenüber privaten Hochschulen, welche sich über hohe Studiengebühren finanzieren. Selbst Familien der Mittelschicht können ihren Kindern nur unter großen Anstrengungen ein Studium bezahlen. Schwachpunkt im philippinischen Bildungssektor ist weiterhin die berufliche Ausbildung, die hauptsächlich von privaten Einrichtungen und Institutionen betrieben wird. Dieser wichtige Bereich ist einer der Schwerpunkte der bilateralen Entwicklungszusammenarbeit. Englisch ist als Geschäfts- und Amtssprache weit verbreitet und ist auch Unterrichtssprache für einige Schulfächer sowie für die meisten Studiengänge. Statistiken zufolge haben die Englischkenntnisse der Schulabgänger jedoch in den letzten Jahren abgenommen, was langfristig die Wettbewerbsfähigkeit der philippinischen Gastarbeiter (vor allem in arabischen Golfstaaten, Tai-

[361] Vgl. Der Kassenarzt, 12 (Juni 2007), S. 12.

wan, Hongkong) und die exponierte Stellung im stark gewachsenen Dienstleistungssektors (zum Beispiel Call Centers) gefährden könnte.[362]

Die außenpolitischen Prioritäten der Philippinen orientieren sich vornehmlich an Einflussbereichen um den eigenen Archipel und den pazifischen Raum. Sie sind von wirtschaftlichen und sicherheitspolitischen Interessen bestimmt. Große Bedeutung hat für die Philippinen die Intensivierung der regionalen Zusammenarbeit im Rahmen der Südostasiatischen Staatengemeinschaft (ASEAN). Wichtige Foren für die philippinische Außenpolitik sind hier das mit sicherheitspolitischen Fragen befasste ASEAN Regional Forum (ARF, seit 1994) und, über die südostasiatische Region hinausgehend, die Asiatisch-Pazifische Wirtschaftskooperation (APEC). Präsidentin Arroyo hat wiederholt in verschiedenen außenpolitischen Stellungnahmen die Beziehungen zu den USA, China, Japan, den pazifischen Anrainerstaaten und den Ländern der islamischen Welt als vorrangig bezeichnet.

Ungeachtet der Schließung der beiden US-Militärbasen *Subic Bay* (Marine) und *Clark* (Luftwaffe) auf den Philippinen Ende 1992 bleibt das gute Verhältnis zu den Vereinigten Staaten die wichtigste außenpolitische Konstante der Philippinen. Diese ist kennzeichnet durch die gemeinsame Geschichte (Kolonialzeit, Zweiter Weltkrieg), den Aufenthalt von etwa drei Millionen Filipinos in den USA und die Bedeutung des amerikanischen Absatzmarktes für philippinische Waren. Die politische und wirtschaftliche Elite des Landes orientiert sich an den USA, hat dort studiert oder unterhält Geschäftsbeziehungen dorthin. Deshalb werden die Vereinigten Staaten wohl auch künftig der bedeutendste Auslandsmarkt der Philippinen bleiben. Seit mehr als fünf Jahren (seit Februar 2002) unterstützen US-Soldaten zudem im Rahmen von gemeinsamen Manövern die philippinische Armee in ihrem Kampf gegen die islamistischen Terrorgruppen *Abu Sayyaf* und *Jemaah Islamiyah* im Süden des Landes, vor allem auf den Inseln Basilan und Sulu, wo das philippinische Militär im letzten Jahr bemerkenswerte Erfolge erzielt hat.

Die Beziehungen zur Volksrepublik China haben sich in den letzten Jahren bemerkenswert dynamisch entwickelt. Mehrfache gegenseitige Besuche auf höchster Ebene und ein verdreifachtes Handelsvolumen sprechen eine deutliche Sprache. Die territorialen Ansprüche Chinas und Vietnams auf die *Spratly*-Inseln im Südchinesischen Meer, welche die Philippinen – neben einer Reihe anderer Staaten – teilweise für sich reklamieren, sind durch ein

---

[362] Vgl. http://www.auswaertiges-amt.de/diplo/de/Laenderinformationen/Philippinen/Kultur-UndBildungspolitik.html (Zugriff am 13. 12. 2007)

Abkommen der drei Länder zurückgestellt worden. Japan ist mit weitem Abstand größter Entwicklungshilfegeber (rund 1,28 Mrd. US-Dollar) und rangiert bei Exporten und Investitionen an zweiter Stelle. Als der nächstgelegene Nachbar in Südostasien nehmen die Philippinen eine Schlüsselstellung in der Region ein. Enge Beziehungen unterhalten die Philippinen zu den islamisch geprägten Staaten Süd- und Südostasiens, aber auch zu den arabischen Ölländern, in denen etwa die Hälfte der philippinischen Gastarbeiter (etwa 4,5 Mio.) beschäftigt ist. Besondere Bedeutung haben diese Beziehungen für die Friedensregelung mit den muslimischen Rebellen im Südwesten Mindanaos, in welcher Malaysia als Vermittler auftritt.[363]

6.3 Sicherheit

Die Philippinen haben nach spanischer und amerikanischer Kolonialzeit sowie nach japanischer Besetzung erst nach Ende des Zweiten Weltkrieges ihre staatliche Unabhängigkeit erlangt. Gegen die konkurrierenden Interessen weniger regional verwurzelter Familienclans hat sich bis heute kein starker Zentralstaat entwickeln können. Die Herbeiführung ethnisch-kultureller Homogenität einer „philippinischen Nation" war deshalb nie ein vorrangiges und mit aller Entschlossenheit verfolgtes Anliegen staatlicher Politik. In den hispanisierten Kernräumen des Landes der ehemaligen spanischen Kolonie hat die Ausbildung der gemeinsamen Kultur der christlichen Tieflandbewohner zwar die ethnischen Differenzierungen eingeebnet, ohne sie aber völlig verschwinden zu lassen. Noch mehr gilt dies für die nicht oder nur partiell in das Kolonialsystem einbezogenen Bewohner des Berglandes Nordluzons und im muslimischen Süden des Landes. Hier bestehen bis heute teilweise scharf ausgeprägte ethnisch-kulturelle Differenzierungen nicht nur gegenüber der christlich-katholischen Mehrheitskultur, sondern auch innerhalb dieser Bevölkerungsgruppen. Auch dort, wo staatliche Einheit und Autorität durch eine sezessionistische Bewegung gewaltsam in Frage gestellt wurden, wie beispielsweise im muslimischen Süden, antwortete der Staat zwar mit starker polizeilich-militärischer Repression, nicht aber mit verschärften Assimilierungsdruck auf ethnisch-kulturell und/oder religiös differenter Bevölkerungsgruppen.[364]

---

363 Vgl. http://www.auswaertiges-amt.de/diplo/de/Laenderinformationen/Philippinen/Aussenpolitik.html (Zugriff am 13. 12. 2007)

364 Vgl. Schneider, Konfliktursache Islam?, S. 88f.

Die Südphilippinen im Allgemeinen und die zweitgrößte Insel des Landes Mindanao im Besonderen sind durch massive agrarische Landnutzungskonflikte geprägt. Der in Relation zur Fläche lediglich dünn besiedelte Raum galt zu Beginn des 20. Jahrhunderts als „Land der unbegrenzten Möglichkeiten", als Pionierraum, der durch gezielte Ansiedelung dazu beitragen sollte, die zugespitzte „Agrarfrage" in den dichter besiedelten Landesteilen zu lösen. In wenigen Jahrzehnten wurde die muslimische Bevölkerung der Südphilippinen durch geförderte und kurzfristige Zuwanderung christlicher Siedler zur Minderheit im eigenen Land, die nur noch weniger als ein Viertel der gesamten regionalen Bevölkerung ausmacht. Da die Bodenrechtssysteme der muslimischen Bevölkerung und des philippinischen Nationalstaats nicht kompatibel sind, waren zunehmende Konflikte um Land die Folge, die durch die Aktivitäten großer Agrar-, Forst- und Bergbaukonzerne, die ihre Nutzungsansprüche oft auch gewaltsam durchsetzten.[365] Die Inseln des Sulu-Archipels, mehrheitlich von Muslimen bewohnt, waren dagegen nur sehr begrenzt Ziel der Zuwanderung christlicher Bevölkerungsgruppen. Konfliktauslösend und -verschärfend wirkten sich hier insbesondere die Versuche aus, durch staatliche Kontrollen Schmuggel und Tauschhandel über die Grenzen nach Malaysia und Indonesien zu unterbinden.

Im Zuge der Auseinandersetzungen in Mindanao kommt es auch immer wieder zu terroristischen Übergriffen, wie etwa den Bombenanschlägen auf den internationalen Flughafen in Davoa City sowie auf ein Hafenterminal in Davoa im Frühjahr 2003. Beide Anschläge forderten mehrere Todesopfer. Darüber hinaus werden immer wieder gewaltsame, offenbar religiös motivierte Übergriffe auf christliche Kirchen gemeldet. In diesem Zusammenhang rücken vor allem drei Organisationen in den Mittelpunkt des Interesses. Zum einen ist dies die MNLF, die als wichtigste zivilgesellschaftliche Organisation auf den Südphilippinen betrachtet werden kann. Nach einer langen Zeit im bewaffneten Untergrund hat sie sich seit Unterzeichnung des Friedensvertrags von 1996 mehr und mehr zu einem überwiegend friedlichen politischen Akteur entwickelt, der etwa 15.000 Anhänger haben dürfte. Sie verfolgt eher nationalistische als religiöse Ziele und wird von der OIC (Organisation der Islamischen Konferenz) als einziger legitimer Repräsentant der so genannten „Moro-Nation" anerkannt. Die MNLF verfügt seit ihrer Zeit als

[365] Vgl. Ders., Kulturkampf oder Ressourcenkonflikt? Hintergründe des Regionalkonfliktes im Süden der Philippinen, in: Petermanns Geographische Mitteilungen (144), 2003, S. 14-19.

Guerilla-Organisation über gute Beziehungen zu nah- und mittelöstliche Staaten, allen voran Libyen, wo viele ihrer Kämpfer ausgebildet wurden. Der Gründer und ehemalige Anführer der MNLF, Nur Misuari, hat selbst lange Zeit in Tripolis im Exil gelebt. Die Organisation unterteilt sich weiterhin in einen politischen und in einen militärischen Flügel. Beiden steht ein Zentralkomitee vor. Der politische Flügel ist regional in „revolutionäre Staatskomitees" und funktional in „nationale Einheiten" gegliedert. Der militärische Flügel wurde nach 1996 teilweise in die nationalen Sicherheitskräfte integriert. Von ursprünglich etwa 14.000 Guerillas wurden 5.750 in die Armee und 1.750 in die philippinische Polizei aufgenommen. Diese Integration war neben Autonomiegesetz und Entwicklungsprojekten ein zentrales Element des Friedensvertrages von 1996.[366]

Der 1996 geschlossene Frieden erwies sich jedoch ziemlich schnell als brüchig. Nur wenige der nicht in die Armee oder Polizei übernommenen 6.500 Guerillas konnten berufliche Perspektiven eröffnet werden; etwa 1.000 schlossen sich der MILF an. Eine vollständige Entwaffnung der Gruppe wurde nicht vereinbart; Nur Misuari kaufte von den erhaltenen Regierungsgelder sogar neue Waffen. Auch ließ der wirtschaftliche Aufschwung in der Region aus sich warten. Manila hielt diesbezüglich gemachte Zusagen nicht ein und Misuari enttäuschte viele seiner Anhänger durch seine zunehmende Korruptionsanfälligkeit. Der Anführer der MNLF beteiligte sich ab Mitte 2000 kaum noch an den Arbeiten für den Entwurf eines Autonomiegesetzes, da er sich von Präsident Estrada in zentralen Fragen übergangen fühlte. Aufgrund dieser Entwicklung konnte die Arroyo-Administration die Führungskader der MNLF dazu bewegen, sich von Misuari loszusagen. Fortan favorisierte man in Manila Parouk Hussin als Nachfolger Misuaris im Amt des Provinzgouverneurs. Derart in die Enge getrieben, griff der abgesetzte MNLF-Chef mit etwa eintausend loyalen Kämpfern Regierungstruppen auf der Insel Jolo an. Bei den Gefechten verloren 113 Menschen das Leben. Die Kämpfe endeten mit einer klaren Niederlage Misuaris, der daraufhin nach Malaysia floh, aber wenig später von den malaiischen Behörden ausgeliefert wurde. Parouk Hussin wurde neuer Provinzgouverneur der ARMM. Einen Monat zuvor hatten Delegationen der konkurrierenden MNLF und MILF ein Abkommen unterzeichnet, in dem beide Organisation sich zu Frieden und Entwicklung in Mindanao bekannten.

---

[366] Vgl. Bolte / Heyduk / Rzyttka, Politischer Islam, Separatismus und Terrorismus in Südostasien, S. 33f.

Die wichtigsten islamischen Guerillaverbände in den südlichen Philippinen repräsentieren heute zweifelsohne die MILF und die *Abu Sayyaf*. Erstere kooperiert unter anderem mit der verbotenen kommunistischen Neuen Volksarmee („New People's Army"; NPA), die vornehmlich auf Luzon und in den Visayas operiert. Mehrere kleine Splittergruppen von MILF und MNLF sabotieren den offiziellen Frieden in Mindanao auch heute noch, vornehmlich durch Entführungsaktionen.[367] Die MILF entstand 1984 als Splittergruppe der MNLF. Ihr Gründer Hashim Salamat hatte sich mit Nur Misuari über die Ausrichtung der Organisation zerstritten und sich für die Gründung einer neuen, stärker am Islam orientierten Gruppierung entschieden. Diese kämpfte fortan für die Errichtung eines islamischen Staates auf Mindanao. An der Spitze der Organisation stehen ein Zentralkomitee und mehrere politische Komitees. Darunter sind die so genannten Islamischen Bewaffneten Truppen der Moro-Nation (Bangsamoro Islamic Armed Forces, BIAF) und Scharia-Gerichte angesiedelt. An der Basis agiert eine beratende Versammlung, die sich aus rund achtzig Mitgliedern konstituiert. Die BIAF sind in mindestens in sechs Einheiten untergliedert, deren Kämpfer zwischen 13 größeren und 33 kleineren Stützpunkten pendeln, die bis zur Einnahme des Hauptquartiers Camp Abu Bakr durch Regierungstruppen im Juli 2000 mit diesem vernetzt waren. Ihre Gesamtstärke wurde vor sechs Jahren auf rund 12.500 Mann geschätzt und dürfte heute in einem ähnlichen Bereich anzusiedeln sein.[368]

Als ehemaliger Student der Eliteuniversität Al Azhar in Kairo verfügt Hashim Salamat über enge Kontakte zu den heutigen Führern islamistischer Organisationen in Pakistan und Afghanistan, wo wohl auch einige der heutigen MILF-Kämpfer ausgebildet wurden. Umgekehrt hielten sich laut Berichten des philippinischen Geheimdienstes ab 1998 wohl auch Ausländer arabischer und afghanischer Herkunft zum Zweck der religiösen und militärischen Ausbildung in MILF-Lagern auf. Eine wichtige Vermittlungsfunktion soll hierbei der radikal-islamischen Al-Afghani-Organisation aus dem pakistanischen Peschawar zukommen. Darüber hinaus haben Behörden in Manila von Kontakten zwischen der MILF und al-Qaida berichtet. Zum einen habe die Internationale Islamische Hilfsorganisation („International Islamic Relief Organisation", IIRO) des Bin-Laden-Schwagers Mohamad Jamal Khalifa die

[367] Im August 2002 berichteten Beobachter von der Gründung einer weiteren Gruppe namens Unabhängigkeitsbewegung der Moro-Nation (Bangsamoro Independence Movement) im Sulu-Archipel. Diese Organisation verfügt laut eigener Angaben über 350 kampfbereite Mitglieder.

[368] Vgl. BBC News vom 6. 12. 2001.

MILF materiell unterstützt. Zum anderen habe der Qaida-Chefkoordinator Abu Zubaydah mit führenden MILF-Vertretern, darunter Salamat, in telefonischem Kontakt gestanden. Hashim Salamat selbst hatte in einem Interview mit der BBC im Jahr 1999 eingeräumt, von Osama bin Laden finanzielle Zuwendungen erhalten zu haben. Das Geld sei jedoch ausschließlich für den Bau von Moscheen und soziale Zwecke vorgesehen gewesen.[369]

Die Zusammenarbeit mit der kommunistischen NPA versetzt die MILF in die Lage, auch in Großstädten Anschläge zu verüben. Darüber hinaus bestehen Kontakte zu indonesischen Untergrundorganisationen. Die philippinische Armee beschuldigt die MILF ferner mit *Abu Sayyaf* mit zusammenzuarbeiten. Diesbezügliche Aussagen wurden von offizieller Seite aufgrund stattfindender Friedensverhandlungen unterdrückt, da sich diese ohnehin als äußerst kompliziert erwiesen. Dem Waffenstillstandsabkommen von 2001 ist bis heute kein Friedensvertrag gefolgt. Das im Mai 2002 unterzeichnete Abkommen über den wirtschaftlichen Wiederaufbau Mindanaos bleibt umstritten. Im Zentrum der in Manila ausgetragenen Kontroverse stehen dabei nicht eingehaltene Zusagen der philippinischen Präsidentin Arroyo. Langfristig soll die MILF an der ARMM-Verwaltung beteiligt werden. Im Juni 2003 erklärte ein Sprecher der Organisation, dass Mitglieder in geheimen Stützpunkten wieder auf den bewaffneten Kampf vorbereitet würden. Im November desselben Jahres wurden mehrere westliche Botschaften in Manila vorübergehend geschlossen, nachdem sie Warnungen vor einem bevorstehenden Anschlag der MILF erhalten hatten.

Wie lange der Waffenstillstandsvertrag von 2001 nach Bestand hat, wird nicht zuletzt auch davon abhängen, ob den BIAF-Guerillas Perspektiven für ein ziviles Leben eröffnet werden können. Die MILF hat sich vom *Jihad* gegen die USA und ihre Verbündeten distanziert, nachdem sie bereits im Oktober 2001 erklärt hatte, es werde auf den Philippinen aus Rücksicht auf die Verhandlungen mit der eigenen Regierung keine Angriffe auf amerikanische Ziele geben. Die Regierung in Manila versucht ihrerseits, die Organisation zu einem Informationsaustausch über angeblich auf den Philippinen ansässige Terrorzellen zu bewegen. Unter dem Strich bietet die MILF das Bild einer Organisation, die sich zwar den Frieden auf die Fahnen geschrieben hat, aber gleichzeitig über das wohl mit Abstand größte Waffenpotential aller philippinischen Widerstandsgruppen verfügt.

---

[369] Vgl. Bolte / Heyduk / Rzyttka, Politischer Islam, Separatismus und Terrorismus in Südostasien, S. 34.

Die dritte Organisation von sicherheitspolitisch übergeordnetem Gewicht ist die *Abu Sayyaf*, die 1983 von elf ehemaligen Mitgliedern der MNLF als *Al-Harakat-al-Islamiyah* gegründet wurde und sich vorrangig dem Bau von Moscheen und Schulen auf den südlichen Philippinen verschrieben hatten. Die Gruppe finanzierte sich zunächst aus Spenden, ging aber im Verlauf der 1980er Jahre immer mehr zu kriminellen Beschaffungsmethoden wie Nötigung und Erpressung über. Zu den Gründungsmitgliedern gehörte der in Libyen ausgebildete Rechtsanwalt Abdujarak Janjalani. Janjalani hatte in Afghanistan gegen die sowjetischen Besatzer gekämpft, wo er auch mit einer streng-fundamentalistischen Auslegung des Korans vertraut gemacht wurde. 1991 kehrte er in seine Heimat zurück, machte aus *Al-Harakat-al-Islamiyah* eine Untergrundorganisation und nannte sie zum Gedenken an seinen religiösen Lehrer *Abu Sayyaf*. Diese finanziert sich vorwiegend durch Schutzgelderpressungen, Drogenhandel und Erpressungen. Hinzu kommen ausländische Spenden, vor allem aus Libyen. Daneben zahlte sich eine Bekanntschaft aus Janjalanis aus: Mohamad Jamal Khalifa, der Schwager Osama bin Ladens, ließ im Namen der saudischen IIRO in den südlichen Philippinen Schulen und Krankenhäuser bauen. Die Organisation gilt seither als wichtigster Geldgeber *Abu Sayyafs*.[370]

Die kleinste der drei hier angeführten Guerillagruppierungen ist zugleich die radikalste: *Abu Sayyaf* kämpft offiziell für einen „Islamistischen Staat Mindanao" (*Mindanao Islamist State*, MIS), lehnt jegliche Autonomieverhandlungen mit Manila ab, propagiert Anschläge auf das Leben nichtislamischer Zivilisten und terrorisiert die lokale Bevölkerung mit Bombenattentaten und Morden. Teile der Armee kollaborierten dabei lange Zeit mit *Abu Sayyaf*. So teilte sich in den späten neunziger Jahren ein General Lösegelder mit den Rebellen und ließ illegale Waldrodungen von Mitgliedern der Organisation überwachen. Mit dem Tod Janjalanis im Jahr 1998 endete die Kooperation mit den Streitkräften offenbar. Die *Abu Sayyaf* ist seither offenbar in zwei große und mehrere kleine Gruppen aufgesplittert, die sich weniger als Glaubenskrieger denn als Kriminelle gebärden. Die wichtigste Gruppierung hat ihren Stützpunkt auf Jolo und wird von Ghalib Andang (alias „Commander Robot") befehligt. Diese hatte nach einer erfolgreichen Geiselnahme im Frühjahr 2000 neue Waffen erworben und ist inzwischen zu einer ernsthaften Herausforderung für die philippinischen Sicherheitskräfte geworden.

---

[370] Vgl. Ebd., S. 36f.

Amerikanische Sicherheitsbehörden konstruierten bereits einen Zusammenhang zwischen ihrem militärischen Einsatz in den südlichen Philippinen und ihrem Kampf gegen al-Qaida. Tatsächlich erscheint der Nachweis einer Verbindung zum international agierenden Terrornetzwerk problematisch. Erste Hinweise auf Verbindungen zwischen bin Laden und *Abu Sayyaf* hatten sich 1995 bei der Aufdeckung eines geplanten Anschlags auf Papst Johannes Paul II. ergeben. Später wurde bekannt, dass einer der Beteiligten an dem ersten Anschlag auf das *World Trade Center* von 1993 ein Jahr danach mit Hilfe der *Abu Sayyaf* an Bord einer Maschine der *Philipine Airlines* einen Sprengsatz deponieren konnte, bei dessen Explosion ein Passagier ums Leben kam.

Tatsächlich gibt es aber keine gesicherten Hinweise für anhaltende Verbindungen zwischen al-Qaida und *Abu Sayyaf*. Stattdessen wurden vage Berichte publiziert, in denen von gemeinsamen Aktionen pakistanischer, srilankischer und philippinischer Untergrundgruppen hinsichtlich des Schmuggels von Waffen berichtet wurde. Diese sollen zum Teil an indonesische Organisationen verkauft worden sein. Darüber hinaus schien ein philippinischer Geheimdienstbericht vom Juli 2001 Anhaltspunkte für die Ausbildung von fünfzig Guerillas der *Abu Sayyaf* in Afghanistan zu liefern. Derselbe Bericht warnt vor einem gemeinsamen Mordkomplott von al-Qaida und *Abu Sayyaf* gegen die philippinische Präsidentin Arroyo.[371] Diese Behauptungen konnten jedoch nicht erhärtet werden. Dem entgegen ist eine langwährende Kooperation zwischen *Abu Sayyaf* und den singhalesischen LTTE belegt. Tamilische Guerillas sollen im Zuge dieser Kooperation unter anderem Kämpfer der *Abu Sayyaf* ausgebildet sowie mit Waffen und gefälschten Papieren versorgt haben. Darüber hinaus wird vermutet, dass die Guerillas Waffen von der GAM im indonesischen Aceh und der so genannten Vereinigten Befreiungsarmee von Pattani („Pattani United Liberation Army", PULA) im südlichen Thailand bezieht. Insgesamt erweckt die *Abu Sayyaf* aber weniger den Eindruck ein philippinischer Ableger von al-Qaidas zu sein, als vielmehr den einer Gruppe, die in der Tradition südphilippinischer Piraten steht.[372]

Mit der gewachsenen sicherheitspolitischen Bedeutung des internationalen Terrorismus nach den Anschlägen des 11. September 2001 und der daran anschließenden Antiterrorpolitik der USA sind in den letzten neue Faktoren aufgetaucht, die unter anderem auch den südphilippinischen Regionalkonflikt

---

[371] Vgl. The Philippine Star vom 15.1.2002. Die Zeitung beruft sich in ihrem Bericht auf den Senator und ehemaligen General Rodolfo Biazon.

[372] Vgl. Bolte / Heyduk / Rzyttka, Politischer Islam, Separatismus und Terrorismus in Südostasien, S. 37.

beeinflusst. Wie viele andere Staaten hat auch die philippinische Präsidentin ihr Land bereitwillig in die amerikanische Anti-Terror-Allianz integrieren lassen und wurde dafür mit dem einträglichen Status „wichtiger Nicht-NATO-Verbündeter“ belohnt. Für die Regierung und noch viel mehr für Angehörige der philippinischen Sicherheitsbehörden ist damit die Rente gestiegen, die aus der Kooperation mit den USA im Antiterror-Kampf bezogen werden kann. Durch diese neue Konstellation werden allerdings auch die Aussichten auf eine kurzfristige Befriedung reduziert. Weiter schwelende Konflikte mit der muslimischen Bevölkerungsminderheit könnten gegenüber dem amerikanischen Bündnispartner als Beweis für eine andauernde „islamische Gefahr“ ins Feld geführt werden, um dadurch die eigene Rolle bei ihrer Bekämpfung hervorzuheben. Die Selbststilisierung zum „Frontstaat“ im Kampf gegen den islamistischen Terrorismus impliziert sowohl in Indonesien wie auch den Philippinen eine gefährliche Entdifferenzierung staatlicher Politik gegenüber der muslimischen Bevölkerungsminderheit, die zunehmend unter Generalverdacht gerät. Dies mindert selbstredend die Bereitschaft zu kontextspezifischen Konfliktlösungen und bereitet stattdessen der islamistischen Radikalisierung den Boden, der nach offiziellem Bekunden eigentlich eingedämmt werden soll.[373]

6.4 Perspektive

Die Regierung von Präsidentin Arroyo verfolgt hinsichtlich des Konflikts in den südlichen Philippinen im Grunde zwei Ziele: Zum einen soll Frieden etabliert und erhalten werden. Zu diesem Zweck wurde ein Waffenstillstandsabkommen mit der MILF unterzeichnet, der Regierungswechsel in der ARMM forciert und regionale Entwicklungsprojekte angestoßen. Zum anderen will die Zentralregierung in Manila vom internationalen Kampf gegen den Terrorismus profitieren und gleichsam eigene Verlässlichkeit als Partner in diesem Kampf unter Beweis stellen. Dabei ist die Ausweitung der regelmäßigen gemeinsamen Manöver auf terroristische Ziele innenpolitisch durchaus umstritten. Einflussreiche philippinische Politiker, wie der ehemalige Finanzminister Roberto Ocampo, waren hinsichtlich der Rolle ihres Landes innerhalb der Koalition gegen den Terrorismus eher zurückhaltend und warnten die Regierung bereits vor fünf Jahren davor, leichtfertig auf den Zug der Staaten

[373] Vgl. Schneider, Konfliktursache Islam?, S. 93.

zu springen, die der USA in ihrem Kampf beistehen vorbehaltlos wollten: „Die Vereinigten Staaten haben uns geholfen, einige unserer größten Probleme zu lösen; jetzt scheinen sie aber darauf erpicht zu sein, die Definition des Terrorismus auszuweiten. Sie bezeichnen nun zahlreiche Gruppen als Terroristen, was uns schaden kann, wenn wir verhandeln statt kämpfen wollen".[374] Arroyo hat sich indes für einen Mittelweg entschieden, indem sie vergleichsweise kleinere Gruppen wie die *Abu Sayyaf* als terroristische Gruppierung gemeinsam mit dem großen Verbündeten aus Übersee bekämpft, es trotz belastender Beweise für einen Kontakt zwischen der MILF und al-Qaida jedoch ablehnte, diesen Opponenten in den Kontext zum internationalen Terrorismus zu stellen.[375] Die Präsidentin entsprach damit in erster Linie den Empfehlungen ihrer führenden Militärs, in deren Schuld sie seit den Unruhen im Zuge der Präsidentschaftswahlen zweifellos steht.

Eine Lösung des philippinischen Entwicklungsproblems durch Gewalt scheint indes ausgeschlossen. Im Gegenteil: Die lange Konfliktdauer und die Erosion des staatlichen Gewaltmonopols verschlechtern die Entwicklungsaussichten für Mindanao und die Sulu-Inseln immer mehr. Da in diesem Zusammenhang auch die Thematik der unterschiedlichen „Kulturkreise" als dem primären Konfliktgrund nur wenig überzeugend ist, stellt sich die Frage, warum dieser Konflikt offenbar zu schlecht zu lösen ist. Einen Erklärungsansatz könnte die politische Ökonomie der „neuen Kriege" bieten, die seit einiger Zeit vor allem von Historikern und Politologen wie Kaldor und Münkler propagiert und diskutiert werden.[376] Im Unterschied zu den „klassischen", von staatlichen Akteuren geführten Kriegen entwickeln sich diese „neuen Kriege" in der Folge gescheiterter oder unvollkommender Staatsbildungsprozesse oder auch des Zerfalls von Staaten. Auf diese Weise entstehen Räume, in denen das staatliche Gewaltmonopol nicht oder nur unvollkommen etabliert werden kann. An seine Stelle tritt stattdessen die von privaten Akteuren ausgeübte Gewalt. Eine Privatisierung von Gewalt erfolgt in diesem Zusammenhang keineswegs ausschließlich nur „von unten", zum Beispiel durch bewaffnete Oppositionelle oder durch das organisierte Verbrechen, sie wird oft auch „von oben" betrieben, wie etwa durch Angehörige des Militärapparates oder der besitzenden Oberschicht, die sich zur Durchsetzung ihrer parti-

---

[374] Vgl. International Herald Tribune vom 7. 9. 2002.

[375] Vgl. Bolte / Heyduk / Rzyttka, Politischer Islam, Separatismus und Terrorismus in Südostasien, S. 37f.

[376] Vgl. dazu: Mary Kaldor, Neue und alte Kriege, Suhrkamp Verlag, 2007; Herfried Münkler, Die neuen Kriege, Rowohlt-Taschenbuchverlag, 2004.

kularen Interessen regulärer Soldaten oder aber paramilitärischer Gruppen bedienen. Phänomene, für die sich auch im südphilippinischen Regionalkonflikt mühelos Belege finden lassen.[377]

Ein hervorstechendes Merkmal dieser Entwicklung ist die Verbindung von Gewalt und wirtschaftlichem Kalkül, von Krieg und organisierter Kriminalität. Als geradezu signifikantes Beispiel dafür kann die auf Entführungen spezialisierte *Abu Sayyaf* dienen. Aber auch bei den beiden größten Organisationen MNLF und MILF sind die Grenzen zwischen politischem Kampf und Kriminalität oft diffus und fließend. Manche Untereinheit schließt sich je nach Opportunität der einen oder anderen Organisation an oder operiert auf eigene Verantwortung. Auf der „gegnerische Seite" rekrutieren sich diverse paramilitärische Organisationen aus der überwiegend christlichen Bevölkerung, sie stehen teilweise im Dienst des Militärs, von einflussreichen Politikern, von Großunternehmen oder gehen auf eigene Rechnung kriminellen Aktivitäten nach. Die politische Ökonomie der neuen Kriege basiert zum einen auf der Verbilligung militärischer Gewaltanwendung (schnell rekrutierbare Milizen, Einsatz von Kindersoldaten, Verwendung von leichten Waffen) sowie auf den Möglichkeiten, Gewaltökonomien an die globalisierte Wirtschaft anzuschließen. Der Handel mit gewaltsam angeeigneten Bodenschätzen, Menschen und illegalen Gütern (Drogen, Waffen) oder die Anlage und Nutzung erpresster Schutz- und Lösegelder erfordert stets „Schnittstellen" mit legalen Wirtschaftskreisläufen. Zu den Hauptprofiteuren der „neuen Kriege" avancieren private Gewaltunternehmer bzw. Warlords, die unternehmerische, politische und militärische Logiken in einer Person verbinden.[378] Weil die Grenzen zwischen Erwerbsleben und Gewaltanwendung verschwimmen, wird Krieg auch über den Kreis der politischen Gewaltakteure hinaus für größere Bevölkerungsgruppen zu einem Mittel der Subsistenzsicherung. Darin ist ein Grund zu sehen, warum die Entführungen der *Abu Sayyaf* trotz des Einsatzes massiver Repressalien unter den muslimischen Filipinos der Inseln Jolo und Basilan nach wie vor Unterstützung findet: Mit erpressten Lösegeldern werden vielfältige Dienstleistungen bezahlt – für die lokale Bevölkerung wird dadurch eine nicht zu unterschätzende Einnahmequelle geschaffen. Aber auch für Angehörige der staatlichen Administration und der philippinischen Armee eröffnen sich Möglichkeiten, am Entfüh-

[377] Vgl. Schneider, Mindanao: Alter Konflikt oder „neuer Krieg"? Eskalation der Gewalt im Süden der Philippinen, Pacific News 20 (Juli/August) 1, 2003.

[378] Vgl. Münkler, Die neuen Kriege, S. 161f.

rungsgeschäft zu partizipieren: Für die Vermittlung von Lösegeldzahlungen werden „Gebühren“ fällig. Informationen haben ihren Preis, Soldaten sind aufgrund ihres geringen Solds leicht zu bestechen. Zudem profitiert das philippinische Militär generell vom Fortdauern des Konflikts: Sein politisches Gewicht nimmt in dem Maße zu, indem die Unruhen auf Mindanao anhalten. Dadurch können auch weiterhin staatliche Mittelzuweisungen generiert werden und es eröffnen sich mitunter internationale Karrierechancen.

Dadurch entsteht auch auf den Philippinen ein Geflecht von Akteuren, die aus unterschiedlichen Motiven am Fortdauern des Konflikts interessiert sind und für die Krieg nicht mehr im clauswitzschen Sinne ein Mittel bloßes Mittel zur Durchsetzung politischer Zwecke ist, sondern denen Krieg selbst zum Ziel wird, zu einem Instrument der Selbstbereicherung. Während historische Gewaltökonomien, wie sie sich beispielsweise in Europa im Verlauf des Dreißigjährigen Krieges herausgebildet hatten, ihre Grenzen an den durch Plünderung irgendwann erschöpften regionalen Ressourcen fanden, gilt dies für die neuen Kriege zumindest kurz- und mittelfristig nicht, da die notwendigen Mittel aufgrund der Verflechtung globalisierter legaler und illegaler Wirtschaftskreisläufe permanent neu generiert werden können. Dies würde eine Erklärung dafür bieten, warum Kriege wie die, die in dieser Studie behandelt wurden, solange andauern und warum sie so schwer zu beenden sind. Oft kommt es dabei zu Überlagerungen ursprünglicher Interessen durch ökonomische Interessen. Politisch-ideologische Gründe mögen bei der Entstehung vieler Konflikte ursächlich eine Rolle gespielt haben, in ihrem Verlauf treten diese jedoch oft in den Hintergrund und werden von Gewaltunternehmern ähnlich wie ethnisch-kulturelle Differenzen für rein kommerzielle Zwecke instrumentalisiert.[379]

Aus diesem Befund ergeben sich für eine friedliche Konfliktlösung in Mindanao und den Sulu-Inseln ähnlich skeptische Prognosen wie in Pakistan, Afghanistan, Tadschikistan, Usbekistan und Indonesien. In der Folge der Feldzüge in Afghanistan und dem Irak und im Kontext des weltweit geführten Antiterrorkampfes scheint sich die Regierung in Manila zudem von einem militärischen Vorgehen gegen die muslimischen Separatisten einen größeren politischen Nutzen zu versprechen. Dauerhafte Konfliktlösungen, die der Allgemeinheit zugute kommen, sind auf diesem Wege freilich nicht zu realisieren, wie die über 400jährige Konfliktgeschichte in Mindanao und den Sulu-Inseln zeigt. Parallelen zum Aceh-Konflikt im Norden der indonesi-

---

[379] Vgl. Schneider, Mindanao: Alter Konflikt oder „neuer Krieg“?, S. 7.

schen Insel Sumatra sind nicht zu übersehen. Auch hier werden das jüngst erneut verhängte Kriegsrecht und Militäroperationen den seit nunmehr dreißig Jahren andauernden Konflikt mit den bewaffneten Separatisten nicht lösen können. Eine Konfliktlösung in Indonesien wie auf den Philippinen wird nur möglich sein, wenn es gelingen sollte, den politischen Gewaltunternehmern jeder Prägung die Geschäftsgrundlage zu entziehen, wenn ein durch das staatliche Gewaltmonopol bewehrter Frieden durchgesetzt und mit einer umfassenden Entwicklungsanstrengung verbunden werden kann, die zugleich alle Bevölkerungsgruppen einschließlich aller Minoritäten weitgehende kulturelle Autonomie einräumt. Dies ist zweifellos ein schwieriges Unterfangen, zu dem es jedoch keine gewaltlose Alternative gibt.

III. Internationaler Terrorismus und Massenvernichtungswaffen

Seit den Anschlägen der Aum-Sekte in Japan mit dem chemischen Kampfstoff Sarin im Jahr 1995 hat das Thema „Terrorismus mit Massenvernichtungswaffen (MVW)“ in der Öffentlichkeit breite Beachtung gefunden. Einige Versuche des Diebstahls oder Schmuggels radioaktiver Materialien und der (versuchte) Erwerb von Substanzen, die als Bestandteile für biologische und chemische Kampfstoffe notwendig sind, wurden bereits bekannt. Sie lassen den Schluss zu, dass nichtstaatliche Akteure ein wachsendes Interesse für Massenvernichtungswaffen entwickelt haben. Zwei Faktoren können hierfür als Gründe genannt werden: Zum einen der vereinfachte weltweite Zugang zu Materialien und Know-how solcher Waffen, zum anderen Veränderungen in den Motivationen von (neuen) Terrorgruppen zum Beispiel aus dem Bereich des weltanschaulichen Fanatismus. Da Verfügbarkeit und Produktionsbarrieren kaum noch Hindernisse für die terroristische Nutzung von Massenvernichtungswaffen darstellen, muss diese potentielle Bedrohung sehr ernst genommen werden.[380] Allerdings sind der tatsächlichen Bedrohungslage drei Bedingungen vorgeschaltet: *Erstens* müssen Terroristen über die Fähigkeiten verfügen, MVW zu beschaffen und zu benutzen; einschließlich aller Risiken, die damit verbunden sind. *Zweitens* müssen sie an Anschlägen mit dann kaum kontrollierbarer Opferzahl interessiert sein, und *drittens* müssen sie Willens sein, hierfür MVW einzusetzen.[381]

Es ist nur eine Frage der Zeit, bis die erste terroristische Gruppierung Massenvernichtungswaffen entwickelt oder in ihren Besitz bringt, um damit einen Anschlag ungeahnten Ausmaßes zu verüben. Diese häufig zu hörende Einschätzung ist ebenso wahr wie inhaltslos, da sie nicht widerlegbar ist. Richtig ist, dass mit den Giftgasanschlägen der japanischen Aum-Sekte in der U-Bahn von Tokio im Jahr 1995 eine erste Schwelle überschritten worden ist. Außerdem haben die Anschläge des 11. September 2001 in New York und Washington deutlich gemacht, dass islamistische Terrorzellen zunehmend die Tötung möglichst vieler Menschen beabsichtigten oder diese zumindest billi-

[380] Vgl. Kai Hirschmann, Das Phänomen „Terrorismus“: Entwicklungen und Herausforderungen, in: Sicherheitspolitik in neuen Dimensionen, Verlag E. S. Mittler & Sohn, Hamburg – Berlin – Bonn, 2001, S. 453-482, hier: S. 464ff.

[381] Vgl. Richard A. Falkenrath, Confronting Nuclear, Biological and Chemical Terrorism, in: Survival, Vol. 40, Autumn 1998, S. 43-65.

gend in Kauf nehmen. Fraglich ist hingegen, ob sich daraus zwingend ableiten lässt, dass Terroranschläge mit Massenvernichtungswaffen (MVW) in Zukunft unausweichlich sind und wie groß das Risiko von MVW-Terrorismus tatsächlich ist.[382] Bisher schwanken die Einschätzungen erheblich. Einerseits wird davor gewarnt, das aktuelle Bedrohungsszenario unnötig zu dramatisieren. Die Herstellung von chemischen, biologischen oder gar nuklearer Waffen sei schwieriger als allgemein angenommen. Darüber hinaus würden Terroristen (zumindest bisher) konventionelle Waffen bevorzugen, da es ihnen vorrangig darum ginge auf sich aufmerksam zu machen. Die Staaten sollten sich in ihren sicherheitspolitischen Entscheidungen nicht von ihrer Angst vor ABC-Waffen leiten lassen.[383] Andererseits wird argumentiert, dass die Wahrscheinlichkeit eines Terroranschlages unter Verwendung von Massenvernichtungswaffen bedeutend höher sei als bislang angenommen.[384] Zum einen seien die technischen Probleme heute nicht mehr unüberwindbar und zum anderen habe sich die Annahme, dass Terroristen vor Massenmord zurückschrecken, spätestens seit den Anschlägen des 11. September 2001 als reine Illusion erwiesen. Die Staaten sollten deshalb die Gefahr, die vom MVW-Terrorismus ausgehe, nicht unterschätzen.

Entsprechend ambivalent sind die Maßnahmen, die zur präventiven Abwehr von MVW-Terrorismus ergriffen wurden und werden. Als in den siebziger und achtziger Jahren vor Nuklearterrorismus gewarnt und die Stärkung des Nichtverbreiterungsvertrages (NVV) sowie erhöhte Anstrengungen zur nuklearen Abrüstung gefordert wurden, stieß dieser Aufruf zunächst nur auf geringe Resonanz. Erst nach dem Wegfall der bipolaren Mächtebalance und unter dem Eindruck des Giftgasanschlages auf die U-Bahn in Tokio machte die Clinton-Administration die Bekämpfung von MVW-Terrorismus zur politischen Priorität: „Dass Terroristen Massenvernichtungswaffen beschaffen, ist nicht akzeptabel, und es gibt keine höhere Priorität, als die Beschaffung solcher Materialien beziehungsweise Waffen zu verhindern oder diesen Terrorgruppen solche Fähigkeiten wieder zu nehmen."[385] Dieses Argument

[382] Vgl. Christopher Daase, Terrorgruppen und Massenvernichtungswaffen, in: Aus Politik und Zeitgeschichte, 48/2005, S. 31-38, hier: S. 31ff.

[383] Vgl. Ethud Sprinzak, The Great Superterrorism Scare, in: Foreign Policy (1998) 112, S. 110-125.

[384] Vgl. Richard A. Falkenrath / Robert D. Newman / Bradley Thayer, „Americas Achilles" Heel. Nuclear, Biological, and Chemical Terrorism and Covert Attack, Cambridge 1998, S. 1.

[385] Vgl. Bill Clinton, Presidential Decision Directive 39, US Policy on Counterterrorism, Washington, D.C. 1995.

diente der Bush-Administration zur Rechtfertigung des Angriffskrieges gegen das Regime Saddam Husseins, das im Vorfeld des Krieges von den USA im UN-Sicherheitsrat des Besitzes bzw. der Proliferation von Massenvernichtungswaffen bezichtigt wurde: eine Behauptung, die sich nach dem Sturz des Diktators als folgenschwere Fehleinschätzung entpuppte. Dieses Beispiel verdeutlicht, dass die größte Schwierigkeit in der gegenwärtigen Sicherheitspolitik vor allem darin besteht, dass sich Risiken weniger leicht bestimmen lassen als Bedrohungen.[386] Vor diesem Hintergrund ist es schwierig, den tatsächlichen Handlungsbedarf genau zu bemessen und Erfolgskriterien für die Prävention aufzustellen. Exakt dieses Problem birgt der MVW-Terrorismus: Nur wenn man einschätzen kann, wie groß die Gefahr wirklich ist, können angemessene politische Maßnahmen getroffen werden. Dabei ist jedoch zu beachten, dass die Wahrnehmung von Risiken auch wissenschaftlich, gesellschaftlich und kulturell geprägt ist.[387] Sie gewinnt in dem Maße an Präzision, in dem sie den Besonderheiten von Akteuren und Situationen Rechnung trägt.

3.1 Motive für MVW-Terrorismus

Die Frage warum Terrorgruppen Massenvernichtungswaffen (MVW) einsetzen sollten, ist schwer zu beantworten, da es bisher nur wenige Fälle gibt, in denen dies tatsächlich geschehen ist. Unter den weit über achttausend erfassten Fällen, in denen Terroranschläge geplant, angedroht oder verübt wurden, sind es weniger als sechzig, bei denen nukleares, chemisches, biologisches oder radioaktives Material Verwendung fand.[388] Deshalb konzentrieren sich die sicherheitspolitischen Analysen oft auf den Giftgasanschlag der japanischen Aum-Sekte in Tokio und deren Versuche, biologische und nukleare Waffen herzustellen. Allerdings ist diese Gruppe aufgrund ihrer apokalyptischen Ideologie in keiner Weise typisch für die weltweit operierenden Terrorgruppen. Verallgemeinerungen, dass mit den Anschlägen von Tokio, bei denen zwölf Menschen starben und über 3000 verletzt wurden, ein neues

---

[386] Zur Problematik der internationalen Risikoabschätzung vgl. [u.a.] Christopher Daase, Internationale Risikopolitik. Ein Forschungsprogramm für den sicherheitspolitischen Paradigmenwechsel, in: Susanne Feske / Ingo Peters (Hrsg.), Internationale Risikopolitik, Baden-Baden 2000, S. 3-35.

[387] Vgl. Mary Douglas / Aaron Wildavsky, Risk and Culture: An Essay on the Selection of Technical and Environmental Dangers, Berkeley 1982.

[388] Vgl. Bruce Hoffman, Viewpoint: Terrorism and WMD: Some Preliminary Hypotheses, in: Nonproliferation Review, 4 (1997) 1, S. 45-52.

Zeitalter des postmodernen Terrorismus begonnen habe, verbieten sich deshalb.[389] Die hypothetische Frage muss also zunächst lauten, warum sollten Terroristen Massenvernichtungswaffen einsetzen wollen?

Massenvernichtungswaffen sind zunächst ein nahe liegendes Mittel, um in stark asymmetrischen Konflikten eine Art Balance herzustellen. Sie können deshalb auch als „Waffe der Schwachen" bezeichnet werden, die es einem konventionell unterlegenen Akteur erlauben sich gegenüber einem scheinbar übermächtigen Gegner zu behaupten.[390] Insofern existiert für nichtstaatliche Akteure durchaus ein Anreiz, in den Besitz von Massenvernichtungswaffen zu gelangen.

Die entscheidende Frage ist jedoch, ob diese Waffen erworben werden um mit ihnen zu drohen oder um sie tatsächlich einzusetzen. Im Fall einer beabsichtigten Drohung könnten Terrorgruppen versuchen durch die Androhung des Einsatzes von MVW die Ausweitung einer Antiterrorkampagne zu verhindern. So vergrub eine tschetschenische Widerstandsgruppe im November 1995 zunächst radioaktives Material in einem Moskauer Park und alarmierte anschließend die Presse. Die Botschaft war klar: Der tschetschenische Widerstand ist in der Lage, s.g. „schmutzige Bomben" (*dirty bombs*) herzustellen und ist dementsprechend in der Position, den Krieg mit Russland jederzeit eskalieren zu lassen. Auf die Frage, ob die Tschetschenen tatsächlich bereit wären eine nukleare Bombe zu zünden, antwortete der Guerillaführer Aslan Dudajew: „Wir werden sie nicht einsetzen, solange Russland nicht Nuklearwaffen einsetzt."[391]

Ähnlich äußerte sich auch Osama bin Laden, als er nach der Rolle von Massenvernichtungswaffen in seiner Organisation gefragt wurde. In einem Interview betonte er im Jahr 1998 es sei eine „religiöse Pflicht" sich alle denkbaren Waffensysteme für die Verteidigung der Muslime verfügbar zu machen.[392] Es ist bis heute unklar, über welche MVW-Kapazitäten al-Qaida tatsächlich verfügt. Die Drohung steht jedoch im Raum und die Absicht nukleare, chemische und biologische Waffen zu beschaffen, ist unbestreitbar. Das Kennzeichen von Massenvernichtungswaffen ist deren große Zerstörungskraft im Verhältnis zur Menge des aufgewendeten Kampfstoffes. Akteure, welche die Vernichtung eines Gegners beabsichtigen, könnten versucht

---

[389] Vgl. Walter Laqueur, Postmodern Terrorism, in: Foreign Affairs, 75 (1996) 5, S. 24-36.

[390] Vgl. Richard K. Betts, The New Threat of Mass Destruction, in: Foreign Affairs, 77 (19998) 1, S. 26-41.

[391] Zitiert aus: Time Magazin vom 4. 3. 1996.

[392] Vgl. Time Magazine Asia vom 11. 1. 1999.

sein, Massenvernichtungswaffen zum Zwecke eines Völkermordes einzusetzen. Dennoch haben Gruppierungen wie die Hisbollah, Hamas und al-Qaida bisher Zurückhaltung gezeigt, wenn es um die Einbeziehung von ABC-Waffen in deren Aktivitäten ging.[393]

Vorstellbar sind jedoch ebenso Ziele unterhalb der Motivlage der gezielten und umfangreichen Vernichtung des Gegners. Schon durch kleine MVW-Anschläge könnte die Bevölkerung zutiefst verstört und die staatliche Regierung zu weitreichenden Zugeständnissen gezwungen werden. Angeblich phantasierte auch die RAF zeitweise darüber, wie eine Nuklearwaffe ihre Durchsetzungskraft verstärken würde.[394] Es ist durchaus vorstellbar, dass ein Staat gezwungen sein könnte beispielsweise in die Freilassung von Gefangenen einzuwilligen, wenn er sich mit der Drohung eines MVW-Anschlages konfrontiert sehen würde. Es käme darauf an, wie glaubhaft die Drohung ist und wie hoch die langfristigen Kosten für den Staat wären, wenn er auf die Forderung der Terroristen eingehen würde. Solange Terrorgruppen mit ihren Aktionen nicht nur Menschen töten, sondern auch einen politischen Zweck verfolgen, müssen sie mit ihren Anschlägen eine Nachricht kommunizieren, um politische Unterstützung zu erhalten. Das setzt dem Terrorismus und insbesondere der Verwendung von Massenvernichtungswaffen gewisse Grenzen. Die Aura des allgemeingültigen Tabus, welches den Einsatz nuklearer, chemischer und biologischer Waffen umgibt, könnte sich bei einem Zuwiderhandeln durch die Terroristen leicht gegen diese selbst richten.[395]

Bei Gruppierungen deren Motive nicht weltlich-politischer, sondern transzendent-religiöser Natur sind, ist eine Rücksichtnahme auf einen „zu interessierenden Dritten“ freilich nicht zu erwarten.[396] Damit entfallen ebenso alle Einschränkungen denen sich ein terroristischer Akteur im Einsatz seiner Gewaltmittel unterworfen fühlt. Es liegt deshalb die Vermutung nahe, dass religiöse Fanatiker eher als politische Extremisten dazu bereit sein dürften, unbeschränkte Gewalt anzuwenden und billigend hohe Opferzahlen in Kauf zu nehmen.[397] Entspräche diese Vermutung der Realität, dann kommt der Ver-

---

393 Vgl. Daase, Terrorgruppen und Massenvernichtungswaffen, S. 34ff.

394 Vgl. Nadine Gurr / Benjamin Cole, The New Face of Terrorism. Threats from Weapons of Mass Destruction, London – New York 2002.

395 Vgl. Daase, Terrorgruppen und Massenvernichtungswaffen, S. 35ff.

396 Vgl. Münkler, Asymmetrische Gewalt. Terrorismus als politisch-militärische Strategie, in: Merkur, 56 (2002) 1, S. 1-12.

397 Vgl. Bruce Hoffman, Holy Terror: The Implications of Terror Motivated by a Religious Imperative, in: Studies in Conflict and Terrorism, 18 (1995) 4, S. 271-284.

wurzelung einer terroristischen Gruppierung in der Gesellschaft eine wichtige moderierende Funktion zu und klassische Kleinkriegstrategien, die auf die Trennung der Kämpfer von ihrer sozialen Basis abzielen, müssten überdacht werden.

Für die Einschätzung der Wahrscheinlichkeit eines MVW-Anschlages ist es deshalb geboten genau festzustellen, in welchem Maße eine Terrorgruppe religiöse oder weltliche Ziele verfolgt. Dabei muss die Oberflächenrhetorik von der tatsächlichen Motivation unterschieden werden. So wird Osama bin Ladens Terrornetzwerk al-Qaida von dessen Sympathisanten häufig als islamistische Organisation charakterisiert, deren Ziele rein religiöser Natur und außerweltlich sind. Ein politisches Kalkül jenseits der religiösen Triebfeder gäbe es nicht. Eine genauere Lektüre der bisherigen Verlautbarungen al-Qaidas sowie der veröffentlichten Interviews ihrer Führer zeigen jedoch, dass der Organisation eine klare politische Strategie mit abgestuften Zielen zu Grunde liegt.[398] Auch für al-Qaida gilt deshalb, dass Gewalt strategisch eingesetzt wird. Ein Beleg dafür ist der unlängst veröffentliche Brief von Ayman Al Zawahiri, seines Zeichens zweiter Mann von al-Qaida, an Abu Musab Al Zarkawi, den im Irak agierenden Qaida-Statthalter, der nach Bombenangriffen im Sommer 2006 getötet wurde.[399] In seinem Brief warnt Zawahiri davor, durch wahllosen Terrorismus die Unterstützung der irakischen Bevölkerung aufs Spiel zu setzen, ohne die aber die langfristigen Ziele al-Qaidas nicht realisiert werden könnten. Daraus lässt sich folgern, dass al-Qaida die letzten Bindungen zur islamischen Gesellschaft noch nicht gekappt und die Konsequenzen ihrer Operationen für die Bevölkerung einkalkuliert hat.[400] Auch wenn MVW-Anschläge bisher nicht in das Kalkül von al-Qaida zu passen schienen, müsste dies Al Zarkawi, dem Experimente mit chemischen Kampfstoffen unterstellt wurden, nicht zwingend von einem MVW-Attentat abhalten, sei es nun im Irak oder in Europa. In dem Maße, in dem sich einzelne Terroristen von ihrer Basis abnabeln, werden auch die Bindungen an die gemeinsamen Ziele und Strategien schwächer.[401]

---

398 Vgl. Daase, „Terrorgruppen und Massenvernichtungswaffen", S. 35ff.

399 Vgl. Züricher Zeitung vom 12.10.2005.

400 Vgl. Michael F. Morris, Al Quaeda as Insurgency, in: Joint Forces Quarterly, (2005) 39, S. 41-50.

401 Vgl. Daase, Terrorgruppen und Massenvernichtungswaffen, S. 35f.

3.2 Sponsoren und Kapazitäten des MVW-Terrorismus

Die Wahrscheinlichkeit eines Terroranschlags mit Massenvernichtungswaffen ergibt sich nicht allein aus der Motivation der Terroristen. Es bedarf außerdem einer Gelegenheit zum Erwerb und zum Einsatz dieser Waffen. Allerdings kann Motivation nach Gelegenheiten suchen, und Gelegenheiten können Motivation erzeugen.[402] Die „einfachste" Art wie Terrorgruppen an Massenvernichtungswaffen gelangen können ist, wenn Staaten sie mit den entsprechenden Kampfstoffen ausstatten. Es war jedoch schon während des Kalten Krieges umstritten, wie groß das Problem der s.g. „Staatssponsoren" tatsächlich ist. Es ist zwar denkbar, dass Staaten versuchen Terroristen als Stellvertreter zu benutzen, um Konflikte herbeizuführen wie es beispielsweise Pakistan in Kaschmir praktiziert. Doch ob Staaten das Risiko eingehen, der Weitergabe von Massenvernichtungsmitteln überführt zu werden, ist zumindest fragwürdig. Die Fokussierung amerikanischer Sicherheitspolitik auf dieses Problemfeld scheint deshalb eher übertrieben. Belegbare Hinweise, dass ein Staat nukleare, biologische oder chemische Kampfstoffe an Terroristen weitergegeben hat, gibt es bisher jedenfalls nicht.[403]

Es muss jedoch nicht zwingend ein Staat sein, der eine terroristische Vereinigung unterstützt. Einflussreiche Parteien oder Einzelpersonen kommen ebenso in Betracht. In dem Maße, in dem die zivile Kontrolle etwa des Militärs oder der Geheimdienste versagt, eröffnen sich Gelegenheiten für Terrorgruppen, durch Korruption oder politische Sympathie an gefährliche Materialien zu gelangen. Von pakistanischen Atomwissenschaftlern ist bekannt, dass sie ihr Wissen nicht nur wie A.Q. Khan an die Regime im Iran, Nordkorea oder Libyen weitergegeben, sondern darüber hinaus Osama bin Laden über den Bau von Nuklearwaffen unterrichtet haben.[404] Ob al-Qaida ebenfalls das zur Herstellung von Atomwaffen notwendige angereicherte Uran oder gar Plutonium besitzt ist unklar.

Insbesondere aus Russland und den anderen Republiken der GUS wird gemeldet, dass seit Ende des Ost-West-Konflikts und dem Zusammenbruch des Sowjetimperiums größere Mengen waffenfähigen Materials gestohlen

---

402 Vgl. Ebd.

403 Vgl. Gurr / Cole, The New Face of Terrorism. Threats from Weapons of Mass Destruction, S. 199.

404 Sultan Bashiruddin Mahmood, der ehemalige Vorsitzende der pakistanischen Atomenergiekommission, wurde 2001 verhaftet, nachdem er mit Osama bin Laden und seinem Stellvertreter Al Zawahiri den Bau von Nuklearwaffen erörtert hatte. Vgl. Bruno Schirra, Wo steckt er?, in: Cicero, (2005) 9, S. 20-24, hier: S. 23.

worden sind.[405] So stieß in Kasachstan ein amerikanisches Inspektorenteam auf waffenfähiges Material, das in Blechschuppen mit einem Vorhängeschloss gesichert war. Ferner gab es Berichte über die Entwendung kompletter Nuklearwaffen, die jedoch von den Offiziellen stets dementiert wurden.[406] Seit 1991 hilft das amerikanische Verteidigungsministerium im Rahmen der „Initiative zur kooperativen Bedrohungsreduktion" den Staaten der ehemaligen Sowjetunion die Sicherheitsstandards ihrer Nuklearwaffenarsenale zu erhöhen.[407] Über die Situation in anderen Ländern, insbesondere in denen, die sich nicht der internationalen Kontrolle der IAEO unterworfen haben, wie etwa Indien, Pakistan, Nordkorea und Israel, ist wenig bekannt.

Auch bei biologischen und chemischen Kampfstoffen ist die augenblickliche Situation alles andere als transparent, weil diese Industriezweige nur in geringem Umfang staatlichen Kontrollen unterliegen. Die Vermutung liegt deshalb nahe, das chemische und biologische Kampfstoffe leichter in die fal-

---

405 Vgl. Harald Müller, Nuklearschmuggel und Terrorismus mit Kernwaffen, in: Kurt R. Spillmann (Hrsg.), Zeitgeschichtliche Hintergründe aktueller Konflikte VI., Zürich 1997.

406 Vgl. *Daase,* „Terrorgruppen und Massenvernichtungswaffen", S. 36ff.

407 Am 8. September 2006 unterzeichneten die Außenminister der fünf zentralasiatischen Staaten Kasachstan, Kirgisistan, Tadschikistan, Turkmenistan und Usbekistan in Semipalatinsk einen Vertrag über eine kernwaffenfreie Zone in Zentralasien. Auf dem Gebiet dieser fünf ehemaligen Sowjetrepubliken befanden sich zur Zeiten der UdSSR mehr als 1400 strategische und 700 taktische Atomsprengköpfe, die inzwischen auf russisches Gebiet abgezogen wurden. Die Unterschrift unter den seit längerem vorliegenden Vertragstext verzögerte sich zunächst, weil die gegensätzlichen Positionen der etablierten Kernwaffenmächte nur schwer auf einer Ebene vereinigt werden konnten. Vor allem Moskau fühlte sich durch die militärische Präsenz der USA im postsowjetischen Raum beunruhigt. Washington scheute wiederum vor rechtsverbindlichen Beschränkungen für künftige Waffenstationierungen und die Bewegungsfreiheit seiner Nuklearwaffen zurück. Während Russland und China immerhin grundsätzliche Zustimmung signalisierten, bestanden die westlichen Kernwaffenmächte USA, Frankreich und Großbritannien auf der Zusicherung, dass Russland die Zone nicht durch bilaterale Abkommen unterläuft, die eine Raketenstationierung in den zentralasiatischen Staaten erlauben. Ungeachtet der Widerstände beharrten die Regionalstaaten auf dem Projekt, denn gerade wegen der von den Atommächten neuerdings verfolgten Doktrin präventiver Kriege sahen sie darin eine Sicherheitschance. Wenn die eigenen Territorien frei von Nuklearwaffen sind, so das Kalkül, bieten diese auch keine lohnenswerte Angriffsfläche für einen Präventivkrieg. Die vertraglich festgeschriebene Denuklearisierung könnte so für die Teilnehmer eine gewisse Schutzfunktion erfüllen, bindet sie doch durch Zusatzprotokolle auch die Kernwaffenmächte in einem Verpflichtungsrahmen ein und begrenzt deren etwaige Ambitionen. Vgl. Wolfgang *Kötter,* Asiens Herz schlägt nun atomfrei, auf: www.uni-kassel.de/fb5/frieden/themen/Atomwaffen/asien.html (Zugriff am 10.10.2006)

schen Hände geraten können als nukleare.[408] Es kann nicht ausgeschlossen werden, dass Mitarbeiter von militärischen oder zivilen Einrichtungen die mit MVW-Kampfstoffen umgehen aus finanziellen oder ideologischen Erwägungen Material entwenden und auf dem internationalen Schwarzmarkt anbieten bzw. es gezielt an Terrorgruppen weitergeben könnten.[409] Für Terroristen bieten sich demnach vielfältige, wenn auch abgestufte Möglichkeiten, um an Massenvernichtungswaffen zu gelangen.

Verwundbar sind Staaten auf dreierlei Weise: militärisch, ökonomisch und politisch. Militärisch verwundbar sind sie in dem Maße, in dem ein terroristischer Anschlag mit MVW zu erheblichen physischen Zerstörungen sowie zu einer hohen Opferzahl führt; ökonomisch, wenn es durch den Anschlag zu hohen finanziellen Folgeschäden und der Einbuße öffentlicher Wohlfahrt kommt; politisch verwundbar sind Staaten, wenn durch einen terroristischen Anschlag die Funktionen des Staates beeinträchtigt und das Vertrauen der Bevölkerung in die staatlichen Institutionen erschüttert wird. Neben den unmittelbaren Effekten auf den Menschen sind auch sekundäre Effekte auf das Wirtschaftssystem wahrscheinlich. Die volkswirtschaftlichen Folgekosten eines MVW-Anschlags können exorbitant sein, und der psychologische Schock könnte zu Panikverkäufen auf den Aktienmärkten führen und letztendlich eine Wirtschaftskrise auslösen.[410]

Etwas diffiziler ist die Bestimmung der politischen Verwundbarkeit gegenüber MVW-Terrorismus. Einerseits ist kaum denkbar, dass Regierungen aufgrund eines Anschlags (selbst bei Anwendung von MVW) gegenüber Terroristen kapitulieren und ihre staatliche Souveränität aufgeben. Andererseits könnte die Bevölkerung das Vertrauen in das Regime verlieren, wenn dessen Repräsentanten die Terrorbekämpfung zur höchsten Priorität erklären und in diesem Zusammenhang unrealistische Sicherheitsversprechungen machen, deren Einhaltung mit ungleich höheren Kosten verbunden sein könnte als der

---

[408] Vgl. Jean Pascal Zanders, Assessing the Risk of Chemical and Biological Weapons Proliferation to Terrorists, in: The Nonproliferation Review, 6 (1999) 4, S. 17-34.

[409] Lange war umstritten, ob überhaupt ein wirklicher Schwarzmarkt für Nuklearwaffen existiere oder ob er nicht eher ein Produkt sei, das die künstliche Nachfrage von westlichen Geheimdiensten erst geschaffen habe. Doch inzwischen hat die IAEO seit 1993 über 650 Fälle von illegalem Handel mit radioaktivem Material aufgedeckt, und die Aktivitäten des Proliferationsnetzwerkes A. Q. Khans haben gezeigt, dass zumindest für Staaten der illegale Erwerb von fortgeschrittener Nukleartechnologie möglich ist. Vgl. Daase, Terrorgruppen und Massenvernichtungswaffen, S. 36-37.

[410] Vgl. Tilman Brück / Dieter Schumacher, Die wirtschaftlichen Folgen des internationalen Terrorismus, in: Aus Politik und Zeitgeschichte, 2004, S. 41-47.

eigentliche Anschlag verursacht hätte. Politisch verwundbar ist ein Staat also vor allem durch die eigenen Gegenmaßnahmen.[411]

Ein hypothetischer Schaden bemisst sich jedoch nicht allein durch die Verwundbarkeit des Opfers, sondern ebenso durch die verfügbaren Kapazitäten des Täters. Von zentraler Bedeutung ist dabei der Organisationsgrad einer terroristischen Gruppierung. Nur eine Gruppe, die hierarchisch und arbeitsteilig strukturiert sowie ideologisch homogen ist, kann über einen längeren Zeitraum die Entwicklung und Planung eines MVW-Angriffs betreiben. Daneben sind beträchtliche finanzielle Ressourcen notwendig, um Kampfstoffe, Technologie und das notwendige Know-how finanzieren zu können. So verfügte Osama bin Ladens Terrornetzwerk al-Qaida in den neunziger Jahren über beträchtliche Finanzmittel und stand zudem unter dem Schutz des Taliban-Regimes in Afghanistan, wodurch es diesem möglich war, relativ ungestört an unterschiedlichen chemischen und biologischen Waffenprogrammen zu arbeiten. Seit der Zerschlagung der Taliban Ende 2001/Anfang 2002 fehlt al-Qaida der Rückzugsraum, in dem Massenvernichtungswaffen hergestellt werden könnten. Ob und welche ABC-Waffen sich bereits im Besitz von al-Qaida befinden ist jedoch nicht bekannt.[412]

Darüber hinaus stellen die technischen Fähigkeiten der Terrorgruppe und die ihnen zur Verfügung stehenden Materialien eine wichtige Bestimmungsgröße dar. Dass es theoretisch relativ leicht ist Massenvernichtungswaffen herzustellen ist bekannt. Aber auch wenn Funktionsweise und technische Voraussetzungen von Nuklearwaffen im wesentlichen bekannt sind, ist die tatsächliche Herstellung einer Waffe, bei der eine nukleare Kettenreaktion abläuft, äußerst komplex und stellt höchste technische Anforderungen, die nicht-staatliche Akteure aller Wahrscheinlichkeit nach (noch) nicht erfüllen könnten.[413] Bei biologischen und chemischen Waffensystemen ist die Beschaffung zwar weniger schwierig, dafür ist auch hier die effektive Verbreitung des Kampfstoffes ein großes technisches Problem. So waren weder das irakische Biowaffenprogramm, noch die Versuche der japanischen Aum-Sekte erfolgreich, obwohl beiden große Finanzmittel und technisches Kernwissen zu Verfügung standen.

Die Gefahren des MVW-Terrorismus sind nicht zu vernachlässigen, sie sollten aber mit dem nötigen Anstand betrachtet werden. Eine umfassende

---

411 Vgl. Daase, Terrorgruppen und Massenvernichtungswaffen., S. 38ff.

412 Vgl. Ebd., S. 38ff.

413 Vgl. Robin Frost, Nuclear Terrorism Post-9/11: Assessing the Risk, in: Global Society, 18 (2004) 4, S. 387-422.

Strategie zur Reduzierung der Gefahren des MVW-Terrorismus sollte bei der konkreten Analyse des Risikos ansetzen, welches von einzelnen Terrorgruppen ausgeht. Risikoanalysen dürfen dabei jedoch nicht mit Prognosen gleichgesetzt werden. Sie erlauben zwar nicht tatsächliche Ereignisse mit einer gewissen Wahrscheinlichkeit vorauszusagen, können aber dabei helfen, anhand der Kalkulation hypothetischer Ereignisse angemessene politische Strategien zu konzipieren.[414]

3.3 Strategien zur Eindämmung von Proliferation

Seit der Aufdeckung des Proliferationsnetzwerkes des A.Q. Khan hat die internationale Staatengemeinschaft zwar mit Besorgnis und diversen Initiativen auf die Versäumnisse reagiert, es sind jedoch Zweifel angebracht, ob die bisherigen Maßnahmen in Zukunft greifen werden, wenn die grundlegenden Schwächen des bestehenden Ausfuhrkontrollsystems nicht beseitigt werden.[415]

Grundlage der bisherigen multilateralen Kontrollen ist die rechtlich verbindliche und beinahe universal gültige Norm des NVV in Art. 3 Abs. 2., wonach ein NVV-Mitgliedstaat Ausgangs- oder spezielles Spaltmaterial oder Ausrüstungen und Materialien zur Herstellung von Nuklearanlagen einem Nichtnuklearwaffenstaat ausschließlich für zivile Zwecke zur Verfügung stellen, wenn diese den erforderlichen Überwachungsmaßnahmen (IAEO-Inspektionen) unterliegt. Der Vertrag stellt demnach einen direkten Zusammenhang zwischen Nuklearexporten und IAEO-Kontrollen her.

Im Fall des Khan-Netzwerks griffen diese multilateralen Exportkontrollmechanismen jedoch nicht, da sie entweder für die betroffenen Staaten und Firmen nicht bindend oder weil verbindliche Regeln nicht durchsetzbar waren.[416] So konstatierte die malaysische Polizei über die Aktivitäten der Firma SCOPE in Kuala Lumpur, dass Malaysia weder Mitglied der NSG sei, noch durch die Ratifikation des IAEO-Zusatzprotokolls verpflichtet gewesen sei, den Export von Zentrifugenbauteilen bei der IAEO anzuzeigen.[417] Erkennbare Schwachpunkte des bestehenden multilateralen Exportkontrollregimes liegen

---

414 Vgl. Daase, Terrorgruppen und Massenvernichtungswaffen, S. 36ff.

415 Zu den Aktivitäten des Khan-Netzwerkes vgl. [u.a.], Grützmacher, Die Außen- und Sicherheitspolitik Pakistans, S. 419-428.

416 Vgl. Ebd., S. 29ff.

417 Vgl. Press Release by Inspector General of Police {Malaysia] in Relation to Investigation on the Alleged Production of Components for Libya's Uranium-Enrichment Programme, 20. 2. 2004, online unter: http://www.rmp.gov.my/ (Zugriff am 15. 9. 2006).

demnach in der mangelnden Verbreitung seiner Normen, der Ungenauigkeit der Exportregeln, aber insbesondere in der mangelhaften Durchsetzungsfähigkeit der Regelungen. Die Ausfuhrbeschränkungen des bestehenden Kontrollsystems sind weitgehend freiwilliger Natur und liegen zudem oftmals in den Händen nationaler Behörden, die ihrerseits dazu angehalten sind, auch die Exportinteressen ihrer Nuklearindustrie zu berücksichtigen.[418]

Wenn momentan keine starken internationalen mit wirksamen Kontrollinstrumenten ausgerüsteten Exportkontrollinstitutionen gegründet werden sollen oder können, müssen zumindest die nationalen Ausfuhrkontrollen eine wesentliche Verbesserung erfahren. Die Erfahrungen in Bezug auf das Khan-Netzwerk zeigen jedoch, dass selbst westeuropäische Staaten mit ihren relativ hohen Sicherheitsstandards oft überfordert sind, da sie dem Netzwerkcharakter der Proliferation nicht gerecht werden können. Die Identifikation netzwerkspezifischer Proliferation kann nur gelingen, wenn die nationalen Sicherheitsbehörden sehr weitgehende Kenntnisse über den Transfer von Nukleartechnologie besitzen und ihrerseits mit einer Datenbank vernetzt sind, um verdächtige Beschaffungsaktivitäten frühzeitig und im transnationalen Rahmen erkennen zu können.[419]

Eine verbesserte multilaterale Kooperation kann aber nicht die Versäumnisse unverantwortlicher und ungenügender Exportkontrollpolitik egalisieren. So ist ein überzeugter Proliferateur mit den Kontakten eines A.Q. Khan mit den derzeitigen Kontrollstandards kaum aufzuhalten, insbesondere dann nicht, wenn er zumindest von Teilen seiner Regierung aktiv unterstützt oder wenigstens gedeckt wird. Ob die nach der Enttarnung des Khan-Netzwerks eingeleitete Verschärfung der pakistanischen Exportkontrollen in Zukunft zu einer Verbesserung der aktuellen Sicherheitsstandards führt, wird also primär vom Willen der pakistanischen Regierung bestimmt, auf die Verbreitung von Massenvernichtungswaffen als Mittel ihrer Außen- und Sicherheitspolitik zu verzichten.[420]

---

[418] Vgl. Richard Cupitt / Suzette Grillot / Yuzo Muarayama, The Determinants of Nonproliferation Export Controls: A Membership-Fee Explanation, in: Non-Proliferation Review, 8 (2001), S. 69-80.

[419] Vgl. Sebastian Harnisch, Das Proliferationsnetzwerk um A. Q. Khan, Aus Politik- und Zeitgeschichte, 48/2005, S. 24-31, hier: S. 30ff.

[420] Vgl. Jennifer Morstein Hunt / Wayne D. Perry, Commercial Nuclear Trading Networks as Indicators of Nuclear Weapons Intentions, in: Nonproliferation Review, 7 (2000) 3, S. 75-91.

Ähnliches gilt auch für die nukleare Exportkontrollpolitik der US-Regierungen seit den siebziger Jahren, die aus strategischen oder ermittlungstaktischem Kalkül den Aktivitäten Khans tatenlos zusahen, ohne den gefährlichen Handel mit nuklearen Technologien mit Iran, Nordkorea oder Libyen zu unterbinden.[421] Internationale Exportkontrollen können nur dann erfolgreich sein, wenn die darin involvierten Staaten ihre Kenntnisse zum Zweck der Eindämmung von Proliferation der internationalen Staatengemeinschaft zugänglich machen.[422]

Neue multilaterale Initiativen wie die UN-Resolution 1540[423] oder die *Proliferation Security Initiative* der G-8 können das bestehende System allenfalls ergänzen, aber keinesfalls die Verantwortung der einzelnen Staaten ersetzen. Die Spezifizierung und institutionelle Stärkung nationaler und internationaler Exportkontrollen muss auch in Zukunft im Zentrum des globalen Ausfuhrkontrollsystems stehen, weil nur auf diesem Weg der Handel von Privatpersonen mit sensitiven Gütern rechtmäßig und nachhaltig eingedämmt werden könne. Die UN-Resolution 1540 ist dabei ein wichtiger Schritt in die richtige Richtung, weil sie die Schaffung effektiver nationaler Exportkontrollen vorschreibt. Ob dieser Akt „internationaler Gesetzgebung" Erfolg haben wird, hängt vor allem davon ab, inwieweit die blockfreien Staaten, die bisher den freiwilligen Mechanismen der Proliferationskontrolle fern blieben, dazu bereit sind, dem Diktum des Sicherheitsrates Folge zu leisten. Ähnliches gilt für die im Jahr 2003 ins Leben gerufene *Proliferation Security Initiative*,[424] die

---

421 Vgl. The New Yorker vom 8. 3. 2004.

422 Vgl. Harnisch, Das Proliferationsnetzwerk um A. Q. Khan, S. 30ff.

423 Die von den USA und Großbritannien eingebrachte Resolution verpflichtet alle UN-Mitgliedstaaten, sämtliche Versuche von Terroristen zu bekämpfen, an solche Waffen und entsprechende Materialien und Technologien zu gelangen. Dazu sind sie allerdings bereits durch frühere Beschlüsse angehalten. Alle Staaten sind nun verbindlich aufgefordert, wo noch nicht geschehen, Gesetze zu erlassen, die jede Weitergabe von Materialien und Technologien zur Herstellung von nuklearen, chemischen und biologischen Waffen an „nichtstaatliche Akteure" unter Strafe stellen. Dafür hatten sich neben den USA und Großbritannien auch die drei anderen ständigen Mitglieder des UN-Sicherheitsrates eingesetzt. Alle fünf sind bekanntermaßen Atommächte.

424 Am 31. Mai 2003 verkündete US-Präsident George W. Bush während eines Staatsbesuches in Polen die so genannte „Proliferation Security Initiative". Die Initiative soll den Transport von Massenvernichtungswaffen, Trägersystemen und für deren Entwicklung und Herstellung relevanten Materialien und Technologien auf dem See-, Land- und Luftweg unterbinden und abschreckend auf die auf die beteiligten staatlichen und nichtstaatlichen Akteure wirken. Zu diesem Zweck haben sich Vertreter der Teilnehmerstaaten mehrmals getroffen und verständigten sich auf Prinzipien der Zusammenarbeit. Dennoch wird die Initiative von den beteiligten Staaten teilweise un-

eine verbesserte Aufdeckung von Nuklearexporten durch eine stärkere Koordinierung nationaler Exportkontrollen erreichen will. Auch diese Maßnahme ist maßgeblich von der Kooperationsbereitschaft der involvierten Staaten abhängig, insbesondere wenn es um den zeitnahen Austausch geheimdienstlicher Erkenntnisse geht. Stehen der Weitergabe derartiger Informationen die Komplizenschaft oder das strategische Eigeninteresse beteiligter Staaten entgegen, dürfte auch diese Initiative nicht annährend den gewünschten Effekt erzielen.[425]

Vor dem Hintergrund des Kampfes gegen den internationalen Terrorismus kann nicht davon ausgegangen werden, dass der Nährboden der nichtstaatlichen Proliferation in absehbarer Zukunft trocken gelegt sein wird. Die fragile Staatlichkeit Pakistans, die daraus resultierende eher duldende Nichtverbreitungspolitik der USA und der EU gegenüber dem Musharraf-Regime sowie der wachsende Widerstand der blockfreien Staaten gegen die „nukleare Apartheidpolitik" der fünf organisierten Nuklearmächte USA, Russland, China, Frankreich und Großbritannien lassen Zweifel daran, ob das Zentrum des Netzwerks in Pakistan und dessen Peripherie in Afrika, dem Nahen Osten und Westeuropa vollständig ausgehoben werden konnte.[426]

Die Anschläge der Aum-Sekte sind bislang die einzigen Fälle des Terrorismus mit biologischen oder chemischen Kampfstoffen geblieben. Glücklicherweise gab es bisher keine Trittbrettfahrer bzw. Imitatoren. Das könnte als Indiz dafür gewertet werden, dass es nicht so einfach ist, in den Besitz von ABC-Waffen gelangen und diese dann auch einzusetzen. Denn obwohl die japanische Sekte über Jahre hinweg sehr kostenintensive Anstrengungen unternahm, gelang es ihnen „nur", den chemischen Kampfstoff Sarin von minderer Qualität zu produzieren, was verglichen mit ihrem Einsatz ein sehr armseliges Ergebnis darstellt. Die Sekte war eine Organisation mit immerhin über 40.000 Mitgliedern, verfügte über hohe finanzielle Möglichkeiten, beschäftigte ausländische Wissenschaftler bzw. Techniker und hat neben dem Erwerb einer Uran-Mine in Australien ebenfalls versucht, sich in Zaire *Ebola*-Viren zu beschaffen. Es bleibt festzustellen, dass biologische und chemische Waffen aufgrund technologischer Barrieren noch keine Alterna-

---

terschiedlich wahrgenommen. Einige Teilnehmerstaaten betonen den Charakter der PSI als Instrument zur Stärkung bestehender multilateraler Verträge. Andere hingegen wollen, dass die Initiative bestehende Verträge ergänzt, aber sich diesen nicht unterordnet.

425 Vgl. Harnisch, „Das Proliferationsnetzwerk um A. Q. Khan", S. 31ff.

426 Vgl. ebd.

tive zu konventionellen Waffen darstellen, die Gefahr ihrer Benutzung aber durch technische – und Anwendungsfortschritte wächst. Insgesamt ist die Gefahr eines Einsatzes dieser Waffen jedoch wesentlich größer als die Gefahr der terroristischen Nutzung von nuklearem und radioaktiven Material.[427]

---

[427] Vgl. Hirschmann, Das Phänomen „Terrorismus“, S. 469.

IV. Fazit

Wie soll man also mit dem Terrorismus umgehen? Existieren bessere oder schlechtere Möglichkeiten, um auf ihn zu reagieren? Zweifellos gibt es ein relativ großes Spektrum denkbarer Antworten, beginnend bei sanften rechtlichen Regelungen bis hin zum Einsatz von massiven militärischen Repressalien. Doch mit welchen Konsequenzen ist dann zu rechnen, wenn die Kur womöglich schlimmer ist als die Krankheit? Wie kann insbesondere, wie Walter Laqueur fragte, eine demokratische Gesellschaft den Terrorismus besiegen, ohne die fundamentalen Werte zu opfern, denen dieses System zugrunde liegt?

Wenn man überlegt, wie auf den Terror angemessen zu reagieren sei, ist es vor allem wichtig, den Unterschied zwischen kriegsbezogenem Terror und dem Terrorismus als eigenständiger Strategie im Auge zu behalten. Bei einer sachlichen Einschätzung der gegenwärtigen Bedrohungslage durch den „reinen" Terrorismus könnte es durchaus angemessen sein, ihn schlichtweg nicht zur Kenntnis zu nehmen, da er statistisch betrachtet eine bedeutend geringere substantielle Gefahr als ein Verkehrsunfall darstellt und sich durch die Anwendung präventiver Maßnahmen auch viel schlechter in den Griff bekommen lässt. Doch die Option, den Terrorismus zu ignorieren, ist nicht gegeben. Sie könnte vernünftig sein, ist aber aus psychologischen und politischen Kalkül heraus unmöglich zu realisieren, zumal der Terrorismus ja gerade darauf abzielt, dass er mit dem tiefsitzenden allgemeinen Bedürfnis nach Sicherheit von Leben und Eigentum und der Sorge darum spielt. Dass der Terrorismus eine ernsthafte Gefahr für die Sicherheit eines Staates darstellt, ist derzeit eher unwahrscheinlich. Doch ist er äußerst effizient darin, das staatliche Gewaltmonopol und die öffentliche Sicherheit im weiteren Sinne herauszufordern.

Im engeren Sinn des Wortes lässt sich Terrorismus sicherlich nicht besiegen. Man kann ihn bekämpfen und seinen Aktionsradius einschränken, man kann sein Gefährdungspotential reduzieren, seine infrastrukturelle Basis zerstören, den Zufluss von Ressourcen und den Zulauf von Sympathisanten drosseln. Nichtsdestotrotz wird sich diese Form der Gewaltanwendung nicht aus der Welt schaffen lassen. Es wird immer wieder Gruppen und Personen geben, die glauben, nur auf diese Weise ihren Forderungen Nachdruck verschaffen zu können. Es kommt deshalb darauf an, das bestehende Risiko mit allen zur Verfügung stehenden polizeilichen, geheimdienstlichen, strafrechtlichen und, im Einzelfall, auch militärischen Mitteln zu begegnen. Statt von

„Siegen“ und „Niederlagen“, die eine in diesem Zusammenhang unangebrachte zeitliche Langfristigkeit suggerieren, sollte besser von „Erfolgen“ und „Misserfolgen“ gesprochen werden, wobei jeder „Misserfolg“, also jeder gelungene Anschlag, aufgrund der hinterlassenen Spuren in der Regel wiederum zu „Erfolgen“ für die Ermittlungsbehörden führen kann. Diese äußern sich dann meist in der Festnahme der Attentäter und Drahtzieher sowie in der Erweiterung des Wissensstandes hinsichtlich der Vorgehensweise der Terroristen und über die Struktur und Funktionsweise deren Netzwerke.[428]

Für den nachhaltigen Erfolg solcher operativen Antiterrormaßnahmen ist es jedoch von zentraler Bedeutung, dass sie möglichst zielgenau, gebunden an rechtsstaatliche und völkerrechtliche Normen durchgeführt werden, um den Gefahren einer politischen Institutionalisierung und willkürlichen Verwendung der Terrorabwehrmaßnahmen vorzubeugen. Wahrscheinlich besteht das größte Risiko, das die Reaktionen auf den Terrorismus in sich bergen, in dem Impuls, es den Tätern mit gleicher Münze heimzuzahlen.[429] Viele Jahre war es üblich, eine klare Grenze zwischen „antiterroristischen“ und „kontraterroristischen“ Maßnahmen zu ziehen. Die erstgenannte Kategorie bezeichneten jeden gesetzlichen Schritt, den ein Staat unternehmen kann, von Sondergesetzen bis hin zum Kriegsrecht, mit den letztgenannten war die Übernahme terroristischer Methoden durch die eigenen Sicherheitsbehörden des Staates gemeint, zum Beispiel in Form von Mordanschlägen und willkürlicher Vergeltungsmaßnahmen, bei denen auch Opfer innerhalb der Zivilbevölkerung billigend in Kauf genommen wurden. Diese Dichotomie wird bis heute teilweise noch aufrechterhalten. Inzwischen wurde sie aber auch abgeschwächt. Ob dies bedeutet, dass die unterschiedlichen Konzepte mit der Zeit einander angeglichen wurden, ist oftmals unklar.

Im Falle eines konventionellen Krieges wie er zurzeit in Afghanistan und dem Irak geführt wird, ist die Verhältnismäßigkeit zumindest theoretisch kalkulierbar. Dennoch wurden hier große Fehler gemacht, da man beim Terrorismus vor dem fundamentalen Problem steht, sein Wesen und die tatsächlich von ihm ausgehende Gefahr zu definieren. Da es sich beim Terrorismus nicht um einen rein militärischen Gegner handelt, kann er mit militärischen Mitteln realistischerweise kaum nachhaltig bekämpft werden. Alle bisherigen Erfahrung im Kampf gegen den Terrorismus deuten darauf hin, dass jedes unverhältnismäßige und undifferenzierte Vorgehen auf mittlere Sicht kontrapro-

---

[428] Vgl. Schneckener, Transnationaler Terrorismus, S. 247f.
[429] Vgl. Townshend, Terrorismus, S. 156f.

duktiv wirkt, im Extremfall Gewalteskalationen fördert und letztlich nur den Terroristen in die Hände spielt. Gefragt ist stattdessen eine ausgewogene Strategie, bei der operative und strukturelle Aspekte der Terrorismusbekämpfung in ein ausgewogenes Verhältnis zueinander gestellt werden und die sich bewusst unterschiedlicher Strategien im Umgang mit Terroristen und ihrem Umfeld bedient. Voraussetzung dafür ist die kontinuierliche Beobachtung und Analyse der Netzwerkstrukturen und ihrer inhärenten Schwachstellen, die durchaus Ansatzpunkte für Gegenmaßnahmen eröffnen. Ungeachtet der oft autarken, flexiblen und amorphen Strukturen gilt es, den notwendigen Transfer von Know-how, die Lern- und Innovationsfähigkeit, den Zugang zu lokalen Milieus, die transnationale Kommunikation, den infrastrukturellen Unterbau, die Kontrolle und Steuerung von wesentlichen Operationen sowie die ideologische Kohärenz zu gewährleisten. Dies sind keine geringen Aufgaben und Anforderungen – insbesondere nicht vor dem Hintergrund latenter Interessenkonflikte zwischen transnationalen und lokalen Akteuren sowie zwischen Terroristen und Sponsoren. Exakt an diesen Bruchlinien muss die Terrorismusbekämpfung ansetzen, indem die Verbindungen zwischen einzelnen Terrorzellen gekappt oder zumindest gestört werden, politische Friktionen und Spaltungen gefördert, Terroristen von ihrem Umfeld isoliert sowie lokale Gruppierungen und Milieus gegen Infiltration von außen immunisiert werden. Um diesem Ziel möglichst nahe zu kommen, bedarf es eines breiten Ansatzes, der die unterschiedlichen Fähigkeiten und Interessenlagen von Terroristen und ihrer Förderer reflektiert und sich nicht auf bestimmte Optionen beschränkt. Parallel zur Auseinandersetzung mit anderen Gewaltakteuren bieten sich unterschiedliche Strategien an, die in der Realität miteinander kombiniert und jeweils daraufhin überprüft werden müssen, ob man es mit den Führungskadern eines Netzwerkes, mit bestimmten Operateuren, mit einzelnen Zellen oder Kommandos, mit lokalen Ablegern, mit nahestehenden oder unterwanderten Terror- und Guerillagruppen, mit sympathisierenden Milieus, mit profitorientierten oder ideologisch überzeugten Sponsoren zu tun hat.[430]

Hinter dem Phänomen des internationalen Terrorismus steht keine bestimmte Kultur oder Religion. Wie jede politische Form versucht sich auch die Strategie des Terrorismus zu legitimieren. Der Zusammenprall der Zivilisationen zwischen Gottesgläubigen und Ungläubigen ist ein Konstrukt im Kopf der Terroristen. Religiöse Versatzstücke werden aus legitimatorischen

---

[430] Vgl. Schneckener, Transnationaler Terrorismus, S. 249.

und machtpolitischen sowie aus Mobilisierungs- und Rekrutierungsgründen instrumentalisiert. Simplifizierte Erklärungsmuster und Feindbilder fallen insbesondere bei jungen Menschen, die in zerfallenden Staaten und von krassen Gegensätzen geprägten Kulturen aufwachsen, auf einen fruchtbaren Resonanzboden. An den Bruchstellen solcher Gesellschaften entzündet sich die Gewalt. Wenn der Staat aufgrund realer Schwäche seiner Institutionen und Fundamente und/oder aufgrund fehlender Legitimität den Anspruch auf sein Gewaltmonopol verliert, privatisiert sich die Gewalt. Der internationale Terrorismus ist geradezu signifikant für eine Situation, in der in einem implodierenden Staat mit allen Mitteln um die eigene partikuläre Identität gekämpft wird. Dass der Kampf gegen den Terrorismus nicht allein mit militärischen Mitteln zu gewinnen ist, zeigt sich u.a. am Beispiel Palästinas. Israel ist es mit einer der fortschrittlichsten Armeen und einem der besten Geheimdienste der Welt in knapp sechs Jahrzehnten nicht gelungen, den Gaza-Streifen zu befrieden, ein Gebiet, das nicht einmal halb so groß ist wie Berlin.

Die Terrorbekämpfung kann nur in einem simultanen Prozess kontinuierlicher polizeilich-militärischer Schutz- und Kampfmaßnahmen und längerfristigen politischen Reformen in den Ländern, in denen der Terror unbehelligt gedeihen kann, erfolgreich sein.[431] Die Langfristigkeit des Unterfangens bedingt, dass es bei den unmittelbar zutreffenden Maßnahmen vor allem auf die Verbesserung des Schutzes vor Terrorakten in allen potenziell betroffenen Ländern und außenpolitisch auf verdeckte militärische Maßnahmen auf der Basis erheblich verbesserte geheimdienstlicher Tätigkeit ankommt. Zweifellos bilden die teilweise katastrophalen wirtschaftlichen und sozialen Verhältnisse in einigen islamischen Staaten den Nährboden für Terrororganisationen. Der Reichtum anderer Länder, aus denen der Großteil der Terroristen stammt, zeigt jedoch, dass das Terrorproblem indes bei weitem nicht nur ein Problem der Armut bzw. ungenügender westlicher Entwicklungshilfe ist. Es

---

[431] Der jüngst vom Pentagon veröffentlichte *Quadrennial Defense Review* (QDR) Report ist das zentrale Grundlagendokument zur amerikanischen Militärpolitik und Streitkräfteplanung. Im aktuellen Bericht lassen sich zwei Schwerpunkte erkennen, die aus europäischer Perspektive von besonderem Interesse sind. Erstens richten sich die Streitkräfte im langwierigen Krieg gegen den internationalen Terrorismus auf weltweite Einsätze aus. Zweitens gewinnt die Region Asien-Pazifik schon angesichts der kalkulierten Möglichkeit einer Auseinandersetzung mit der Volksrepublik China weiter an Bedeutung. Außeneuropäische Partner werden als Folge dessen in einem neuen afrikanischen Bündnisverständnis aufgewertet. Vgl. Benjamin Schreer, Weltweiter Einsatz gegen den Terrorismus. Der „Quadrennial Defense Review Report“ des US-Verteidigungsministeriums, SWP-Aktuell 10. Februar 2006.

geht vielmehr um das, was die Politikwissenschaft *good governance* nennt: politische Eliten, die eine Verantwortung für das Gemeindewesen und nicht für ihre persönliche Bereicherung entwickeln, die Institutionalisierung ökonomischer, sozialer und politischer Kontexte, die der Gesellschaft Struktur, Halt und eine gemeinsame Identität vermitteln, ein funktionierendes Staatswesen, in dem der Staat seiner Hauptfunktion, dem Schutz seiner Bürger, nachzukommen vermag. Gegenwärtig besteht in den meisten der angesprochenen Länder weder die Bereitschaft noch die Fähigkeit, desintegrative Tendenzen und Probleme überhaupt zur Kenntnis zu nehmen und eine Politik zu etablieren, die den gesamtgesellschaftlichen und gesamtstaatlichen Kontext von Sicherheit, politischem System und sozioökonomischen Verhältnissen im Auge hätte.

Verschärft wird die Situation dadurch, dass die Politik der Regimeeliminierung, bedingt durch militärische Maßnahmen von außen, nicht Resultat einer sorgfältig vorbereiteten Strategie war. Am Beispiel Afghanistans erwuchs diese vielmehr aus der Weigerung der Taliban mit Osama bin Laden einen ihrer wichtigsten Förderer auszuliefern. Damit war von Anfang an keine Kongruenz des politisch-diplomatischen Prozesses neuer Elitenbildung und des militärischen Vorgehens der Eliteneliminierung gegeben. Dies führte wiederum dazu, dass das Ansinnen der USA, eine breite Koalition für die Post-Taliban-Zeit zu schmieden, mit ethnischen und religiösen Rivalitäten sowie mit alten und neuen Machtkämpfen zwischen Monarchisten, lokalen Warlords und verfeindeten Fraktionen ohne herausragende Führungs- und Integrationsfiguren kollidierte. Extern ergeben sich Schwierigkeiten für eine Lösung der Afghanistan-Frage aus der Einflussnahme verschiedener Staaten die ihr Eigeninteresse geltend machen, wie vor allem Iran und Pakistan. Aber auch die USA, Russland, Indien, die zentralasiatischen Anrainer und europäische Staaten wollen in dieser Sache mitreden.

Der Kampf gegen den internationalen Terrorismus durch die Staaten und Regierungen der Antiterrorfront wird simultan durch die Distanzierung von einigen Staatsführungen von der US-Strategie (z.B. Saudi Arabien und Katar) und den innenpolitischen Druck geschwächt, den die breiten Bevölkerungsschichten in den arabischen Ländern auf ihre Regierungen angesichts der Vorgehensweise amerikanischer Soldaten und Sicherheitsbehörden u.a. im Irak und in Guantanomo ausüben. Auch die Regierungen der islamischen Länder in Asien, allen voran in Pakistan, haben bereits ihren Unmut über die Vorstellungen Washingtons geäußert, gegen Angehörige des al-Qaida-Netzwerks und andere Terrorismusverdächtige offen und verdeckt auch in Pakistan, Indonesien und Malaysia vorzugehen. Vor diesem Hintergrund kann, wenn überhaupt höchstens partiell, resultierend vor allem aus der Abschreckung gegenüber Regimen, die bisher Terroristen auf ihrem Territorien beherbergt haben, von einer Verbesserung der Sicherheitslage in den westlichen Ländern durch die Entmachtung des Taliban-Regimes in Afghanistan gesprochen werden. Zugleich dokumentiert das Zögern mit aller Entschlossenheit auch völkerrechtlich gegen die Staatsführungen u.a. von Saudi Arabien und Pakistan vorzugehen, die den Taliban und auch al-Quaida finanzielle Förderungen und auch Zuflucht gewährten und teilweise vermutlich weiterhin gewähren, welchen politischen Opportunitäten der Kampf gegen den Terrorismus unterliegt.

In den meisten islamischen und in beinahe allen arabischen Ländern haben die Regierungen bisher komplett darin versagt, Arbeitsplätze für die nachwachsenden, geburtenstarken Jahrgänge zur Verfügung zu stellen. Gehemmt durch mitunter bizarr hohe Rüstungsausgaben, Korruption und schlechte Regierungspraxis ist über Jahrzehnte hinweg kaum Geld für eine intelligente Wirtschaftsförderung aufgewandt worden, die einen nachhaltige Modernisierung der innerstaatlichen Strukturen erlaubt hätte. Das hat dazu geführt, dass in vielen dieser Länder eine große Anzahl sehr gut ausgebildeter junger Menschen keinerlei Aufstiegschancen, ja nicht einmal Einstiegschancen haben. Der *Human Development Report* für die arabische Welt, den die Vereinten Nationen angefertigt haben, beschreibt diese Missstände schonungslos. Zahnärzte verdingen sich als Verkäufer, Ingenieure und Informatiker als Buchhändler – so jedenfalls der Alltag im Nahen und Mittleren Osten sowie in Asien. Eine Mischung aus Frust über das eigene Leben und Begeisterung dafür, dass jemand endlich einmal etwas dagegen unternimmt, das ist zweifellos einer der Gründe dafür, warum islamistische Gruppierungen immer regeren Zulauf verzeichnen. Viele enttäuschte Muslime projizieren deshalb ihre Hoffnungen auf Männer wie bin Laden, al-Zawahiri und andere Terrorführer, da sie sich nach Arabern sehnen, die Erfolg haben, Angst verbreiten und Respekt erfahren.

Fragt man nach einem Beispiel, dass den islamischen Fundamentalismus als Erfolgsmodell ausweist, verweisen einige Beobachter immer wieder auf den Iran. Obgleich es lange Zeit so schien, als ob es den Islamisten mit der islamischen Revolution des Jahres 1979 zum ersten Mal gelungen sei, im Sinne ihrer Zielsetzungen umfassende Erfolge zu erzielen, offenbaren die bisherigen Entwicklungen bei nüchterner Analyse, dass – abgesehen davon, dass die iranischen Erfahrungen wegen ihrer spezifischen sozioökonomischen

Voraussetzungen wie auch der religiösen Eigenheiten des Schiismus nicht beliebig wiederholbar sind – selbst wenn hier noch nicht erkennbar ist, worin genau die „islamische alternative Ordnung“ etwa im Bereich der Wirtschafts- und Sozialpolitik liegen soll. „Re-islamisiert“ wurden allenfalls die Bereiche, in denen sensationelle „Ergebnisse“ relativ leicht zu erzielen und wo relativ klare Richtlinien aus den Traditionen zu gewinnen waren, wie etwa im Zivil- und Strafrecht, beim Alkoholverbot und bei Bekleidungsvorschriften wie z.B. dem Schleierzwang bei Frauen.[432]

Gerade am Beispiel der „Islamischen Revolution“ im Iran lässt sich verdeutlichen, wie alle Versuche scheiterten, diese als Wiedergeburt eines islamischen Staates zu propagieren: Zum einen, weil die obsiegenden Ayatollahs weder eine Neubegründung des Kalifats noch eines schiitischen Imamats angestrebt hatten, sondern vielmehr die erste Republik auf iranischem Territorium ausriefen. Die auch im Iran existierenden Institutionen wie Wahlen, eine gesetzgebende Versammlung, ein aktives Parlament und nicht zuletzt das Präsidentenamt, haben ihre Wurzeln nicht etwa im islamischen Dogma, sondern sind vielmehr Ausdruck der europäischen Tradition der Nationalstaatlichkeit. Zum anderen bemühte sich die Herrschaftsoligarchie allzu schnell um die Restauration der Nationalkultur, die Etablierung einer neuen schiitischen Kollektividentität und eine hegemoniale Außenpolitik, wie sie zuvor der Schah betrieben hatte, wenngleich das Land seit der Wahl von Mahmud Ahmadineschad zum iranischen Präsidenten immer mehr einer „Chaosmacht“ als einem „Stabilitätsanker“ in der Region gleich kommt.

Inzwischen ist der Jubel in den Straßen des Irans längst der Ernüchterung gewichen, da die in die Revolution gesetzten Erwartungen nicht erfüllt werden konnten und sich an den Lebenschancen der breiten Bevölkerung so gut wie nichts geändert hat. Eine Reihe von Indizien deuten darauf hin, dass den theokratischen Staatsmodell die Gesellschaft abhanden gekommen ist und die Bevölkerungsmehrheit sich inzwischen eine friedliche und sukzessive Umwandlung der politischen und gesellschaftlichen Struktur des Landes wünscht. Dieser Wunsch ist nicht als Abkehr von der Religion zu verstehen, sondern vielmehr der Versuch ihrer Erneuerung.

Doch nicht nur im Iran, sondern auch in einigen wenigen anderen Ländern, in denen die Vertreter der islamischen Bewegungen allein oder in Koalition

432 Vgl. Mir A. Ferdowsi, Islamischer Fundamentalismus – (k)ein Kampf der Kulturen?, in: Ders. (Hrsg.), Weltprobleme, 6. vollständig überarbeitete Auflage, Bundeszentrale für politische Bildung, Bonn 2007, S. 101-116, hier: S. 109ff.

mit anderen Kräften an der Macht sind, blieben Ergebnisse der Politik oft hinter den Erwartungen ihrer Anhänger zurück. Es scheint immer offensichtlicher, dass die Islamisten außer den ständigen Beschwörungen der glorreichen Vergangenheit in der Regel keine praktikables Programm zur Lösung dringender gesellschaftlicher Probleme haben. Entweder ist der Zustand geblieben und nur der Name geändert – wie etwa in Pakistan – oder die Wirtschaft blieb – wie im Iran – im Konkurrenzkampf verschiedener Interessengruppen auf der Strecke. Heute sind diese Länder von einer islamischen Wirtschaftsordnung weiter entfernt als jemals zuvor. Wollen sich die „re-islamisierten" Staaten nicht vollends von der Weltgemeinschaft abkapseln und darüber hinaus die partiell bereits vorhandenen industriellen Strukturen zerstören, um zu ihren agrarischen Ursprüngen zurückkehren – wofür es weder im Iran noch in anderen Staaten überzeugende Indizien gibt – so werden deren Herrschaftseliten ihre bisherige Politik künftig unter veränderten Vorzeichen fortsetzen müssen, da ihre Macht zwar religiös begründet ist, doch das religiöse Dogma bei der Führung des Staates und der Lösung wirtschaftlicher Probleme nicht ausreicht. Die zur Befriedigung der Bedürfnisse der Bevölkerung notwendige hohe Produktivität erfordert eine komplexe, differenzierte und sich schnell verändernder Arbeitsteilung, die mit tief greifenden Konsequenzen sowohl für das ökonomische Rollensystem als auch für die Berufsstruktur verbunden ist.

Der im islamischen Raum mittlerweile weit verbreiteten Perspektivlosigkeit kann der Westen am ehesten mit umfangreichen Wirtschaftshilfen begegnen. Zudem muss die historische Marginalisierung der islamischen Regionen in Nordafrika, im Nahen Osten und Asien beendet werden. Ungeachtet der Debatte über die Vor- und Nachteile der Globalisierung ist kaum vorstellbar, dass die Grundsätze der Modernisierung, der Aufklärung, der Versprechen von Freiheit und Gleichheit und der Emanzipation der Frauen dauerhaft aus der öffentlichen Debatte herausgehalten werden können. Dieser vermeintliche Sonderweg hat bisher zu viele Menschen in einer anachronistischen Welt, die von Intoleranz, Unfreiheit und Armut geprägt ist, gefangen gehalten.[433]

---

[433] Vgl. Shlomo Avineri, Fehlgeschlagene Modernisierung als Sicherheitsproblem, in: Werner Weidenfeld (Hrsg.), Herausforderung Terrorismus. Die Zukunft der Sicherheit, VS Verlag für Sozialwissenschaften, Wiesbaden 2004, S. 65.

Literatur

Tariq Ali, Can Pakistan survive? The Death of a State, London 1983.

Roy Allison / Lena Jonson (Hrsg.), Central Asia Security. The New International Context, London 2001.

John Arquilla / David E. Ronfeldt / Michele Zanini, Networks, Netwar and Informationsage, in: Ian O. Lesser (Hrsg.), Countering the New Terrorism, Santa Barbara, 1999.

Edward Aspinall / Greg Fealy (Hrsg.). Local Power and Politics in Indonesia: Decentralisation and Democratisation, Singapore: Institute of Southeast Asian Studies, 2003.

Shlomo Avineri, Fehlgeschlagene Modernisierung als Sicherheitsproblem, in: Werner Weidenfeld (Hrsg.), Herausforderung Terrorismus. Die Zukunft der Sicherheit, VS Verlag für Sozialwissenschaften, Wiesbaden 2004.

Bahtiyar Babadzhanow, Religious-opposition Groups in Uzbekistan, in: Ders. (Hrsg.), Proceedings of the Conference on Combating Religious Extremism in Central Asia: Problems and Perspectives, Duschanbe 2002.

Matin Baraki, Nation-building in Afghanistan, in: Aus Politik- und Zeitgeschichte, 39/2007, S. 11-17.

Ders., Islamismus und Großmachtpolitik in Afghanistan, in: Aus Politik und Zeitgeschehen, B 8/2002, S. 32-38.

Dieter Becker, Die Kirchen und der Pancasila-Staat – Indonesische Christen zwischen Konsens und Konflikt, Verlag der Ev. Luth. Mission, Erlangen 1996.

Peter L. Bergen, Heiliger Krieg Inc., BVT Verlag, Berlin 2003.

Richard K. Betts, The New Threat of Mass Destruction, in: Foreign Affairs, 77 (19998) 1, S. 26-41.

Werner Biermann / Arno Klönne, Ein Kreuzzug für die Zivilisation? Internationaler Terrorismus, Afghanistan und die Kriege der Zukunft, Papyrossa Verlagsgesellschaft, Köln 2002.

Hartmut Bobzin, Koran. Eine Einführung, C. H. Beck Verlag, 7. Auflage, München 1999.

Patrick Bolte / Felix Heyduk / Osman Rzyttka, Politischer Islam, Separatismus und Terrorismus in Südostasien, SWP-Studie, Berlin 2003.

Ders. / **Kay Möller / Osman Rzyttka**, Bomben auf Bali. Republik ohne Richtung. Indonesien nach den Terroranschlägen, SWP-Aktuell 40, Oktober 2002, Berlin.

Sebastian Braun / Felix Heyduk / Kay Möller, Indonesien: Demokratie, Regierbarkeit und nationaler Zusammenhalt, SWP-Studie, Berlin, Februar 2005.

Rita Breuer, Wie du mir so ich Dir? Die Freiheit des Glaubens zwischen Christentum und Islam, in: Ursula Spuler-Stegemann (Hrsg.), Feindbild Christentum im Islam. Eine Bestandaufnahme, Verlag Herder, Freiburg im Breisgau 2004, S. 35-53.

Tilman Brück / Dieter Schumacher, Die wirtschaftlichen Folgen des internationalen Terrorismus, in: Aus Politik und Zeitgeschichte, 2004, S. 41-47.

Jason Burke, Al-Qaida: Entstehung, Geschichte, Organisation, Patmos Verlagshaus, Düsseldorf 2005.

Stephen Philip Cohen, The Jihadist threat to Pakistan, in: Washington Quarterly, 26 (2003).

David Cortright / George Lopez, Sanctions and the Search for Security. Challenges to UN Action, London 2002.

Martha Crenshaw, The Vulnerability of Post-Modern Society: Case Study „United States of America“, in: Kay Hirschmann / Peter Gerhard, Peter (Hrsg.), Terrorismus als weltweites Problem, Berlin 2000, S. 209-214.

Joseph Croitoru, Hamas – Der islamische Kampf um Palästina, Verlag C. H. Beck, München 2007.

Richard Cupitt / Suzette Grillot / Yuzo Muarayama, The Determinants of Nonproliferation Export Controls: A Membership-Fee Explanation, in: Non-Proliferation Review, 8 (2001), S. 69-80.

Christopher Daase, Terrorgruppen und Massenvernichtungswaffen, in: Aus Politik und Zeitgeschichte, 48/2005, S. 31-38.

Ders., Internationale Risikopolitik. Ein Forschungsprogramm für den sicherheitspolitischen Paradigmenwechsel, in: Susanne Feske / Ingo Peters (Hrsg.), „Internationale Risikopolitik“, Baden-Baden 2000, S. 3-35.

Gilles Dorronsoro, Afghanistan: Von Solidaritätsnetzwerken zu regionalen Räumen, in: Francois Jean / Jean Christophe Rufin, Ökonomie der Bürgerkriege, Hamburg 1999, S. 121-154.

Jörn Dosch, Das Verhältnis der EU und der USA zu Südostasien, in: Aus Politik- und Zeitgeschichte, B21-22, 2004, S. 7-14.

Mary Douglas / Aaron Wildavsky, Risk and Culture: An Essay on the Selection of Technical and Environmental Dangers, Berkeley 1982.

Werner Draguhn (Hrsg.) Indien 2002 – Politik, Wirtschaft, Gesellschaft, Institut für Asienkunde (IfA), Hamburg 2002.

Ders. (Hrsg.), Indien 1999 – Politik, Wirtschaft, Gesellschaft, Hamburg 1999.

Norbert Elias, Die Gesellschaft der Individuen, Suhrkamp Verlag, Frankfurt a. M., 1998.

Werner Ende / Udo Steinbach (Hrsg.), Der Islam in der Gegenwart, Beck Verlag, 4. Auflage, München 1996.

Wolfgang von Erffa, Konfliktprävention in Afghanistan. Eine dauerhafte Friedenslösung bleibt Fernziel, in: Internationale Politik, Ausgabe Dezember 2002, S. 33-38.

Gerhard Endreß, Der Islam: Eine Einführung in seine Geschichte, C. H. Beck Verlag, München 1997.

Thomas Faist, The Volume and Dynamics of International Migration und Transnational Social Spaces, Oxford University Press, Oxford 2000.

Ders., The Volume and Dynamics of International Migration and Transnational Social Spaces, New York 2000.

Richard A. Falkenrath, Confronting Nuclear, Biological and Chemical Terrorism, in: Survival, Vol. 40, Autumn 1998, S. 43-65.

Ders. / **Robert D. Newman** / **Bradley Thayer**, „Americas Achilles" Heel. Nuclear, Biological, and Chemical Terrorism and Covert Attack, Cambridge 1998.

Mir A. Ferdowsi, Islamischer Fundamentalismus – (k)ein Kampf der Kulturen?, in: Ders. (Hrsg.), Weltprobleme, 6. vollständig überarbeitete Auflage, Bundeszentrale für politische Bildung, Bonn 2007, S. 101-116.

Susanne Feske / Ingo Peters (Hrsg.), Internationale Risikopolitik, Baden-Baden 2000.

Iring Fetscher / Herfried Münkler / Hannelore Ludwig, Ideologen der Terroristen in der Bundesrepublik Deutschland, in: Iring Fetscher / Günter Rohrmoser, Ideologien und Strategien. Analysen zum Terrorismus, Opladen 1981.

Peter Foertsch (Hrsg.), Islamistischer Terrorismus. Bestandsaufnahme und Bekämpfungsmöglichkeiten, Hanns Seidel Stiftung, Berichte und Studien 86, München 2005.

Peter Frisch, Der politische Islamismus, in: Peter Foertsch (Hrsg.), Islamistischer Terrorismus. Bestandsaufnahme und Bekämpfungsmöglichkeiten, Hanns Seidel Stiftung, Berichte und Studien 86, München 2005.

Robin Frost, Nuclear Terrorism Post-9/11: Assessing the Risk, in: Global Society, 18 (2004) 4, S. 387-422.

Constanze Fröhlich, Krisenherd Afghanistan, Arnold Bergstraesser Institut, Freiburg i. Br., 2005.

Manfred Funke (Hrsg.), Terrorismus: Untersuchungen zur Strategie und Struktur revolutionärer Gewaltpolitik, Bonn 1977.

Kurt Galling (Hrsg.), Die Religion in Geschichte und Gegenwart, 4. neubearb. Auflage, Mohr Siebeck Verlag, Tübingen 1997.

Robert M. Gates, From the shadows, Pocket Books, New York 1996.

Dawud Gholamasad, Einige Thesen zum Islamismus als globaler Herausforderung, in: Aus Politik und Zeitgeschichte, B3-4, 2001, S. 16-23.

Roland Götz / Uwe Halbach, Politisches Lexikon der GUS, C. H. Beck Verlag, München 1996.

Christoph Grützmacher, Die Außen- und Sicherheitspolitik Pakistans. Ein sicherheitspolitischer Eskalationsfaktor in Asien?, Verlag Dr. Kovac, Hamburg 2007.

Adrian Guelke, The age of terrorism and the international political system, Tauris Verlag, London 1995.

Marie-Carin von Gumppenberg / Markus Brach von Gumppenberg, Die Ereignisse im usbekischen Andijan 2005 und ihre geopolitischen Implikationen, in: Orient, 47 (2006) 1, S. 63-70.

Dies., Studien zur länderbezogenen Konfliktanalyse – Usbekistan, Studie für die Friedrich-Ebert-Stiftung, Berlin 2002.

Rohan Gunaratna, Inside Al Quaeda, Global Network of Terror, Hurst, London 2002.

Nadine Gurr / Benjamin Cole, The New Face of Terrorism. Threats from Weapons of Mass Destruction, London – New York 2002.

Uwe Halbach, Antiterrorismus und Jihad im postsowjetischen Raum, SWP-Studie, Berlin 2007.

Ders., Usbekistan als Herausforderung für westliche Zentralasienpolitik, SWP-Studie, Berlin 2006.

Ders., Islam und islamistische Bewegungen in Zentralasien, Aus Politik- und Zeitgeschichte B3-4, 2002.

Sebastian Harnisch, Das Proliferationsnetzwerk um A. Q. Khan, Aus Politik- und Zeitgeschichte, 48/2005, S. 24-31.

Selig S. Harrison / Paul H. Kreisberg / Dennis Kux (Hrsg.), India & Pakistan. The First Fifty Years, Woodrow Wilson Center Press and Cambridge University Press 2000.

Peter Heine, Terror in Allahs Namen. Extremistische Kräfte im Islam, Verlag Herder, Freiburg im Breisgau, 2004.

Ders., Islam und Fundamentalismus, in: Sicherheitspolitik in neuen Dimensionen. Kompendium zum erweiterten Sicherheitsbegriff, Verlag E. S. Mittler & Sohn GmbH, Hamburg – Berlin – Bonn, 2001, S. 375-390.

Ders., Radikale Muslimorganisationen im heutigen Ägypten, in: Zeitschrift für Missions- und Religionswissenschaft, 67 (1983).

Felix Heyduk, Der Aceh-Konflikt und seine Auswirkungen auf die Stabilität Indonesiens und Südostasiens, SWP-Studie, Berlin, Februar 2004.

Ders., Der Bombenanschlag von Jakarta, Die Rückkehr der Jemaah Islamiyah, SWP-Aktuell 44, September 2004.

Kai Hirschmann, Das Phänomen „Terrorismus“: Entwicklungen und neue Herausforderungen, in: Sicherheitspolitik in neuen Dimensionen. Kompendium zum erweiterten Sicherheitsbegriff, Verlag E. S. Mittler & Sohn GmbH, Hamburg – Berlin – Bonn, 2001, S. 453-482.

Ders. / **Peter Gerhard**, Terrorismus als weltweites Phänomen, BWV Verlag, Berlin 2000.

Bruce Hoffmann, Terrorismus – Der unerklärte Krieg, Fischer Verlag, Frankfurt a. M., 2006.

Ders., Viewpoint: Terrorism and WMD: Some Preliminary Hypotheses, in: Nonproliferation Review, 4 (1997) 1, S. 45-52.

Ders., Holy Terror: The Implications of Terror Motivated by a Religious Imperative, in: Studies in Conflict and Terrorism, 18 (1995) 4, S. 271-284.

Arnold Hottinger, Die politische Ideologie des Islamismus, in: Peter Foertsch (Hrsg.), Islamistischer Terrorismus. Bestandsaufnahme und Bekämpfungsmöglichkeiten, Hanns Seidel Stiftung, Berichte und Studien 86, München 2005.

Jennifer Morstein Hunt / **Wayne D. Perry**, Commercial Nuclear Trading Networks as Indicators of Nuclear Weapons Intentions, in: Nonproliferation Review, 7 (2000) 3, S. 75-91.

Samuel P. Huntington, Kampf der Kulturen. Die Neugestaltung der Weltpolitik im 21. Jahrhundert, München [u.a.] Europa-Verlag, 1997.

Francois Jean / **Jean Christophe Rufin**, Ökonomie der Bürgerkriege, Hamburg 1999.

Mary Kaldor, Neue und alte Kriege, Suhrkamp Verlag, 2007.

Islam Karimow, Usbekistan an der Schwelle zum 21. Jahrhundert. Gefährdung der Sicherheit, Bedingungen der Stabilität und Garantien für den Fortschritt, Düsseldorf 2000.

Geoffrey Kemp / **Paul Saunders**, America, Russia, and the Greater Middle East. Challenges and Opportunities, Washington, November 2003.

Babak Khalatbari, Afghanistan unter dem Terror der Taliban, in: Aus Politik und Zeitgeschichte, 39/2007, S. 18-24.

Katharina von Knop, Die Quellen der Macht von Al-Quaida, in: Erich Reiter (Hrsg.), Jahrbuch für internationale Sicherheitspolitik 2004, Verlag E. S. Mittler & Sohn GmbH, Hamburg – Berlin – Bonn, 2004, S. 243-262.

Robert O. Keohane, The Globalization of Informal Violence. Theories of World Politics, and the „Liberalism of Fear", in: Ders. (Hrsg.), Power and Governance, S. 272-287.

Hans Küng, Der Islam: Geschichte, Gegenwart, Zukunft, Piper Verlag, 3. Auflage, München 2006.

Robert Laporte, Pakistan: A nation still in the making, in: Selig S. Harrison, Selig S. / Paul H. Kreisberg / Dennis Kux (Hrsg.), India & Pakistan. The First Fifty Years, Woodrow Wilson Center Press and Cambridge University Press 2000.

Walter Laqueur, Die globale Bedrohung. Neue Gefahren des Terrorismus, Propyläen Verlag, München 2001.

Ders., Postmodern Terrorism, in: Foreign Affairs, 75 (1996) 5, S. 24-36.

Ian O. Lesser (Hrsg.), Countering the New Terrorism, Santa Barbara, 1999.

Robert Lessmann, Amerikanisierung und Militarisierung: Die auswärtige Drogenpolitik der USA, in: Peter Rudolf / Jürgen Wilzewski (Hrsg.), Weltmacht ohne Gegner. Amerikanische Außenpolitik zu Beginn des 21. Jahrhunderts, Nomos-Verlag, Baden-Baden 2002, S. 335-362.

Bernard Lewis, License to kill, in: Foreign Affairs, November/December 1998.

Ludmilla Lobova, Der politische Islam im postsowjetischen Russland, in: Erich Reiter (Hrsg.), Jahrbuch für internationale Sicherheitspolitik 2004, Verlag E. S. Mittler & Sohn GmbH, Hamburg – Berlin – Hamburg, 2004, S. 701-716.

Michael Lüders, Wir hungern nach dem Tod: Woher kommt die Gewalt im Dschihad-Islam?, Arche-Verlag, Zürich 2001.

Citha D. Maaß, Afghanistan: Staatsaufbau ohne Staat, SWP-Studie, Berlin, Februar 2007.

Ders., „Kultur des Friedens" oder „Kultur des Krieges". Kriegesverbrechen und neue Gewalt in Afghanistan, SWP-Aktuell 30, Berlin 2006.

Alexei Malashenko, Islam in Central Asia, in: Roy Allison / Lena Jonson (Hrsg.), Central Asia Security. The New International Context, London 2001, S. 49-68.

Mohssen Massarat, Der 11. September: Neues Feindbild Islam? Anmerkungen über tief greifende Konfliktstrukturen, Aus Politik- und Zeitgeschichte, B 3-4/2002.

Thomas M. McKenna, Muslim Rulers and Rebels. Everyday Politics and Armed Separatism in the Southern Philippines, Berkeley, 1998, S. 83.

Albrecht Metzger, Islam und Politik, in: Informationen zur politischen Bildung, Bundeszentrale für politische Bildung, 2002.

Ders., Der Himmel ist für Gott, der Staat für uns. Islamismus zwischen Gewalt und Demokratie, Lamuv Verlag, Göttingen 2000.

Neil J. Melvin, Authoritarian Pathways in Central Asia: A Comparison of Kazakhstan, Kyrgyz Republic and Uzbekistan, in: Yaacov Roi (Hrsg.), Democracy and Pluralism in Muslim Eurasia, London – New York: Frank Cass. 2004.

Katja Mielke / Conrad Schetter, Where is the Village? Local Perceptions and Development Approaches in Kunduz Province, in: Asien, 104 (Juli 2006), 71-87.

Michael F. Morris, Al Quaeda as Insurgency, in: Joint Forces Quarterly, (2005) 39, S. 41-50.

Yassin Musharbash, Die neue Al-Quaida. Innenansichten eines lernenden Terrornetzwerks, KiWi Verlag, Köln 2006.

Harald *Müller,* Nuklearschmuggel und Terrorismus mit Kernwaffen, in: Kurt R. Spillmann (Hrsg.), Zeitgeschichtliche Hintergründe aktueller Konflikte VI., Zürich 1997.

Herfried Münkler, Ältere und jüngere Formen des Terrorismus. Strategie und Organisationsstruktur, in: Werner Weidenfeld (Hrsg.), Herausforderung Terrorismus. Die Zukunft der Sicherheit, VS Verlag für Sozialwissenschaften, Wiesbaden 2004, S. 29—43.

Ders., Die neuen Kriege, Rowohlt-Taschenbuchverlag, 2004.

Ders., Terrorismus als neue Ermattungsstrategie, in: Erich Reiter (Hrsg.), Jahrbuch für internationale Sicherheitspolitik 2004, Verlag E. S. Mittler & Sohn, Hamburg – Berlin – Bonn, 2004, S. 193-210.

Ders., Terrorismus als Kommunikationsstrategie. Die Botschaft des 11. September, in: Internationale Politik, 56. Jahrgang., 2001, Heft 12, S. 11-18.

Ders., Guerillakrieg und Terrorismus, in: Neue Politische Literatur XXV., Jahrgang 1980, Heft 3, S. 299-326.

Dieter Nohlen (Hrsg.), Lexikon Dritte Welt – Länder, Organisationen, Theorien, Begriffe, Personen, Rowohlt Verlag, 2002.

Peter Pawelka, Herrschaft und Entwicklung im Nahen Osten: Ägypten, C. F. Müller UTB-Verlag, Heidelberg 1985.

Volker Perthes, Bewegung im Mittleren Osten: Internationale Geopolitik und regionale Dynamik nach dem Irak-Krieg, SWP-Studie, Berlin 2004.

Michael Pohly / Khalid Duran, Osama bin Laden und der internationale Terrorismus, Ullstein Taschenbuch Verlag, München 2001.

Ignacio Ramonet, Kriege des 21. Jahrhunderts, Rotpunktverlag, Zürich 2002.

Ahmed Rashid, Heiliger Krieg am Hindukusch. Kampf um Macht und Glauben in Zentralasien, Droemer Verlag, München 2002.

Ders., Talibanisation and Central Asia, in: Talibanisation: Extremism and Regional Instability in South and Central Asia, CPN (Conflict Prevention Network) SWP, September 2001, S. 33-54.

Ders., Taliban: Afghanistans Gotteskrieger und der Dschihad, Droemer Knaur Verlag, München 2001.

Ders., Western Powers Bolster Tajikistan, in: Central Asia Analyst (Tokio), 2001.

Ders., Islam, Oil and the New Great Game in Central Asia, London 2000.

M. Ryaas Rasyid, Regional Autonomy and Local Politic in Indonesia, in: Edward Aspinall / Greg Fealy (Hrsg.). Local Power and Politics in Indonesia: Decentralisation and Democratisation, Singapore: Institute of Southeast Asian Studies, 2003, S. 63-71.

Niklas Reese, **Rainer Werning** (Hrsg.), Handbuch Philippinen. Gesellschaft – Politik – Wirtschaft – Kultur. Horlemann, Bad Honnef 2006.

Johannes Reissner, Risiken des westlichen Afghanistanengagements, in: Erich Reiter (Hrsg.), Jahrbuch für internationale Sicherheitspolitik 2004, Verlag E. S. Mittler & Sohn GmbH, Hamburg – Berlin – Bonn, 2004, S. 263-277.

Ders., Ideologie und Politik der Muslimbrüder Syriens – Von den Wahlen 1947 bis zum Verbot unter Adib Shiskakli, Freiburg im Breisgau, 1980.

Erich Reiter (Hrsg.), Jahrbuch für internationale Sicherheitspolitik 2004, Verlag E. S. Mittler & Sohn GmbH, Hamburg – Berlin – Bonn, 2004.

Ders., Jahrbuch für internationale Sicherheitspolitik 2003, Verlag E. S. Mittler & Sohn GmbH, Hamburg – Berlin – Bonn, 2003.

Andreas Rieck, Pakistan zwischen Demokratisierung und „Talibanisierung“, in: Aus Politik- und Zeitgeschichte, 39/07, S. 24-31.

Thomas Risse-Kappen (Hrsg.), Bringing Transnational Relations Back In, CUP Verlag, Cambridge 1995.

Dietmar Rothermund, Krisenherd Kaschmir. Der Konflikt der Atommächte Indien und Pakistan, Verlag C. H. Beck Verlag, München 2002.

Yaacov Roi (Hrsg.), Democracy and Pluralism in Muslim Eurasia, London – New York: Frank Cass. 2004.

Olivier Roy, The Failure of Political Islam, London 1994.

Jakob Rösel, Die Entstehung des Kaschmirkonfliktes, in: Werner Draguhn (Hrsg.), Indien 1999 – Politik, Wirtschaft, Gesellschaft, Hamburg 1999, S. 155-176.

Barnett R. Rubin / Andrea Amstrong, Regional Issues in the Reconstruction of Afghanistan, in: World Policy Journal, 20 (Frühjahr 2003) 1, S. 31-40.

Ders. / **Jack Snyder** (Hrsg.), Post-Soviet Political Order. Conflict and State Building, London – New York 1998.

Christian Ruck / Babak Khalatbari, Fünf Jahre nach den Taliban – aktuelle Entwicklungen am Hindukusch, in: KAS-Auslandsnachrichten, (2007.

Peter Rudolf / Jürgen Wilzewski (Hrsg.), Weltmacht ohne Gegner. Amerikanische Außenpolitik zu Beginn des 21. Jahrhunderts, Nomos-Verlag, Baden-Baden 2002.

Conrad Schetter, Lokale Macht- und Gewaltstrukturen in Afghanistan, Aus Politik- und Zeitgeschichte, 39/2007, S. 3-10.

Ulrich Schneckener, Transnationaler Terrorismus, Suhrkamp Verlag, 1. Auflage, Frankfurt am Main., 2006.

Ders. (Hrsg.), States at Risk, SWP-Studie 2004.

Helmut Schneider, Konfliktursache Islam? Die Gewaltkonflikt im Süden Thailands und den Philippinen im Vergleich, in: Waibel / Jordan / Schneider, Krisenregion Südostasien, S. 73-100.

Ders. Kulturkampf oder Ressourcenkonflikt? Hintergründe des Regionalkonfliktes im Süden der Philippinen, in: Petermanns Geographische Mitteilungen (144), 2003, S. 14-19.

Ders., Mindanao: Alter Konflikt oder „neuer Krieg“? Eskalation der Gewalt im Süden der Philippinen, Pacific News 20 (Juli/August) 1, 2003.

Benjamin Schreer, Weltweiter Einsatz gegen den Terrorismus. Der „Quadrennial Defense Review Report“ des US-Verteidigungsministeriums, SWP-Aktuell 10. Februar 2006.

Erwin Schweisshelm, „Halbzeit“ der Regierung Susilo Bambang Yudhoyono: Die Fortschritte sind beachtlich, die Probleme aber auch, FES-Kurzbericht, Juni 2007.

Kurt R. Spillmann (Hrsg.), Zeitgeschichtliche Hintergründe aktueller Konflikte VI., Zürich 1997.

Ursula Spuler-Stegemann (Hrsg.), Feindbild Christentum im Islam – Eine Bestandsaufnahme, Verlag Herder Freiburg im Breisgau, 2004.

Ethud Sprinzak, The Great Superterrorism Scare, in: Foreign Policy (1998) 112, S. 110-125.

Frederick Starr, Clans, Authoritarian Rulers, and Parliaments in Central Asia, Washington, D. C.: Johns Hopkins University, Juni 2006.

Ders., Making Eurasia Stable, in: Foreign Affairs 75 (Januar/Februar 1996) 1, S. 80-92.

Marwan Abou Taam / Ruth Bigalke, Die Reden des Osama bin Laden, Diederichs Verlag, München 2006.

Georges Tamer, Warum der christlich-islamische Dialog notwendig ist. Religiöse Koexistenz als Friedenspotential, in: Ursula Spuler-Stegemann (Hrsg.), Feindbild Christentum im Islam – Eine Bestandsaufnahme, Verlag Herder Freiburg im Breisgau, 2004, S. 62-74.

Berndt Georg Thamm, Internationaler Djihad-Terrorismus. Strategische Bedrohung nicht nur für Europa, in: Erich Reiter (Hrsg.), Jahrbuch für internationale Sicherheitspolitik, Verlag E. S. Mittler & Sohn, Hamburg – Berlin – Bonn, 2004, S. 231-242.

Elmar Theveßen, Schläfer mitten unter uns: Das Netzwerk des Terrors und der hilflose Aktionismus des Westens, München 2002.

Rolf Tophoven, Fundamentalistisch begründeter Terrorismus. Osama bin Laden als neuer Typ des Terroristen, in: Kay Hirschmann / Peter Gerhard, Terrorismus als weltweites Phänomen, BWV Verlag, Berlin 2000.

Charles Townshend, Terrorismus, Reclam Verlag, Stuttgart 2005.

Trutz von Trotha, Der Aufstieg des Lokalen, in: Aus Politik- und Zeitgeschichte, 2005, S. 32-38.

Andreas Ufen, Islam und Politik in Südostasien. Neuere Entwicklungen in Malaysia und Indonesien, in: Aus Politik- und Zeitgeschichte, B21-22, 2004, S. 15-21.

Christian Wagner, Die „verhinderte" Großmacht. Die Außenpolitik der Indischen Union, 1947-97, Nomos-Verlag, Baden-Baden, 2005.

Ders., Terroristische Bedrohungen in den Demokratien Südasiens, SWP-Studie, Berlin 2004

Ders., Terrorismus und Außenpolitik: Afghanistan, Kaschmir und die Folgen für die Außenpolitik Indiens und Pakistans, in. Werner Draguhn, Indien 2002 – Politik, Wirtschaft, Gesellschaft, Institut für Asienkunde (IfA), Hamburg 2002, S. 189-204.

Michael Waibel / Rolf Jordan / Helmut Schneider (Hrsg.), Krisenregion Südostasien. Alte Konflikte und neue Kriege, Horlemann Verlag, 2006.

Edward W. Walker, Islam, Islamism and Political order in Central Asia, in: Journal of International Affairs, 56 (2003) 2, S. 21-41.

Werner Weidenfeld (Hrsg.), Herausforderung Terrorismus. Die Zukunft der Sicherheit, VS Verlag für Sozialwissenschaften, Wiesbaden 2004.

Carsten Wieland, Nationalstaat wider Willen: Politisierung von Ethnien und Ethnisierung der Politik: Bosnien, Indien, Pakistan, Frankfurt am Main [u.a.] Campus-Verlag, 2000.

Boris Wilke, Die religiösen Kräfte in Pakistan, SWP-Studie, Berlin 2006.

Ders., Pakistan: Scheitender Staat oder überentwickelter Staat, in: Ulrich Schneckener (Hrsg.), States at Risk, SWP-Studie 2004, S. 140-157.

Ders., Staatsbildung in Afghanistan?, SWP-Studie, Berlin 2004.

Ders., Pakistan: Der fragile Frontstaat, SWP-Studie, Berlin 2003.

Ders., Probleme bei der Stabilisierung Afghanistans. Welchen Beitrag kann der Westen leisten?, in. Erich Reiter (Hrsg.), Jahrbuch für internationale Sicherheitspolitik 2003, S. 551-564.

Ders., Die Gewaltordnungen Karatschis, in: Leviathan, 28 (2000) 2, S. 235-253.

Ders., Krieg auf dem indischen Subkontinent: strukturgeschichtliche Ursachen gewaltsamer Konflikte in Indien, Pakistan und Bangladesh seit 1947, IPW, Forschungsstelle Kriege, Rüstung und Entwicklung, Hamburg 1997.

Franz Wördemann, Terrorismus: Motive, Täter, Strategien Piper Verlag Zürich, 1982.

Jean Pascal Zanders, Assessing the Risk of Chemical and Biological Weapons Proliferation to Terrorists, in: The Nonproliferation Review, 6 (1999) 4, S. 17-34.

Bernhard Zangl / Michael Zürn, Frieden und Krieg, 1. Auflage, Suhrkamp Verlag, Frankfurt a. Main 2003.

David Zeidin, The Islamic Fundamentalist View of Life as a Perennial Battle, in: MERTA Journal (Middle East Review of International Affairs), Vol. 5, No. 4, December 2001.

Patrick Ziegenhain, Politische und materielle Interessen im Aceh-Konflikt, in: Waibel / Jordan / Schneider, Krisenregion Südostasien, S. 41-58.

Die Beiträge aus Tageszeitungen und Wochenzeitschriften wurden zumeist über das Internet recherchiert. Auf eine vollständige Angabe der Internetadresse wird in den meisten Fällen verzichtet, da sich die Startseiten dieser Publikationen mehrfach änderten, so dass dieselbe Quelle mit verschiedenen Adressen zitiert werden müsste. Es wurde deshalb bei Tageszeitungen das vollständige Datum angegeben. Zum Überprüfen der Informationen ist diese Angabe ausreichend, da die Suche in den jeweiligen Archiven der Zeitungen bzw. Zeitschriften über die Eingabe des betreffenden Datums erfolgt.

Abkürzungsverzeichnis

AEC	Atomic Energy Commission
AOR	Areas of responsibility
APR	Associated Press of Pakistan
ARF	Asean Regional Forum
ARMM	Autonoms Region in Muslim Mindanao
ASEAN	Association of Southeast Asian Nations
APEC	Asiatisch-Pazifische Wirtschaftskooperation
BIOst	Bundesinstitut für ostwissenschaftliche und internationale Studien (Köln)
BIP	Bruttoinlandsprodukt
BSP	Bruttosozialprodukt
CENTCOM	US-Central Command
CENTO	Central Treaty Organization
CIA	Central Intelligence Agency
CIR	Canada India Reactor
CTBT	Comprehensive Test Ban Treaty
DVPA	Demokratische Volkspartei
EG	Europäische Gemeinschaft
EU	Europäische Union
FATA	Federally Administered Tribal Areas
FAZ	Frankfurter Allgemeine Zeitung
FEER	Far Eastern Economy Review
GAM	Gerakan Aceh Merdeka
GUS	Gemeinschaft Unabhängiger Staaten
HTI	Partei der islamischen Befreiung
HuM	Harkat ul-Mujahedin
IAEO	Internationale Atomenergie-Organisation
IBU	Islamische Bewegung Usbekistans
IfA	Institut für Asienkunde
IMO	International Organization of Migration
IMU	Islamic Movement of Usbekistan
ISAF	International Security Assistance Force
ISI	Inter-Services Intelligence
IWF	Internationaler Währungsfond
JeM	Jaish-e-Mohammad Mujahideen E-Tanzeem

JI	Jemaah Islamiyah
JKLF	Jammu & Kashmir Liberation Front
JUI	Jam'iyat al-Ulama-i Islam
KRL	Khan Research Laboratories
LAC	Line of Actual Control
LeJ	Lashkar-e-Jhangvi
LeT	Lashkar-e-Toiba
MILF	Moro Islamic Liberation Front
MIS	Mindanao Islamist State
MNLF	Moro National Liberation Front
MUF	Muslim United Front
MQM	Muhahir Qaumi Movement
MVW	Massenvernichtungswaffen
NAFTA	North American Free Trade Area
NGO	Non Government Organisation
NEFP	North East Frontier Province
NNPA	Nuclear Non Proliferation Treaty
NPA	New People's Army
NPPA	Non Proliferation Prevention Act
NPT	Non Proliferation Treaty
NSC	Nuclear Suppliers Club
NSP	National Solidarity Programm
NU	Nahdatul Ulama
NVK	Nationale Versöhnungskommission
NVV	Nichtverbreiterungsvertrag
NWFP	North Western Frontier Province
NZZ	Neue Züricher Zeitung
OECD	Organization for Economic Co-operation and Development
OEC	Operation Enduring Freedom
OFW	Overseas Filipino Worker
OIC	Organization of the Islamic Conference
OMK	Oppositionelle Militante Kräfte
PIW	Partei der islamischen Wiedergeburt
PKS	Partai Keadilan Sejahtera
PPP	Pakistan People's Party
PRT	Provincial Reconstruction Teams
PULA	Pattani United Liberation Army
RAF	Rote Armee Fraktion

RAM	Reform of the Armed Forces Movement
RCD	Regional Cooperation Development
SAARC	South Asian Association for Regional Cooperation
SAFTA	SAARC Free Trade Area
SAPTA	SAARC Preferential Trading Arrangement
SBY	Susilo Bambang Yudhoyono
SCCI	SAARC Chamber of Commerce and Industry
SEATO	South Asian Treaty Organization
SWP	Stiftung Wissenschaft und Politik (Berlin)
SZ	Süddeutsche Zeitung (München)
taz	Die Tageszeitung
UNCIP	United Nations Commission on India and Pakistan
UNCTAD	United Nations Conference on Trade and Development
UNMOGIP	United Nations Military Observers Group in India and Pakistan
U.S.	United States
VN	Vereinte Nationen
VRC	Volksrepublik China
VTO	Vereinigte Tadschikische Opposition
VTU	Vereinigte Tadschikische Union
WTO	World Trade Organization
YOM	Young Officers Movement

Aus unserem Verlagsprogramm:

Nele Noesselt
Die Beziehungen der EU zu China und Taiwan
Hintergründe und Perzeptionen
Hamburg 2008 / 222 Seiten / ISBN 978-3-8300-3531-2

Osman Nuri Özalp
Die türkische Zentralasienpolitik 1990-2007
Hamburg 2008 / 282 Seiten / ISBN 978-3-8300-3523-7

Christoph Grützmacher
Die Außen- und Sicherheitspolitik Pakistans
Ein sicherheitspolitischer Eskalationsfaktor in Asien?
Hamburg 2007 / 510 Seiten / ISBN 978-3-8300-3222-9

Benjamin Richter
Die militärische Nuklearpolitik der USA nach dem Ost-West-Konflikt
Hamburg 2007 / 248 Seiten / ISBN 978-3-8300-3069-0

Herbert Maier
Massenvernichtungswaffen und Weltordnung
Der Wandel der Nichtverbreitungspolitik der USA seit dem Ende des Ost-West-Konflikts
Hamburg 2007 / 322 Seiten / ISBN 978-3-8300-2745-4

Eric Peter Pyne
Die Bildung von guten Regierungen und Verwaltungen in den heutigen Gesellschaften und Staaten Afrikas und die Wahrung ihrer Sicherheit
Hamburg 2006 / 340 Seiten / ISBN 978-3-8300-2610-5

Ingo Wetter (Hrsg.)
Die Europäische Union und die Türkei
Band I: Grundlagen zur Außen- und Sicherheitspolitik
Hamburg 2006 / 274 Seiten / ISBN 978-3-8300-2287-9
Band II: Expansion in den islamischen Raum?
Hamburg 2006 / 300 Seiten / ISBN 978-3-8300-2312-8

Necati Iyikan
Die politischen Beziehungen zwischen der Türkei und Aserbaidschan (1992-2003)
unter besonderer Berücksichtigung des türkischen Modells im Kaukasus und in Zentralasien und dessen Bedeutung nach den Anschlägen vom 11. September 2001 in den USA
Hamburg 2005 / 446 Seiten / ISBN 978-3-8300-2156-8

Einfach
Wohlfahrtsmarken
helfen!